U0691974

中国品牌史

一部普及品牌发展史的读本

丁剑冰 —— 著

近代卷

中国文史出版社
CHINA CULTURAL AND HISTORICAL PRESS

图书在版编目（CIP）数据

中国品牌史.近代卷/丁剑冰著.—北京：中国
文史出版社，2020.3
ISBN 978-7-5205-1931-1

Ⅰ.①中… Ⅱ.①丁… Ⅲ.①品牌—经济史—中国—
近代 Ⅳ.①F279.23-092

中国版本图书馆CIP数据核字（2019）第301052号

责任编辑：张春霞 高 贝

出版发行：**中国文史出版社**
社 址：北京市海淀区西八里庄69号 邮编：100142
电 话：010-81136606 81136602 81136603（发行部）
传 真：010-81136655
印 装：北京新华印刷有限公司
经 销：全国新华书店
开 本：710mm×1010mm 1/16
印 张：25.75 字数：412千字
版 次：2020年7月第1版
印 次：2020年7月第1次印刷
定 价：66.00元

文史版图书，版权所有，侵权必究。
文史版图书，印装错误可与发行部联系退换。

前言

　　品牌一词，在中国经济史上没有明确的认识和概括。只是在 20 世纪 50 年代初的广告大师大卫·奥格威第一次提出品牌概念后，开始了品牌的认识和明确的创造。但中国大陆市场由于朝计划经济运行，依赖商品经济土壤生长的品牌没能得到正常的发育。直至 80 年代，由于转向市场经济，真正的品牌创造才进一步盛行起来。但在实施品牌的创造和研究中，在谈到品牌时津津乐道的都是国外有几十年、几百年历史的品牌，而联系到中国很快就噤若寒蝉。有时只好不伦不类地举例说一些老字号（实际上不少是企业名称），少有品牌成分，因而理不直气不壮。

　　其实这都是我们没有认真深入研究中国品牌发展历史的后果。在世界市场舞台上，中国产品生产、商品交换的历史是很早的，也曾经是走在前列的。在夏商周时期就开始萌芽了这一活动，并得到迅速发展。之后中国的商品经济运行在封建政权下又爱又恨。封建王朝一方面为了推动生产发展，加快商品流动、消费和再生产，为自己也为社会带来财富，政府不断鼓励它、支持它的发展，促进商品经济繁荣。另一方面又恨它，因为市场生产交换要求自由交易，突破封建限制和特权，在市场走向平衡或打破平衡中不断流动而获取利益。因此政府又要抑制它，把它控制在允许的范围内运行。同时还不让商人入仕参政，从地位上把它排在士农工的后列。这种商品经济的运行随国家政权的更迭而不断兴起和衰落。

　　虽如此，但商品经济的规律不会改变。随着产品大量生产，交易的商品数量不断增多，同质化现象不断提高，争夺市场地位的手段更为多样和激烈。在交易中购买者要了解、认知、评价、判断某一产品。但市场商品复杂的隐蔽的品质判断难度也不断提高。同时人们又要求商品品质能确保、讲信用、可追究。因此又要求商品、店铺有名称、标记可以识别和指认，可以说读称呼和信息传递，如同当时人类为了相互识别进行取名一样。

中国商品经济规律同世界商品经济一样，为利益的追求和实现，它将冲破种种阻力。商品要走向消费，价值要实现，它要流动打破平衡，尤其要在不平衡中实现更多价值，自由取利。在市场上为此要求有好的形象代表。也就是在商品这物体之外能克服物质的固定性、具体性、无感情性的局限，要有一类要素能代表商品，在任何时间、空间都能向消费者显示其内含的形象、个性、情感、品德和信用，以得到消费者的好感，甚至建立良好的顾客关系。这一概念性物质就是后来概括的商品的代表——品牌。

要知道，一开始生产者并没有这种清晰认识。他们有意无意地在产品上刻画图画、符号，之后则刻写更先进的文字，以此记忆事项和传递信息。随着产品的增多，同质现象出现，在先秦后期官府为了交易市场健康运行，确保产品品质，要求入市商品物勒工名，这可说是破天荒之举。之后尤其是简化成只标姓氏、生产组织，如果说这是商品识别要素的萌芽，那到了秦汉时期，这商品的名称、标记的识别要素便开始了较多较快的生长。这商品识别要素不但数量增加、品质提高甚至得消费者认可，如东汉著名文学家、书法家蔡邕非张芝笔、仲将墨、左伯纸不用。北魏白堕酒成了朝贵致礼用品。这种现象在经历了唐朝进一步的继续生长后，在宋元时期便进入了较成熟的创造，也就是品牌化的创造，如对产品取名标记、重视产品品质、进行广告宣传求顾客认知的白兔针、高牌油漆，此外还有诸葛笔、潘谷墨、石家镜，从而使识别要素有了一定的质优、信用的内涵。其名称或标记不仅仅是具体的物而是有抽象的活生生的形象。有的在顾客脑海中形成且经久不衰，甚至下传几代十几代的现象。这种形象物——品牌在经历了明代的深入创造后，在清前中期得到大面积大数量的发展。于是进入清后期经济转型创造后，在民国时期尤其在上海等地的产品品牌更是得到迅速而大规模的发展，而且全国的包括商号商品的品牌创造进入繁荣时期。也就是说这个抽象物有一个自己的科学体系，有自己的运行道路、运行规律和特点。从上述发展阶段可看出它在不同发展时期与商品经济阶段相适应，相依存，共命运，休戚相关。每当战乱出现、商品经济处于低潮，原依存的市场消失，动乱中商品生产经营中的品牌也无法生存生长。而当新朝代出现、商品经济复苏正常运行以后，品牌创造也继承前代的发展并上升到新的水平。

这种品牌创造的历史中，喻于利的小人创造的商品经济没有地位，市场繁荣的品牌更是忽略不计。正史有意无意排斥商人及品牌创造的印迹使我们几乎失去了品牌史的记忆，我们通过散落在笔记、诗词、偶尔的正史、一些文人的札记、小说、散文、人物故事、商人记述中，在考古文物遗存或陪葬品上刻印的字、图上，偶尔的商品商号识别要素的萌发、品牌创造相关的残缺不全或片言只语中，把这些碎片断断续续地连接成中国商品市场上的隐约的品牌面纱，可模糊地看到它随市场兴衰而出现及衰亡。青山遮不住，偶尔露峥嵘。从这些零星的资料中，看到了奸商竖贾、趋利之徒，也看到了一大批正直有德的商人，精心探索优质产品生产技艺并流传下去。看到了他们在市场上，为了顾客认知并交易成功及取得更丰厚的效益，针对商品外表、品种难以区别的局限性，以自己的智慧构思了一个与自己的产品有联系又有区别、能脱离出来的识别要素，即对商品、店铺取名、标记、包装等，并用优质商品、周到服务、立诚信、讲商德、重义和、尊敬顾客、追求独特优势等，结晶成一定个性和良好形象。通过当时有限的媒体告知消费者从而得到顾客的认知、青睐，建立无形的顾客关系，形成一定的消费群体。这个性、形象在琳琅满目、五颜六色的市场上鹤立鸡群。同时为发挥它的价值效应，不断延伸扩张。也就是在朦胧中发现每一个阶段都有一些经营者在市场上根据现有条件进行广告沟通，在树立良好形象中吸引更多顾客，使名称标记及招牌具有丰富而深刻的内涵和价值，进行溢价销售或出租招牌获利。商人敏锐地发现了它的价值，对它进行管理，发挥它的价值效应，不断地吸引新的更大范围的消费者，创造更丰厚的利益。有的商品商号牌子经营范围不断扩大，入城市，闯边境，延海外，扩张到周边地区、全国甚至国外市场。也就是说这识别要素从产生、发展到成熟的过程，也是它由具体的物不断抽象化，由冷冰冰到充满热情、由孤立到不断积累成有密切的消费者关系的过程，也是识别要素形成一定价值即资产的过程。

当然也看到了它并不是一蹴而就达到这程度的，而是在先秦时萌芽以后随时代的变迁及商品经济的发展而不断由东汉幼稚生长、唐时的成长、宋元的成熟生长、明的初步发展、清的广泛发展、清末的转型及民国的初步繁荣的过程。在商品经济市场条件的生长发育中，商人把这商品的代表内涵不断结晶、丰富，一个阶段推向另一个阶段，不断进步，完善提高。虽然在市场上一代一代的创造中不断有品牌倒下了，但野火烧不尽，到了新的时代商品经济条件形成，春风吹又生，有的甚至死灰复燃，更多的是新生长出来，而且是随商品经济的不断发育而一个阶段又一个阶段的不断提升、发展。所以它有自己的独立的发展体系，从而使这个识别要素充满丰富的内涵。它不同于一般化的仅是物体结构的企业字号，而是有名称标志的形象、个性的抽象物。

这是一个怪物。它开始关系产品又脱离产品依赖消费者，抽象而又综合，成了与消费者沟通的工具，其要素及内涵不但是名称标志还有形象个性，注重价值尤其高附加价值。它成为无形资产且独一无二、经久不衰，甚至不同于生命有限的产品而且能生存多代。它可延伸、兼并、扩展。它含众多器物和交易的商品，也需要人品尝，审视比较、评价，也要有良好品质，要众人赞赏认可，它们的综合往往表现在牌子名称标志上。直到20世纪50年代有人对它给以丰富而深刻的定义，于是由品和牌恰当地组合成新的名词——品牌。

本书经过在荆棘中搜索、砂石中挖掘及陈旧资料中寻找，不断审视思考。在构思结构中，不仅是排列而且组合描绘出具整体性、逻辑性的理论框架。它不是司空见惯的史料汇编，也不是人物传记辑录，而是本着全面破译品牌要素雄霸市场两千多年的秘诀，从新的视觉出发，以中国商品经济发展史上商品交易中的识别要素的不断发展为经，以各个阶段商品识别要素不断形成信用、良好形象及与消费者建立良好关系、形成价值和资产并不断扩张为纬，编织出中国品牌的多彩多姿的历史画卷。也就是从商品生产丰富后，萌芽商品识别要素写起后描述这要素作为商品的代表，在品质的支持下，通过经营渠道，采用各种传播沟通形式，与消费者建立认知和亲近联系，形成良好的市场形象，在强化、调整管理及竞争中成长、成熟、发展、繁荣，一个阶段一个阶段向前推进的轨迹。

本书力争使读者了解中国品牌成熟的道路及历史真相,弄清构思创造品牌的艰难和智慧。书中引录了不少事例,目的是让读者更相信品牌和得到形象的说明。同时也力争把这书做成有知识、有理论、有规律、有趣味、有故事、有惊奇、有事例的老少咸宜、雅俗共赏的普及性品牌发展的读本。

发掘历史,可找到事物发展的征程。看历史,可认识发展规律及发展前途。让我们在认识品牌的发展道路中看到这一规律,在运用这一规律中让品牌在走向明天的更激烈竞争的市场中所向披靡。

目　录
Contents

上篇　清后期品牌的转折创造

　　鸦片战争以后，中国品牌由于惯性作用，仍然在接二连三地形成，但也出现了新的变化。封闭的中国被不断打开，外商及品牌鱼贯进入中国市场。在国外品牌的影响下，在市场上开始了转型的新式品牌创造，出现了新旧品牌、内外品牌并存的格局。

转型的市场及品牌发展概况

清后期，经营环境发生较大变化。在这种条件下产品生产及市场经营也开始受其影响而转型，明确地向新式商号及产品品牌发展。

一、商品生产交换条件的变化

进入近代以后，商品品牌创造经营的环境出现的新变化，主要表现在以下几个方面。

鸦片战争前，对外实行闭关锁国政策，中国仍处于独立的专制社会状态，自给自足的自然经济仍占统治地位。鸦片战争后，在一次次被侵略的战争中，中国接二连三地被迫签订了不平等条约及不断开放市场。看到中国由此庞大的市场，携着不平等条约，英商首先把大量的工业品不断运到中国，有的甚至把钢琴和西餐用的刀叉也大批运来。华人见了仍要锣鼓不要钢琴，要筷子不要刀叉。中国人贫苦，洋布不如土布结实，对价高的洋布不感兴趣。一些洋货卖不出去只好低价销售。之后欧洲生产技术迅速改进提高，成本大幅下降。1869年苏伊士运河通航，中英航程缩短28%。1871年上海—香港—伦敦海底电线接通，运输成本下降，洋货降价，洋纱迅速代替土纱。同时外商又在中国投资办厂生产产品。尤其甲午战后外资在中国加快投资。1895—1913年，在中国设立的纺织、面粉、烟草、造船和机械等厂共104家。其中，在中国设立面粉厂达43家，还有多个烟业公司，以及船厂、电厂、自来水、榨油、碾米、肥皂、啤酒生产等，为新品牌进入创造了条件。

这时期，在一连串战争挫败之后，中国朝野部分有识之士认识到改革的重要，于是推出了自强运动。一些人提出"中学为体，西学为用"，向西方学习新技术、新事物，但离不开中国文化传统和体制。在不改专制旧法条件下，维新派曾国藩、李鸿章、左宗棠于南方设立机器局、造船厂，从国外购来设备，雇来技师，开煤矿、办电讯，进行洋务运动，兴办企业。从而开端了中国近代工业建设，也刺激了民族资本主义工业的产生。这当中官僚资本企业也陆续兴建，张之洞在湖北创织布、纺纱、缫丝、织麻局，还有织呢、造纸、制革、玻璃等厂，但先后失败。一些官僚如徐润、郑观应、严信厚脱离洋务派另辟蹊径自行投资生产产品推向市场。

　　同时在西风吹拂下，民族资本主义工业生产也如雨后春笋般地生长。这样的企业在 19 世纪 60 年代出现，到 1894 年这种企业共有 120 多家，有面粉、火柴、造纸、印刷等业。它们不再是传统手工作坊，而是近代企业和新式产品。甲午战后又出现了新的设厂运动。继 1895—1898 年出现设厂的第一个高潮后，1905—1908 年又出现了新的设厂高潮。这些企业有商办、官办和官商合办，但大多为商办。在哈尔滨有张近阁 1901 年创办双合盛杂货店后，于 1910 年收买俄商制粉厂后取名双合盛制粉公司生产面粉。这时轻工企业迅速发展且大部集中上海。有饮食业、制药、制酸、制冰、印刷、火柴、肥皂、造纸、玻璃、水泥、卷烟、榨油等厂。其他地方有牛庄豆饼厂、汉口制冰和金银熔炼，厦门铁锅厂。在济南开埠后一批现代化厂也随之建立。为创品牌开发了新产品。

　　同时传统企业仍在各地开张。如在长沙，据彭泽益的《中国近代手工业史资料》统计，共有手工业行会 21 个，在同治年间新建有锡器行、鞭炮蚊烟行、碓米行、面店粉馆行、生药行和干湿靴鞋行等，到光绪年间新建的行会更多，计有糖坊、油漆、锯木、绸布、白铁、铜器、烟袋、毡毯等行。在济南城内外出现的手工业作坊就不少，潍县土布业中手工染坊达 30 多家。

　　这时期清政府虽然在发展生产产品和商业，但又不忘加重商品交换的负担，抑制商业的迅速发展。同时又不准内地人到黑龙江经商，对一些重要货物不准商人自由贩运。商人仍没有地位，常遭打压，如在北京，咸丰年间安徽人徐克佃在琉璃厂原敬古斋店开张了宝文斋。到了同治年间，一日徐外出，时任王城都堂人乘车由该铺门前经过，将该铺招牌碰落。见兆头不好影响财路，一铺伙出去交涉，要乘车人下车请好招牌，且不得代劳，这人不得已下车上好。事后徐归，知事不妙。因这人是本地官，一旦得罪，即来封门。遂约请那人的老师翁竺数人于次日在铺中小饮。果然那人率领差人专来查封，这些人远见该铺前舆马盈门，入见其师及朋辈皆在，未得行事，忍气而去。如果不是预防在先，宝文斋无疑要遭受不小磨难。

虽然商品经济的发展遭政府抑制，但人们的商业思想是无法抑制的。清后期随商品经济的新发展又出现了新的工商思想，爱国经商思潮在各地蓬勃兴起。一是魏源的发展对外贸易主张。二是冯桂芬的充分发挥市场和商业作用的建议。三是王韬的按西方榜样对中国农工商业改造的主张。四是郭嵩焘向西方学习引进西方科技和贸易方式，主张商民自办企业。浏阳人谭嗣同在维新运动中，办《湘报》宣传变法，呼吁发展资本主义工商业。五是出现了郑观应的重商主张。他认为不应把商业看成是末业，而应以商为国本、为四民之纲，它依赖但又带动农、工、士的发展，互为表里。士无商则格致之学不宏，农无商则种植之类不广，工无商则制造之物不能销。商贾有生财之道而握四民之纲领也。以商决胜振兴中国各项商务尤其要使用机器生产出与洋货竞争的各种商品，以与西方商战中取胜。此外还有张謇实业救国的主张。他认为以农工商为序，仅是次序无轻重之意。把商业作为发展经济之先务。商不充分发展，农工产品不能销售出去，又影响农工发展，从而又影响交通、通信、金融事业。这一系列的工商思想不断激励各地商品经济的发展。

二、出现商品商号生长繁荣的市场

品牌的生长舞台，在清后期出现了由传统向现代的本质性的转变。市场产品也由传统产品转向深加工和现代工业产品，尤其是沿海各地市场更是蓬勃发展，同时市场结构也在悄然改变。

（一）入市商品有较大增加

这时各地仍在推出传统产品。从北方到江南、从沿海到西部都有这种现象。但也有新产品不断开发推向市场。在鸦片战争前大部分是农副产品和手工业产品。战后随着西方产业革命的完成，外国商品品质更加优异，价格大幅下降，洋货逐渐成为一些市场的重要商品。同时它又影响了中国传统产品的生产经营，使其加速分解，不断使未能新生的手工产品逐渐退出市场。鸦片战争后出现了不少缫丝作坊，手工棉织工场及生产火柴、肥皂、洋烛、卷烟、玻璃、针织等工厂及产品，出现铅石印刷，加工西药、搪瓷、油漆等。加工出口的商品有猪鬃、肠衣、桐油、抽纱、发网、草帽、地毯。有经营船舶修造和机制缫丝、印刷品、饮料、面粉、卷烟纸、纸扇等新产品。皮鞋产品始于19世纪30年代，并于1876年在上海浦东鞋匠沈炳根仿照西方款式，做出了上海第一双皮鞋，次年开设沈记皮鞋作坊推出批量皮鞋。一些人适应市场需求开张了成衣铺及商号。长沙开埠后华洋商民不断进入，成衣店大量出现，长袍马褂动摇。到清末长沙共有成衣店49家。照相技术传入多年后至1908年长沙先后推出20多家照相馆。

近代前期北京变化不大，传统生活习惯根深蒂固，仍是天朝上国老大心态。但也不是水泼不进，新观念、新物质文明细流无孔不入，悄然渗透到京城的各个角落。到20世纪前后，外国产的西药、打字机、留声机、唱片、收音机、热水瓶、热水袋、西洋乐器、文化用品，迅速进入北方市场。敏感的商人发现了京人新需求，于是以新式时装冲击传统土布衣；以工省价廉的火柴使人放弃火镰这原始低效的火具；以少烟的石油取代烟雾缭绕的菜油松片；以包装精美、方便易行、香气袭人的西方化妆品取代旧式脂粉、香料；以五光十色的机器洋袜、钟表、珠宝、毛呢等奢侈品让人动心；还以机制米面、洋酒、毛巾、布伞、铁钉、铁壶、铝制锅、搪瓷碗等日用品进入家庭让人舒心。它们中不少带着品牌的桂冠，得意地映入人们的眼帘。到了1900年前后北京出现追求时髦、崇洋的风气，以洋为时尚。有介绍说在北京向来请客皆中式菜馆，如今动辄进入六国、德昌、长安饭店以西式大餐招待为荣。

由于进出口不断扩大，在中国的外商洋行不断增加，一些国内传统商号也转向经营洋货。一些旧式商号被洋行收购，演变成新式商号。在丝、茶、棉花、草帽辫、毛皮经营中出现新型行栈，一部分在蜕变中求得新生。另外，19世纪前期出现了新的票号，到光绪后期票号进入极盛时期。有的开始投资近代工业。如源丰润票号投资浙路公司、汉冶萍公司、通久源纱厂、海门商轮局、光明机器公司、通利源油厂，通州大生纱厂、海丰面粉公司，从而不断向生产领域渗透，开发了不少产品投向市场，为品牌创造提供了条件。

（二）市场结构出现新变化

这主要表现在以下几个方面。一是出现新兴市场。由于对外通商扩大，从而影响内地商品经济不断蜕变。随五口通商和外国商品及品牌势力逐步深入内地，引起了中国商业城市、贸易格局及对外贸易中心的重大变化。有些商品形成产地市场、聚散市场、中转市场，这些市场都有不少商号，有些城市出现了新型商业组织——百货公司。二是对外贸易中心转移。它由广州逐渐转向上海，这里逐渐演变成中国最大的商业城市和外贸中心。上海开埠后由于其优越的地理位置和纵深的市场，深受外国商人的青睐。他们在上海乘机租地占屋，拓展了市场空间，黄浦滩也逐渐变成"十里洋场"。到了 19 世纪 50 年代上海已超过广州成为中国最大外贸中心。同时与国内各地区尤其长江沿岸的商业往来迅速发展，并成为全国最大的商业中心，大量的外国工业品经上海转销内地。上海又是农产品输出中心，到 19 世纪 70 年代上海已拥有近百家丝栈、丝号、茶栈，有 20 多家洋货号及 200 多家外国洋行。三是商品在更大范围流通。清后期输入的外国商品不断递增，有的价格不断降低。输出的商品中，丝、茶占到出口总值的大部分，还有棉花、豆类、糖类等。四是经营新产品的外资企业异军突起，到 1872 年进入中国的外资企业有 300 多家。鸦片战争前在中国广州市场上只有 150 家洋行，到 1872 年外商洋行达 340 多家，到 1893 年则增加到 580 多家。五是新式商品不断排斥旧式商品。19 世纪中期市场膨胀，商品经营行业不断增多，尤其有不少是新式商品。到 20 世纪初，仅汉口一地的进口商品中就有棉制品 60 多种，杂货 27 种，还有不少五金制品。六是经营方式增加，同时也出现了新的销货方式，如百货公司、批发市场。

从上述事实和分析可以看出，与传统比较，市场、市场商品、流通范围、经营方式等方面都出现了新的格局，转变中形成了新的特点。

（三）各地市场店铺出现新的繁荣

随商业发展开始形成商业经济区及商业中心城市。上海成为中国最大商业中心，广州、厦门、宁波、天津、长沙、青岛、烟台、哈尔滨、汉口、重庆、梧州成为地区商业中心。它们修路建楼开设店铺，纷纷挂出各种招牌。

这时期在山西平遥出现了南大街市场。它北起东西大街衔接处，南到大东门，全长近700米，成了商业最繁华的街道，出现了钱行、当铺、油业、粮行、木器行、货栈旅店、麻布行、颜料行、肉行、烟业、鞋帽业、漆行、花店业等且商业字号多。到后期形成了能控制全国50%以上的金融机构。见下图。

平遥大街及宝恒隆、颐昌号

在东北沈阳、长春、哈尔滨各式店铺后来居上不断兴起。由于各地大量人口迁入，他们白手起家生产产品、开店经营，立商号创品牌。在沈阳这闯关东第一站成了关东市场商业销售贸易中心。不少内地商人在这里开设商号，如经营综合商品的丝房、杂货的大屋子及经营粮栈、木行、化工品、榨茧的商号。在长春到清末时大小商铺有千余家。在哈尔滨有 4000 多家商铺，其中油坊、绸缎、烧锅、皮货等山东商号就有 500 多家，占总商铺的八分之一。

在山东，到光绪年间商业店、铺、摊、贩遍及城镇乡村，大小商号数百家，五金业、书店业、印刷业、饮食业、杂货业等多种行业，其中饮食服务行业店铺不少，尤其烟酒茶糕点更多，各式店铺随处可见。在鲁西聊城到光绪年间这里的大小商号数百家，其中大量饮食服务行业铺店商号林立。

在上海开埠后各地商人鱼贯而入，纷纷在这里开店立商号。鸦片战争以前主要商业区及商号在旧县城的大小东门和南门一带。鸦片战争以后，具优势地位的上海吸引了一批批中外商人前往淘金，很快在租界上洋楼高耸，街巷纵横。1840 年有人开了家经营北京手工业品为主的京货店。在新式货业方面广商捷足先登到上海经营广货，后又经营进口商品包括洋钉、肥皂、香粉、自鸣钟、帽架、毯子、手帕、围巾、洋针、洋布。有的还经营玻璃、洋铁皮、洋油、洋烛、橡皮、化妆品等。在药品上西药外还有医疗器材、化妆品，其他有照相器材、石印器材、糖果、罐头等。这些广货店成了上海时髦品店的代名词。从 19 世纪 50 年代末开始，入沪的浙、苏商人大增。到 20 世纪初入沪的宁波人达 40 余万，其人数很快超过广商。他们在这里开张银行及经营酒品、广货、绸缎、生丝、客栈、瓷器、布匹、茶叶、皮货、药材的各种商号，很快各地商人在 1865 年建成的上海南京路上，接二连三地开张 150 多家商号。

在浙江，绍兴的不少作坊及店铺开发了不少产品尤其是酒酱等。其中黄酒独领风骚，其品种有各类黄酒，包括干黄酒、半干黄酒、半甜黄酒、甜黄酒、浓甜黄酒、加香黄酒。酒之外还有酱油酱菜。另有药业、缸业、绸缎布业、服装缝纫、米行、鞋店、钱庄、当铺、家具店等。

在长沙，这时逐步形成了大量经营南货和杂货的店铺。由于同类商品经营店铺多，行业不断形成。长沙手工业行业分工更深入、更专业化。如按行业分出京刀行、棕绳行、锡器行、翠器行、铜器行等，有的能仿制加工西洋货，如采用锡箔光工艺制镜。到清末长沙还生产肥皂、玻璃瓶、棉纱袜等商品。咸同年间外省客商大批进入长沙开张了不少店铺商号。随之本地商人所开商号逐渐增多。1904 年长沙开埠后大批洋商洋货涌入长沙。

市内商业中心区逐渐形成。外商在开埠后陆续进入长沙经营纺织品、五金制品、搪瓷、电器、化工产品、煤油、白糖、海味、药品、钢针。这时裁缝匠进入市场，到清末长沙共有成衣店 40 多家，后又开张了不少照相馆。

在广州，市场由极盛到渐衰。鸦片战争前广州是唯一对外贸易中心。国内输出商品，由赣江越大庾岭和湘江南运达广州，因此广州商业发达，市场店铺接二连三，招牌琳琅满目。五口通商后福建茶可由厦门福州出口，江浙茶、丝由上海出口。长江流域商品大都沿江而下集上海。广州仅成中南地区性商业城市。

这时其他口岸城市也有很大变化。清后期又有一大批沿海、沿江、内地边疆城市被辟为商埠，有不少还成为洋货、出口产品集散中心，且开张有不少店铺，为推出商号创造了条件。除大的中心城市市场外，还出现了不少市镇市场及店铺商号。在山东腹地周村，由于地理优势，使周村成了北方的重要商埠，发展为"天下第一村"，开张了大批商号。到了近代这里的商号品牌创造进入鼎盛时期。大街上光溜的青石板，风格迥异的店铺，错落有致的格局，变化多端的门面，五彩斑斓的商号匾额和招牌，孕育出几十个闻名遐迩的品牌。到清代中叶，丝绸印染业兴起，周村逐渐成为全国著名的丝绸加工基地。至光绪二十六年，周村开埠前夕已有不少浆坊、染坊，出现了机械缫丝厂，形成长长的丝市街。周村辟为商埠后海内外的商贾云集，商店、作坊最多时达 4000 多家。同时引发了外资涌入的浪潮，除了原来在商埠街上的日本大富洋行、德国礼和洋行外，大批外国商号陆续开业，有德国的德和洋行、德圆号油栈、美国鸿记油栈、英国与荷兰的壳牌石油公司、日本铃木洋行、英美烟草公司、日本小林洋行、日本寺村丝行等，最多时达到 100 多家。

在江西出现多个商号云集的集镇。在广丰洋口墟开张了千余家经营烟叶、茶油的行铺。在河口镇有不少商号经营纸品，还有不少茶叶商号。见下图。

在九江，1861 年开埠后仅茶商号就开张了十六七家。在清江樟树镇有大批商号经营药材成了著名药市，虽不产药，但它是闻名的药材集散地，开张有不少药号。樟树药商还大批外出经营药品，有不少人还在湘潭开张药铺，达 200 多家。在会昌筠门岭镇商户也有不少，成为赣闽粤边区货物转运中心，到光绪年间达 300 多家店房商号。

江西河口镇老街及商号

　　在浙江兰溪，宣统年间仅徽商就有不少人在此开店，经营花炮、茶漆、南北货、茶食、蜜枣、典当、绸布、烟叶、酱园等30多个行业及商号。有一徽商开张元泰茶漆号，加工金丝琥珀蜜枣，取名新安金丝琥珀蜜枣。后为防人仿制，设十几家分店布局进行市场控制。

　　（四）出现商号集中的商业街

　　由于市场繁荣，不少城市出现了商店一条街现象，这里开张了一大批店铺商号，甚至形成了不少同类商品的牌子，也可说这是品牌专业街。

　　在北京，出现隆福寺文化街。这条文化街明末清初开始兴盛，后与外城琉璃厂、打磨厂等传统文化街齐名。1898年，这里的京师大学堂创立后又改为北京大学，商人相继在与沙滩近在咫尺的隆福寺街开店设铺，经营书刊或与文化相关的商品。最盛时开业的20多家书店，占隆福寺东段的半条街。在河北，清道光年间云集安国的药商中就有13个较大的帮会，常住安国的各地药商曾多达1500多家。其中有不少开张了商号。在天津，出现了北门外的估衣街，这也可说是天津商业发祥地，东西两里长。到1900年前初具雏形。这里主要经营的是一些由当铺打当出来当死的旧衣服。一些加工衣服的匠人也抓住商机涌入估衣街开服装店，吸引着挑选衣服的人。山东孟家八大祥中有五大祥先后进入估衣街。天津新八大家中的乔、纪两家合办的敦庆隆绸缎庄，孙、胡合办的元隆绸缎庄，后在此成全国知名商号。此外，也有不少药号、瓷器号。也有经营进口名品、上广货品的商号。连接估衣街的锅店街，有著名的南纸局。估衣街附近出现了300米长的竹竿巷市场。成为南北物资交会中心，也商号林立。在沈阳，形成了四平街又称中街，经过多年发展到清中期开始成为商业街。到清后期，各地商人在此开张的商号大增，成为繁华的著名商业街。在山东济南有芙蓉街。这街也格外繁华，到清末各种商号多达100多家，这里裁缝铺、书店、照相馆、乐器行、眼镜店等一应俱全。他们开张了不少商号。1876年，章丘孟家在此开春和祥茶庄后发展到全行一半，处领先地位。在芙蓉街中北部形成了街区，有纺织、服装鞋帽、铜锡、印刷等行业商号。在山东，还形成了周村丝市街。这里开埠后从东门路西至南下河街，全长700多米的街道发展为丝市街成丝绸集散中心。这里有丝织业户3000多家，占山东省大半。一些商号的丝织品运销外省以至新疆、内蒙古等地及国外市场。在上海，商业第一街南京路成为中外商号品牌的聚集地。它原名派克弄（PARK，LAHE），是人们约定俗成的路名，意指可通向一处能跑马休闲的PARK（场地）。当时外滩一带是外国洋行和外侨的主要集聚地，有东靠外滩的地理优势。他们到抛球场（跑马场）进行休闲活动要经过此地。1855年，英商在这里开设了福利百货公司及洋货专卖店。为了方便，1865年租界当局以中国城市命名东西方向的道路，派克弄取名南京路。后安装了煤气路灯、自来水、电灯，建排水系统，有轨电车。华商也发现这是前景看好的黄金地段，于是纷纷来这里开张为外国人服务的服装面料、金银珠宝饰品商号。这期间外资经营金融机构开始建立，陆续开办了最早的银行。其后法、德、美、俄、日、荷、比等国也在此开办银行。之后一些华资也先后在这里开设银行，如1897年中国人自办的第一家银行——中国通商银行，1908年又有交通银行总管理处在此开张。从此外滩成了具著名商号的金融一条街。也在上海，福州路成文化街。这在上海开埠前是通达黄浦江的一条土路。1850 年英租界筑外滩至界路。时有教会的墨海书馆出版教会宣传读物，所以又称教会路。1860 年大批华人拥入租界在路中段开报刊书肆、戏园、茶楼、菜馆、药房、古玩等。1864 年建筑至西藏中路改名福州路。后在东段设有洋行、办公楼。20 世纪初中段成为文化一条街，先后开张有不少书业商号，商务印书馆发行所在这里成全国最大书店。在上海还有银楼街。宁波商人于 1852 年在庙前街开办了凤祥银楼产销金银饰品，接着在这路上又相继开办了多家银楼、商号。1773 年宁波商人在上海县城开设杨庆和银楼，从此庙前街又称银楼街，出现了在一条街上一批银楼的竞争。随着大马路的开辟和繁荣，银楼业也纷纷进入南京路。在中南长沙也有专业街市。这里的不少商号从湘潭批发进货。光绪初年京苏广货不断增加，红牌楼一带开始有专营苏广杂货店。光绪中期这些商号开始经营洋货，尤其八角亭、红牌楼、坡子街一带店家最多。到清末长沙形成店铺集中的专业街市，出现较大商户。如油盐花纱号多的大西门、鞭炮土布庄多的太平街、绸布店接二连三的八角亭，皮货店多设在白马巷，油鞋店拥挤在化龙池，雨伞店相聚在老照壁，铜器店照应在铜铺街等。这都是闻名的专业街。坡子街上钱庄、扇店、金银首饰店、铜器店、笔墨店、药材号在此安居呼应。南北街作为城区交通干线，南货店、刀剪店、烟店、颜料店、红纸店和茶庄等杂货店颇多。八角亭则集中了具有现代气派的百货店、绸布店。在南阳街、府正、玉泉街一带则称书店街，到清末时发展到 80 余家。维新运动时新书局如雨后春笋般出现，有新学、维新、经济、强亚、实学、三昧、学艺等书业商号。出长沙往南在广州有文德路文化街，这里原称府学东街。广州拆城，孔庙的学宫改为文教场所，东街改为文德路。这时遍布数十家文化书院。广东文人来省城广州考试，都会来文德路寻书。这路的商户以卖旧书为主，也经营古董、文物、裱画、装订与文化有关之物。清末时文德路进入鼎盛发展，有经营各种文化商品的商号近 50 家。

（五）商人队伍中商帮出现变化

鸦片战争后中西部商帮走向衰落，而由于商品经济重点转向东部地区，从而这些地区商帮队伍也壮大起来。山东商帮，鲁商作为整体在本地外，主要在北京和东北。在东北垄断的产业有当铺、绸缎、粮业。在哈尔滨4000余家商铺中有油坊、绸缎、烧锅、皮货等实业性的山东商号500余家。后来山东生丝转上海出口，山东商帮在此开设不少专营山东黄丝的商号。浙商帮，这可说是由传统走向新型的商帮，它包括宁商红帮和钱商、龙游书商。在近代众多商帮中浙商迅速兴起，尤其宁商更是鹤立鸡群。宁商中出现了典型的红帮裁缝。据说他们的祖师爷张尚义是一个在横渡杭州湾时翻船的幸存者。他在日本横滨为停泊在此的俄船员修补西装，很快成了西装裁剪高手。以后他的儿子张有松回到上海，创办了中国第一家西服店——福昌号，并向宁波同乡传授技艺，从而形成裁缝商帮。1892年宁商王阿明在天津法租界最早开办西服店，取名王阿明西服店。20世纪初红帮裁缝在南京开张李顺昌、庆丰和等。有的在上海滩、青岛、济南、烟台等地开设服（西）装商号。同时不少宁商经营银楼业。有的经营钱庄向上海发展，在上海感到钱庄难以适应需要，于是转向兴办银行。1897年严信厚、叶澄衷发起创办中国第一家银行——中国通商银行。接着虞洽卿、李云书筹办了四明银行。后宁商开办了中国、交通、浙江兴业、浙江实业、垦业等银行。光绪年间龙游浙商开张纸店近20家。这商帮中有不少商人或以刻书为业，或专门开设书店经营书业。在西部，关中地区咸宁、富平、泾阳、同州等县较为发达，商贾云集，商贩多。后陕商成帮将生意延伸到四川，不少商号掌握了百余年四川经济命脉，垄断了井盐生产和大部金融、票号、典当。后把商号大批扩张到云贵后又在川藏打箭炉、在西部河西开张商号。在打箭炉，陕商开办的大小商铺近百家，集中在一起称老陕街。其德泰和商号在巴塘、德格、甘孜、成都、玉树、昌都、木里、上海、仰光、香港等地都设有分店。在甘肃中部陕商云集收购甘草，开张万和堂等多家药号，并达乌鲁木齐、伊犁，向南达广州、佛山，向东达扬州、上海开张商号。在云南出现滇商帮，它包括滇南、建水、蒙个等商帮。滇南以建水、蒙自、个旧商人为主。他们开张了不少商号。主要经营个旧大锡、进口棉花、棉纱、布匹、百货，或经营大锡、茶叶、皮革、猪鬃、火腿运港，购回棉纱、百货。

　　除这些之外其他地方商人也在不断壮大。在成都活跃着大批赣商，据统计，由江西商人在成都开办的印刷出版行就有50多家，其中最著名的是由周达三开办的志古堂。这仅是其中一例，类似的有不少。晋商帮，经营商品商号，比较突出的是票号帮，他们分布在全国各地经营票号。

三、品牌发展概况

（一）品牌创造意识更加明确

清后期由于原有的观念和现有的生产力以及存在的大量传统需求，同时由于先行的外牌影响，因此市场上出现中国品牌的转型创造。

在商品经营中为了使品牌有效创造，使商号产品有好的形象和内涵，一些商人进行总结撰写经商读本，提倡公平原则和诚信意识。山西平遥商界推出启蒙读本《俗言杂字》，要求年后过了灯节出门经商，进行买卖都要公平，量力求财本分营生，要勤不懒。祁县茶商在《行商遗要》中要求：为商贾把天理记在心。不瞒不欺，义取四方。这些要求和实践、待客态度和服务质量无疑会体现为商号的良好形象。

清时商人更重视品牌标志匾额，把它看得很神圣。1900 年庚子事变的 5 月 20 日，北京大栅栏老德记药房大火延烧到六必居，工友张氏等人冒险跳进火海，把神圣的老匾抢出来送到在京的山西临汾会馆保存。他们认为有匾牌的店在买卖就在。第二年重修六必居竣工后，又把老匾请出来。它是六必居形象、信誉的标志，牌在代表商品就在。由于张氏夺标抢匾有功，东家升张为掌柜，可见店员店主对标牌之看重。到清朝末年，禹州药交会发展到一个新的阶段，药商的经营方式由摆地摊、竖布篷发展为进城赁租房开店、设立字号，改变了没牌匾的旧习。这些事例说明，进入近代，社会上及商人明确地尊重、思考、构思商号商品牌子这一识别要素。

（二）品牌创造进一步发展

这时期既继承了前期品牌创造方式，又探索了新的形式。在识别要素的构思、沟通传播、形象塑造上出现了新的形式和策略。这时期与前期品牌创造相比有明显转型性质的进步，构思的识别要素数量有较大增加，创造手段多样，与消费者联系更紧密。同时应对风险更谨慎，危机处理更果断，品牌扩张更大更远。

清后期外国商品不断涌入中国市场，排斥中国产品，扩大市场份额。同时，外商又把品牌创造模式移植到中国，影响和启发了中国商人，致使华商在与外商的激烈竞争中也进一步重视品牌创造。可以说中国近代品牌快速的提升和进一步完整创造，是在西风东渐、外商进入和中国民族经济转型过程中进一步完善、丰富和发展起来的，并非仅由传统品牌延续发展形成。

同时由于外商的商品品牌及商标进入中国，这些作为标记的外来语，英语词汇"TRADEMARK"也出现在中国市场上，不断进入消费者的眼球，影响国民，给了市民新的商品牌子印象。同时也影响政府的视线，并在与外国订立的条约中表现出来。如光绪二十八年八月四日，清政府与英国订立《中英续议通商行船条约》，条约将"TRADEMARK"翻译为贸易牌号、牌号。同一日在与日本订立的《中日通商行船续约》中则称为商牌。在清政府颁布的《商标注册试办章程》及《商标注册试办章程施行细目》中都有"冒牌"字表现，说明有标牌、牌子的概念。清政府商部就拟订商标注册试办章程事恭呈御览的奏折中关于商标用词有商标、牌号、贸易标牌、标牌等词。这牌号、标牌词都在不同程度地影响国民，尤其是商人，从而形成牌号、商标的概念。

在市场上对于商品商号牌子也有各种不同说法，如说牌戳、牌号、牌印、厂牌、贸易标牌、标牌，但都有核心字"牌"。江苏镇江府丹徒县正堂汪在一判词中写商品"牌戳"。光绪十三年六月初六（1887 年 7 月 26 日），钦加府衔补用直隶州署江河苏州府吴县正堂马在一判词中说是牌号。1902年 7 月 25 日《通州大兴面厂行事理》中规定面粉双鹤牌要有牌印。1904年 8 月 4 日，清政府商部为拟订商标注册试办章程事项，向清廷呈送了奏折，奏折中将贸易牌号改称为贸易标牌。这年 11 月 11 日，清政府与葡萄牙订立的《中葡通商条约》中将"TRADEMARK"译为货牌。由此可见标牌、牌子在社会上应用已很广泛。这牌是商品、贸易、工厂的标记，表现为戳、印、匾额等，可见这时对商品牌子的概念称呼种类多并不清晰、统一和准确，有待进一步明确。

　　这时期尤其到了清末，一大批商人开始亮出牌子字号进行经营。这时出现了取名中带牌字的认识及行为，走上明确的产品牌子称呼的轨道。人们将牌字这一商品商号标识代表或符号的专有字、后缀字更深入广泛应用，并在一些经营行动和文件中表示出来。可以说开始了品牌的新的内涵创造。

（三）传统商品及商号出现不断转型

　　第一，出现产品性质由传统转向现代产品。多年以来形成大量传统产品，少有技术含量。进入近代开始向深加工或有机械加工产品上转化。如火绳转向火柴，由烟丝转向香烟，由土靛转向化学染料，土丝转向机加工厂丝，铜铁产品转向五金钟表，药草饮片成药外推出针对性明确的更有精准效果的西药。不断增多的洋产品进入中国市场，因而激励学习模仿推出新技术产品。再就是由单一转向技术含量更丰富的商号。在广州，一些手工作坊转向轮船修理，生产缫丝机、蒸汽机小火轮的商号。上海发昌机器厂开始了新式机器生产。鸦片战争后西药进口增加，甲午战争前经营西药的仅在上海有洋行兼营西药，后有华商洋广杂货号也经营西药。1888年有商人开设了上海第一家中西大药房。后不断有人开张了这类药房。化工产品是鸦片战争后增长最快的行业之一。进口的颜料、染料作为化学制品，比植物性染料色泽鲜艳，价格便宜。上海最早专营颜料的中国商店林魁记原来是一家胭脂店，因采用进口颜料品红做原料时深受欢迎，就转而以经营进口颜料为主业。一些华商在优惠的包牌包销中逐渐壮大，并另立商号独资经营开张颜料商号。五金产品方面，鸦片战争前商号是打铁铺、铜匠铺。最初五金品由洋行直销，广东商人在香港、广州开设了经营外国五金的行号、分号。华商较早专营五金的是叶澄衷开的顺记五金洋杂货号。铅字印刷术传入中国后，有商人创办了印书馆，从此报纸、杂志的出版进入高潮。轻工产品方面仍有漆器、伞、金银器、鞋帽的传统商号，但又出现了新产品香烟、火柴、鞋袜。

　　第二，出现了由仅是产品商号转向带牌字的识别要素转化。多年以来，虽有进行品牌创造意识，但还是不很明确，没有清晰表达并形成科学概念。进入清后期，由于多方面的影响，商人的经营经验的积累和科学的思考进行了识别要素转型。在构思品牌时不但发展到用物品轮廓、新词、字体、图形为名称标志，尤其是明确地在商品名称后带上牌字，这是一个重大的转型变化。从此中国市场品牌开始了明确的品牌创造，在丝绸方面有的还亮出西泠牌、和合牌、银麒麟牌。在针织业推出了高档袜品金爵牌、飞鹰牌。杂货业中商号转向称京货店、广货店、京广杂货店、洋广杂货店。由于外商开设百货意义商号，一些华侨商人在香港、广州也开设商品繁多的商号，在20世纪初一些杂货商号始称百货店，如广州先施百货。有的在烟业中推出第一批国产香烟构思出白鹤牌、飞马牌、双喜牌。火柴方面广州义和推出舞龙牌火柴。金融业在钱庄、汇兑号让位于管理更科学的银行，在这转型中兴起的票号陆续退出市场。

第三，出现向更科学的品牌化转型。在进入清后期初现明确定位，进一步创造条件支持品牌建立可信基础。在求顾客认知上由本身媒体转向社会功能强的媒体如报纸等，极大地扩大了传播范围，提高了传播效果，尤其在经销过程中也不断进行品牌反应。由于经营环境剧变并影响品牌成熟，出现了进行品牌的多项管理，或调整或振兴或强化，使品牌健康发展。

第四，由本地形成向外地及境外经营。这种种市场繁荣转型的现象大多出现在沿海、江浙一带。但它不断向各地渗透、扩散，影响商号和产品走向现代品牌。经过一定品牌化，一些品牌形成有价而且具有果树效应，可以利用进行扩张。这些成熟品牌类别多，有的是新类别，如建材、茶叶、香烟、五金、轻工产品。在区域上，一些品牌继续向蒙古国和俄罗斯发展，同时增加了向东南亚国家市场扩张。在缅甸开张的永茂号成名后，扩张了八个分号，有的在这里开商号经营玉石、棉花，初步在国外形成了中国的品牌。

（四）品牌化数量大增

清后期尤其是咸丰年开始，由于商业迅速发展，在各地及各类产品中出现了各种商号。据统计，光绪年间各类商号达1000多个。商号和产品多，其中形成的品牌也多。

从区域看，各地出现不少商号及品牌，但东部沿海和江南市场上品牌明显地大量出现，其数量极大地超过内地。

在北方市场，北京作为当时的国都，人们的需求最旺盛，尤其传统需求仍然旺盛，为此传统商号仍然频繁在这里开张。到清末在前门大栅栏一带就有便宜坊、都一处、月盛斋、乐家老铺、致美斋、通三益、正明斋、庆林春、九龙斋、同聚成，有同丰酒店、公益兴纸店、合盛永颜料庄、永安堂药店、天成斋鞋店、盛锡福帽店、庆熙堂药店，有同义信、裕顺兴、瑞生祥，有同义厚、天兴成。在琉璃厂书号文房号尤其多，如带文字的文光楼、文蔚堂、文华堂、文宝堂、文远堂、文盛堂、文德堂、文盛堂、文友堂、文琳堂、文澜堂、文润堂、文贵堂、文雅堂、文焕堂、文富堂、文瑞堂、益文堂、会文斋、德友堂、翰文斋、正文斋、萃文斋、宏文堂、蔚文堂、鸿文斋、修文堂、耀文堂、奎文堂、龙文阁、富文堂。又有带宝字的宝经堂、宝文斋、宝名斋、宝华堂。还有带同字的同善堂、同雅堂、同好堂。有带宏字的宏德堂、宏远堂。有带古字的复古堂、保古斋、鉴古堂、述古堂。其他有修本堂、龙威阁、荣华堂、兰梅堂、玉生堂、松筠阁、铭德堂、福润堂、大酉堂、鸿宝阁等。福隆寺书商号有文奎堂、文元堂、同立堂、天绘阁、宝书堂、三槐堂、明经堂、带经堂、镜古堂、段双堂、问经堂等。次外山西盂县商人在北京经营的氆氇商号有大成号、大顺号、大兴施、大顺施、义兴号、义成号、义和号。浮山商人开张商号有东兴号、玉成施、兴成号、义生号、永兴号、富有号、如意号、增盛号、天和号、德丰号、晋成号、广成号。此外还有兼营洋布的商号。在山西市场，晋商仍经营传统商品，并开始大量经营票号，而平遥、祁县、太谷、榆次最多。见下图。咸同年间在祁县就开张有大玉川、大德川、大德诚、大德兴、长裕川、长源川、巨贞川、巨盛川、永聚祥、裕盛全、德逢源、宏源川、通川盛、福廉泰等20家茶庄。其中常万己家就有大昌玉、大涌玉、保和玉、三德玉、顺德玉、泰和玉、三和源。其他有祥云集烟店、晋昌元铁铺。曲沃多烟商号，临汾、襄陵多纸张、干果、杂货商号。在平遥日升昌开张后，一花引来百花香，票号雨后春笋般在各地开张。这时期在平遥有协同庆、协和信、汇源永、百咱通、宝丰隆等，在祁县有百川通、巨兴和、中兴和、存义公、长盛川、元丰玖。在太谷有锦生润、世义信、大德川。出关往东北市场商号也不少，这是发展较晚的市场。在天津市场，这也是后起之秀，到清后期时也商号林立。同治年杜盛兴号在天津落户后，随之有协盛全、新复兴、同德药行开张。晋商开张了不少商号，光绪年间仅当行就有李天聚、时聚和；汇兑号有蔚长厚、日升昌；洋布商号有锦泰公、永泰生；染店有维新成、晋裕成商号；茶叶有大德玉、皮货有四合源、锡器业有永昌号、账局有积义公、四补成等。颜料店有东如升、如升大、西裕成、德昌公、公裕、福兴恒等商号。有人开张文美斋、杜经魁、戴月轩及求古堂新旧书铺。天津作为新开口岸，出现了经营洋杂货、洋布、颜料、五金的商号。买办徐润在 1859 年开张了绍祥号，后又开张了福德泉、永茂、合祥记等。

榆次老街商号

在东北市场，在沈阳山东黄县商人在中街开张了不少丝房，其中有谦祥恒、裕泰盛、瑞林祥、内金生、吉顺、兴顺洪、吉顺昌、同义和、兴顺、兴顺西等丝房。有内宾升鞋铺、李湛章笔店、萃华金店西号。铜行有永泰成、福顺长、恒顺德、双兴和、公义长、恒发永等。皮行中有预恒泰、协盛发、周皮铺、双合盛。在银楼街有萃华金店。中街北的 44 家商号中有明湖春、洞庭春号，有老虎口酒，中和福茶庄。在沈阳外的营口，山东商人开张了元中茂、同兴宏、兴顺魁、天合达、西义顺等油坊商号。还有同心德、万源栈、文裕栈、裕庆东、恒增利、元成兴等粮号。在黑龙江哈尔滨也有多家商号，有山东登州人开的太顺增，后发展了两家联号太顺祥、太顺利。1905 年山东商人开张元茂盛、同兴宏、兴顺魁、天合达、西义顺等商号。还有烟台商人开张的同兴德、万源栈、文裕栈、裕庆、恒增利、元成兴等商号。在长春，鲁商开张商号处垄断地位，绸缎布商号有天合庆、兴顺公号。

在东部市场，在山东济南进入近代后开张了不少商号。有一些商号饮誉一时，各领风骚，比如瑞蚨祥、振业火柴厂、玉谦旗袍店、三山眼镜店、燕喜堂、宏济堂、汇泉楼等。这里还有布行隆祥老号、瑞林祥、瑞蚨祥、庆祥、鸿永祥等。在芙蓉街北有纺织、服装鞋帽、铜锡、印刷等行业的商号。在金菊巷口有广东人开的明春堂药店。当时济南的药行多为陕西人经营，如全盛栈、永盛栈。出济南往东可到周村，这里的商号也是鳞次栉比，形成了永和、恒和、同和、复源、谦和、金记、同利、鸿昌义、东来升、三义太、谦祥益、瑞蚨祥、瑞林祥、益兴太等著名丝绸商号。在药号方面有同仁堂、异芝堂、广和堂、永生堂、大德生等。有铜响字号聚合成，聚合斋烧饼，还有文化用品、五金化工、茶馆等商号。北起丝市街南到魁星阁这金融街布满了钱庄票号。此外还有大量茶业、皮革、酿酒、食品、酱菜业商号。外商也有不少在这里开张商号。鸦片战争后商人随传教士入村，最早是美烟草公司在这里设商号。由于价高且不习惯烟草销路不好。1902年被英美烟草公司收购改设同庆号，由华人代理，先推出了香烟地球牌、大连珠牌、刀牌，后又推出低档的红印牌、斯太菲牌。在1904年周村辟为商埠后，外商纷纷涌入设商号亮品牌经营。如德商韩士礼在周村开张礼和洋行办事处德园号油栈，经营美产煤油。后英荷亚细亚的义太鸿公司、日商的铃木洋行、德太祥洋行、大富洋行纷纷入村。德太祥还推销人造丝，商品牌子有金三马、天桥、东洋、银鸟、旭辉、大富士等。见下图。在烟

山东周村外牌商号

台 1862 年开埠后，很快成为东部沿海地区重要的中心市场，吸引着国内外巨商云集这里。其中有瑞蚨祥等绸缎庄、生生堂等药房、福昌泰等杂货店，还有五金、糕点、酱园、饭庄等商号。1910 年南洋兄弟公司也扩张到此，推出的香烟有飞马、三喜、双喜等。青岛开埠后出现了绸布号谦祥益、瑞蚨祥，餐饮三大楼——聚福楼、春和楼、三盛楼，钟表眼镜亨得利。在上海市场，各地商人在这里开张了不少新兴商号。最早来上海寻求发展的广商买办和通事，以他们通晓外语和善于与洋商打交道的长处也开办了不少商号。之后浙、苏、宁商人鱼贯而入开张各种商号树招牌。有的在租界开设替洋行销售和采购的行号如义升号、鸿泰号、亦昌号、方振记。之后一些商号如汪乾记、和生祥、宝源祥开始专为洋行收购茶叶。之后在 1865 年建成的南京路上，接二连三地开张 150 多家商号，其中著名的绸缎店有老介福、老九章、老九纶、老大章、老九和等，银楼有老宝成、老凤祥、老庆云、老杨庆和、费文元、方九霞、裘天宝，到 1906 年商号达 184 家。在南京西路经营的商号仅药业就有雷允上诵芬堂、张发记、凤翔、庆余堂、童涵春、蔡同德药店等。见下图。广货店的商号有广升洋、老悦生、金享、悦生、有隆、广同昌、广利安、老恒生、恒生、隆华彰泰、致宝长等。浙江洋水茶商开张了谦和、元吉、仰记、久成、震和、义升行、福兴隆等商号。鲁商开设了专卖山东黄丝的恒顺、和聚、益昌丰、恒祥、同和栈等商号。川商开设了泰康祥、宝元祥、绪昶、同康泰等商号。河南怀庆商人开张了协盛全、杜盛兴、同心隆、三成申、育生德等商号。1866 年方举赞开张了机器生产小火轮的发昌号，成为我国第一个机器企业。之后出现了发昌、建昌、金昌、永昌、远昌、广德昌、大昌等机器厂号。在火柴方面开张了燮昌、荣昌公司。1850 年京广杂货在大东门外首先经营洋布开设了同春洋货号。后宁波一俞氏开张了大丰洋布店。有的开设东洋庄，在 1874 年有人开张了盈丰泰，从经营灯料器、火油灯罩开始后扩大到纽扣、肥皂等日用品，代销日商雨伞、自鸣钟、丝布等。在江苏市场，在扬州有经营茶食、香粉、酱园、玉器、漆器的商号。茶食店中有冶春、富春、菜根香、共和春、惜余春、大麒麟阁等茶社。有谢馥春香粉店、四美酱园、三和酱园。玉器店有玉缘，漆器有漆花厂。还有景吉泰、惜余春等有名的茶社。在无锡出现了先经营土布兼营洋布尔后完全转型经营洋布的时和、世泰盛。

商店招牌

1826 年绍兴人徐元吉创办的徐元吉斋。同样在苏州也开张了不少商号，如采芝斋、五芳斋、叶受和等。在浙江市场，在杭州除一般商号外，丝绸业商号就有 70 多家。有名的有蒋广昌、悦昌文、豫丰泰、袁震和、宋春源、金沅昶。1896 年，楼景晖在萧山开办合义和丝厂，将产品取名为和合牌。在湖州有商号老淳泰、弘生昌、咸章信，绸庄有永昌号，尤其是南浔镇形成了一大批丝商号。1895 年南浔庞元济与人合资在杭州创办世经丝厂，将丝品取名为西泠牌，明确进行品牌化经营。1909 年王正昌创办公益缫丝厂将丝品取名为牡丹牌。在绍兴也是商号林立，这里酱、酒之外还有不少茶栈及其他商号。如平水茶区茶叶质优产量高，被欧洲人誉为绿色珍珠。宋周瑞见有人收购农户茶叶，于是放弃草鞋活改贩茶。一次在卖了茶叶后发现账房多付给他 30 银圆，于是去退款而往前挤，账房误是无理取闹进行指责，叫他滚出洋行。英商叫来翻译得知原委，深受感动，于是就地投资请宋创办了瑞泰茶栈。多年后宋子孙分家开了 25 家茶栈及分号，一些亲友也乘机开张带瑞字商号瑞康、瑞安、瑞记、瑞兴、瑞章、瑞隆、瑞恒、瑞大、瑞丰、瑞太等。在绍兴书业发达，1903 年有书店万卷书楼、聚奎堂书铺、奎照楼书庄、会文堂书坊、永思堂书坊、墨润堂书苑等。1911 年有天芝堂、光裕堂、天宝堂等中药店（铺）90 多家。在宁波慈城也是店铺林立，商号有万茂、蒋万兴、蒋万丰、蒋万顺等南货号，有益和、盛裕懋、政和、盛滋等酱园号。另有裕昌祥、荣华祥、春华祥等布号。在金华商号有清香楼、黄钦源糕点、祝裕隆泰记绸布庄。在龙游有不少纸业、书业、药材、丝绸商号。在温州有严日顺、陈恒隆等。在江西市场，据载，铅山河口镇到了近代仍很繁荣，到光绪年间这里有商店 1900 家，经营纸、茶、药材、布匹、杂货。抚州人开的竹器商号有 50 多家。在道咸时期有安徽人朱少锋开设的朱大全绸缎布号和汪同茂布店，有人开石中玉南货号有湖北人开设朱怡丰布号，江西丰城人开陈隆昌广货店，奉新人开长安面馆。在徽州，1901年歙县开张茶号达18家，有吴荣寿开设的怡春、永原、华胜等茶号，其精制茶占屯溪绿茶之半。

在中南，河南赊旗镇在同光年间重修会馆参与捐资的商号达千家，有不少名商号。光绪年间参与认捐的商号中有永隆统、永禄美、锦璋秀、蔚盛长等。纸业方面光绪三十年戴氏设立长兴号、长兴源号和长兴太号，后号成为全镇纸业首户。在铁业方面有元盛聚、庆福永、吴老三铁匠铺、苏全盛店号。银饰品方面，早在1868年前后有人创银匠炉如天吉炉、天福炉、协兴炉等。铜制品方面，1893年前只有少数几家，1902年徐桂林创办天兴隆后出现多家商号。制笔业有申仁义笔铺。银钱业先后有广顺生、协盛永、福临协、东盛长、福兴功、谦益恒、永禄昌、恒长永、同仁、庆兴德等。与其并存的还有杨记、郑记、贾记、高记四家当铺。光绪年间陕西党家村人在赊旗镇的主要商号有玉隆杰、德盛源、玉隆成、汇丰元、天兴合等。在湖北市场，汉口作为九省通衢之地更是商号林立。山西茶商从事蒙俄茶叶贸易开设有德巨生、三德玉、长盛川等茶栈。广货铺的广生裕、汪广和、汪谦和、汪慎记、方义大、黄谦裕转型为洋广杂货店。广商唐翘卿开张了谦顺安茶栈。在沙市仅宁商经营的海产商号就有德盛昌、同春和、天福等。在长沙市场，这里商号有较快增长。咸同年间大批外省客商进入长沙，开张的商号店铺增加快。从发展看1858年开始湖南转口贸易中心由湘潭转长沙后商业大为发展，出现了不少商号，如永泰金号、普济堂药号、利生绸缎铺、十里香酱园等。见下图。

普济堂药号

　　1904年长沙开埠后经营洋货号外，经营国产品商号更是增多。有苏州帮、南京帮在大西门正街开设协泰祥、聚锦祥绸缎店。这时期还有安徽人经营的詹颜墨店，福建人经营的赖德隆烟丝店，江苏人经营的马明德酱肘店等。到清末时南京、苏州商人开张有天申福、大盛，还有太平洋、新世界百货店。南京人杨寿芝开张的杨寿记绸布店。后有南京帮的聚锦祥、吴玉记、祥生、沙昌记商号推出。苏州帮多设大西门正街，有协泰祥、沈天成、罗元兴。到1906年江西商人开设的银号钱铺有裕通源、裕恒益、裕源号、同丰成、同兴恒、义源泰、义丰祥、德裕福，并在多地设有分号。同时湖南本地人也不甘落后，开商号逐渐增多，主要有九章、万生、聚生泰，多右设坡子街。后胡莲仙在天鹅塘挂出"绣花吴寓"招牌产销湘绣。1898年吴汉臣在红牌楼开设湖南第一家销售绣品的吴彩霞绣坊，次年袁瑾荪在八角亭开设锦云绣馆。随后湘人相继开设了春红簃、梁玉霞、李协泰、天然号、锦华丽等绣庄绣店，争奇斗艳。从分布看，长沙市东有治隆祥、宏泰兴、三吉斋、鹿鹤斋等；市西有九如斋、后丰斋、湘天益、广福昌等；南有稻香村、百福斋、同太和等；北有杏花村、德胜祥、元吉贞等。在市外，东部浏阳有南货德隆仁、景隆升、李隆盛、詹发盛、发盛启、连聚盛、裕盛兴。夏布业有周公兴、义合谦；鞭炮业有培德厚、绥丰永。山东谦益祥在浏阳设庄收购夏布大量外销。在市西部的宁乡开张有义沅、隆和、杨同春、德兴斋等20多家南货食品作坊。在广州市场，西关有优越的地理位置，多次成为中央政府对外唯一通商口岸，这里出现了不少驰名中外的工商字号。这其中有广州酒家、陶陶居酒家、泮溪酒家、清平饭店、莲香楼、趣香饼家、皇上皇腊味店、紫阳观店、纶章纺织品店、鹤鸣鞋帽店、何济公制药厂。还有永顺源、成安、广生、浩昌、杨浩章等商号。在广西北海市场，这里原是广西临海小渔村，河的入海口。渔民世代出海捕鱼，也对外经商。进入近代以后内外贸易不断发展起来，逐渐出现在交易大街开张商号，很快形成了繁华的商业街。之后不断在2800多米长街推出了不少西式装饰店铺。见下图。在市场上有宜仙楼，北海四大名楼之一、经营糖果、酒楼、旅店。还有陈海记珠宝店。

北海老街及商号（大信金铺，陈海记，宜仙楼）

在西南，在云南市场，这里也有不少商号。在滇西有三盛号，腾冲明清宠从缅甸运进棉花、纱布、玉石，在保山、下关、昆明、四川、广州设分号销售。在下关马名魁开张了福春、裕顺、泰来商号，后又在宜宾、昆明及缅甸仰光、曼德勒开 13 个商号。在保山马润五开张了永丰祥从事进出口业务。在腾冲明绍林开张鉴记号，经营进口棉制品。通海人马同惠、马同桂创立信昌号，在昆明与外商做生意。董绍洪在腾冲创办洪盛祥号，经营石磺、翡翠珠玉、棉制品、茶叶。喜州成为有 180 多家坐商 200 多家行商的小镇。在这里有孙定珍油粉、大苟破酥、张子惠酱油。白族人董澄农开张了锡庆祥号。董先开张德润生号，经营进出口业务。后又与人合作开张天福昌号，在昆明、下关经营棉制品、丝绸、茶叶、药材。蒋宗汉发现滇西有土特产、粉丝、乳扇、核桃、弓鱼，为缅甸人所喜欢，但在内地积压。而云南又缺棉制品，需从缅甸购进。于是抓住商机创立商号，取名福春祥，收购当地土特产往缅甸曼德勒，又在此地购进棉制品返滇。后又在保山、腾冲、下关设分号内外购销。

在西部市场，早年烟草由南洋传入后达陕及甘肃兰州，这里土质适应，产出的水烟品质优良视为珍品。同治年陕西渭南赵氏在兰州设丰盛兴记水烟坊，设厂制造后运沪销售。又有陕商来兰州投资开张丰盛沅记烟号，后又有湘人也来开德隆彰烟号。在兰州陕西大荔人开张了义聚隆、祥盛和、天生德、德泰益、协和成、福源厚、正兴泰、合顺成、兰草芳等号。朝邑人开张有德记、德性瑞、聚兴泰、福生德。临洮人开张义泉隆、天成德。后陕商李氏继续西进乌鲁木齐开张了凝德堂药号。到清末内地驻拉萨商号达2000多户，其中滇人开张最多，川陕商人次之。滇人开张商号有永兴号、永聚兴、仁合昌、恒德和等。光绪初滇商李鸿耀在西藏开张药店锡顺鸿号兼营山货、药材并运广州、香港销售。后在云南中甸设号在下关、昆明、康定设分号，经营山货、药材。后有杨子祥在拉萨开张仁和昌号、恒足祥号。清末时组织马帮做藏客生意，从丽江采购茶叶、糖、土杂货进藏，运回藏地特产。李达三开张达记号经营货运，并在昆明、康定、昌都、蔡隅、拉萨设分号经营。

从行业看各行业品牌有较大增加。

纺织业商号。这类主要有绸缎、布匹、呢绒、生丝等商号。在北京有鲁商开设的八大祥字号等布业商号。在济南也有带祥字的五大布行。上海较著名的绸缎店有老介福、老九章等。1853年前后宁波翁姓家族于上海开张大丰布号。晋商在京经营布业有玉成施、大顺施、广成号、晋成号等。在杭州纺织业商号有70多家，湖州有十余家，其中杭州有蒋广昌、悦昌文、豫丰泰，湖州有老淳泰、弘生昌等。长沙绸布店有聚泰、聚泰生、同泰、泰记、协泰祥、咸昌、大生、太和丰、万成、宝康、天孙锦、裕昌祥等。

饮食食品商号。这类商号几乎遍布各地，品类也多。如在北京有全聚德、月盛斋。在辽宁营口鲁商先后开张了元茂盛、同兴宏、兴顺魁、天合达、西义顺等油坊，还有同心德、万源栈、文裕栈、裕庆东、恒增利、元成兴等粮号。在湖州有丁莲芳店、震远同、周生记、诸老大、老恒和等饮食商号。咸丰年间在四川有人开张豆瓣店取名盛丰和店。长沙有专营酒席的大型餐馆，其中有旨阶堂、菜根香、馓香居、庆星园、嘉宾乐、玉楼春、挹爽楼、天乐居、许宏茂、李合盛、柳德芳、和记、黄春和、又一村餐饮号，还有曲园、潇湘酒家，有甘长顺、杨裕兴面馆，徐长兴烤鸭店，洞庭春茶馆等。光绪年有元丰源、道生昌、三义公、德丰园、合浦园等。面粉业作为新兴行业有1878年在津创办的贻来牟机器磨坊，在上海有1882年裕泰恒火轮面局。1900年孙多森创办的阜丰面粉厂，荣氏创保丰面粉厂推出兵船牌。在芜湖有称益新面粉厂。这多地机制厂产出的面粉都优于手工面粉，深受顾客欢迎。

药业商号。这是关系民生的重要的传统行业，各地仍有开张。如北京长春堂。沈阳万育堂、天益堂，保定万宝堂。山西广升蔚。天津新复兴、同德堂。山东济南明春堂，烟台生生堂。江苏南京王万和，溧阳黄义兴、万年春药店。在上海仅南京西路经营的中药商号有雷允上诵芬堂、张发记、凤翔、庆余堂、童涵春、蔡同德等。浙江兰溪一元堂、太乙堂，遂安长春堂，洋溪镇有张如泰、三益堂、鲍太和药号等。长沙有北协盛。西药商号鸦片战争后不断出现，上海有兆丰、晋隆等12家洋行兼营西药。有14家外商专营药房。1888年原在英商大英医院的职员顾松泉退职后开设了上海第一家西药房——中西大药房。之后有人开张了华英药房、中英药房、华洋药房、惠济药房。其名称不同于中药的堂，而以英文DISPENSARY译来的药房词，以与中药堂字相区别。清末近代医药化工产品开始登场。宁波商人黄楚九在1890年创中法大药房，生产中法牌药、云狮牌艾罗补脑汁及治疮癣的九一四牌药膏。后与顾松泉开张中西大药房加工西药。1907年与夏瑞芳、谢瑞卿合资设五洲药房、新亚制药厂，开发疫苗、血清，人造自来血、补血汁、海波药、月月红等。这些西药产品牌子开始不断冲击中药产品和业务。长沙药号有四怡堂。

五金商号。鸦片战争前金属制品商号是打铁铺、铜匠铺、锡匠铺自产自销。鸦片战争后随外商在华航运业需求旺盛，五金钢铁业逐渐发展起来。最初五金品由洋行直销，后广东商人在香港开设了成安、广生、浩昌、杨浩章等经营外国五金产品的行号。1862年华商叶澄衷最早在虹口百老汇路开张顺记五金洋杂货号。1873年杨浩章在广州开张永顺源五金号。19世纪末20世纪初，广州有顺安、慎隆，武汉有顺记承、晋和铁等五金号。这期间上海先后开张了义昌成、慎裕、同顺昌、蔡仁茂、怡大、唐晋记、源昌、生昌等五金号。在汉口有贞记号。在沈阳有永泰成、福顺长、恒顺德、双兴和、公义长铜业号。在天津有锡器永昌号。长沙钟表眼镜刀剪业有寸阴金、亨得利、老杨明远、董同兴、捞刀河。

化工产品商号。这方面有香粉、颜料、染料、肥皂、蚊香等，这是鸦片战争后增长最快的行业之一。进口的颜料、染料作为化学制品比植物性染料色泽鲜艳，价格便宜。19世纪80年代开始有瑞康等十几家颜料商号。到19世纪末仅上海就有十几家颜料商号。在天津有东如升、如升大等，染店有维新成、晋裕成商号。轻工产品方面，这时期仍有漆器、伞、金银器、鞋帽的传统商号，但又出现了新产品香烟、火柴等。在沈阳有内宾升鞋铺。1889年火柴方面最早的民族火柴企业森昌泰在重庆开张。之后有天津自来火、上海燮昌、荣昌、燧昌，广州太和、太原晋升等火柴企业开张。广州太和推出舞龙牌火柴。见下图。由于手工操作，管理水平低，事故不断，产品质量不优，信誉不高。长沙鞋伞业有美丽长、大捷和陶恒茂。伞业方面在长沙推出新品菲菲布伞。

舞龙牌火柴

文房古玩业商号。有笔店彭三和、桂禹声，纸店师古斋、粟锦星、袁大生，古玩业有叶顺发、徐永盛。金饰业有余太华、李文玉，钱业有春茂、谦和、裕顺长、鸿记。

茶叶商号。在山西祁县就开张有大玉川、大德诚、大德川、大德兴、长裕川、长源川、巨贞川、巨盛川、永聚祥、裕盛全、德逢源、宏源川、通川盛、福廉泰等20家茶庄。同时常万己家就有大昌玉、大涌玉、三和源、三德玉、保和玉、顺德玉、泰和玉，大都经营茶叶。见下图。

光绪时长裕川

金融商号。这类商号也是遍布全国各地市场，包括钱庄、当铺账号，尤其后来出现大量汇兑票号。见下图。如长春有政记、致和祥号，天津有账房信记、铭记。汇兑庄或票号方面，在山西随日升昌升起多家票号开张，尤其在平遥、祁县、太谷三县尤多。平遥日升昌创办后几年，毛鸿羽因与雷履泰有矛盾而投奔介休侯氏，将其在平遥的蔚泰厚绸缎庄改为票号，后又把平遥的天成亨布庄、蔚盛长绸缎庄、新泰厚、蔚丰厚绸缎布庄都改为票号，形成蔚字五联号。之后祁县、太谷不少富商也挤进票号业。票号自道光兴起，很快发展到有日升昌、蔚泰厚、蔚丰厚、蔚盛长、天成亨、新泰厚、日新中、广泰兴、合盛元、志成信。到1853年这三帮共有票号22家。在1862—1893年票号业进入大发展时期，虽有一些倒闭但也新增不少。之后他们在北京、张家口、天津、奉天等24个城镇设了不少分号，尤其在长江沿线一带已星罗棋布。随后进入兴盛期，山西票号达30多家，并在全国各地设有分号400多处。他们无孔不入，到清末山西大德恒、大德玉、大德川、日升昌、三晋源、新泰厚、协成乾、新合厚、志成信等进入山东周村建分号，最多时达20多家。同时也带动当地银钱业商号兴起，周村兴盛时达100多家，著名的有恒义、恒康、恒生、瑞生祥、三益泰、鸿昌富、丰亨豫、福诚义、滋厚福、益泰瑞、庆和永、乾元、德兴等银号。

民间流传"济南潍县，日进斗金，不如周村一个时辰"。可见这样一个村市场票号的银两流动之大。到清末银行业兴起，官营有中国通商银行、大清银行、交通（官商合办）银行。到1911年为止，民办的新式银行17家，如信成、信用、信义、信立、大通、大信、和大、和慎、华商、汇源、兴业、四明、裕商、公益、厚德等，这些银行大多成立不久就停歇了，存在较久的只有经营方针稳健、信誉较好、业务稳重的浙江兴业银行和与宁波帮的商业和钱庄关系密切、信誉好的四明银行。到1911年宁波大小银行钱庄有六七十家，可见宁波金融商号之发达。

复清永当铺

咸丰晋恒银号

出版印刷文房用品业。这类商号也是全国各地都有出现。如北京吉祥纸号，在琉璃厂街书店有德宝斋、英古斋、书业堂、永宝斋、奇观斋、宝名斋、永誉斋、晋秀斋、荣录堂。山西文水县李钟铭开的宝名斋是琉璃厂最大的书店。1903年浙江绍兴有书店万卷书楼、特别书局、聚奎堂书铺、奎照楼书庄、会文堂书坊、永思堂书坊、墨润堂书苑等，可见绍兴文化市场之发达。在天津书号有求古堂、文美斋、杜经魁、戴月轩。19世纪70年代后随西洋报纸在中国发行，一些城市出现报刊，如汉口艾小梅开办的昭文新报、上海容闳创办的汇报、益报，广州的广报。1882年华商徐润开同文书局从事古迹善本图书翻印。1889年李木斋开办了大印刷厂蜚英馆。铅字印刷术传入中国后，徐润创办了广百宋斋，许时庚创办了绿荫山房。甲午战后夏瑞芳、鲍咸昌在上海创办了商务印书馆。1903年在通州开张了翰墨林印书馆。从此报纸、杂志出版走向高潮。长沙书业活跃，先后出现传忠书局、思贤书局等25家书店。其中章经堂、三让堂规模最大。维新时期新书店如雨后春笋般出现，著名的有新学、维新、经济、强亚、实学、三味、学艺号。清后期文房用品中仅长沙笔业号30余户，有詹有乾、彭三和、桂禹声、花文荃、王贵和、任一顺等号。

服务业商号。这类商号近代发展也很快，如各地的餐饮业、洗澡池、照相馆、理发业，这些行业原来取名的商号较少，到近代其商号不断出现。长沙有大吉祥、天乐居、蓉光、云芳照相馆、新沙池澡堂。武汉有照相馆显真楼。扬州富春、景吉泰、惜余春都是有名的茶社。河南赊旗镇的酒馆仅咸丰、同治年间就有永龙馆、永禄馆、玉泉观、正兴隆、光辉馆、永乐馆等馆。青岛餐饮商号有聚福楼、春和楼、三盛大楼。长沙服务业有天乐居、大吉祥、有蓉光、四明号。

百货商号。从名称看是新出现的，但从业务看可说是从杂货业发展而来。如京货店、广货店、苏货店。随着城市购买力的扩大，又有集中各业商品、以便消费者同时选购的大型综合性商店出现，泛指百货。在中国最早出现的百货商号是由外商开设的，如上海的福利公司等。进入近代新出现经营洋杂货的商号，19世纪60年代后上海出现了京广杂货店、洋广杂货店。1881年武汉出现了汪广和、汪谦和、汪慎记、广生裕、方义大、黄谦裕的广货铺。这种广杂货商号长沙有雷同茂、和记、永安福、同和美、美利等。零售商号有吴大茂、华昌、太平洋、怡昌、福昌、德昌等。20世纪初有华侨商人在香港、广州投资开设这种商号，并始称为百货公司。如广州先施百货。

机器生产商号。在广州，1830年陈淡浦开张了陈联泰号手工作坊，制造缝衣针和金属器件。19世纪60年代初上海一家专为外商锻制船舶零配件的发昌号成为上海第一家使用近代新式机器生产的新式企业，1873年更名为发昌机器厂。这年侨商陈启源在广东南海开张了蒸汽缫丝厂，取名继昌隆。1882年买办黄佐卿在上海创办了公和永缫丝厂。从六七十年代起上海机器业先后有建昌、均昌、远昌、合昌、永昌、福昌、广德昌、大昌、鸿昌、公茂、邓泰记、史恒茂等14家机器厂。在汉口有人开张了周恒顺机器厂。

华商经营洋货的各种商号。近代不少买办为洋行工作同时也为自己开张营业商号。1853年宁波翁氏开张批发店大丰号。1860年浙江海盐人陈理耕兄弟开张了日新号，独资后取名陈日新。1875年另设新号取名日新盛。最早的百货批发商是在广州于1858年开张的任万得，以后出现了万字隆、马贞记、万和、万生等批发商号。在上海南京路、河南路等地陆续出现10余家以批发为主的字号。在1874年有人开张了盈丰泰，经营灯料器、火油灯罩。武汉出现了主营进口工业品的汪广和、汪谦和、汪慎记、广生裕、方义大、黄谦裕等商号。1884年洋布店增至62家，1900年又增至130多家。1876年孙梅堂父亲在上海三马路创办了美华丽钟表行。华商经营的出口商号，主要是为洋行准备货源。有徐润开张的祥字号，润立生茶号，还与他人合股开设了福德泉、永茂、合祥记等茶号。这时中国生丝出口中心从广州向上海转移。上海最早一批专营辑里丝的丝栈大都是由湖州丝商所开设，其中著名的有陈舆昌、刘贯记丝栈，以及徐眉记丝号等。后有在上海山东帮开设专营黄丝的恒顺公、和聚栈、益昌丰、恒祥商号，四川帮开设的泰康祥、宝元祥、绪昶、同康泰等。

（五）出现规模大的品牌

在清后转折期，在中国市场有大量商品商号的品牌形成，有一部分还名气大，带来了品牌效应。为此一些商人趁机扩大了品牌规模。从现有资料看，在沈阳的天合利不断扩张中占了一条巷，商业用房百余间，可见规模大。在山东济南，1876年章丘孟家开张春和祥茶庄，后在这里发展到全行业一半，处领先地位。在烟台较大的商号有大成栈、双顺泰、万顺恒、怡美、晋升、顺泰等。在上海叶澄衷开张的顺记五金号到1890年前后在江浙、长江流域、华北、东北等地开设了十几家分号，形成一个推销五金、钢铁、煤油、洋烛、洋纱的大型商业网络。叶澄衷本人有"五金大王"之称。在杭州蒋广昌号成名后，在上海、汉口、青岛、九江、营口、哈尔滨等地设分庄。在湖北龙驹寨，陕商开张的德盛新最著名，有存布栈房30余座，运布驮骡600多头。其店铺占龙驹寨半条街，称李半街，可见规模不小。在陕西有商人开张的义兴珍系统，最盛时总值450万以上，店员800多人，可见这商号规模不小。在长沙，黄冕开设的永泰金号，贺瑗的普济药号、孙鼎臣的利生绸缎铺、欧阳兆熊的十里香酱园等资产都达数十万。

　　总体看，清后期中国商品牌子有较大增加。尤其出现了对牌、牌号的认识以及明确地取名标记的产品牌子，进行品牌创造经营。这也说明品牌创造开始进入了新的阶段。但各地品牌发展水平出现新的不平衡。开埠较早或经济发达的上海、杭州、烟台、长沙等城市品牌创造兴盛、发达。尤其上海、浙江成了品牌业的中心，而在内陆地区，传统品牌仍占绝对优势。因此近代品牌业虽然受西方现代品牌业的强烈影响，但并没有很快呈现出完整的现代品牌形态，还保留有许多传统品牌的特点，可以说这是处于中国古代品牌向现代品牌的转折时期。但它随新型品牌的兴起，不可阻挡地走上了品牌的繁荣阶段。

创优质树可信形象

清后期中国商人进一步在经营中做到要有满足消费者需要的产品或业务，尤其是使产品优质、独特、高贵、气派，或显得美观、新颖，或显示创新、领先、时尚等气质，在周到服务中获消费者的信用。

一、以经营理念指导产销

这时期，由于产品更丰富，商号也大量出现，竞争也更激烈。所以更多经营者更注意树立经营理念，明确目标，以满足消费者需要。

（一）以德指导经营形成商号的良好品德

要知道在市场上也有奸邪之徒克斤扣两、以次充好，造成消费者对一些商号的怀疑。但也有的以德、义、和指导生产经营，以形成消费者信用。

这现象在多地都有出现。在开封，咸丰年间冯康渠在理事街开张义永丰布店，聘请能人后以义经营，声名鹊起。后在郑州和西安开设分号，取名长发祥。在郑州福寿街开另一分店也不忘义，仍称义永丰，以义树立商号的良好形象。在发展较晚的云南，近代初期出生于弥勒县的王炽，初组织马帮贩运谋生，后在昆明创同庆丰号。1865 年率同乡以协作顺利和义为指导，在重庆、叙府、昆明设立天顺祥进行贸易活动。1868 年在昆明的天顺祥因时局动荡，被迫关闭。于是以重庆为基地，在川滇之间经营土布、杂货、药材。后相继在北京、上海设分庄兼营汇兑。1872 年王炽邀同乡俞献廷入伙，恢复天顺祥贸易，货庄更名同庆丰。由于俞献廷熟悉汇兑，时江苏等省协滇饷银，本省解款委托同庆丰办理。王炽于是压缩贸易，按山西票号经验改组同庆丰为票号，重庆天顺祥为分号，并很快成名向多地扩张。1883 年法进兵越南，清政府派兵援越，在筹军饷时无人响应。见此，王炽挺身支持借给 60 万两白银。援越军队凯旋回滇后，云南巡抚岑毓英题赠"急公好义""义重指困"匾额。还保奏捐赐四品道员职衔，恩赏荣禄大夫二品顶戴，诰封"三代一品封典"，王炽很快名声远播。近朱者赤，同庆丰也进一步成名。后出现秦、晋大旱，王仗义疏财，捐银二万两赈恤。之后到1894年，重建虹溪书院捐置学租田，赠书二万多册，他出资建铁索桥，拨资金馈赠云南上京会试人员，设牛痘局免费点种疫苗。这种种义举无疑都让人们对同庆丰产生了良好的印象。这时期，浙江慈溪人叶氏在湖州开张一药店，因敬仰韩康卖药精神因而把药店取名慕韩斋。1878年韩梅轩接手药店时慕韩斋处湖州两大药店之间，竞争激烈中慕韩斋发展不好。后用韩康精神为指导思想，讲究产品优质重信誉争得顾客。二十多年后左右两家店号相继关门，慕韩斋却越来越兴旺。也是在浙江，龙游姜益大棉布店，胡筱渔接管后重视信誉，薄利多销，童叟无欺，决不二价。为不损害顾客利益，其使用的银币加以"姜益大"印记。有一次他在海宁订购了7500匹价值6万银圆的石门布，对方在送货过程中遭抢，这本不关姜益大的事，海宁布商亦立即派人来龙游处理此事。胡筱渔重义疏财，主动承担损失，当场偿付了全部布款，又续订了7500匹棉布，并热情款待海宁布商。由于这一义举信誉大增，顾客更加认可姜益大。在宁波诸老大在经营中保持对劳苦大众同情心，乞丐上门也给热饭菜，不准家人施舍冷饭馊菜。同时还规定正月初一和十五上门的乞讨者一律给一枚铜板，年三十晚上八点后上门的乞讨者给二两半年糕。这些善举让诸老大获得了良好口碑。到光绪初年杭州万家有人深夜得急症，差人来一药店配药。一药店伙计以夜间不营业为由不出售药品，争吵中还放话"有本事自己开药铺去"！后万家主人听了这话，便狠心开了家药店取名万承志堂。该堂以"乐善好施，仁医济世"为宗旨，并规定：昼夜配方，对贫困病人免费送药，向贫穷危难之人布施钱财；初一、十五药材补品九折；药馆盈利在维持开销外都布施贫病平民及教育公益事业，这些义行都让万承志堂获得良好口碑。在山西票号众多，但他们竞争中也互相协调，同舟共济，利益均沾。光绪年间山西祁县乔氏渠氏开办票号，一时发行银票帖子过多，人们担心落空而纷纷挤兑。在这危难情形下乔氏渠氏为保品牌不倒求援太谷锦生润。曹氏出于义字慷慨答应，让锦生润票号代兑现银，从而平息了挤兑风潮，渡过了难关，锦生润也获得社会好评。

在市场上除以义经营外，还有的以和为指导。在四川成都掌柜胡石庵为弟弟经营太和号不但勤而且俭，他处处显示与人平等。他约法三章，坚持店铺主权属弟弟，自己只负责经营。经营太和号的盈余全由二房奶奶处理，他只挣年薪水白银50两。他把自己的三子过继给弟弟，三子不愿从商，于是叫次子来协助管理，也只领薪水，以和指导经营，使太和号成名利润丰厚。胡家数辈尊崇家和万事兴、和气生财的理念经营。太和号的种种行为给人以和、善的形象，让人相信并亲近它，从而生意兴隆。

（二）以能长期大规模经营为目标

这种对经营目标的追求在多方面都有表现。虽然没有资料记载直接说出，但在商号取名和标志及经营活动中都有印迹，表示了商人的理念和追求，如以长期、永远、大盛经营为目标。有的在取名中带恒、永、久、远、盛字。有的以平安顺行、持续经营作为追求的目标，并通过招牌表示出来。

同治元年，杭州邵芝严在官巷口开了一家邵芝岩笔庄。他自设工场，追求"尖、齐、圆、健"四绝特色，精工细作。在一代代的努力下，精制的毛笔形成书写挥洒自如、得心应手的优势。之后不断探索开发新品，深得艺苑儒林称赞，后列为贡品，邵芝岩从而处市场领先地位。同治六年安徽一商人来到杭州开张了一家饮食店，取名奎元馆，以体现最好、第一等的期望和目标。在品质上，奎元馆的面条由专人制作。这"坐面"烧而不糊，韧而滑口，吃起来有"筋骨"。面料则以新鲜腿肉、时鲜竹笋、绿嫩雪菜做原料加工而成。当面端上桌时，只见肉红、笋白、菜绿，色泽清爽，引人食欲。有人赞赏说"有笋有肉不瘦不俗，雪菜烧面神仙口福"。另一虾爆鳝面精心制作，虾嫩鳝脆，香气袭人，味道鲜美。后奎元馆经营的面食品种达百种之多，可见规模不小。后该店几易其主，经营特色保持不变，从而形成历史长、规模大、特色鲜明而饮誉内外，奎元馆获"江南面王"之称。社会上开始流行口头禅说"到杭州不吃奎元馆的面，等于没有到过杭州"。到了清末，在经营中有的明确树立长期为某一消费群体服务的思想。1897年青浦人夏瑞芳和鲍咸恩、鲍咸昌在上海江西路租房开印刷厂，取名商务印书馆，印卖英文课本《华英初阶》《华英进阶》等书。戊戌政变后，精通英文的翰林张元济先生到沪，认识了夏瑞芳。张审阅课本后，发现原译错误不少。1902 年夏邀张为编译所长，双方约定"我等当以教育为己任"的经营目标，长期为教育服务。时行新政，各种学校纷纷成立，印教科书成了商务的主要任务。1905 年在宝山路购地建编译所印刷厂，请日本汉学家编定一套最新教科书。1906 年清政府审定全国初等小学教科书 102 种，商务印书馆获 54 种，从而形成商务印书馆发行所顾客如云的现象。为以教育为己任目标迈出了重要的一步。

这些事例说明，这些产品商号都不同程度做到有追求有目标，并不是盲目的而是有明确方向的经营。

（三）坚持以产品优质为经营方针

在市场上产品印象好，优质是一个永远不败的主题。清后期不少商人都坚持这一点。产品生产过程，消费者是不知道的，产品质量也往往难以判断确定。市场上有奸邪之徒欺行霸市，克斤扣两，以次充好。因此社会上形成了奸商的概念。但也有不少商人坚持以德经商，以义获利，坚持在量米卖谷时要高出斗面成尖商，以手段正当诚实经营带来好名声。在晋商中有商谚说：宁叫赔折腰，不让客吃亏，买卖不成仁义在。售货无诀窍，信誉第一条，做到秤平、斗满、尺满足。也就是说一个商品商号要想得到顾客青睐，很重要的是货真价实，让人可信，以此为经营方针，指导经营行为。如在山西祁县，晋昌元提出保质量、勤服务、讲信用的经营宗旨。为保证收购产品质量，在多地常驻人员采购，千方百计买到各地名优产品。他们责任明确、忠于职守、业务熟悉、信息灵通，把名优地道产品源源不断购回晋昌元。在苏州，许景星在 1841 年来到这里后，一天到店里抓药，由于家人病情较急，便央求店伙计快一点。伙计不加理睬，还冷冰冰地说上午来方子下午取药不知道吗？后又听他央求方便一下，那人便不阴不阳地说："只有老板关照才提前，我不能做主。除非你自己当老板，否则只有等下午。"许景星受到奚落，回去后便与几个亲戚朋友合伙开了家药店，并确定经营宗旨为凭良心为桑梓服务，并取名问心堂。商号开业后，竭诚为民，服务周到，货真价实，童叟无欺，力求时时处处问心无愧。还努力做到从进货加工到发药售药，从制作丸散到为客人服务的每个细节都完善无误，坚持做到成色足、配料精、精心加工、货真不马虎。他组织员工苦练功夫，抽屉不写药名不标价，全凭记忆熟悉，做到一抽一抓一准，速度快了许多，避免了顾客排队等候，在市场上形成了良好信誉。到了1877年，浙江萧山人徐三春学艺后在新塘开酱园。在品尝了本镇玉峰寺甜面酱后看到差距，于是停业以俗家弟子身份入寺学习，寺方丈毫无保留地教授。徐三春出师时，方丈送给他四字："取信于民。"1886年徐三春再开酱坊，以"世界大同，国泰民安"取名徐同泰酱坊，以"纯正品质，取信于民"为店训，亲手撰写，高悬柜台上。在经营中，徐三春坚持店训要求，实现百里飘香，让人百吃不厌。徐同泰的产品质优受顾客青睐，出现节日年关时要排队购买，可见徐同泰得消费者信任。在杭州，胡庆余堂以"戒欺"为经营宗旨。从门口至大厅，挂满金字匾牌和楹联都是给顾客看的。唯独有一块是朝里给店伙看的红底绿字匾，上书"戒欺"两个大字，旁边书行小字。以"戒欺"为店训，开药店要"凡百贸易，均着不得欺字，药业并关乎性命，尤为万不可欺。余存心济世，誓不以劣品弋取厚利。但愿诸君心拿之心，采办务真，修治务精。"进店是"真不二价""饱和食德，俾寿而康"等匾额，见下图。

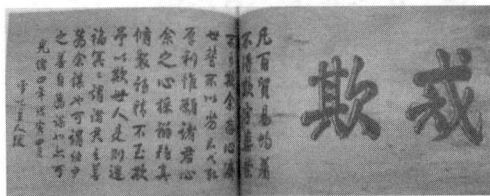

胡庆余堂"戒欺"招牌字及内容　　　　胡庆余堂告示牌

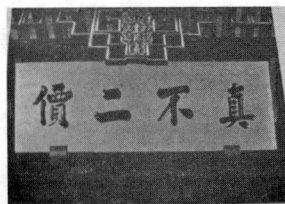

转身看，门楣上高悬"是乃仁术"四个大字，为自身做善事积阴德。如此装饰布置，无非是告知员工坚持以优质不假，不欺顾客，以求信用。有些商号即使扩张也坚持以优质方针进行经营。在武汉，谦祥益衡记所经营青市布、月色布由北京总店供给。为保品质特设保记染坊按北京的工艺加工，质量不变。同时还委托一些染坊加工各种等级市布、复布，且认真验收。染坊也在加工时多过三道缸达布色正而深，质量甚佳，但售价比市价略低，致使买者踊跃。农村姑娘出嫁都以能用谦祥益衡记布为荣，出现"没有谦祥益的布不嫁"之说。在经营作风上对顾客热情接待，迎进送出，看座、奉烟、递茶，服务周到，老客可在店留餐。附近河南、湖南农民买布，只要把货单往柜台上一放，办完事回来即付款，不再看货也不问价格，完全凭信用。在北京，瑞蚨祥在扩张中经营青市布，为了质优初染后先放到黑窖子里一段时间，让色渗透后再染一次才出售，深受顾客欢迎。它所经营的绸缎、布匹、呢绒和皮货等进货时要求商品绝对优质。丝绸服装是身份、地位的象征，更是注意确保质量。例如丝绸要到杭州、苏州一带定机织造，选用上好蚕丝，采用上好染料。有的商号即使处在乡镇也坚持求品质支持。在江西河口镇这一市场上，1872年丰城人何柱成来到这里经营药材，后与卢清照合伙，在小河沿开张金利合药号，1881年迁三堡街。金利合为求得品质的支持并从樟树镇聘来七位制药能手。加工炮制不计成本，精益求精。门市坚持品种齐全，次品不上柜，配药准确，服务热情，形成了一定名气。见下图。

江西铅山三堡街商号金利合

二、实施创优质产品以形成可靠象征

经营者不但从思想上树立长期经营讲义德为方针，而且在行动上下功夫，使商号结晶信誉。这时期有大量商人从不同角度进行了这方面的实践。

（一）从原材料技艺上确保优质

产品优质的基础条件是原材料，也就是要做到真材实料。一是材料有正宗的产地。二是对材料优选。三是在生产加工技艺上确保优质。很多产品要加工，这就要有独到的技艺，才能达到最优、独特、新颖。在当时少有知识、技术指导，只能靠自己探索总结。市场上不少行业出现了这种追求，在食品加工、制药、制笔中都有这事例，且在各地市场都有表现，尤其在中国东北、东部、中南部不少品牌创造都采用了这一策略。

在天津，1855 年陈二在户部街办祥德斋糕点铺，多年后其子陈子箴接手。这人精明强干，聘请名师祁竹坡为总经理。为做到品质优良，一是用料考究，宁缺毋滥。二是操作严格，讲究美观。三是品种齐全，求精不求多。这样的产品甚得顾客青睐，形成了排队购买现象，这也让祥德斋一举成名。

在东北沈阳，关树勋在四平街开张茶号，请来山东商人赵俊清任掌柜。关树勋认为只有和气做买卖，才大吉、大利、大福，故取名中和福茶庄。为有良好的品质，赵特到南方自办中和茶场。然后自拼自配，保质保量，达质量上乘、包装美观精致。由于地处盛京皇宫附近，周围高官显宦多，平时用茶，逢年过节，馈赠亲朋好友都要到中和福茶庄选购，中和福形成优质形象。1903 年知府关锡令出资在沈阳中街的铜行胡同里的银楼街开张萃华新首饰楼，聘请河北人祝玉堂任经理。祝经理在经营中教诫所有柜伙小心谨慎。同时加工中坚持技艺领先，千方百计探索绝技，做到齐全品种，足赤黄金，准确计量，货真价实，得到消费者信用。萃华号还刻意求新使饰物花样新颖。后总结探索出银胎包金首饰的绝技，外表上看与金首饰分毫不差。加工中保持国内标准水平，黄金足赤，白银成纹银。计量准确，分毫不差，并盖有"萃华"戳记，达在外地金店出售能不打折扣兑换，以优质获取对萃华的信用。1897年，有王氏到长春接管母亲开的王家粮米铺并扩张进行粮食加工。1903年，一俄国塞尔维亚人苏伯金开办了现代化面粉厂亚乔辛。第二年爆发日俄战争。苏随铁路员工撤退并委托火磨由王代管。王接着使用新设备加工面粉，把自家店改为裕昌源粮店。在新技术支持下，产品品质得到较大提高，形成了新的品质形象。

在东南苏州，1887年王祖康在常熟开了一家小店，取名王万兴酒店。该店开门见虞山，山景村趣入眼帘。又由于菜肴独特，吸引了不少达官贵人、文人墨客。王万兴酒店以质量取胜，水是300米外的优质泉水，原料是质量最好的，食品叫花鸡最为有名，桂花酒是特制家酒。其服务也自有一套，客人入座店伙马上送上一杯虞山绿茶、一条擦汗毛巾，形成优质周到形象。在安徽，1830年在安庆有一胡氏由徽州婺源移居这里卖酱货。胡氏的儿子继承父业后制作元缸酱、酱油、酱麻油等出售。1863年胡家在四牌楼开设胡玉美酱园后，其主导产品蚕豆辣酱以"选料精细，做工考究，风味独特"见长。这辣酱原是四川特产，胡家三次派人入川，把川酱生产工艺学到手，接着按照长江下游人的口味要求，创造性地生产出源于又别于川酱、具有自己独特风味的蚕豆辣酱。在生产工艺中做到原料蚕豆选择粒状饱满成色最好的，红辣椒要鲜红肥硕、肉厚糖多、辣味小的，种曲则选宁波绿色酱油曲精，红曲以福建古田的。制作过程为浸豆、脱壳、漂豆、蒸豆、拌面和种曲、制曲、发酵、加辣椒酱，再经过一定时间的存放、密封腌渍而成。经过几年的制作经营，胡玉美辣酱形成鲜艳绛红、味道鲜美、稍甜微辣、富有营养的特点，成为理想的佐餐小菜和调味品，树立起胡玉美优质形象。胡玉美的产品质量好，风味独特，城乡居民对胡玉美的酱品格外偏爱。逢年过节，走亲访友，以及过往客商游客都愿意以胡玉美酱园的酱货作为馈赠的礼品。在浙江平湖，同治十年徐鼎丰酱园创立后，做到精选原料，采用最好的安徽西府黄豆。制作中坚持较长时间太阳曝晒天然发酵制成，色纯味鲜，久存不腐，名声超越了海城徐氏酱园。在浙江东阳上蒋的蒋孟昌字雪舫，随叔父腌制火腿，精通技艺。1860年婚后，用妻子的陪嫁开张火腿坊，将火腿取名雪舫火腿。由于严格工艺确保质量，做到腌制的火腿形似琵琶丰满，皮薄骨细；肉细嫩红如玫瑰；肥肉则透亮如水晶；咸淡适度，香味独特，可说是形色香味四具。市场上流传"金华火腿出东阳，东阳火腿出上蒋"，可见地位之高。在湖州，1856年沈震远在菱湖镇开了一间小茶食店，取名沈震远茶食作坊。在优质思想指导下，推出玫瑰酥糖、椒盐桃片、牛皮糖，深受欢迎。后又开钱庄，并把作坊无偿赠给店员方幼时。1889年方幼时将茶食店迁湖州闹市区，取名震远同。同时聘请不同派别糕点师，取众家之长，调整配方，创独特工艺，使产品很快在市场上独占鳌头。在杭州，1875年王星斋开设扇庄名为王星记。这产品作为吉祥物在社会上流行。王星斋为取得消费者信任，采取了一系列措施。他重视产品质量，以精湛技艺制作，尤其是黑纸扇和檀香扇。黑纸扇的制作要经过80多道工序，扇面采用质地柔而绵的桑皮纸制作，两面涂上多层高山柿漆，以达水泼不进之功效。因此尺寸较大的黑纸扇便有"半把雨伞"的美称。如把这种黑纸扇放在烈日下晒，冷水泡、沸水煮，经过10多个小时取出晾干，纸不烂不破、色不褪、不翘不裂平整如初，仍是一把好扇。生产的檀香扇有"扇存香存"的特点，一把檀香扇，保存上十年，依旧"日日花香扇底生"。如果把檀香扇放在锦衣箱里，还可以防虫、防蚁，使衣衫味香扑鼻。这些良好品质无疑给王星记结晶了良好名声。

　　在中南汉口，19世纪40年代，邹氏兄弟从江西临川来这里推销毛笔。当地笔店老板见了便联合降价打压。邹氏兄弟不买账，反在花布街租店命名邹紫光阁笔店。紫光阁坚持做到不产不销伪劣商品，不掺假坑人，货真价实，几年后形成了一定信誉和名气。他儿子邹嘉联、邹嘉芗接手后为使这牌子与自己的技艺品德相连有新的形象，于是改招牌为邹紫光阁笔店。为了使品牌得到品质的滋润，他们优选苏杭产的羊毛，北方冬季产的狼尾，湖北通山、恩施、咸宁产的香狐尾、石獾尖、海鼠尖，江西产的黄白阉鸡毛，婺源产兔毛。笔杆则选湖南黄扦竹、黄山白扦竹、两广及福建凤尾竹。高档笔还用牛角提斗，紫毫笔则选黑灰鼠尾、狐狸尾。同时从多地聘请技师担任掌作师傅、传授技艺和质量把关。经几年实践，总结探索出83道工序及独特技巧，从而使笔性能软硬兼备、书画兼顾，质量达到"尖齐圆健"的特点，即笔锋尖如锥、笔毫撒开齐平、笔头圆浑挺直、挥笔时有弹性，以此求得顾客的信用。这样邹紫光阁笔在质量档次不断提升中信誉也不断形成，逐渐超过其他笔号，从而登上汉口笔市场的领先地位。也是在汉口，1862年长沙农民苏文受来到汉口，在汉正街西关帝庙租了间棚屋，修伞为业，后制作雨伞。为了比当地雨伞高一筹，苏文受加粗了伞骨伞柄，伞篷纱边增加两轮绳子，在褙纸打油上又加料加工序。他把伞挂在伞担上标价销售。顾客都说比蒲圻、潜江的伞好，总是供不应求。于是买铺开张了伞店，取名苏恒泰。为了使这牌子得人认可，他在品质上进行提升。首先在用料上务求上乘，伞骨用肉厚质硬、不走性弯边的湖南茶陵竹。伞柄用质地坚实的湖南益阳木。桐油用纯度高、光泽好的常德油。皮纸用富有韧性、经纬有力的陕西郧皮纸。柿油用汁清透油、黏性强的湖北罗田油。其次又改变制作方式，由原来一人从头到尾做一把伞，改为5人一组分工作业做一把伞。这种简单协作使产品品质和生产效率得到明显提高。由于伞质优，信誉好，苏恒泰一个月能卖五六百把，仍供不应求，但他仍不涨价，不粗制滥造。之后由于苏恒泰兴旺很快在关帝庙带起了一个雨伞市场，10多家伞店分成南北两帮，心照不宣地展开竞争。但其他商号无论怎么仿制苏恒泰式样，仍敌不过它的品质和声誉。由于卖出的伞多，在江汉平原一带形成一种风俗，女儿出嫁要买红蓝苏恒泰伞各一把，男红女蓝，表示"红男绿女，婚姻美满"。同治九年苏恒泰月销雨伞上升到700把，年获利近200串，这说明苏恒泰品牌形成。在长沙，咸丰年间手工艺人陶季桥承袭父亲纸伞技艺，开张陶恒泰纸伞店。陶选料考究，伞骨竹采越冬老竹去头尾取中筒。云皮纸用上等纸，结边纱用自纺的比洋纱吸油的土纱。操作细严，篾片精制、丝绵盖顶、中骨用头发绳穿结，伞边用土纱夹头发绳，粗丝线结边。坯成后只在三伏天用生桐油连续油三次，因而货真价实。

在西南成都，胡氏将妻子、次子接来协助经营太和号。不久无后的次子病丧，于是命考取秀才的长子胡石庵协助经营。为了有顾客期望的良好产品品质，太和号坚持以古法比例配料，不用代用品，不减少重要材料。坚持以精选程序酿造，不求速成，做到伏晒秋油，即头年晒二年沤三年出油。所用香料八角、三奈等达二三十种，甚至不惜用名贵的广香、天津口蘑。坚持使酿出的酱油色正、味鲜，两年不变质，从而给消费者一种可信、值得买的信息，由此使太和号形成了良好的口碑。1862年有人在成都开张陈麻婆豆腐店。掌灶人陈氏面长麻粒，戏称陈麻婆。这人心地善良，厨艺精到。尤其有一技即用一小块牛肉剁末煸炒，用小块豆腐切丁烫熟，一小撮青蒜切断提味加工，牛肉细嫩红亮，豆腐洁白如玉，青蒜碧绿青鲜，整个菜红绿白相衬，再配辣椒、花椒、豆瓣酱烹制，具麻、辣、烫、鲜、嫩、美的特点。后被赞称陈麻婆豆腐，初在北门外成名，后不断扩散在全市闻名。在贵州，1869 年盐商华联锋转道贵州想买几瓶茅台酒以孝敬母亲，到赤水河畔的茅台村一看，几十家烧房遭战火已成废墟。他很快看出商机，于是筹划在茅台镇买下一倒闭烧房，找到一酿酒技师郑弟良重振烧房，取名茅台烧房。为了有好水，防止被污染，于是疏河道，筑坝护水。对于原料也选收颗粒饱满、粒大优质料。他不断研究改进，形成独特的酿造工艺，即投料时间在秋高气爽的九月九日至重阳节前，烤制酒糟十个半月，中间经八次下曲，九次蒸馏，七次烤酒。烤完后要勾兑，突出酒的香味。存放半年后取出品尝，再次勾兑，窖藏三年方上市。他采用多次发酵的特殊工艺，使茅台烧酒呈现透明、无色、醇厚、味长、香洌的特色。由于真材实料，又有精湛技艺，无疑这酒产品优质让人觉得可靠而可信。

（二）严格控制保货真

产品优质除了上述条件外，还要有效控制以确保。在生产各环节上有标准、要求和规矩，同时还要检验确保，否则会疏漏逃过。在严格控制下才能使产品真正达到优质。这方面有不少产品生产做到了这一点。

1820 年，江西人刘大茂从带着一身好手艺只身来到长沙谋生，在育婴街开设了一家制针作坊，专门生产各式各样的针，如缝衣针、行针、渡针、钉针、扎针、绷针等。1844 年刘去世，徒弟吴为祥接手。他以师傅的名字冠上自己的姓，将店命名为吴大茂针号。作为小商品，要能吸引顾客更要有良好的品质。为此吴为祥废寝忘食地完善提高工艺水平，对拉丝、敲坯、搓直、磨尖、打眼、淬火等工艺严格把关，努力做到针锋利、不钩纱、孔圆滑、不磨线、不伤人，坚韧的质量要求后才能上柜销售。他坚持做到店里所销售的商品中绝对没有残次品。对于达不到质量要求的产品，把它当作垃圾倒掉，不搞降价处理。由于质量好，信誉也就高了，长沙的制衣厂、家庭都有不少吴大茂针。太平天国时期曾国藩的湘军要置办一批针线发给湘勇们备用，一口气就要几万根。吴大茂毫不马虎，硬是关门多日赶出了几万根针。产品优质形成了良好口碑。湘勇讲：吴大茂的大针（补鞋针），水军拿它来补风帆，那硬是盖世的好。在苏州，雷允上药号传至五代孙雷莲伯接手时正值太平天国时期，店铺被毁，搬至阊门内西中市。到新地后，雷莲伯坚持以质量支持牌号，进行严格品质控制，出现违反规定坚决处理。有一次发现采购的珍珠是次货后，立即退货。又一次发现一批药品不合质量要求，便全部装船敲锣打鼓运到江边倒入水中销毁。这事很快传遍了全城甚至附近几县，结果雷允上药号信誉未降反升。1841 年，曹月海到汉口谋生，盘缠用完了仍没找到事做，后发现不少老乡黄陂人在汉口以打铁为生。于是和侄子架起红炉打铁，走街串巷叫卖，其刀卖不出，只好送到肉案上请屠户试用，好用再收钱。由于曹月海打制工艺讲究，质量过硬，产品为屠户喜爱，在河街渐有名气。于是搭起作坊专锻制菜刀。时值正月，盼望生意兴隆，将店取名曹正兴，制作家用菜刀为主，兼屠刀、厨刀。根据湖北人喜煨骨头汤砍骨头的特点，推出前薄后厚、前切后砍、切砍兼用的锥形板式菜刀，形状独特钢火好，深受用户欢迎。曹正兴在选料上专用美商宝剑牌碳钢。为求品质，曹正兴探索出独到工艺，总结出试、锻、夹的三钢和铲、提、直、磨的四口一淬火，尤其总结出独特验刀方法，即刀板熏烟法以确定刀的平整度，即在火候上用火石在菜刀刃口上摩擦，如发出金黄火花则刀能不脆、不卷。检验合格方可上市。1867 年曹正兴刀铺交给儿子经营。1869 年在汉口张美之巷买楼房作新店堂，挂出曹正兴刀店大字招牌。之后曹正兴刀逐渐形成"刚柔相济、刃口锋利、切姜不带丝、切肉不带筋、剁骨不卷口"的特点，声誉传遍湖北，湘、豫客商也慕名而来。

到了 19 世纪 60 年代，1862 年王氏木匠在北京大市路开办小木材厂。光绪初年，王氏把小作坊取名龙顺号。1899 年有吴、傅氏投资入股，改店名龙顺成。为保优质，以北方特产榆木为原料，制定严格工艺流程。生产中先在木料干燥、风干、烘干上下功夫。原木开成一定规格的板材，交错堆放，自然风干一年。之后合格木材放火洞中燃烧锯木烘烤，每次 15 天，烘三次，从而使木板含水量最低，以实现成品不走形、不开裂。他们认定只有合格木料才能创造合格产品。为保质量招来手艺高超的工匠，精心培养学徒。同时采用包活制，并要在桌椅底下、柜箱背面打上各人的工号，以对产品质量负责到底。同时不放松关键的油漆，按工艺要求、特殊程序操作，间隔的晾晒，严格控制，不迁就马虎。产品漆面达鲜艳枣红色、不怕潮湿、不怕热水烫，越用越亮越好看。成品制成经工头检验，一拉一摔，从声音中判断是否合格，不合格的要返修。之后经一年风干后在明显处印上名称标志龙顺成三字，作永久标记后上市。在交易时还送保单。三年内除去使用不当，出现脱漆、变色、虫蛀、开裂则无偿保修、保检、保退。由此这龙顺成三字也就给人实在可信的感觉，都愿意购买。一次一顾客买了张八仙桌，三年后桌腿虫蛀，于是信守承诺调换新桌、付给运费，以确保龙顺成名声。由于龙顺成产品坚固耐用，服务口碑好，进店购买的日增，尤其上层富贵之人，中等殷实人家都以家中摆设龙顺成家具为荣。龙顺成从而在消费者中形成美观大方、坚固耐用、油漆光亮、经久不褪的形象。有一次前门外一饭馆，用餐的两伙顾客打架，盘倾碗飞，桌倒椅翻，满地狼藉。打完架发现打坏的桌椅中唯独有几张完好如初，只是表面油漆有擦痕，好事者细观产品字是龙顺成三字，这事一传成了人们街谈巷议的谈资。由此龙顺成一直风行北京市场，可以说给消费者留下了良好美誉。

1902 年在河北通州大兴面厂双鹤牌严格产品标示，确保品优可信。在面粉加工中，面分一、二、三等，袋分洋布、本布两宗，均印上双鹤牌字。袋面牌印分三色。头号红印，二号绿印，三号蓝印。执事督察过磅成袋，面色等次不得紊乱，如混杂不清，磅数不符，作当班执事之错，以舞弊论，从而控制了产品品质。在其他地方，也有严格控制品质的现象。在宁波赵大有号以"三不出售"店训保优质：即金团粉酸、露馅不出售；花纹印不明晰的不出售，松花脱皮的不出售。由于严控品质的信用，加上服务送货上门，格外受人喜爱，无疑也会有赵大有可靠的概念。

在龙游，商人傅家来开设有一间傅立宗纸号，他非常注重产品质量，精益求精，所造之纸坚韧白净，均匀齐整，比其他家的纸在同一纸号中重十多斤。由于层层把关，严格检验，次品决不出售，产品畅销大江南北，经久不衰。为了表示对用户负责和维持良好的信誉，他的产品都统一加印"西山傅立宗"印记。在汉口，为了在市场形成良好形象，邹紫光阁不断探索形成了独特工艺。他们刻苦钻研制笔技艺，亲自到赣、浙等省遍访名师，先后聘到多名技艺高超的制笔技师，担任掌作师傅，传授技艺也控制质量。名师带徒，不断改进，总结成羊、狼、狐、兔、鸡等毛的独特加工工艺。制作流程分工明确、工艺精细、83道工序，形成了毛笔尖、齐、圆、健的特色。几年后邹紫光阁的信誉和销量在当地市场很快进入领先地位。

在徽州休宁汪厚庄号为求优质，在上海设庄口，收购土布。价格高于同行，但质量要求严，经纬纱支数、幅宽、长度、紧密度均有一定规格。又在市郊设染坊，从家乡请来名染师，从江西采购上等染色颜料。这样推出的祥泰毛蓝布达色泽鲜艳不褪色，穿则收汗，凉爽舒适，质量超过信孚洋行的名牌产品。祥泰毛蓝布质优价廉行销全国，远销东南亚及法国。

同时一些商号就是外销产品也不放松品质，要检验确保质优。一些晋商根据俄民需要，到产地收购茶叶，经"检验合格砖茶用白纸缄封，外贴红纸，有'本地监制仙品名茶'"。《浦圻县志》记道光年间周顺倜在《竹枝词》中说："茶乡生计即山农，压作方砖白纸封。别有红笺书小字，西商监制自芙蓉。"在浙江湖州，梅恒裕在南浔和上海分别开设梅恒裕丝经行。为了梅恒裕能进入领先地位，根据市场状况和消费者意见，专门雇有抄丝员在新茧上市时到产区购进抄丝以确保优质，得同行和欧美客商青睐。梅恒裕的丝质量优异，在市场上让顾客形成真诚可靠认识，声誉日佳而成名。

（三）坚持创新、提高品质

市场也可说是一个激烈竞争的战场。长江后浪推前浪，如不创新，就会死在沙滩上。清后期外商进入，新商号新产品不断出现。不少商人看到了这一新的潮流，为了立于不败之地，坚持创新、不断完善，让商号、产品名号具有新颖的印象。

进入19世纪50年代，山东东阿邓氏开张了树德堂。东阿出产阿胶，又称驴皮胶，与人参、鹿茸并称中药三宝。阿胶一直是人们滋补保健的珍品之一。为了树德堂有良好形象，邓氏借助于临床经验，不断优化阿胶品质。他不断对阿胶制作工艺进行改进创新，总结出一套熬胶的新经验。在生产过程中探索出几十道工序，并达到形、色、味、效俱纯的标准，也就是最后达到色如琥珀光如漆、质坚而无异味、夏天不软、阴雨天不变形、遇风不焦碎。其阿胶的品质达到了炉火纯青的程度，致使树德堂所产阿胶独树一帜。以此在创新中使树德堂赋予了高品质及高品德的个性特征。50年代后期，咸丰帝晚年无子，后懿贵妃怀胎却患"血证"，太医束手无策。经户部侍郎推荐服用树德堂阿胶，果然服后懿贵妃"血证"痊愈，还足月生下一男孩，即后来的同治帝，这是说树德堂阿胶显示了明显的疗效。

之后进入19世纪60年代，在武昌，明中叶周氏家开张的周天顺治铸坊传至第八代周庆春。后乘着周天顺炉坊的名气不断扩大规模，1866年将炉坊迁汉阳双街，并将周天顺改为周恒顺，意顺天意不如顺人意，人顺则要持之以恒。不能靠天信命，要发挥主观努力，坚持不断创新，才能长期顺达。由于创新中达技术高超，做工精细，深受用户欢迎。1894年甲午战争后日商中桐洋行歇业回国，代销的轧花机业务中断。周恒顺于是仿制，成功后开创了武汉民营厂制机器先河。后又自制车床、刨床、铣床等为创新创造条件。周庆春病故，其儿子周仲宣接手后进行再创新。1900年从其他厂聘来技师，购来蒸汽发动机、机床，开始现代机器生产，并将周恒顺炉坊改为周恒顺机器厂。周恒顺不断捕捉商机，主动上门为店铺安装铁门、铁窗、铁栅栏。后分析了汉口这一全国砖茶中心，将需要大量制茶机。1905年周恒顺主动为常盛川票号（建有茶厂）仿制了茶砖机的系列设备。后又为羊楼洞砖茶厂制作了20多部茶砖机，这创新的设备为大量出口茶叶创造了条件。接着又制造了大庆号船及抽水机、煤气机。从而在创新中扩大业务，在扩大业务中创新，使周恒顺有创新的形象。这时期在北京，安徽人谢松岱来到此科考以图高中进士。但应试后名落孙山，不能衣锦还乡。他也认识了不少在京的徽商，他们都富了起来。他痛感于科场研墨费时的不便，望创新制造一种既不用研磨又和研磨的墨水同等效果的墨汁。起初他将墨块粉碎、浸泡后，兑水再磨研而成，端到科场外出售，深受人们的欢迎。1865年谢松岱弃儒经商开了一个经营墨汁的作坊，精心研究制墨的传统配方和制作技艺，创新生产制墨的主要原料是油烟、松烟，然后加上胶、芦盐等配料，经反复试验，终于发明了直接生产墨汁的工艺，开发了新的产品。谢松岱便写下一副商联："一艺足供天下用，得法多自古人书。"后又根据书画家的要求创新开发了油烟墨汁、松烟墨汁。于是在琉璃厂租了一间门脸房，进行了简单装饰后便开张经营并取名一得阁，亲自写了招牌字。之后，他又拟了一副对联高高地挂在正面墙上，上面写道：一艺足供天下用，得法多自古人书。一得阁在市场上亮相后，很快吸引了不少顾客前来观望解读。热闹一阵后，一得阁这名称也很快传遍了全市。一得阁墨汁，其主要特点是：墨迹光亮，耐水性强，书写流利，写后易干，不洇纸不褪色，宜拓裱，浓度适中，香味浓厚，四季适用。它克服了忽深忽浅、或沾卷、装裱跑墨的弊病，完全可以与墨块相媲美，而又有取之方便、省时省力的好处。墨汁首创后始终保持它的独特优点，声誉越来越高。后也有人在文章中给予赞赏说："一得阁墨汁色泽纯美，胶度适中，挥洒流畅，墨中之宝也。"这说明一得阁得到不少人的认可。1866 年，在山西祁县何家投巨资接管经营祥云集号店。之后到适产优质烟的曲沃席村建作坊加工。创新产品具独有的颜色黄绿、色泽光亮、油性大、燃性强特点。制作中层层把关保质，达物美价廉、信誉好。为满足不同消费群体特点，祥云集创新开发出祥生烟、祥生定、杂拌烟、斤三包、二美烟、拔萃因、锭锭烟、八钱包烟、十两包生烟、杂烟。为农民开发出皮烟，为塞外蒙古烟民开发生烟。为大盛魁外销开发出包生烟、二美烟、锭锭烟，销往漠北、欧亚，从而树立起创新产品周到服务的形象。

之后进入 19 世纪 70 年代，到了 1878 年在浙江奉化，王毛龙兄弟在溪口开了家饼店，取名王永顺，饼店生意一般。为创新，王化龙在做饼时加上苔菜粉，其饼味道格外好，后又不断改进提高了品质。一年夏天王毛龙在买菜油时错买成了麻油，结果制作出的饼层层酥松香气宜人。经探索形成 13 道工序，最后工序操作难度大，要在饼变黄后将炉内炭火退出部分关炉门，在剩余炭火上盖以瓦片，不使饼直接受火，以防烙焦，焖烘约 2 小时，慢慢将饼搁酥。这样 1.5 厘米厚的饼有 27 层，成品松脆酥润，老少皆宜。于是又有了千层饼称号，创新的酥饼一炮走红。在千层饼支持下王永顺号生意兴隆。

再往后到了 1887 年，在北京，歙县吴家五兄弟在老大吴锡根的带领下，运了一船茶叶来到了北京，开始在这里做茶叶生意。吴氏兄弟到京城后，在同乡的帮助下，租了一间店面，开始经营茶叶。由于价较低，很快销售一空，赚了不少。于是在东四北大街买地建房，朝街为店面房，取名为吴裕泰茶庄，并请冯亦吾先生题写牌名。由于其他三兄弟都不太精心，经营总管的担子便落到了老四吴锡青肩上。吴锡青手脚勤快，聪明伶俐，办事有板有眼。在经营中反复琢磨北京人喝茶口味，发现不少人买了原茶还要再加工成另一口味。他们尤其爱好"小叶双熏"花茶，沏茶时讲究开水滚冲，以色浓味重为佳。最后他概括出香气浓郁的茉莉花茶。为此进行创新，在加工中进行双熵双熏，使茶叶彻底地脱水，茶体也彻底收缩。经反复探索创新，终于使吴裕泰的茶具有"香气鲜灵持久，滋味醇厚回甘，汤色清澈透亮"的特色，从而求得受欢迎，有特色，有质量保证的茶叶。为了得到茉莉花茶，吴锡青来到产地自熏自窨成茉莉花茶，运回北京后再进行拼茶，从而形成自己特色的良好口碑。

接着到了1909年，在山东济南西关宏济堂开办了阿胶厂，将产阿胶的三昼夜创新延长为九昼夜进行精炼，清除了阿胶原有的腥臭味，所产阿胶清香甜润，成为宏济堂的拳头产品。经创新品质达到新的水平，产品有"福、禄、寿、财、喜"五字胶和精研极品等不同型号共12种，年产阿胶近万斤。

这时期在其他地方也有不少善创新的商品商号。在苏州王鸿翥堂药号为能鹤立鸡群，店主王仙根另辟蹊径进行创新。一是在体制上在店规中明确经理账房主管在本店中选拔，家属亲戚不得在店内任职和参与经营，但可以监督。二是由他的儿子王赓云开发创新产品。王赓云搜集古今丸散膏丹验方从中挑选良方研究，陆续创制出疗效显著的大资生丸、西瓜灰、金液丹等。他又利用古方加工研制成功首乌延寿丹滋补药。古方首乌丸是明代董其昌等大官僚服用的一味补药，但药粒坚硬难化，影响药效和销售。为改善这多年难题，王赓云反复试验进行创造性改良，探索出九制九蒸法，经精心加工形成了质地糯软、光滑、疏松、色泽乌黑光亮、易吞咽消化的特点，深受顾客青睐，成了热销品。在这产品的支持下，王鸿翥堂信誉不断提升，成了远近闻名的药号。在陕西，马合盛开张后针对陇青藏蒙牧区民众以奶酪为主要食物的习惯，创新开发经营味重宜存的黑砖茶。针对陇右半农半牧民多以茶叶为解渴生津的饮料需求，推出经炒制而不压砖的散湖茶。针对达官贵族、士绅地主以饮茶为人生享受、显示地位、尊卑的需求，经过筛选后推出质量优良的安化花卷茶、紫阳细茶，而且保持较高质量满足他们。为此对采购加工程序严格要求，收购高山的头茶七八成、子茶二三成，以区别于一般商号各半的配茶，使马合盛茶的原料质量胜过别的商号。在泾阳制茶必在春秋季节，以加工出优质茶，制茶时不掺杂次茶，所以马合盛的茶质量好，有口皆碑。在铁业方面有元盛聚、庆福永、吴老三铁匠铺。20世纪初吴老三徒弟苏平安出师后创办了苏全盛店号，由于不断创新，所制苏字菜刀，远远超出了吴老三的声誉。

从以上在北京、山东、浙江、汉口、山西、长沙、河北、成都的这些商号及产品可以看出他们都以更优的品质争得了更多顾客的青睐，形成了某一牌子的相应的顾客群体。

三、追求独特，树智慧形象

要知道顾客喜欢质好、美味、独特，与众不同，这也是智慧的表现。商品商号优质独特可在消费者中留下深刻印象，形成良好顾客关系。为此不少经营者不断追求这一特点及概念。清后期出现一些商号在产品生产上努力探索绝技，或求独特产品的味美、鲜、香或大众化形象，以在市场上形成独一无二、鹤立鸡群特点。这在浙江、沈阳、山东、长沙、广州等地都有出现。

在山东聊城，早在近代前的1810年魏永泰创制了熏鸡，它造型美观，色泽柔红，原汁原味，四季宜食。他先在北关设小型扒鸡店。之后为适应远销需要，魏永泰反复试制，创新出风味独特的熏鸡作为柔嚼的新品。加工中取三年公鸡杀洗后内置16味中药香料置锅煮烂，用炭烤烟熏至铁褐色，推向市场深受欢迎，但没有商号。1873年魏永泰孙魏金龙创新打出招牌，开张龙胜斋经营熏鸡，名称寓"龙腾胜世，翔龙致胜"，并请县知事题店名经营熏鸡。1894年魏世忠又创新改为全年加工，根据自己名字、字厚卿所含有忠厚字，结合忠厚传家远的顺口溜改名远香斋。随产品独特的名声也很快传播开来。1878年浙江湖州人丁莲芳在经营小吃上，为区别已有的品种，改进工艺制成千张包子。这薄而韧的千张包裹严实的肉馅，放入粉丝汤中，味道鲜美。1882年丁莲芳在黄沙路开张了一家千张包子店，以自己姓名为商店名称。在独特产品支持下丁莲芳号形成良好信誉，几乎每天座无虚席。到了1889年有人在南方广州西关开张了专营糕点美食的糕酥馆。光绪中后期改名连香楼，但苦无拳头产品支持成名。一天制饼师傅陈氏喝着用莲子煲的糖水，苦思如何改进制饼工艺，忽觉一股清香甜味沁入心脾。于是灵机一动把莲子洗净，放铜镬煮熟搅拌，反复多次达色泽金黄、润滑清香的莲蓉馅，制成糕点，深受顾客欢迎，从而为连香楼增添了新的特色，成名后出现嫁娶喜庆、亲友来往无不以莲蓉饼作礼饼现象。1910年翰林学士陈如岳品尝后，感于莲蓉独特风味，提议连香楼的连字加草字头，遂手书莲香楼雄浑大字，后制成牌匾挂出。在有独特产品后又有名人题字，无疑提高了莲香楼的名气。在浙江，由于商品经济发达，竞争也更激烈，因此在多地市场都出现以独特商品争取顾客青睐的现象。在杭州，苏州洞庭人葛锦山到这里谋生，摆小摊卖定胜糕。由于质量好待客和气，并结识了一老主顾候补七品官李氏。这人觉得葛锦山为人诚恳、胸有大志、有经营之道。李氏于是将一开间门面资助葛氏开店，取名为颐香斋。后葛锦山聘请多名师傅，开发了新品种。颐香斋经营中做到不断创新，用料讲究、配方严格，名师主炉，其糕点集苏、宁、徽三地精华，形成特色，自成一派，产品脍炙人口，顾客盈门。每天清晨小贩批去沿街叫卖，走街串巷的"颐香斋条头"的吆喝声成活广告，颐香斋从而形成独特形象。进入清末的1903年，倪鼎园先生在杭州灵隐开张鼎园处，初生意冷清。后认识到要有特色，于是从所处位置出发，选取就地山珍野味，推出招牌菜，大门贴出对联："座上客常满，杯中酒不留。"内堂口则又挂对联："鼎鼐调和常满座，园林峰位娱嘉宾。"反映鼎园处生意和周边环境。在山珍野味招牌菜支持下，鼎园处生意日渐兴隆，也不断成名。

四、创立专业权威形象

在市场上，由于竞争激烈，在比较领先的品牌中，往往难分伯仲。有的为能鹤立鸡群，便努力在本行中体现更专业、更权威，甚至处领先地位。

在1864年，河北冀县人杨全仁在北京前门大街外摆起了卖活鸡鸭的小摊。后恰逢肉市路一家叫德聚全的果铺因营业不景气而倒闭。杨全仁便把这铺面房买下来经营烤鸭。风水先生说这店是个好地方，但以前这家店铺甚为倒运，如果你想要走运就要反其道而行之，不如将字号德聚全改称全聚德，取"以全聚德，财源茂盛"之意，也表示这店铺是亲朋好友、德才仁人欢聚的场所。同时又暗含了主人名字中的一个"全"字，于是用全聚德作字号择日开张。为此杨全仁请了一位秀才写了招牌名，字体丰满浑厚。但由于醉中书写，不免醉眼蒙眬，以至于"德"字漏写了一画。也有人猜度这一画是秀才存心不写的。杨老板创业雇用了 13 个伙计，加上自己正好 14 人。"德"字是 15 画，下面又是一个"心"，表示 14 人上下同心，同舟共济。见下图。

全聚德招牌字

全聚德名称、字体的寓意为"全而无缺，聚而不散，仁德至上"的经营理念。杨全仁用集名称、字形于一体的牌匾作为标识，更能有效地表达经营特色和以品牌为龙头向更广阔的领域拓展的信念。

招牌挂出后，杨全仁便开始探索烧鸭的特色。这时全聚德营业规模小，只有一座炉，仍卖生鸡、生鸭和烤肉，主要是卖烤鸭。全聚德有了好堂头，但缺厨师技艺的支持。于是又高价把一位有挂炉烤鸭技术的孙师傅请过来。孙师傅过来之后改造了炉灶，用他那绝妙的技术，很快推出了更加可口的烤鸭。杨全仁并不满足，提出了要达到"全聚德"烤鸭有"嫩、香、酥"特色。于是和孙师傅一起总结、探索，逐渐使烤鸭优上加优。在用料上他们探索出玉泉山下知名优良鸭，体形硕大丰满。在鸭长到三斤左右就开始用人工填喂，十多天体重可达五六斤。这鸭生产期短，肉质极嫩，脂肪丰满，制成烤鸭后，皮酥肉嫩，味道极美。鸭子宰杀去毛后，在右膀下挖一直径三四厘米洞，从洞口伸进食指、中指，将鸭内脏取出后，整个鸭子便成了空筒形。然后内外洗净，用气把鸭皮吹鼓，再从膀下洞口灌入清水，然后将鸭子挂在铁钩上上炉烤制，熟后外焦里嫩，肥而不腻。他们把鸭子片得大小均匀薄到好处，且片片带皮。一只四五斤重的鸭子，片出百片左右。用荷叶薄饼抹上六必居酱园的甜面酱，加上葱条，把鸭肉片卷在其中，吃起来感觉可口美味。鸭肉片吃完之后店里再上一碗鸭架汤，加白菜、冬瓜之类以示整只鸭子奉献完毕，该是席完人散满意而归了。杨全仁就是由此创造成全聚德具有独特口味、服务周全、充满文化气息的专业形象。

之后到 1895 年，金陵人郭玉生带着几个深谙南味食品制作工艺的伙计来到北京，开张稻香村。这名称说是缘于诗词"一畦春韭熟，十里稻花香"。将稻香村三字用作食品店铺名，形色味兼具。郭玉生把店铺设在最为繁华的前门外观音寺旁。稻香村前店后厂自制各式南味糕点、肉食，既好看又好吃，不但花样翻新，而且重油重糖，存放数日不干，在气候干燥的北京很受欢迎。稻香村生产的各种猪油夹沙蛋糕、杏仁酥等在京师是初次露面，让习惯了北方"大饽饽"的京城人享受到了精致的正宗南方美食。同时稻香村还经营创新，注重"四时三节"，端午粽子、中秋月饼、春节年糕、元宵汤圆，不断形成经营小高潮。其加工产品用料讲究正宗，采用山西汾阳的色白肉厚、香味浓郁、嚼在嘴里甜的核桃仁；用京西妙峰山的玫瑰花；龙眼要用福建莆田的；火腿要用浙江金华的。之后做工中做到讲究手工绝活。郭玉生不惜重金从上海、南京、苏杭、镇江请来名师开发出风味独特的产品，如肉松饼、鲜肉饺、枣泥麻饼、酱鸭、筒鸭、云片糕、寸金糖，人们走进稻香村，可拎一盒印有"上品官礼"字样品贵名重的糕点；或买几包酥糖。稻香村在京城真正成了敬父母、送朋友的馈赠佳品商号。这都为给人以独特印象创造了条件。

除此之外，在药业方面有雷允上、胡庆余堂、同仁堂；五金方面，针品吴大茂针、张小泉剪刀都可以说是本行业的独特权威产品或商号。

五、以优质支持立高档形象

在市场上，有的经营者在求产品品质优异时，尤其注意面向高端消费群体，努力使自己的商号商品具有高档、高贵的形象，这类型有不少表现，甚至出现了一些典型事例。

早在 1830 年，谢馥春香粉店在扬州开张，始创者谢宏业取商号及产品名，馥春吉利，又寓复春，与香粉配合，香气扑鼻而来。19 世纪 40 年代后为与戴春林比美争位，创新升级，于是加入适量冰片、麝香等，制成既有花香又有保健作用的香粉。同时又改进包装，上等香粉用锦盒、锡盒，缎面绒里，盒子有圆形、方形、海棠形，凸显典雅时尚，美观大方，形成了高贵、时尚的形象。

　　之后进入 50 年代初，赵廷从河北武清进京学制鞋。学徒满后的 1853 年由京城清官丁将军出资千两白银资助其开办鞋店。他认为京城制作朝靴是一个市场空缺，且需求量又大。赵廷认准了这个，便将生产目标定位在制作皇亲国戚、达官贵人的靴鞋上，专打坐轿人的生意。为适应这类消费者的心理取店名为"内联升"，暗指清宫大内人员使用，联升谐音"连升"，平步青云。这正迎合官场政客、富绅梦寐以求的功名利禄的心理诉求。之后赵廷从实物出发，考虑标记既反映产品又暗示步步高升的思想，于是构思出一幅脚踏祥云图案，暗寓顾客穿了内联升鞋可以平步青云。见下图。之后文官武将、大小官员，到内联升定做、购买朝靴的人络绎不绝。后为形成高档形象，赵反复琢磨工艺提升品质。考虑官员大多迈方步，鞋面要庄重，鞋底要牢，鞋尖要绷紧。因为不少官员在当朝时要下跪，有的官员会踢人，鞋前端易开裂。于是反复琢磨、改进，并逐渐从原材料、加工制作等形成了一系列严格工艺，以支持内联升的内涵。内联升做朝靴材料真实，做工讲究。采用的缎子是南京生产的黑贡缎，厚实，色泽乌黑光亮，经久不起毛，因而售价昂贵。经

内联升云鞋标志图

过反复试验比较，最后选用温州产的上等麻绳纳底，在加工工艺上制作千层底时对纳底的麻绳、针脚的大小、扎孔用的锥子、针码的分布探索出一定标准，纳底要经过七道工序，纳好的底子还要在热水中浸泡热闷后再锤平、整形、晒干。在鞋楦制作中做到紧绷模型，平整服帖，缁鞋针码整齐，鞋帮与鞋底严合饱满吃帮均匀。内联升的朝靴底厚但不重，沾了尘土，轻轻刷打，就又干净闪亮。这样的朝靴穿着舒适、轻巧、走路无声，显得既稳重又气派。内联升每定做一双朝靴都是量尺寸试穿样，到顾客穿着舒适满意为止。连宣统皇帝在太和殿登基时穿的龙靴，都是内联升做好后送到内务府的。由此一来内联升就形成了高贵、高档形象。

　　到了清末的 1903 年，山东商人刘、何两人合股在北京东安门开张了一家饭庄，聘请了安树堂经营管理。该号东邻王府井西邻东华门，处于繁华地带。这里也是富人居住区，他们有钱有势且吃的油腻食品多，于是据此决定定位加工偏清淡食品。他们期望能兴旺发达，于是取名东兴楼。为了适应这些顾客的需要，安树堂把东兴楼定位为豪华餐馆，为此进行了精心设计、装修，布置得格外豪华。该楼规模大，气派不凡，店堂宽敞，装饰考究。其房间阔绰带廊，大礼堂可举办千人宴。内部设施富丽堂皇，桌布是花台布，餐具是象牙筷，银勺、碟子是蟠龙花纹。用品颜色图案或有蟠龙图或有万寿无疆字样，给人富贵吉祥的感觉。在装饰后又在菜肴上下功夫，以求得高档菜品及服务的支持。因此为了有这一形象，他们努力做到选料精，制作细，服务好。在选料上他们要求高，做到真材实料，多是贵重的。东兴楼努力把菜品制成美味佳肴。尤其他们精制了芙蓉鸡片、酱爆鸡丁、烩三鲜、砂锅豆腐等名菜。东兴楼注重胶东地方特色，即清、素、鲜、嫩、油而不腻。为了形成高档形象，东兴楼对职工要求严格。在营业时不准擅离岗位，不能接待私人，不能随便外出，不能聚众谈笑聊天。此外他们要求以良好服务支持东兴楼成名，严格培训员工业务，做到谦恭机敏周到。因此不少大小官员达官贵人常在东兴楼出入，这商号成了高端消费群体消费之地。

　　这大量的事实说明，清后期我国市场上一大批商品商号树立了良好形象，让人感到可信、可靠，从而放心购买。

定位及构思品牌要素

清后期由于国外商品不断进入，产品市场化程度提高。为了方便顾客购买，一些商人一开始经营就进行了定位思考并构思商品店铺识别等要素。

一、初现品牌定位

这时期不少商人在设定生产经营的商品及品质后，就分析选择相应的消费群体需求和喜好，确立商品商号在市场中的位置和特性，也就是说进行了品牌定位。以此使产品功能与消费者心理需要连接起来。

（一）有的进行功能为主、表现为次的牌号定位

一些商人关注产品品质功能优势而不强调消费者的身份地位。这类型商号表示品牌产品具有优良品质、可靠、有效，如苏州的五芳斋、稻香村，安徽的胡玉美酱园，沈阳广生堂，北京全素刘，广州陶陶居，扬州冶春茶社。它们的产品品质优异，但它并不显示消费者地位身份。如在长沙有一唐氏在市场上开张了德园店，几经易手仍无建树。后由几位失业官厨入伙，盘下店面迁于黄兴路，以官府菜为主建菜食店。因为菜肴制作有海味鲜货等上乘余料留下，为免浪费将其剁碎，掺入馅芯，使包点风味宜人，备受顾客垂青。从此德园名声大振，逐渐在市民中形成"出笼热堂堂，白色皮暄松，玫瑰甜香美，香菇爽鲜嫩"的良好口碑。在北京，有一当地人陈寅生的书法篆刻、绘画鉴古、装帧拓墨无一不精，刻铜尤称一绝。同治初年于琉璃厂开张万丰斋墨盒店，所刻铜墨盒很快远近闻名。

进入 19 世纪 70 年代，广东肇庆卫省轩在日本大阪了解了火柴配方及工艺后，便回国在佛山投资创办了中国第一家火柴厂。为告诉顾客产品功能，于是取名巧明火柴厂，该厂日产火柴千余盒。

无疑这德园、万丰斋、巧明的产品是人人都能消费的，并不针对某一消费群体。通过名称也向消费者暗示了商品功能。

（二）有的进行表现性为主的品牌定位

一些商人根据经营的产品商号条件以体现消费者本身状况、情绪及特定社会团体的资格、身份能力，也就是消费者的物质之外的价值，也可说它是特定的某一专业性消费群体。这特殊的细分市场，形成具有相同需求的消费者。有些商号根据市场上这不同专业性特点的消费者，如将男女、儿童老人、文化人、收藏家、官员富商等确立为自己商号的经营对象。如体现有地位有身份的内联升、谦祥益、瑞蚨祥、正阳楼、东兴楼、中和福等。

有的以文人为对象。在杭州，1905 年立志弘扬印文化的丁仁、王禔、吴隐、叶铭等篆刻家在杭州发起创建西泠印社，印社以"保存金石、研究印学，兼及书画"为宗旨，以印社所处位置杭州西湖西泠桥的西泠为名称。他们买山立社。西泠印社成立后订立社约，先后建造了九处园林建筑，康有为为印社手书"湖山最胜"。同时开展了集会、展览、收藏、出版等一系列活动，编辑整理出版印谱和印学书籍。与日方组织共同举办"兰亭纪念会"。在日本长崎、大阪展出吴昌硕书画。日本雕塑家乾朝仓文夫赠吴昌硕铜像后转赠于西泠印社。国学大师王国维题咏《西泠印社图》。由社员长尾甲在日本举办"赤壁会"。举办金石书画展。这一系列文化名人支持和参与都提高了西泠印社的名气，聚集了大批文化消费群体。西泠社作品也成了文人消费的对象。

有的以新型消费为对象。在山东烟台张弼士开张了一家葡萄酒公司。张氏原名肇燮，号弼士，广东大埔人。有一次参加法国领事举办的酒宴，听法国领事赞赏法国三星斧头牌白兰地时说，如用中国山东烟台所产的葡萄酿造，酒质并不逊色。张弼士听后在烟台进行考察，确认是种葡萄的好地方，并决定成立张裕葡萄酿酒公司。1892 年张弼士投巨资在烟台开辟大量葡萄园，引进优质葡萄品种；购进酿酒设备；建造地下大酒窖。从国外聘请酿酒师，成立了亚洲第一家葡萄酒公司，并以"昌裕兴隆"之意加上自己的姓氏取名为张裕葡萄酒公司。经过几年的建设，终于产出了可口的中国第一瓶葡萄酒。张裕成为中国葡萄酒品牌的开山鼻祖，以新产品聚集了新的消费群体。

有的以佛事人物为对象。这类商品商号不多，但也有出现。宁波江东七塔寺佛客众多，为方便佛客备物，1875年一俗家弟子便开张了怡泰祥经营南货。商号名称表示乐意、愿为众生带来方便得快乐；愿各方人士、普天之人无忧苦，光明四方。在经营中号主恪守所有资生事业皆是佛道、佛门无小事的原则，以修身、不沽名钓誉，行处财货之间利而不污、利以义制、名以德修的经营观念，坚持货物外形美、品质好、守信用、定期不延，方便实惠，从而深受礼佛人家青睐，生意格外兴隆。之后怡泰祥成了佛事材料的代表。

有的以素食人为对象。1904年，刘海全在北京先在东安市场内，后迁到南花园开张了一家铺子，以姓氏加行业，取名全素刘。刘海全有素食制作技术，他14岁开始在清宫御膳房从师学厨艺，掌握了宫廷素菜制作方法。1900年在庚子之变中，朝廷中人逃往西安，刘海全出宫后自立门户开张了这素食店。全素刘这牌子挂出来后，加工中选料配方操作相当讲究，严格按御膳房标准和程式进行，以此确保全素刘成名。其品种有炸三角素、素什锦、洛渣合。之后他又创新把素菜加工成荤菜形状，以鸡、鸭、鱼、肠、肚、肘、火腿等称呼，但原材料是素的，刘海全在家里做好后拿到铺里销售。很快全素刘形成了产品新颖、色香味形俱佳、价格公道的良好口碑，在一般菜馆中鹤立鸡群。

（三）有的进行功能表现一般的大众化定位

针对低表现、低功能，采用小杂货店、方便店形式经营。这种商号，即使取了名进行了标记，一般来说也难以成名。但也有一些走在了前列。这时商人为满足消费者基本需要，定位为普遍性大众化的消费群体。这种市场定位的多，如一些食品、工具、农产品。具体说有马家烧卖、老边饺子。还有豆汁冯、扒糕张、扒糕李、馄饨侯、烤肉宛、烤肉季。它们即使有名，范围也很有限。它们在市场上，多面向整个社会群体，即老少咸宜。

有的以中下层顾客为对象。 19 世纪 50 年代，在山西祁县，一何氏开办了复清永当铺。其服务对象是贫苦农民、小手工业者、破落财主、家道中落商贾人士，以物件抵押借款，助渡困境。一些富户外出，怕贵重物被盗拿来抵押。复清永收的押品包罗万象，金银珠宝、绫罗绸缎、箩头扁担、辘轳口袋、锄耙锹、破铜烂铁、褴褛衣裳，有价值就要。为讲信用，钱庄银号银根紧时复清永能马上归还贷款，不拖延不推诿，所以钱庄银号都乐意借给复清永。该号做到周到服务，态度热情，形成了大众化的商号。

（四）有的进行高功能高表现的定位

在市场上有的根据自己的产品档次高，针对高端消费群体进行定位。如针对大内富贵之人的内联升，以作为富贵富有之人为对象的萃华金，针对爱美之人的谢馥春，针对高端衣着的瑞蚨祥。还有中和福茶、谦祥益绸布庄。中和福茶努力树高档典雅形象。为此设立良好的经营环境，采用玲珑端秀的仿古建筑，在金色琉璃檐瓦之下朱漆门窗上，悬挂大红匾额，上书"中和福"三个金色大字。商号字的两侧书"红绿花茶，气味芬芳"。二楼四根朱红圆柱上分别雕金色字联：西湖龙井茶、洞庭碧螺春、黄山花云露、老竹岭大方。二楼顶端高挂一个大茶字。楼房最顶上方中间，有一尊寓意幸福祥和的蹲踞昂首的麒麟雕像，格外引人注目。楼顶两侧还建有两座绿色顶帽凉亭，专供顾客品茗时远眺盛京古城景色。门楣两侧悬挂郑板桥手迹："一庭春雨瓢儿菜，满架秋风扁豆花"。茶庄店堂讲究，茶具名贵，布局古拙典雅。庄内柜台涂朱红大漆。货架雕刻飞禽走兽，十分精致。这使中和福内含了高档、表现身份的概念，以此既与其他商号区别，又更能吸引人。

二、多式构思商品商号名称

到清后期这方面不但继承了传统方法，而且创造了新的方法。他们在名称中进一步体现自己的经营思想，而且追求简单、易说、易读、易认、易懂，有节奏感，做到独特、有意义、与众不同，能产生联想甚至激起情感的效果。文人朱彭寿将商人对商号商品命名总结后撰写成一首七律诗，题名《字号吉利字》：

顺裕兴隆瑞永昌，元亨万利复丰祥。
泰和茂盛同乾德，谦吉公仁协鼎光。
聚益中通全信义，久恒大美庆安康。
新春正合生成广，润发洪源厚福长。

这 56 个字，能搭配成许多匾牌、字号、商品名称，表达自己对生意兴隆、讲究信誉商德、祈求财旺福安的意愿。这些字含义完美，朗朗上口，易读易记。概括起来，这时期商品商号具体取名主要有以下方法。

（一）以产地为名称

这时期以产地为名称的传统称呼仍有表现。在贵州怀仁县有一茅台村，处赤水河上游的转弯处。19 世纪 50 年代一些人开始将酒命名为茅台春，以产地加上春，表示是一种能使人充满青春活力的烧酒，以示区别。1863 年春，这里的制酒烧房已发展到 20 多家。由于位置独特、酒坊多，但对酒品都未能另命名，所以在销往外地时便纷纷以产地为名，称茅台酒。这现象在他地也有。在广州西荔湾有一南汉帝御花园。1847 年广东李文伦父子出资在这里以竹木、松皮搭房于荷塘上，创办充满乡墅风情的酒家。附近五条小溪中有一条叫泮溪，于是取名泮溪酒家。这也是以一地点为名称的商号。由于别有乡土风情又推出了风味食品，吸引了不少名人雅士专程光顾，很快成名。

（二）以姓氏命名

这仍是商号商品取名的主要手法之一。它能体现个人技艺、名声、品德，而且表现出专有性，所以采用的不少。

有的以单一姓氏为名称。1863 年华桂坞经过在茅台村调查后创办了成义烧房。为了独立成名，于是把自己所生产的酒带上姓氏称作华茅酒。通过这一名字体现自己的责任心，又暗示了产地，把这产地名气利用起来，以便迅速形成自己的牌子的知名度。1879年又有王立夫等人在茅台村联合成立荣和烧房，酒品称王茅。之后到了1890年，在天津金华圆大街白兴恒开张了食品店，也以自己的姓氏称白记蒸食铺。在陕西，清涧人白克拜师学艺后，于1906年在长安开饭馆取名白家扁食，迁榆林后取名老白扁食，经营皇宫水饺、馄饨，生意红火。

有的姓氏加吉语为名称。这形式各地都有出现，它简明、朗朗上口，且有一定的吉利含义。在长沙有称陶恒茂伞店、许宏茂饭馆、李合盛餐馆、柳德芳汤圆店、黄春和粉馆、吴大茂针号、袁大生纸业、董同兴刀剪店。在汉口有叫曹祥泰、苏恒泰、曹正兴、林祥泰号。1881年在武汉出现十几家洋货店，有称汪广和、汪谦和、汪慎记、黄谦裕号。在杭州有称王星记扇庄、胡庆余堂、王润兴饭店、朱养心膏药店、叶种德堂、边福茂鞋店，在湖州有丁莲芳店、周生记、诸老大号。在苏州有称干万兴、雷允上药号。在上海有张发记、童涵春、蔡同德号。在安庆有胡玉美酱园。在南昌有李怡昌绸布店。在广州有潘高寿药号，在河南有杜盛兴药号，在成都有赖汤圆。在陕西有马合盛茶庄。同治元年绍兴人毛四发在杭设摊售眼镜后，集资盘进杭州太平坊詹源昌玉器眼镜店改名为毛源昌眼镜店。光绪年间，浙江湖州人戴氏学徒，在北京琉璃厂开笔店取名戴月轩。在杭州陈立勋原经营南北货后发现蜜饯有商机，于1879年在杭荐桥创蜜饯厂，取名陈源昌，意在兴隆昌盛。在长沙1893年杨心田在三兴路开店经营米粉、汤圆，取名杨裕兴，图以兴盛富裕。

有的以姓氏加含义字为名称。在浙江，1859年湖州吴兴人金绪宝三兄弟迁温州，购进湖州丝，同时贩出温州绸两头获利。后在鼓楼合开经营苏湖绸缎店铺初名金同益，几年后迁五马街改为金三益，寓金氏三兄弟都获益。在嘉善钟尔埠师从名医后，与人合伙开介福堂药店，名称取自《诗经·楚茨》中："报以介福，万寿无疆。"1885年独立经营，店名加自己的姓更名钟介福堂，其精制的驴皮胶、八珍糕闻名遐迩，有口皆碑。钟介福堂很快在苏浙沪一带享有盛誉，赣皖等省不少患者慕名前来购买。

有的以姓氏加专业字词为名称。这方法在北方最多。《燕市商标》介绍的北京商号名称中列举了茶汤李、年糕孟、虎记年糕、爆肚王、豆汁何、豆汁冯、扒糕张、扒糕李、馄饨侯、素菜刘、烤肉季、小肠陈、王麻子刀剪、玉器王、象牙杨、炉灶曹、棚匠刘、嫁衣卢、镊子张、刻刀张、钢刀王。在天津也有这习惯，有称风筝魏、刘海空竹、果仁张、崩豆张、刻砖刘、粉汤刘、面茶杨、果仁张、泥人张。在广州，20世纪80年代吴满在广州新基正中街开设了第一间专门经营食蛇的馆子叫蛇王满，坐庄收购各乡和外省的蛇货。吴满以蛇王满作为自己的招牌，消费者既认识了蛇店，又很快认识了吴满，反之认识吴满，很快就认识了蛇店，二者互相促进成名。在浙江，同治年间绍兴赵氏摆摊后在大江桥北塊开店，用爱女兰香的名字，取店名为兰香馆。光绪年间绍兴陈家佃户丁大兴向主人租店经营年糕，以自己姓名为店号名。1892年其次子自立门户开张丁大兴升记年糕店。1899年本地人潘尚升在西营口创办潘万盛毡帽店。这种方法指认性强，易识别。

有的以多人合作为名称。有些商号是多个合伙人共同经营，内含同、协、共等字，如天津同兴和帽店，山西协同庆，徽州同德仁。见下图。同治十二年，怀仁县的石荣霄和孙全太会同经营天和盐号的王立夫集资在茅台村组建酿酒烧房。然后取两人姓名中的一个字及盐号中的和字，组合为新的作坊名称荣太和烧房。19世纪90年代休宁人程德宗、邵运仁在屯溪开张了同德仁中药店，店名取两人名字中一字，寓同心同德之意。

山西协同庆招牌（咸丰丙辰年）　　　　徽州屯溪同德仁药号

有的以俗名为名称。俗名、绰号也可说是姓名的一种，有小名或贱名。

有的则把它应用在商品商号名称上。河北省武清县一农家孩子高贵友，由于家里穷取了个贱名狗子。小狗子到天津谋生，在一家蒸食店做小伙计。高贵友人穷志不短，他勤学苦练，虚心好问，练就一手好手艺。1858年秋高贵友兑了一间门脸经营面食。在店铺命名时为体现货真价实，品味绝佳，讲品德，以德聚财，命名为德聚号。招牌挂出后高贵友坚持以包子质量取信于顾客，他不断完善提高，创造了和水馅、半发面手法，使包子具有"长相好、有咬劲、满嘴香"的特色，色香味俱佳，皮薄馅满，一咬冒出一股汤汁，散发出阵阵香味，吸引了众多顾客来品尝购买，因此很快生意兴隆。出售时为客取包子收钱忙不过来，摆个筐子让客自付找零，自己专门包装递送包子。又多是回头客，认识，问时不予搭理。有人说"这狗子卖包子，一概不理"。由于包子油大卤多，加上又都是现出现吃，又热又烫，有时掉到地上，狗也不敢吃，所以又说是狗也不理。也有说有同乡来见他，只见店内人头攒动，伙计们忙得不可开交。那同乡打招呼"狗子，狗子"，连叫几声没有应答。有些人听见也随之称呼。时间一长，吃包子的人都说："狗子卖包子不理人。"日久天长，都叫他"狗不理"。从此，"狗不理"的称呼远近闻名。高贵友听了也就顺水推舟，自称狗不理包子店，亮出招牌。见下图。1908年山东临沂人张锡宾逃荒到开封，依祖传手艺在马道街搭棚打制刀剪。产品钢精口薄，锋利耐用，远销外地山东、新疆。因脸面有麻子，人称张麻子刀剪，后建门面房挂出张麻子剪刀店招牌。在浙江，绍兴人诸光潮人称老大，家贫父亡，14岁携母到湖州投靠胞兄，在震远同学茶食糕点技艺，1887年出来独立创业。挑担叫卖经营粽子，改三角粽为四角粽，且不断推出新品。人们不知其姓名，只称老大，后知姓后称诸老大，绰号成了招牌，先在一商店前设摊。在包装上印上红底黑字诸老大。1910年开店，正式取名诸老大。这种称呼在北京有王麻子剪刀店，在开封也有张麻子店，在吉林洮南有杨麻子烧饼铺。

狗不理招牌名称

（三）以含义字取名

清后期，出现了不少商人在商品商号取名中设法体现一定含义。如经营理念、期望、吉利、合作，体现讲义、讲德、讲和。

有的以体现理念、商德经营为名称。如上海有人开店取名功德林素食店，在苏州有取名庞怡泰酱园、庞滋德药店、问心堂店。道光年间陕西渭北板桥常克珍到四川金堂县开了家当铺，取名义兴珍，这名称中含有自己姓名中的一个珍字，更突出商德中的义字。在义兴珍有一定名气后，他为了扩大品牌规模，体现自己提倡的经营道德，便开始以"义"字为关联扩张了8家商号。在彭县开设义兴惠，在广汉开义盛珍，在绵竹开义兴恒。进入1864年在长沙有富商魏鹤林创办酱园，命名魏德茂，含以德经营，后改名德茂隆酱园。之后1869年浙江著名中医姜与麟、大财主金凤纪和药商诸葛芳松合资在金华创药店，三人信奉孔孟儒学，于是取名九德堂，即以忠、信、敬、刚、柔、和、固、贞、顺九德作药店座右铭。到了光绪年间，长沙唐氏在八角亭附近开一夫妻店，以《左传》中"有德则乐，乐则能久"句命名德园。1880年，在绍兴鉴湖沉酿村，有一朱氏开张酒坊后，以质量为本，诚信经营，服务周到，生意兴隆。朱掌柜去世后其儿子朱勤文继业，为使朱氏酒坊在商号林立的酒市中店号更响亮，需取个特别字号。于是据自家善酿酒和元红酒两种酒名的头一个含和顺、吉利和领先之意的善、元二字，再加上寓意平安的泰字合为善元泰名，这名称既响亮上口，又富有新意。到了光绪二十六年安徽歙县定潭村人张昌翼，在京开张了张一元茶号，店名含"一元复始，万象更新"之意，寓开业大吉，不断更新发展。见下图。

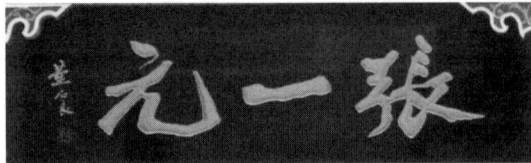

张一元招牌

　　进入清末以后，新理念进一步融入，在香港的马应彪发起组织中国第一个百货公司。马觉得再不能走老路，要采用新形式，不再实施无固定价、讨价还价、费时又误事的传统旧习。要实行标不二价、诚实不欺、不屑于斤斤计较、讲大度的经营策略，于是取名先施。从英文角度看 sincere 意义为诚实真挚，对顾客以诚相待，以诚广示四方，纳四方之客。作为中文出自《中庸君学之道》所说，凡营业之道首贵于诚实。倘未能先以诚实施诸于人，断难得以信用。在 1900 年 1 月 8 日开张，这天数以千计的顾客闻讯来到皇后大道的先施百货。客多热闹异常，先施开门大吉。

　　有的体现期望命名。这在不少商号中有表现，如以恒、裕、盛、昌、丰、泰等字为名称。1849 年，山西祁县商人孙郅开张了元丰玖票号，元为始为先，丰玖即长久经营，利丰益厚。进入 19 世纪五六十年代这一现象多了起来。1851 年宁波知府华少湖于宁波开设了升阳泰南货铺。经营南北果品和现做现卖的宁式糕点。名称含义为日升三阳而开泰，反之为太阳升，也示升阳泰如日东升，永远兴旺；又可说稳如泰山。可以说它这名称内容很丰富。这时期在杭州有商人开张了天禄堂药店，即希望上天保佑禄满堂。杭嘉湖一带的人常坐船来天禄堂药店买药，这店很快生意兴隆，声名远播。1853 年，镇海人叶澄衷来到上海一杂货铺当学徒，摇舢板去黄浦江向过往船兜售日用货品。一次在小东门码头遇一英洋行经理跳上叶的舢板，要求送浦东扬家渡，后公文包遗失在舢板上，叶守候送还。这人于是告之这里将会有更多船来，有各种需要。他悟出关键是五金。于是摇船用商品向水手换船缆、罗盘、铁钉、五金、器材，然后雇同乡街头出卖。1862 年为包揽外船修理要件，在百老汇路口开张顺记号示顺利经营，开始了五金交易。在绍兴，1854 年诸楚和在湖塘开张了酒坊取名叶万源。之后开张田德润、章万润酒坊。到了 1865 年出生于山东寿光县人张克亮，在羊角沟开设了兴顺福号，加工经营虾酱等海产品。进入七八十年代，这一现象则有大量出现。在徽州祁门人胡元龙发现当地绿茶滞销，于是着手改良，试制祁红成功，并开张胡日顺茶号，不少英、美、法等国茶商多向其采购。这时期，民间私人开始创办新式企业、运输业。在 1866 年方举赞与人合伙开设机器厂，这是一家专为外商虹口老船坞手工锻制船舶零配件的发昌号锻铁作坊，1873 年更名为发昌机器厂。发昌这一名称成了新式企业的一面旗帜，赋予了经营者的莫大期望。从此带昌字号如雨后春笋般地诞生，在上海先后推出了建昌、均昌、远昌、合昌、永昌、福昌、广德昌、大昌、鸿昌等机器厂。不久又有人对火柴企业以燮昌、荣昌、逐昌为名称，图繁荣昌盛。这时机器缫丝厂也发展迅速，1873 年广东南海继昌隆后，开张有十余家商号。1881 年上海公和永之后有坤记、裕德、延昌、正和等。棉纺织业有华新、裕源、裕晋、大纯，其中苏州有苏纶、裕通，南通有大生等商号。在山东桓台耿氏在 1880 年经营丝绸，在周村丝市街设庄进行机器生产，并在布匹上印庆和永标志。1889 年，糕点名师李瑞庆在浙江瑞安开设茶食店，以推崇孙中山世界大同观点取店名大同号。进入 90 年代至清末，这种现象有所减少。在湖州开张有恒和、永昌等丝绸号、乾昌酒号。1893 年，杨心田在长沙三兴路开店经营米粉、汤圆，取名杨裕兴号，图以兴盛富裕。到了 20 世纪初，1907 年，善于制酱菜、豆制品的浙江诸暨人寿达清来到杭州，在热闹的荐桥街开一店。为日后兴旺发达有个好光景，将店取为景阳观。1910 年河北人周锡瑞来到沈阳在小东门外开张了一家店铺取名宝发园，意为聚宝发财。

有的以体现多方结合或特点取名。1860 年祝氏二兄弟以介字代表二人，加籍贯福建福字为名成介福号，在上海二马路（九江路）开张。后苏州人程芦舟以 6000 两银圆高价买下介福号后迁往南京路。多年后又为另三人经营，再取名时又赋予更深刻的含义。由于程芦舟之子程用天体胖诨名大阿福，取其福字。李绌石年过花甲胡须齐胸称老寿星，取其老字。姚应生身高外号长脚取介字，合为老介福。后重金聘请沪上名士唐陀书写招牌增添了商号名气。到 1907 年在昆明合香楼的陈惠泉、陈惠生兄弟又称小庆、小祥，两人开了家糕饼庄。于是各取一个字，组合成吉庆祥作为商号名。在苏州有三人合伙经营开张了一家酱园，取色香味三大特色，同时还要体现三方经营，店名称三和酱园，象征产出的酱菜确是色香味俱全，也示三人同心协力经营。

有的以数字加吉利字词取名。有以一字开头如一得阁。带三字的有多、多次、更多之意，所以以三字开头的不少，如老三进鞋店。咸丰年间广东人曾厚堂到桂林兰花池畔建安泰源糟坊，产出酒后命名三花酒。浙江乌镇许氏在道光年间开张店铺三珍斋，产销酱卤制品。在山西常家开茶叶店称三德玉、三和源。1862年祁县渠源浈在县城财神庙街开张三晋源，有贾有库开张商号称三义号。在广东南洋兄弟公司将香烟称三喜牌。长沙有称毛笔店彭三和，南货三茂祥、三吉斋。有的四字开头。清末扬州东美街一赵氏加工了腌乳瓜、宝塔菜、什锦菜等，吃起来既鲜又嫩且脆，生意越做越好。在租店后请来一个秀才借用王勃《滕王阁序》中的字词取名四美酱园店。扬州有一茶社称四时春。长沙有的称六合庵蚊烟铺，有的称九芝堂。光绪初年周国华三兄弟拜千字号的郑文轩为师，出师后就在千字号剑铺的隔壁开设剑铺，取名万字号。

有的以缩略词命名。1894年浙江宁波人洪北堂在苏州南盛泽镇开了家药铺，取"养其天和"中字加洪氏姓取名洪养和堂。苏州王鸿翥堂作为店名内含"鸿鸟飞翔，福至于庭"的展翅腾飞、奋发向上之意。江西抚州金溪人胡氏在成都棉花街与人合伙开了家酱园，根据《周易》说"乾，元亨利贞"，疏云："元，大也；利，宜也；贞，正而固也"，选字取名元利贞号酱园。经营几年后又根据《周易》中的"保合大（太）和，乃利贞"句改元利贞为太和号。元利贞与太和是一回事，但组词不同，明确含和气生财之意。

有的以属性命名。这种取名方式也出现不少。它们明确说明或暗示所经营的货品类型、功能。19世纪四五十年代，江苏吴县人沈氏在苏州齐门外开了家甜食铺，以苏州人爱吃的食物玫瑰、桂花、莲心、薄荷、芝麻做原料，制作甜食小吃。同时对其五个女儿分别取名玫芳、桂芳、莲芳、荷芳、芝芳，恰与原料相连，街坊也笑称其店为五芳店。于是顺水推舟将店取名五芳斋。道光年间，在琉璃厂街晋商开办了不少书店，有德宝斋、英古斋、书业堂、永宝斋、奇观斋、宝名斋、永誉斋、晋秀斋、荣录堂，都含有书业古玩之意。这时期北京举人祝锡之在会试落榜后转事古玩。他精通书画、铜器、古玉、法帖、碑碣的鉴定，能书善画，于是在琉璃街开店取名博古斋，暗示古玩铺，也表示自己对古代文物通晓，确实经营过各种有历史意义的古玩文物。同光年间徐友兰于绍兴开设墨润堂，徐是古书画收藏家、篆刻家，有文史碑帖考古研究及著作。既是书店，又自行翻刻出版木刻线装古书出版。有的开店取名暗示药业。1855年浙江台州许克明在天台县开张了同寿堂药号，暗示是与人的生命健康长寿有关的业务。光绪元年，有童氏在苏州道前街开药店，加上"仁者乐山"之意取名童葆山，后受邻店大火之灾，重建后以自己的姓氏加吉利字改名童葆春，以更体现功能属性。1882年，宁波慈溪人杨正裕到温州与人合伙开蜜饯店取名五和号。请名家梅调鼎书写店招，梅调鼎推敲再三，在五和中增一"味"字，意寓甜、酸、苦、辣、咸五味调和，既顺口又含经营商品的特色，名称通俗明白。1883年，在博古斋的孙虞臣侄子出来另开店铺。找到文玩熟人帝师、军机大臣兼理各国事务衙门的翁同龢，请其命名和赐墨宝题匾。翁欣然命笔题茹古斋。1877年，江夏人黄兴甫进京会试未中榜，流落京师，在琉璃厂附近教私塾。作为举人，经史子集有相当修养，又爱诗词字画。同时也研究起青铜铭文。于是在1900年开设尊古斋，以经营上三代金石文玩为主。尊古斋开张后，社会上时兴金石研究之风，生意格外兴隆。黄作为举人，与不少官员、贵族、古玩商、收藏家来往。既是客户，又是朋友，尊古斋很快成名。1896年北京张文卿在崇门外花市大街摆茶叶摊。他自配的茶叶质量好，分量足，可随意品尝，深受顾客欢迎。由于路段好，生意兴隆，到了1900年茶摊后的烟铺倒闭，于是把它盘了进来，进行装潢开张，取名张玉元茶庄。内含有张姓，玉隐喻名贵的玉茗茶花，元为第一。即张家经营名贵第一及第一等的茶庄。

（四）以典故事件名句取名

典故事件名句往往在社会上已经流传，有一定印象，利用它来作产品商号名称也容易让人产生深刻记忆。这方面也有不少应用。

早在1848年，有人在杭州西泠桥俞楼外侧开张了一家杭菜馆，名称取南宋林升的传世名句——"山外青山楼外楼"中的后三个字。烹制菜肴选料严谨，制作精细，时鲜多变，风味独特。不少菜肴脍炙人口，尤以名菜西湖醋鱼独树一帜，深得中外宾客喜爱。见下图。进入1871年，在杭州盐桥边，浙江宁波人王尚荣开设了一家宁式面馆，经营虾爆鳝、蟹黄鱼等菜。附近有科举考场贡院，不少文人秀才来餐馆用餐。曾有一位宁波籍考生中举后晋升状元赴任路过杭州，特地到楼外楼拜访并题词状元楼。该楼在经营中讲究诚信服务，注重菜肴质量，在继承传统面点特色中不断推陈创新，由此风靡杭城。到了 1911 年，其外孙王凤春将状元楼迁至望仙桥板儿巷口，因系平房故更名为状元馆，承继状元楼名气仍然兴旺。

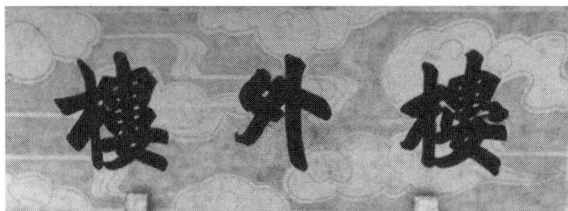

楼外楼招牌

　　进入光绪年间，这种取名方式仍被不少商人采用。1882 年在苏州名医王仙根经商致富后，于是在苏州观前街高价购了临街店面，开办了药铺王鸿翥堂，店名内含"鸿鸟飞翔，福至于庭"的展翅腾飞、奋发向上之意。这时期在宁波的徐麟生等人共同创建了鞋店。店名源于秦末黄石公命张良纳鞋的故事。民间遂将此传为"三进履"。徐麟生借此取店名为老三进，寓意如张良为老者进履谦恭有礼，尊重顾客，千方百计满足顾客需要，做到有耐心、有毅力，不怕困难和挫折，求得顾客信用。经营中做到选料考究、做工精细，价格公道，很快生意兴隆，声誉鹊起。在市场上也盛传"买鞋要到老三进"。到 1884 年秋，浙江慈溪人叶鸿年来到苏州考察，在苏州观前街玉楼春茶馆品茶。他叫随从到隔壁的稻香村购买茶食，半晌未回，于是踱了过去。只见店中熙熙攘攘，人头攒动，店中伙计只忙着招呼熟悉的大主顾，对散客则置之不理。叶鸿年令随从催促，店伙冷眼一斜说："什么快点？有本事自己开店，那就称心了。"叶氏听着，怒形于色，悻悻而去。这一切正巧被一位刚辞退的稻香村店伙看到，觉得这人有涵养，非富即贵，于是尾随上去拦住说："你要是咽不下这口气，就真的开一家店与他们比比。我可助你一臂之力。"叶鸿年询问后便欣然同意，商量后委托他开始筹备。于是在稻香村东开张茶食糖果店取名叶受和，意在要不让顾客受气，和气生财，其宗旨为："凡稻香村有的，叶受和也有。稻香村没有而应有的叶受和也有，并成为名品。"为此他在质量上不惜工本，以超稻香村。制作的糕点博采众长，以苏式为主，夹带宁式口味，风格别具，形成著名的产品。由于精工制作，不断创新，服务也周到，叶受和很快名气远扬。

也是光绪期间出现了以名句取名现象。在绍兴城内都昌坊口，秀才周仲翔开张酒店，只做小市民生意。经营道地绍兴酒，大众化家常小菜，取名中引经据典，以唐高宗李治年号，寓合通达顺利，大家发财，称咸亨酒店。定位为一般民众，薄利多销。但产品单调，三年后停业。同城一酱园店主看出这牌子有点名气，于是采用综合经营，有酒、酱油、乳腐酱菜，咸亨号从而又兴旺起来。到1910年有人在杭州灵隐飞来峰下开张了一家菜馆。这里俯览杭州西湖，古树参天，鸟语花香，环境优雅。菜馆设施齐全，设有格调各异的风味厅。于是根据诗句"西湖西畔天外天，野味珍馐锅里鲜，他日腰缠三万贯，看舞越姬学醉仙"句取名"天外天"。主要菜点有龙井虾仁、东坡肉、叫花童子鸡、西湖醋鱼、龙井鱼片等，并很快成名。

（五）迎合消费心理命名

在社会上，人们喜欢讲究福禄安康寿长。因此在市场上，商人们便以这类吉祥字取名，以满足消费者心理需求。有的是体现经营者的愿望，有的则是满足消费者心理要求，以吉、谦、裕、顺、昌、泰、瑞、盛、德、义、兴、恒、福、广、永等字，或二字的组合为名称。如安泰堂、吉顺号、如意号、同兴祥、天福居。在济南，有不少商人开张了隆祥、瑞林祥、瑞蚨祥、庆祥、鸿永祥等绸布商号。咸丰年间，晋商段氏在新疆奇台县开设烧坊取名永生泉。进入1851年，在清朝任职的肖香谷因救济一老和尚，得其药酒秘方。告老返乡回到广东潮阳后，将秘方配制成药酒，并命名为长春药酒，寓可使人长寿，永葆青春。到了光绪年间广州西关一大户人家有一书院，业主在书院开办茶楼，挂出萄萄居茶楼招牌。浙江浦光李致高在药铺学徒后成为店主黄氏家女婿，1883年李继承药铺，以"济世宁人"为宗旨取名宝致堂，后名气越来越大。这年浙江龙游的余镜波开张了滋福堂药号。1892年福建闽侯人李子卿和父亲李应台在龙泉开张了兴泰隆商号，注重信誉成名。以上这些商号带着吉祥字号的名称出现在全国各地，明确地迎合了消费者心理。

（六）以物体轮廓命名

这是又一新的识别要素构思形式，在清末开始出现。1903 年荣崇敬、荣德生在无锡创办保兴面粉厂，后改为茂新厂，并在上海设厂生产，将产品面粉称兵船牌。有的水泥产品以宝塔为名称也是这种形式。

（七）以新词取名

到了清末，一些商人开始采用新名词作商号名，如中华、五洲、环球、新亚、先施，使招牌耳目一新。1873 年侨商陈启源，在广东南海简村开张了蒸汽缫丝厂取名继昌隆。由于近代印刷技术进入中国，适应这一先进印刷技术对纸质量要求，商人曹善谦创办上海机器造纸局，后改为伦章纸厂。也是这年商人钟星溪创办了广州远堂机器造纸公司，1905 年改为官商合办，更名为增源造纸厂。之后出现的造纸企业有上海龙章、重庆富川、成都乐利、吉林志强等名称。

（八）以动植物名为名称

这也是新采用的形式且在多地市场都有出现。1895 年浙江南浔推出飞马、黑狮、金麒麟、银麒麟的丝商品名称。上海云章新袜厂推出飞鹰为袜子名称。到 1900 年周学熙在任开平矿务局总经理时发现水泥销路广，而该矿的水泥厂被抵押给英商，于是据理力争，在 1906 年正式收回，重新集股开办，将细绵土厂取名启新洋灰股份有限公司，并转变成私营企业，将产品取名马牌水泥。这年在广东有士敏土厂，产品水泥也以动物称呼叫狮球牌。到 1909 年浙江湖州公益厂以荷花、牡丹、梅花为商品名称。这时期，白敬宇眼药行的第 15 代传人白瑞启继承家业，在定州扩大眼药生产，称为金牛眼药并使用"金牛"为商标，在河北定州、祁州一带销售。

（九）自夸取名

这种形式，在各地都有出现。在名称中含有大、全、处领先、最真、效果好。在苏州的靖江有人将商号命名为大和公、大和全。苏州费萃泰麻饼店改为"生元"后经营不景气。1881年吴中商人蒋福堂接手经营，便把这店更名为乾生元。其含义"乾"指天下；"生"可理解为该店的特色产品，即麻饼；"元"即第一。乾生元这三个字的意思就是乾生元生产的麻饼天下第一。到1883年赵炳林在天津东马路开有糕点店取名四远香，意其产品香味飘向四方。安徽省歙县人张文卿赴京在崇文门外荣泰茶庄学徒。于1910年在前门外观音寺开办茶庄，取"一元复始，万象更新"中的一元为茶庄名，示经营处领先地位。在长春，浙江绍兴人王信瑞，随父闯关东到了这里，在一饭店跑堂，他勤奋、利索、热情。一天听对门客栈有人争吵，见有一病人被店主强行推出，因为无钱付住费。王建议让这病人多住几天。掌柜说，钱你付？王说我付就我付，于是取钱付了。这老人发烧，说：谁是我儿子，给我碗凉水喝。王说我是，端了水让他喝。这老人病好后临走时把王叫来，建议他自己开作坊，经营糕点面食。原来这老人从南方来找儿子未果，且带有一笔钱。见王是好人，可放心一起干。当时长春多是饭馆，但缺糕点。于是开张后加工蛋糕很快畅销。到1911年其作坊及蛋糕在长春家喻户晓。但有声无名。老人去世后王与妻商量买下地号盖起大作坊。一天正思考取名，有一商人请来戏班子演出，很是热闹。有人说是大名鼎鼎的牛家请来的。听到鼎字王由此得到启发，由鼎加上丰、真就叫鼎丰真。打听后才知道，这鼎非比寻常，是一种炊具，多青铜制成，是三代商周产品。另外还有显赫、盛大之意。丰是数量品种多，齐全。真是货真价实，真诚可信，不欺不骗。之后又请来长春有名的书法家王休然写上"鼎丰真"，刻上匾挂出，开始了鼎丰真的品牌创造。

（十）加上牌字为后缀作名称

这是近代出现的又一种取名新方法，它开创了品牌命名的新时代，使品牌化进入到新阶段。这时期出现名称后加牌字，突出这是牌子，这是前代没有的现象。从现有资料看出，出现较早的是：1890 年上海中法药房推出的云狮片艾罗汁、九四牌药膏；1895 年浙江南浔推出的丝经飞马牌、黑狮牌、白麒麟牌，有萧山和合牌丝经；1896 年上海云章袜厂推出的金舞牌。接着有 1897 年前的茶叶牌子，在出口茶叶中最早带牌字的有鱼目牌。1825年至 1897 年平水珠茶年产量达 20 万担以上，其中运销欧美国家的茶叶在10 万担以上，美国威斯·马丁的祖父就是负责经营王化瑞泰的珠茶，在美国很有市场，而且各茶栈都有自己的商标，其中瑞康茶栈有鱼目牌，瑞大茶栈有鹿鹤牌等。这是宋氏企业的茶叶牌子。进入 19 世纪末，湖广总督张之洞鉴于当时修筑粤汉铁路而开办湖北大冶水泥厂，并将产品起名为宝塔牌。进入 20 世纪初，1902 年河北通州磊兴面厂推出了双鹤牌，云南永昌祥推出了松鹤牌。1903 年上海保兴面粉厂推出了兵船牌。1906 年天津推出了水泥马牌，广东水泥推出了狮球牌。到 1909 年浙江南浔梅履中以梅恒裕丝经行将产丝分别命名为绣麟牌、金鹰钟牌、银鹰钟牌、黑狮牌、荷花牌、梅月牌、梅石牌后，参加金陵南洋劝业会并得奖。这时期，在香港商人简耀登号简照南，17 岁随叔父到一瓷店学生意。后与弟赴日开东盛泰商号，之后又回香港开张怡兴号。1909 年在叔父支持下购得南洋烟草公司，更名为广东南洋兄弟烟草公司，将香烟命名为双喜牌、白金龙牌、飞马牌。到清末的 1910 年，绍兴咸亨酱园迁城内，并将产品取名无敌牌，后在南洋劝业会、美国万国博览会上获奖，在香港赞誉为"一经品尝，终生难忘"。

三、商品商号标识

在对商品商号进行标记时，一些商人继承传统方法外，探索了一些新形式。尤其出现以图形或抽象符号为标志，把商品识别要素构思推向了新阶段。

（一）以字体为标志

清后期在文字标记方面有新的发展。1911 年仇吉五撰写了《金台杂俎》一书，其中《燕市商标》详细介绍了清中晚期北京商业标志。他认为："凡商贾工艺之各种牌匾贴报而用以广招者，统谓之'商标'。"他收集了北京各行业的大量商标、牌幌、告牌、告帖、名录等。他说："凡商标略分八类，匾、额、牌、幌、屏、壁、贴、报是也"，即横式为匾、竖式为额，带环挂在墙壁上的为牌，檐下悬挂的有红绸穗的为幌。各地商人在制作商号牌匾时，还请当地名人题写，形成不同特色的字体标志。见下图。这就更

山西祈县蔚泰厚招牌

山西复兴公招牌

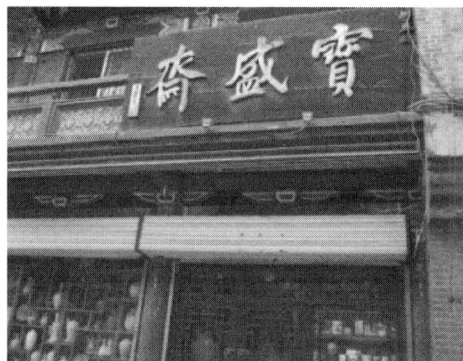

开封宝盛斋招牌

加提高商号的识别性和名气，从而在消费者中形成了不同的形象。在北京市场上出现了不少商标，并表现在招牌匾额上。清末闲园鞠农（蔡绳格）在《燕市商标荟录》中统计，北京店铺的匾额、牌幌有千种之多。在北京琉璃厂，这是经营文化产品之所。店铺字号非常风雅，匾额题字多出自名人之手。光绪年间李若虹编撰的《都市丛载》记载，当时琉璃厂名人撰写店铺的匾额有：

名称	性质	招牌书写人
博古斋	古玩铺	那彦成书
富文堂	藏书处	何绍基书
松竹斋	南纸店	梁诗正书
两宜斋	裱画铺	胡仁颐书
宝丰斋	图章铺	阿克敦布书
德宝斋	古玩铺	克勤郡王书
龙威阁	鬻书处	曾国藩书
尊汉阁	法帖铺	翁同龢书
韵古斋	古玩铺	潘祖荫书

这仅是一部分，实际还有不少。琉璃街的萃珍斋的字体，用笔含蓄、内敛，字势跌宕多姿，风格独特。三代太傅翁同龢先后为茹古斋、尊汉阁、宝古斋、赏奇斋、秀文斋题匾，其字体气势凝重、结构严谨，笔画行间偃仰呼应，书体端肃方正且具灵气，也为匾额增添了不少名气。见下图。在天津，九芝堂由康有为所书，估衣街万全堂由李鸿章所书，正兴德茶庄二匾分别由吴佩孚、徐世昌所书，致美斋由吴昌硕所书。这些招牌字"古朴、浑厚、端庄、豪放、灵气、飘逸"，体现明了、实用，认清、易懂，引导消费者认识商号经营特色，是保质诚信标志之一。1901 年河南长垣人邱志和在徐府街创建邱文成笔庄。虽然该店只有一间门面，店主也请了著名书法家书写邱文成笔庄为招牌，让人很容易识别。

宝古斋门牌

这时期，多数商品包装仍不精致，书印不便。一些商人便在商品上直接刻印标志字。在山东桓台，耿氏开张庆和永药房后，1880 年转向经营丝绸，在周村丝市街设庄进行机器生产，并在布匹上印庆和永标志。在浙江，龙游商人傅家来严格控制产品质量，严格检验，次品决不出售，为了表示对用户负责和维持良好的信誉，他在纸产品上统一加印西山傅立宗印记。有的则以汉字加外文或字母加图形为标志。1902 年严裕棠在上海创办机器厂取名大隆，为了方便联系又加 THEORIENTLENGINEERINGWORKS，LTD 英文名。同时以 E 外加一圆圈为厂标，也作产品识别符号，这都给人以深刻印象。

（二）以图形符号为标志

在清后期尤其是清末出现了明确独特的图形或抽象符号作为品牌的识别要素。它能认不能读，但形象性强，能产生更多联想和记忆。天津启新水泥产品命名为马牌后，又设计了"龙马太极图"为商品标志。昆明吉庆祥在取名后以"吉庆"的谐音为"戟"和"磬"，并请画家胡应祥设计以戟和磬为标志，表达了吉祥、欢庆、团圆、祥和之意。在山东，树德堂的"福"字阿胶多次赴京进贡，被称为贡胶。为方便识别，又设计了商品标志，图案为一花瓶，口插三支方天画戟。后又把皇帝赐给的"福"字作为商标。同时将"福"字悬挂在树德堂店上，作为该堂阿胶的标志。在山西，兴隆茂砖茶在正面压有寺庙图样和兴隆茂字样。在苏州采芝斋的金荫芝请画家绘制采芝图标记，图案为"两个类似道士的老寿星，双手持龙头杖，并肩上山采药，一个篮中盛放灵芝仙草，另一个肩挂葫芦，暗示内装灵丹妙药"，寓意采芝斋的糖果、蜜饯有药疗作用，常用能健康长寿。苏州王鸿翥堂制作了鸿鸟嘴衔灵芝图、养和堂药铺制作了松鹤图作为标记。上海开埠后，广东香山人徐荣村到沪，在英商宝顺洋行当买办。他自己也经营茶叶丝绸店。1851 年 5 月，英国伦敦举办首届世界万国工业博览会，对此会清廷置之不理。徐荣村则认为这是一商机，于是挑选自己经营的八大包"荣记湖丝"，运到伦敦。三名随员都是小脚女人，也是他的妻妾，摇摆着出现在博览会上，全场顿时轰动起来。经评比认为这是桑蚕原产地的优质产品，给以金银大奖。女王颁奖时还赠送一幅"小飞人"画幅示以赞赏。徐请来画师把奖状上的"翼飞美人"图案临摹作为产品商标进行宣传，给人留下深刻印象。也是在上海，1890 年又有黄楚九将药房由南市移至法租界，改为中法大药房，出售以万象为商标的药品，商标图案为大象背着一盆万年青，意指药品可以使人万年常青。在杭州，1862 年慈溪人邵芝岩在三元坊开笔店，以店主邵芝岩为店名。邵芝岩喜兰花，于是高价买下稀世珍兰作为镇店之宝，陈列店内吸引众多文人雅士，笔庄也因此名声传扬。后又以芝兰图作商标，左为花瓶插灵芝意邵芝岩的芝，右为一盆绿云兰花寓邵芝岩笔非常名贵。

（三）以带招牌门面装饰为标记

还有一些商人将商号门面进行特别装饰，或豪华或有特色。也让人易识别。清举人包耀庭家居南京，参加太平天国运动失败后，流亡到开封，经同乡资助开了一个古玩店。后赚了钱在南书店街开一门面，命名为包耀记绸缎庄，同治年改为包耀记南货店。为显示与众不同，在门脸上做寿星、寿桃、绣球、龙凤等图案浮雕，并挂包耀记金字匾额，成中西结合的建筑艺术风格。因此包耀记很快出了名。1857 年李玉卿在昆明文庙直街开张了药号福林堂。招牌由著名书法家陈荣昌所书，店堂为独特的伞形八面封铺面，雕梁画栋，外饰牡丹朝阳图，檐板有精工细刻二龙戏珠图，建筑样式庄重典雅具独特魅力，从而树立起独特形象。进入清中叶时，南方商人张梅在杭州新官桥河下盘进并改名经营张同泰多年后，咸丰初其子张耐先以举人改从商扩大了药号，并在门额上高刻"万象"标志，店堂布置豪华而富于儒学文化气息，宫灯高挂，金字闪烁。并突出"张同泰""道地药材""童叟无欺""岐黄正传"理念。明窗净几，字画添彩图生意兴隆。之后请名医坐堂看病，这装饰无不显示出高档、宽敞、浓厚的文化气息。

从以上事例看出，近代商号取名标记在继承前人的基础上有进一步发展，以物体形状、新词、拆字取名及以名称加后缀牌字和图形标记，也可以说开始走上以牌为名称和以图形为标志的识别要素构思，增加了品牌化的新内容。

四、特色包装

晚清时商品包装有进一步发展。由于它能发挥多种作用，开始得到较广泛应用，尤其在食品、药品上，既保护商品又印刷广告及其说明，以与消费者沟通。运用特色包装也是商品的识别要素。好的品牌包装醒目、有美感，与产品吻合且能展示商品突出个性，给人深刻印象。这在多地都有出现。1866年在山西祁县祥云集号以品种多适应不同消费群体，于是对它们进行分装，在小纸袋上印祥云集黑体戳印。在包装中用特制双层麻纸盖汉蒙文字。在特制容器中把纸熏窖香味，把不同分量烟丝、按不同规格包装成型。包时在烟丝最上面放一片柏叶，成包后箱搁冰片、薄荷熏窖入味。这样包装使祥云集在烟民中留下了深刻印象。祥生号烟包正面印有祥生号黑楷体字，背面印有蒙文专供漠北市场。在山东，树德堂为体现商品的高贵特色，邓氏还制作包装作为树德堂的形象，用绢裱盒装，古朴典雅，古色古香，令人赏心悦目。在苏州采芝斋店的店主为了突出商号不同，在纸包装袋上印"贡糖"两字，使采芝斋糖治愈太后毛病的神奇传说一传十，十传百。在陕西，庚子年间慈禧逃亡陕西，马合盛贡奉百峰骆驼茶得其奖励，还说是大引商。马合盛商号便利用人们崇拜皇权思想，在包装上印慈禧赞语"大引商人马合盛"七字，名随货走，使马合盛在民众中树立了很好的声誉。到了清末，胡庆余堂药号制作铁罐作药品包装，给人以高档印象。

五、以历史长为标识

这是一些商号继续表现的区别要素。它有隐性品牌内涵，如品牌长的历史、多年形成的经营理念、核心价值、品牌个性及文化。有的强调自己经营的历史长，有传统，有经验，这也是一些商号独有的表现，这也可以作为自己品牌的标志之一。体

王星记

现自己资历长，有经验，有好名声，成了不倒翁，让消费者更相信自己。在北京同仁堂为了方便消费者购买识别，在店前标记上加一个老字称乐家老铺。在上海有商人称药房为老德记。一广商在上海经营广货称老恒生号。在长沙有商店称老杨明远眼镜行。在长春，1889 年康氏从河北滦县逃荒到东北的宽城子（后为长春）开张糖果坊，又叫老康头糖球坊。其儿子掌店后取名老茂生，以老自居。1901 年，汉阳锦春酱园后人王春卿弃儒经商，承袭父业，在店名前加老字为"老锦春酱园"，表示历史长。1905 年，沈阳天合利总店惨遭焚烧，店中货物被抢劫一空，总号因此被迫停业。战乱结束后，单兴顺主持天合利总号的经营。他觉得天合利经营 200 来年历史长。为体现这历史，于是改名为老天合丝房。在长沙郑大有参茸号，同治末沿江各埠设分店，于是将长沙店前加一老字以示区别也作总号。在杭州王星记后来在店面装饰时，特地在门牌的旁边增加一组数字，强调是 1875 年开张，显示自己生产经营了多年。见下图。此外，在沈阳有老边饺子，上海有老大昌、老介福，它们倚老卖老，向消费者炫耀，这也会在市场形成与其他商号区别的要素。

营销中创品牌个性

这时期，在商品经营中一些商家在策略及经营环节上不断深化，与前期相比多方面都有进一步提高、创新，与顾客建立良好关系。正如陕商总结的"人无笑脸莫开店，会打圆场自落台。买卖不成仁义在，留下好感回头来。"

一、树商德提素质保服务质量

在销售渠道及各个环节上，一些商号开始在一定品牌创造思想的指导下，设法体现在制度、规矩中，以进行指导和约束，从而不断提高员工素质，为实现优良的服务质量树立良好形象创造条件。比如，以货真价实讲商德信用。

由于产品品质的隐蔽性、内在性，顾客一般难以感觉和发现，这就需要生产经营者讲道德。不少商号都体现这一指导思想。如经营服务中尊重顾客，注重顾客满意，满足顾客要求，坚持诚信交往。

有的注意有效、实用而且讲诚信。1852年山东福山人康德富在辽宁大连金州开张了德记药号。康氏精通医理、熟悉药性，并以药号名称体现康健民众、济世正德、以康为德的思想。为此德记号在药品疗效上下功夫，形成了不少秘方，且有不少成了有口皆碑的良药。同时他不满足于此而不断行德事。夏天在店内备板凳、消暑凉茶。冬季店内煎煮麻黄汤，为感冒顾客免费服务。德记号很有同情心，卖药还赊药，在三节收钱，还可以物抵账，为一时经济拮据的顾客提供方便。有一年店中伙计收下一人家的抵物驴，店主一见顿时冒火，说这是人家的活路，你牵回来让人家怎么生活？于是命伙计立即把驴送了回去。这事一传十、十传百，由此德记号讲善德的形象更加丰富，更多百姓转向德记号购药。在浙江东阳，有一年底，雪舫蒋老板从杭回店后发现对方多付了1000元。于是第二天一早就派人把钱送回。同时杭州腿行的老板发现支付错误之后，也急忙派人赶往东阳。到了雪舫蒋号，蒋雪舫热情款待，还告诉他多付的钱已送回。之后腿行老板向雪舫赠送了"诚信无欺，声誉卓越"匾额，登报致谢。这事无疑为雪舫牌子增添了很高的信誉。

让员工具有良好品性和习惯。为树德行修养，有的甚至设神坛，烧香敬拜。有的还很重视挂牌开店仪式，一早开门就点香拜财神。有的要求恭敬地请上幌，把幌看作商业生命、财神象征，把挂幌看成头等大事。一早开门就用幌权挑起幌子挂在钩上，称请幌子，以示神圣。实际上，不少商号在经营中不但挂幌如此，在每天开门或初一、十五还要拜财神求保佑，以此让所有人员的思想统一到神圣的经营上来。有的对护牌行为很看重甚至给以重奖。1900年八国联军侵华，同仁堂主人家去太原避难。战乱中同仁堂被大火波及，店主回家后立即奖励保护招牌的药工张翊亭，并对招牌重新油漆，挂在前堂正中，两侧增添了铁帽子王爱新觉罗·寿岂写的"灵兰秘授""琼藻新载"两横匾。

设法提高员工素质。有些商号努力使员工有良好行为，以形成良好商号形象。为此组织员工学规章制度、业务知识，这在各地市场商号都有表现。道光年间在山西祁县，何家在东大街独办永聚祥茶庄，收购、加工、贩运、批发，开发产品，称兴隆茂砖茶。为提高服务水平，努力提高职员素质，鼓励员工读书，给职员较高的饮食水平，20多人白吃，菜十分讲究。这样伙计自然成为永聚祥的宣传者，致使永聚祥这牌子在社会上口碑良好。见下图。

永聚祥茶庄

东家与掌柜生死与共，掌柜与伙计真诚相待，亲密无间。员工高的素质和亲密的感情很快使永聚祥远近闻名。到同治初年，在山东周村有一资东靠谦祥益开张了瑞林祥，这店在经营中自行加工织绸、印染，稳定了产品质量。在从业人员中严禁吃喝嫖赌、严格请假、严禁贪污盗窃、严格管理财务。要求员工认真学习业务，提高服务质量。因而瑞林祥逐步形成了货真价实、品种齐全、童叟无欺、服务好的形象，吸引了不少顾客。到了清末在北京开张的龙顺成家具铺，在经营中也采用了严格的铺规。为了有素质高的员工，收的学徒要有引荐人，有铺保，立字据。"不遵守铺规，随时辞退"。所有成员都要尊敬上司，手脚勤快，干活出力，手脚干净，不偷不贪；工余时未经许可不得外出，学徒期不得回家、不得成亲、不得损坏柜上物品。进入 1907 年，乐镜宇在济南创办了药铺宏济堂，创立之初并无突出特色，但创始人乐镜宇大胆创新、另辟蹊径。他努力做到"炮制虽繁必不敢省人工；品位虽贵必不敢减物力"。他要求凡是在宏济堂工作的店员，均要熟背《药性赋》《大医精诚》《黄帝内经》等，以提高技艺、修养品行。不仅要学做买卖，还要学做人，以确保宏济堂的名声信用。宏济堂在堂厅上悬挂"但愿天下人无病，哪怕架上药蒙尘"的匾牌进行告诫。主柜之上悬挂着五把锡壶喻"悬壶济世"，壶中有宏济堂配制的时令药为民服务。在绍兴，刘合兴酱园经营多年后由其孙刘振一继承，他虽对酱业外行，但重视产品质量，也努力提高员工素质，要求新进店员都要抄录和熟记《刘合兴酱园造作法》，以确保制作产品品质优良，以求顾客信用。

二、对顾客尊重、热情周到服务

为与顾客建立良好关系，不少商号开始行情感营销，以得顾客亲近信用。交易中有沟通、互动，在经营中使用情感服务艺术，与消费者亲近，介绍使用保养知识，或免费整烫、修补，提供针线，附带小用品。为交易成功，不少商号注意在交易前、中、后的具体经营环节上，设法做到尊重顾客、热诚接待、周到服务，让顾客满意，形成良好的购销亲情关系，从而形成一定的经营特色，树立一定的良好形象，这在多地市场上都有表现。

进入近代初期，山东人孙振清到京谋生，在 1843 年盘进一家酒馆，取名正阳楼。在经营中正阳楼努力体现鲁商多厚道少欺诈及质朴单纯，豪爽诚实，以质量取胜。之后正阳楼天天顾客盈门，生意火爆。多年后孙振清去世，长子孙学仁主事后把正阳楼酒楼改成饭馆。在形成山东风味后又推出了颇有特色风味和乐趣的螃蟹及别具一格的烤肉用作下酒菜。由于酒味醇厚、小菜适口、余香挂口、招待热情周到，名声很快传开。同时还吸引了不少军政要人、贵族官僚、大户等高端顾客。在山东周村，孟氏家的孟毓溪早年在周村开张的恒祥染布店，扩张了染坊。到了道光年后期，兄弟分家他仅分得 4 万两白银和恒祥母号，并根据《尚书·大禹谟》中的一句"满招损，谦受益，时乃天道"另取名，谦虚生益，和气生财，于是便改名谦祥益，又聘请能力强的董连元为经理，让其大胆经营。董接手后在企业经营和用人方面做了大调整，以使谦祥益的含义能体现出来。他根据市场需求，以棉布颜料批发和漂染加工、外销为主要业务，避实就虚，以取得市场优势地位。谦祥益在董连元经营下很快就生意兴隆。在南方长沙吴大茂号由于接待热情、周到服务，深受顾客欢迎。一些刚结婚的新郎官带着新娘子进城，到吴大茂挑选针线，店里的员工会喊"二口忠""献儿子"，让小两口得个吉言。吴大茂生意兴旺，每天还未开张，门外就站着蹲着等候开门的顾客。快打烊了店堂内还有要买东西的人。这时十里八乡的人家娶媳嫁女都要到吴大茂买针购线置办一些小货物。湘中一带商贩也纷纷要求做分销商。走街串巷的货郎摇货郎鼓唱"老牌子钢针吴大茂"，真是妇孺皆知。他们说无论什么样的针线，吴大茂都有。另外一些杂七杂八居家过日子用的小品种，别的地方可能没有，但在吴大茂基本上能买到。就是这么个极平凡但让人感觉亲切的小商品字号，到了光绪年间，光针的月销售就达到 12 万根左右，可见消费者对吴大茂认知度之高。

进入 19 世纪八九十年代，不少商号更注重货真价实。在北京，1881年山西商人姜赞堂开张敬记纸号，初营传统纸品，后发现北京报刊在迅速发展，纸的需要量剧增。敬记于是购进报刊用纸、洋宣纸、铜版纸、道林纸、洋高丽纸、复写纸，供应北京的各纸铺、杂货铺、报馆和政府的部分用纸。时其他商号也经营这些纸，但它们常欺骗顾客，以次充优或发货不足。而敬记则坚持讲信誉，所卖纸品牌号真实，保质保量，价格比市价低。同时为建立良好客户关系，敬记常派人到各零售店了解需求、存底情况并及时反馈总号，使敬记对各零售店都及时供货，克服了滞销积压现象，努力与用户建立了紧密、信用关系，从而成为纸业中的领先商号。这时期内联升根据一些急着要但又来不及交货的情况，便记下他们的名字、鞋的尺寸，然后就加工成基本尺寸鞋放在店内备用，把来店定做朝靴官员需要的式样、尺寸都一一登记，汇编成《履中备载》。以后这些官员如再次买鞋，只要派人告知，便可根据《备载》中的资料迅速做好送去，使这些官员十分满意。同时《备载》也为下级官员进见朝官送礼提供了方便。这种质优且方便的特点，使之与其他鞋铺区别开来。在浙江兰溪，1883年药商王德裕在开化开设了王德裕堂。该店坚持"采办务真、精源地道，诚信经营，与人方便"方针，做到精选各地药材，依法炮制，分工明确，服务周到，主动迎客，耐心对待，诚心介绍，笑脸迎送。对行动不便之人送药上门，从而赢得顾客对王德裕堂的赞誉。1887年，在山东孟家镇孟家建有万蚨祥后见谦祥益在北京很红火，于是派孟勤侯先在北京前门外开了一家商铺，主要经营山东土布。当时粗线大布销路很好，但买这种布的对象是大众消费者。在京都，各种官员多如牛毛，消费档次较高且互相攀比讲地位身份，要求有好布料。孟洛川于是转型经营。为体现继承万蚨祥又有新含义，于是把万字改成瑞字，命名瑞蚨祥。见下图。

瑞蚨祥招牌

之后，为了创一个有良好口碑的牌子，逐渐推出了一系列措施。一是提出要做到货真价实，尤其对那些价格昂贵，利润可观的绫罗绸缎，采用定点织造印染进货，严格验收，一丝不苟。二是推出服务程序。瑞蚨祥要求"顾客进门时要笑脸相迎，热情问候，茶水招待"。要多拿样品供选择，不厌其烦，直到顾客满意为止。要让顾客先挑选中下等的货物，再让他挑选上等货物。成交后要先检查有无残损，当着顾客面量好尺寸，确保无误之后，让顾客放心离开。三是要有针对性。他要求接待中对不同顾客要有区别。如农民或达官贵人进来，可谈些农村的事，取中下等货，或讲讲升官发财、美女金钱的事，给他们取上等的货。新婚夫妇进店来，则恭贺他们永结百年之好，白头偕老，全面介绍各种货物。以在言行举止上给顾客留下美好印象。四是有好的习惯。瑞蚨祥还要求店员四季都穿长衫，不得吃葱蒜之类的食物做事，不得与顾客吵架，不准聊天，不准吸烟，不准吃零食，要谦逊、温和、礼貌、忍让。这些行为无形中变成了瑞蚨祥的良好形象。在苏州，1896年浙江绍兴人章迪轩在阊门外开张了元大昌酒店。元大昌所销绍兴黄酒口味醇香，服务上也很周到。顾客进店，店伙便笑吟吟地迎上热情招呼，引入酒座，并很快送上顾客所点的酒菜。如果要添酒，不等出声招呼店伙则留心饮食进度，殷勤询问是否添酒，做到不让你空等。遇到烟客还为其装上水烟，屈身点上火，由此来饮酒顾客感到元大昌宾至如归，在他们脑海里逐渐形成良好印象，不少顾客成了回头客。这时期，在浙江宁波寿全斋经营中在社会关系上针对高档消费群体，不断亲近他们。店主均以书香门第自居，奔走于大姓望族之间建立感情，扩大影响。第四代王仕载掌权时，他常周旋于当时宁波名门迎风桥的门第之家，博得上层社会的亲近。同时适应他们追求享乐长寿的心理，大肆宣传、兜售高档补药和补酒。在出入高门中不需付费便做了广告，因此药品也格外畅销。他们对其他社会大众也不忽视。如每当九月菊花盛开之际，寿全斋便在店内外举行菊花展览会，供人自由观赏或组织音乐会奉茶招待。利用珍藏名画悬挂店内展出，高价从苏州买来一幅包罗众神的画轴，让人观摩礼拜，在活动中不断加强了与寿全斋的感情。当然参加活动的人也买些药品和补酒回去。所以寿全斋的名声越来越大。在云南喜州，杨运时开张杂货铺宝源号。顾客临门，杨运时总是敬烟敬茶。顾客选货耐心等待，介绍商品助客挑选；顾客不满意仍和颜悦色，送出门时还说"生意不成仁义在，请下次再来"。出门还可换货退货，斤两不足还补足数额，主动赔礼道歉，从而形成良好信誉。

进入 20 世纪初，为保证员工有良好表现，不少商号对员工行为进行了一系列规范。1902 年，在天津的莫荫宣、赵馨山等人开张了同升和，生产千层底布鞋、帽子。时清大臣铁良赠对联："同心协力功成和，升官戴冠财源多"，于是取其中三字为店名，寓同心协力和气生财。之后又聘请京津制鞋名匠加工鞋以成名。在加工中坚持用好料，做工精细，款式新，独创工艺，做到不漏水、不变形、不开缝、不掉底。产品上缝"同心和"三字以示信用。将"货真价实、言无二价、包管退换、童叟无欺"制成牌匾挂在堂内，印在鞋盒、包装上，表示经营理念，并在经营环节上表现出来。在服务上求特色，顾客上门，前柜喊"瞧柜"，店员马上笑脸迎接，烟茶招待，坐下选试。服务上态度热情和蔼，百问不烦，百拿不厌。选不上可量脚定做，定期交活，按质制好。发现招待不周，掌柜马上解释处理。后又增加电话要货、送货上门业务，有问题可退、可修。几年后这些做法在市场上迅速形成"诚信—同升和"的良好口碑。也是这年，在云南大理喜州严子珍与江西商人彭永昌、北城商人杨鸿春合资创立永昌祥号，将滇茶销川藏、川丝销缅甸、滇藏药销四川。之后永昌祥又推出产品松鹤牌。为成信用建立号规，严禁营私舞弊，假公济私；本号人员须维护信用，礼貌待客，不许以假充真、以次充好、短斤少两等行为。在川藏销茶、滇销缅棉、缅销川丝活动中坚持体现号规。交易中一诺千金，与藏袍交易可不立字据不失信，保质、防伪，得信誉，从而求得市场领先地位。

1903 年，宁波鸿彰绸缎庄经理马冠群到汉口考察后集资投资，于汉口黄陂街开设绸缎店，以鸿彰绸缎店为主加上另一股东蔡永荃名中的永字命名为鸿彰永。同时制定了严格规章制度，确保了经营行为的有效和良好形象。江汉路处华洋交界、往来人等以洋行买办、公司职员、富户公馆、军政要员居多。据此鸿彰永采取灵活多样、周到服务方式，如每年初对这些主顾分送购物折一个，后可凭折赊购，为亲友代购，年终结算，极大凝结了方便顾客的含义，提高了吸引力。平时开展酬宾活动，如圣诞节制作精美礼品送新老主顾。对洋行买办、教会人士则定制礼品以促销。店里另开服务点为顾客定制衣服等，量身定做成衣。鸿彰永在店内设女花色间，有布匹陈列、最新花色、新款设计与裁剪服务，有试衣间、化妆品。有香烟、茶点作招待物品。大宗生意主顾还有食品款待，从而不断加深了与消费者的感情。所以不少人员到此购物，顾客盈门。

接着到了 1906 年，在河南开封冯康夔开张了长发祥号，名称含义"长远生财茂，发展利中祥"，专营纺织品。掌柜来式如奉行顾客至上，提出经营格言"要把买主当神敬"。冬夏有专人门口迎接，进店有烟茶招待，可送货上门，做衣有作坊，作赠品有礼券可买。一件衣料每尺加一寸，发现短少斜剪可退换。有此服务长发祥很快信誉卓著。因此社会上出现顺口溜："进了长发祥，人心暖洋洋。"进入 1907 年，由王秀斋和沈兴垣在山东周村丝市街合资创办永和丝店，后二人分开。王秀斋又与牛瑞卿合资在丝市路南重新开办，仍用永和丝店老招牌。为了取得顾客的长期信任，丝店采取的主要是代销的经营方式，即代客供销。热情周到的服务，使远近各地的客商都愿意到永和丝号来做生意，丝店后面的客房每逢集日常常爆满，交易额常在两万多元。为了接待好来往商客，永和丝店设四进院落，前面是营业柜台和接待室。后面有楼房和马棚，设有招待客房和伙房。小商贩进店联系业务，可以享受一顿免费伙食。远方大客户则可免费长时间住宿和吃饭，店里经常住着外地的长期客户。新疆、宁夏、益都等地的少数民族客户来周村，为照顾他们的习俗，号主就派人专门到回民饭店订饭菜。由于接待周到，永和顾客盈门。在顾客中形成了热情大方、周到可信的永和形象。在长沙，1908 年黄菊翘在八角亭开养天和药号，以"生龙活虎"作徽记。之后又订 16 字店训："悬壶济世，童叟无欺，货真价实，公平诚谦"，以此规范员工行为。这时期在云南洱海杨运时开张杂货铺宝源号后，每当顾客临门杨总是敬烟敬茶。顾客选货，耐心等待，还介绍商品助客挑选；顾客不满意仍和颜悦色，送出门时还说："生意不成仁义在，请下次再来。"出门认货还可换货退货，斤两不足还补足数额，主动赔礼道歉。有此信誉，声名远播，后成为喜州大商号。

到清朝末年，在山西交城，天元恒皮货庄的沈、郭、丁三人于鼓楼西街合资开张天成西销售日用杂货。领东经理赵登科以身作则，每天起早贪黑，克勤克俭，团结其他掌柜，上下一致，齐心协力。他总结出经商之道"交官穷，交客富"，以"和气生财"为正道。一是定出店规进行约束：第一，店员待客口诀为："吸烟、喝茶、请坐下，贵姓，宝号是谁家？"第二，店员在任何情况下都要笑脸迎顾客，严禁出言不逊。第三，店员在营业时要衣帽端正，不准坐，切忌背靠柜台。第四，严禁店员带家属或亲朋进店居住。第五，严禁店员在外吃喝、嫖、赌、抽（指吸大烟）。第六，严禁店员夜不归号，违者解雇。第七，严禁店员逾假不归。为此经理常站柜台接待顾客，或观察店员工作。如看到不顺眼的地方立即纠正，严重的还当场训斥，毫不留情。第八，要求店员必须熟悉货物性能、特点。不哄骗，不夸大其词，让顾

客买着放心。他们赏罚分明，如允许能干的店员可升任有"身股"的小股东或小掌柜，从而充分调动店员的积极性。二是关怀备至，从严要求。经理对店员关怀备至，逢年过节给店员、学徒发新衣服、新鞋袜，家里有困难可提前支取工资；如有疾病及时请医生看，店员学徒回老家，工资照发，并询问关照家里情况，遇到困难及时帮助解决。所以店员、学徒都听他们的话，对店里的工作一心一意，任劳任怨，愿意为店里出力。这一系列要求形成了良好员工行为，也为商号树立了良好形象。这时期山西祁县复清永当铺开张经营以后，也做到周到服务，态度热情。全年整日营业，接待有方。当主上门不能轻易放走，要千方百计协商收当。否则受柜头训斥，认为是买卖不成话不到。在接待中，要求谨慎操作，万无一失，做到看货、协商开票、编号上账、上架程序化。先认真审视、鉴别新旧、好坏、真伪、贵贱、成色，心中有数。把握不准时让柜头查看，暗语交换意见，出入不大即开票。否则再协商，值十当五、开出当票。之后妥善保管、分类存放，按号排列，万无一失。对于皮毛呢绒等物还塞樟脑以防虫蛀。每年正月初八开门营业，为表示吉祥如意，即使第一个抢先来当顾客拿红纸包土当押，也酌情给二三吊钱示奖这第一笔业务。然后把土坯端正放在货架上。这天人们争先恐后来早当为白得几吊钱，店家为的是热闹以产生轰动效应，从而形成树立顾客踊跃的气氛。为讲信用钱庄银号银根紧时，复清永能马上归还贷款不拖延不推诿，所以钱庄银号都乐意借钱给复清永。由此树立信用高的形象。这时期在苏州雷允上不仅重品质，而且很注重与消费者建立亲情关系。它特意为广大贫苦农民配制许多时令药品，对治疗霍乱痧疫、中暑昏厥等疾病都有显著疗效，很快博得远近居民交口称赞。

这各地市场上的大量事例说明，进入近代后期，在全国各地都有中国商人通过热情待客、与消费者建立亲近关系，在消费者中树立了良好形象的案例。

三、货真价实，实惠营销

消费者一般追求实惠，比较中选择后购买甚至重复购买。如果不实惠，消费者就会寻找其他实惠产品，转向另一个品牌。实惠销售，促成重复购买，是清末经营者的重要措施。1860 年，北京正阳楼的孙学仁接手后又把三个兄弟招来，在前门大街旁边开了家正名斋饽饽铺。他们做到货真价实，选的料是山西核桃、密云小枣、云南桂花、北山山楂，不用次货，投料足，讲究包装美观大方。有人描述正名斋是憨厚而宽容善良，热情好客货真价实的商号。之后进入光绪年，盛京外攘门城楼修缮。要拆迁的马烧卖馆特许马烧卖在水西门另盖两房重开马烧卖，左大人亲自为其题写"马烧卖"牌匾。在产品加工制作中马烧卖馆为产品优质做到投料有标准，精细加工。之后马烧卖在顾客心目中留下深刻印象，甚至建立了良好依存关系。有一老人说马烧卖味好馅大，肥而不腻，瘦而不柴，价位适中，一般人吃得起。他在马烧卖吃了二十多年，一天不吃就像缺点啥。马烧卖产品还传到海外，曾应日本东京银座凤鸣春之邀，合作经营马烧卖系列品种。一些报纸曾进行宣传报道，还引起轰动。

到了 1884 年，在汉口曹南山开了一家店铺经营杂货，取名曹祥泰，以表示自己敢于承诺、敢于负责、以自己的性名担保，还要和气待客，努力创造重信守约形象。曹南山武昌卓刀泉人，家贫。邻里念其孤苦，凑钱让其沿街叫卖蚕豆。曹南山性情忠厚，做事笃实，不乏机灵。后又携弟做水果生意，一次贩卖西瓜，赚钱不少。曹南山提篮沿街叫卖蚕豆时不用称，而是一把把地抓，手又小，都觉得他的分量多，有时还多给几粒，显得比别的小贩慷慨。久而久之就有人称他"曹大把"。后发现水果风险大，但利润也大，于是放下篮子，挑起担子，或桃李，或西瓜，沿街叫卖。开店后为让消费者相信曹祥泰这牌子，坚持做到货真价实。他千方百计寻找最优的小食品，或委托加工最受欢迎的食品让人尝。1908 年秋，曹祥泰号被一场大火烧了。他儿子曹云阶觉得曹祥泰这牌子的名声还在，于是设法借来3000 多两银子，修建和扩大店铺。为了使曹祥泰的货有一定特点，能与众不同，他概括为"齐、新、廉、优"四个字进行经营。这样一来，曹祥泰的营业额比以前增加四五倍。这以后曹祥泰的名气信誉进一步提高。同时吸引不少外商都找曹祥泰为自己的代理，如美孚牌煤油、英美烟公司的香烟、亚细亚洋行的蜡烛，日商的丸药、啤酒都委托曹祥泰代销。曹祥泰内几乎天天人头攒动，名气不断传扬，郊县乡民逢年过节，婚丧嫁娶都要到曹祥泰来购买。

进入清末，山西祥云集为了让消费者心目中有对祥生烟的联想和认识，热心指导消费者改变了蒙人吸鼻烟的习惯。祥云集在店内备铜烟袋锅，让蒙人以汉族人用的铜烟袋免费吸和品味。后总结开发出适合他们的烟丝粗、口劲大、香辣过瘾的祥生烟。杂烟在加工中要加糖、酒等搅拌，再加零陵香、公丁香，很受顾客青睐。祥云集重包装，用特制双层麻纸盖汉蒙文字。分装时在小纸袋上印"祥云集"黑体戳印。在特制容器中把纸熏窨香味，把不同分量烟丝、按不同规格包装成型。包时在烟丝最上面放柏叶，箱内搁冰片、薄荷熏窨入味。这包装使祥云集在烟民中留下深刻印象，也与消费者建立了良好关系。他们的这些措施无疑会让顾客感到这些商号经营实惠，物有所值，从而成为该商号的回头客。这些商号也由于效益好，都有积累并进行了扩张。

四、营销品牌化种种策略

近代在市场上出现了进行系统的多方面的品牌创造。在商品品质保证的条件下众多商号在市场上采用了种种策略。与前期比有进一步的发展。

（一）以更优与对手相区别

这时期，市场上商号众多，有的彼此难分伯仲，不少消费者也无法判断优劣。面对这种状态，有些商号取名后为了突出自己，往往设法与其他商号相区别，以显示更优的特点，与对手拉开差距。1878 年，山西太谷聚记广升药店进行改组，更名为广升蔚药店。到了 1885 年由于内部纠纷，有的退出另组成广升远号，从而这里形成了同行的竞争。广升蔚掌柜老气横秋，为所欲为，吃喝玩乐，而且思想保守，不思进取，结果资不抵债。遇大火后改为广升誉。而另组的广升远为与对手相区别，大财东申守富，进行精心策划，对内严格管理，对外结交权贵，广纳顾客，吸收游资，扩大规模。尔后在北京、天津、奉天、营口、重庆、烟台、济南开分号，把名品龟龄集销售扩大到河北、河南、江浙、广西、云南、南洋，且盈利水平高出山西同行几十倍。1883 年，浙江龙游余氏家族中余镜波创办了滋福堂药店。当时龙游城乡有些药店用药不地道，人们多怨言。于是开药店以商业道德、高素质修养经营。以卖药"地道"得信誉，自产中药制剂达数十种。以用料真、加工精细、配方合理受欢迎。为保质量自养鹿取茸，在不地道经营环境中立起"地道"形象。临近店家、行商纷纷前来采购批发，其风痛灵、还睛丸远销省外。经营到第四代时滋福堂成龙游药号首位。1887年，在北京，河北衡水人韩俊华在琉璃厂开张了韩方斋。韩俊华去世其子韩林蔚接管后请孙诒经、李文田题匾。为与同行不同，韩受父亲熏陶，努力使业务知识丰富。他眼力好，鉴别古书版本、钞校本及名人墨迹精到准确。他积极与大学者交往。所以韩文斋收售的善本、抄本、孤本又好又多。他不遗余力地印刷出版大量仿本。韩文斋很快成为很有实力又可信的店铺。到清末时韩文斋成为琉璃厂举足轻重的商号。在南方长沙，1907年徐长兴烤鸭店从南京迁此在青石桥开张。徐长兴对烤鸭精工细作，达皮薄肉嫩、味美，具香脆鲜特色。同时为了与众商号不同，使店堂舒适，绘制了壁画张贴且每月更换，每次挂5-6幅供人欣赏，让人产生有文化气息和舒适感。顾客进门，礼貌相待，送上水、毛巾。吃完食品递上茶水毛巾、牙签、漱口水，会账出门，送客热情。如另买或外售，则在烤鸭上盖徐长兴印章，示安全、可信、负责，所以在全市声誉很好。清末时山西交城天成西以先做人后经商，以"诚信为本，永不虚伪"诚心待客为理念。为有不同特色，其分号天成源附设中药坐堂先生及时为病人看病开方。遇有垂危病人不能来诊治，只要有人捎信带话均能及时赶往病人住处，送医送药，精心诊治。对一时资金困难者，采取记账、赊药的多样方式。天成源坚信勤能补拙，本着信誉至上的宗旨，服务周到，童叟无欺。这些便民措施，虽细微但作为顾客来说，确实从内心感到天成西与其他药号不同，是尽心尽力为顾客着想。所以顾客们一传十，十传百，把天成西的好名声越传越远。

（二）多环节进行形象创造

要知道，市场上不少商人不仅一时一事树立良好形象，而且在经营的多个环节上进行积累。在杭州，同治年间安徽绩溪人胡雪岩开张了一家药号。经找人研究，决定开一家从加工制作丸散膏丹到自己经营门市一条龙服务的大药号。以经营成药为主兼营饮片，成药中又以治病的成药为主、兼营补药的营业方针，取名胡庆余堂。店名取自《周易·坤》："积善之家，必有余庆；积不善之家，必有余殃。"店名取好后由于秦桧也是大书法家，于是把秦相府的手迹庆余堂字倒过来为自己用。后又聘请松江县余天成药号经理余修初负责。为此努力实现一流有气魄高质量形象。首先在外表上给消费者以优质高档的印象。为此巧妙设计成宫殿式建筑，屹立在城隍山下大井巷北口。大门上悬挂正楷胡庆余堂药号几个大字。1877年春店屋落成后，在两边挂上"修合虽无人见，存心自有天知"的联额，以吸引人的眼球。其次是昭示经营理念。在店堂内布置不少牌匾、楹联，表达理念。以"是乃仁术"，意普济众生，为开店宗旨。以"真不二价"，对顾客承诺，也对自己监督。大厅两侧有对联："益寿引年长生集庆，兼收并蓄待用有余"；"庆云在霄甘露被野，余粮访禹本草师农"，巧妙地嵌入了"庆余"。"七闽奇珍古称天宝，元霜捣臼玉杵奇功"，以说明采药和加工的艰辛。同时写有"饮和食德"和"俾寿而康"的招牌，示顾客饮食有规律，做人讲道德，人就可以健康长寿。见下图。再次采用多式服务措施以实现理念。一是树立热情接待思想。胡庆余堂为服务好顾客，要求店员亲近顾客，诚信待人，不摆架子。胡雪岩向店员反复说明"顾客是养生的父母""顾客是养命之源"的道理，一再要求店员要热情接待顾客，并把对顾客的态度写进了店规。顾客到店后虽未到柜，店员要先站立主动招呼顾客，绝对不能

胡庆余堂内牌匾

背朝顾客；顾客买药不能回绝，务使买卖成交；为了接待顾客店里设有顾客休息处；暑天流行疾病较多，店内免费供应中草药汤。二是求良好的药品质量的支持。为此还自设鹿场养鹿以配制全鹿丸。他们专门挑选质量好的药材做饮片。制造丸药的药材要经过专门挑选，务求保证药品质量，绝对不用代用品，从而使药品的药效较高。三是在经营方式和经营品种上努力创造自己的特色，独树一帜。它千方百计地使自己与那些一般药店相区别。为此胡雪岩组织医师专门收集民间秘方，并邀请名医加以整理，研制药效较高的成药。它千方百计收集各种有效药方，精心制作丸散膏丹胶露油酒等，编印《胡庆余堂雪记丸散全集》，汇有不少秘方，满足了市场的需要。四是在树物美价廉形象上下功夫，价格上物有所值。派人分赴产地直接采购，向进口商行直接订购。减少中间环节，降低了成本，一些饮片、成药以比别店低廉的价格销售。同时还迎合高端消费者生产出滋补用品，采用高价策略销售。五是精心求信用。根据顾客在进入商店时担心受欺骗的心理，胡庆余堂营业厅内挂出匾额，一块朝着顾客，上书"真不二价"四字；另一块为胡雪岩手写"戒欺"二字。他告诫属下："凡有贸易均不得欺字，药业关系性命，尤为不可欺。余有心救世，誓不以劣品代取厚利，惟愿清君心余之心，采办务真，修制务精，不致欺予以欺世人，是则造福冥冥。谓诸君之善为余谋也可……"以加强顾客信用。六是及时满足消费者需求。胡庆余堂在经营中，时正值太平天国运动之后，瘟疫流行，病人日增，对治病药品的需要量大大增加。由于熬煎中药感到不便，病人要求服用便于携带和服用的丸、散、膏、丹等成药，于是立即组织开发了一大批成药应市。胡庆余堂以生产治疗性成药为主，适应了广大农村和市民的需要。杭嘉湖地区后来便成了胡庆余堂的重要市场。这名医、名药、名店和周到服务互为支持，胡庆余堂便成为货真价实的代号，这不但为药号带来丰厚的利益，同时胡庆余堂也树立了诚信形象。从而很快超过其他药号而居于杭州六大药店之首，甚至名扬全国。

在市场上既有严肃的商号形象，也有活泼有趣的形象。一些经营者千方百计地开展快乐的活动吸引顾客。这在中国多地都有表现。1880年，在广州西关第十甫路有一大户人家"萄萄居"茶楼，专营苏州风味酒菜，兼营茶面。多年后陈氏老板接手经营，并改萄萄居为陶陶居。寓意来此品茗，乐也陶陶。名称朗朗上口，风雅别致，又与原招牌字音近似，可维系旧客。之后康有为第一次上书光绪未成，返回广东，于 1891 年在广州创办学馆"万木草堂"讲学，闲中也常到陶陶居品茗。这时陶陶居已转黄静波掌管。黄老板见康有为名气大，想借他的声誉提高自己的店誉，便请他书写招牌。康欣然命笔，用他得意的"石门铭"碑法写下陶陶居三字。这三字笔法一气呵成，居字左边一撇尤有气势。陶陶居金字招牌挂出后很快远近闻名，果然吸引了不少人，生意也兴旺了许多。在业务上，他尽力使茶楼菜点精美、环境优雅、服务周到。他在经营特色上，洋为中用，将西餐移植到中餐，首创"中菜全餐"，即先上一碗蟹肉鱼翅，然后是四款时菜、炒饭或脯鱼净面、水果、瓜子，名茶包尾。全餐味美价廉、方便快捷，深受顾客欢迎。他独创山水名茶招待，上等茶叶泡以名贵山泉。用宜兴茶煲、潮州茶炉作烹茶用具。派专人侍候厅堂雅座。由于采用新形式很快名声大兴，顾客纷纷争来一试。为了有一个大的轰动效应，他高价雇用了十个挑夫，取来白云山九龙泉水，让十个人挑着刻有陶陶居大字的水桶，再加上"白云山某某寺"白油纸封条，在繁华大街上招摇过市，引起市民的竞相观看。之后又开始使服务活动赋予文化内涵，让顾客感到即使茶贵也是物有所值。他还用红泥小火炉及乌榄核作炭，瓦茶煲内沸腾着泉水，盅内载着各人所好的名茶，雅座房有专人侍候，茶靓，水滚，别具特色。由于抓住各环节求新颖，从而使陶陶居树起良好形象。

（三）抓住关键进行创造

在经营中一些商号开始为结晶商号良好形象的关键行为进行塑造。有的提出独特的销售主张、令人信服的卖点。根据产品服务特点向消费者提出独一无二的销售说辞，在同质化条件下切中消费者价值欲求，强化个性。如太和号重在和真，同升和重在敬，谦祥益重在谦虚，雷允上重在疗效，萃华金重在质优可信。在杭州，胡庆余堂抓住"戒欺"以取信。在四川成都，胡氏独家经营元利贞号后，又根据《周易》中的"保合大（太）和，乃利贞"句，改元利贞为太和号，以示区别也更明白，元利贞与太和是一回事，但组词不同，也就是含和气生财之意更明白，抓住和字以此理念指导经营，树立和的良好形象。在汉口，湖北咸宁人黄翰丞17岁时来到这里谋生。时河街沈家庙至集家嘴一带销赃物的黑货店不少，黄翰丞伯父也开了这类店。伯父死后无嗣，伯母让他继承了黄志盛店产。1890年将店名改成黄志成号拆货店，在汉正街大码头重新开张。这是二手批发的杂货行栈。黄志成放弃黑货生意，在弄虚作假中独立出来，立货真价实形象。于是从正当渠道进货，做正经拆货买卖。初营时由于资金缺存货少，店里较空。为了显示货积如山实力强，于是买进一包紧俏的黑胡椒，在九个空麻袋里装上木屑、炭屑堆放店中，表面上显出货源充裕，吸引了顾客，争相进店购买。黄翰丞卖完一包立即再进，如此加快营销。这些店有九八四折，也就是100斤能多6斤。黄志成号为表现"诚"，于是把这6斤分发客户，并按商品畅、平、滞三类降些价，给人感觉是黄志成诚信、价格便宜，从而争相入号购买，销量大增。此为一。二是讲求质量可信。当时一些人在黑胡椒中掺有灰土杂质。黄志成为与其他拆货店区别则让顾客自己过筛而得便宜，然后将杂物送回大批发商。黄严格质量标准，区分等级，按质论价。他定期检验，发现过期变质，或加工处理，或降价出售，不欺骗顾客，即使店前客多也不短秤抬价。对这些行为顾客时有夸赞，互相传颂。在品种上做到"广"，黄志成把杂货配齐，达到无所不有，无所不包，甚至稀缺品也应有尽有。三是在管理上行程序化，达井然有序。黄把店堂分成内外柜，外柜前厅一边堆货，一边柜台中间过道。顾客进店看好货，洽谈妥，伙计将买主的商品写在簿上，收款后将簿据交账台开票复核。将簿据交后厅发货，方便高效，确保了诚信形象。这样黄志成由于突出可信成了不少客商首选的商号，很快声名鹊起，生意兴隆，日营业额最高时达一万两白银。在辛亥革命前黄志成形成了价平秤实、质量上乘、花色齐备、讲求信誉的形象。

（四）营销中巧现识别要素

有商人在经营中注意体现品牌名或标志，从而让消费者记下识别要素，并与商家的良好行为联系形成好的印象。如同升和包装上印经营宗旨，采芝斋包装上印贡字。庆余堂在药罐上印商号。见下图。在北京，1902 年有人开张了徐兰记菜馆。该号抓住服务环节，有时厨师带上材料、烹具和印有徐兰记字样的灯笼到客家制作。结束后回店交流顾客反映，不断改进。1911 年，长春鼎丰真为体现名称，店主王信瑞不断开发新品，实行送货上门，周到服务。店内设有果匣、货牌。在牌上写好某月某日某人要的果匣。不管春夏秋冬，都及时按质按量送到，这独特的服务让人联想到这一与众不同的鼎丰真。

胡庆余堂字样的药罐

（五）创新提升显领先

清末时市场上有一些商号不仅仅是创与其他商号不同的特点，而且不断改善创新，以取得领先的地位。多年来，对于经营多种生活用品店称为杂货店。也有的把多种同类商品或接近的商品集中在一起经营，有几十上百种产品，于是有的便泛指百货店。在北方哈尔滨，1879 年河北人武百祥到这里谋生，在有了积蓄和经商经验后，于 1903 年找了一个朋友合伙，在北大街开了家店铺，取名同记。要同记就要有吸引力，要创新达时尚，也就是要领先。武百祥发现手表是时髦商品，于是设法进口了一批双枪牌怀表，很快销售一空。后武百祥继续进口手表以满足一些人的时尚需求，同时也注意市场信息及时开辟新项目。他见一位外地旅客戴了一顶英式鼠绒皮帽，便买进一批这种皮帽，被一抢而空。武百祥看到帽子红火，便又推出了俄式、日式皮帽、毡帽、草帽。同记一方面以商品时尚吸引顾客，同时不断推出新的服务形式。他拟了"言无二价，童叟无欺，货真价实，实行三包，以客为友，优待顾客，百问不烦，百拿不厌"的 32 字诀要店员背熟，以对顾客和蔼接待，主动介绍商品。对不同顾客要注意用不同接待方法。如果未成交，做到不怪不失望，欢迎再来。有人买得多时或还要去办别的事，营业员可送货到他家。接着又设函售部为外地客人要货服务，款到货发。商场设裁衣室为顾客加工。卖出的商品，除食品外只要是原样，可保修、保换、保退。武百祥同时不忘提高员工素质，办《工人周报》《店员周报》，办工人教育班，组织员工学习文化和商务知识。在不断创新中同记获得了众多商家和顾客的信任。在南方广东，香山人马应彪在澳洲经商后，于1894年来到香港，集资在皇后大道开设商店，品种多，规模大，称百货公司。同时在经营中不守旧，努力开拓创新，树立新的形象。根据基督教《圣经》中有"施比受更为有福"之义，把公司取名为先施百货公司。先施开张后马应彪采用先声夺人办法，推出了大幅广告："香港大市场环球商品庄，创始不二价，诚信名远扬"，挂在房前，从房檐到地面格外耀眼，吸引了不少过往行人，纷纷进店观看和选购。店堂内实施新式商业模式，尤其扫除旧式商业讨价还价的陋习，实行"买卖不二价"的新形式。顾客一看，颇感新鲜，尤其价格标在明处，纷纷购买。一些看热闹的也掏钱选购。之后马应彪为了方便主顾，为体现先施又推出了"样品"制，柜台上摆出很多花色样式，标明名称、货号、价钱，让顾客挑选。选定后店员再到柜台内另拿。这样摆出的样品多，选择的余地大，又清楚价格，同时还开发票防止了差错，所以顾客都感到先施方便，愿到先施来购物。为了适应新形势，先施又培养和训练员工，使经营和服务水平迅速提高，这在传统市场上顿时出现一个新鲜亮点。进入秋末先施又先行一步，提出季节性销售，学校开学时又集中推出学生用具。这样一个高潮接着一个高潮，先施与消费者的关系也越来越亲近，领先形象也不断形成。

走向新式传播求认知

清后期，中国商人在营销中与消费者沟通，不但继续原有的形式，而且推出了不少新的传播沟通形式，以提高消费者认知效果。

一、不断采用和发展相适应的传播沟通形式

由于受国外市场和洋商经营的影响及新的技术条件的出现，开始明确了传播沟通的概念。对于传播古人习惯使用"告白"，直到19世纪末梁启超流亡日本，在《清议报》上最先使用"广告"一词并传播给国人。1901年上海《申报》首次使用"广告"一词。之后在报上登广告便成了主要宣传形式。因此这时期既有传统形式，也有新的传播形式，以求得更高的认知效果。

（一）仍有采用口头、铭文沟通形式

进入清后期，在社会上一些传统的传播沟通形式在减少甚至消失。有些传统形式可以说使用一二千年，如铭文传播到了清代就逐渐退出历史舞台，偶有出现。在汉口，周恒顺随时不忘宣传自己，在为顺风榨油厂加工的蒸汽机上刻："同胞细听，权利须争，我邦能造，不购外人。由知此意，方称国民。专买洋货，奴隶性情。"利用设备销售与消费者沟通，也表达了自己的愿望。口头传播也只是在少数市场或市镇偶有出现，处在衰落状态。有的利用传说传播，在苏州出现陆稿荐以传说故事宣传，其他地方就少有出现这一形式。

（二）利用招幌、招牌、匾额宣传

这仍是一些商号选用的形式。有的用实物招幌，如一帽铺柜上踞一大黑猴；雷万春卖鹿角胶，门上挂大鹿角；有扇铺屋檐挂一大扇，乐器铺挂

半截琵琶。有的用文字招牌，如武昌盐店招牌上写"重砠白盐"，指本店买盐，秤足质好，这是直接广告。在商号中除有作为店家门脸的标牌与门联，还有引人注目的招牌，为确定自己的经营身份，都把自己的商号名称，如六必居、同仁堂、全聚德、泰和药号写在招牌上成店铺的重要标志物。见下图。

日升昌——汇通天下　　　　　　　　协盛昌的招牌

　　1843 年前后，在浙江金华一商人开张了仁寿堂药号，店内挂牌匾，进行产品介绍，如："关东毛角鹿茸，枷南沈地沉香"，"天产名将老术，各省道地药材"；"进口东西洱参，精制丸散膏丹"。横匾为："品溢群芳""太和元气""货真价实""童叟无欺"，表明经营宗旨方针。之后在 1858 年曾是云南巡抚舒兴阿的厨师胡善、胡增贵父子，在昆明如安街开办了糕饼铺取名合香楼。胡氏为了合香楼能成为一个有名的牌子，四处物色特色商品。最后选用云南特有的"宣威火腿"作为主料，辅以白糖、蜂蜜、猪油、熟面等，首家创制出火腿饼。在火腿饼的支持下，合香楼很快成名。一次慈禧作寿各地纷纷敬献寿品。胡善为了感谢清廷的恩典，特意制作了一套糕点进贡给慈禧太后，慈禧吃后颇为满意。胡氏为求名人效应，乘机叩请太后为合香楼题写匾额。慈禧遂御笔亲书"合香楼"三字。这样合香楼便成了当地名糕点的象征。到了清末，在北京的月盛斋为了进一步宣传，又请书法家王恩熙书写匾额，介绍"本斋开自乾隆年间，世传专做五香酱羊肉，夏令烧羊肉，均称纯香适口，与众不同，前清御用，上等礼品，外省行匣，各界主顾无不赞美，天下驰名，只此一家，诸群赐顾，认明马家字号，庶不致误"，这都使月盛斋更具魅力。

（三）以良好事件传名

一些商号在经营中出现一些良好事件，体现了优良的品德或有效的现象，于是有意无意、正面侧面进行宣传。1845年，有制鞋手艺的浙江诸暨人边春豪来到杭州，先在茶馆门口设鞋摊卖鞋，鞋摊取名福茂。也为顾客绱鞋及制鞋。边春豪对鞋制作认真，价格合理，深受欢迎。当时布鞋底多采用旧布，边氏则采用新龙头粗布，裁剪、填纳成鞋底，用上过蜡的苎麻线纳底，再配上直贡呢、羊毛呢等制成的鞋面，托熟人写了块"全新布底鞋"牌子放在摊头。这里靠近贡院，有不少赶考人经过。一天几位赶考人路过见了牌子表示质疑。边春豪拿了一双鞋到附近肉店，请卖肉人帮忙。那人手起刀落露出层层新布，几位秀才见了当即买了鞋。"肉刀斩鞋"的故事不胫而走，很快传遍杭城，买鞋人络绎不绝。据传1900年八国联军攻破通州向北京进逼，慈禧太后召见百官商量离宫西幸事。官员几乎都忙着逃命了，只有王文韶三人到了。军机大臣王文韶回到军机处取印匣子后，慈禧已和光绪出德胜门向西逃走了。王文韶和儿子想要乘轿子追赶，无奈轿子也没有了，只好步行追赶三天三夜，到了怀来县才追上队伍。王文韶年事已高，两脚已肿，幸亏穿的是杭州边福茂鞋，鞋未破脚无伤。后来王文韶就把这边福茂鞋作为追驾纪念品保存起来。这穿福茂鞋追驾事件越传越广，边春豪的生意也更加兴旺。之后边氏的儿子边启昌继承鞋摊后把茶店盘进，取名福茂鞋店。1911年福茂店迁上城太平坊，店面塑以万年青商标，挂出边福茂鞋庄招牌。在经营中坚持做到"选料认真，精工细作，注重质量，货真价实"。边启昌说："帮料要富庶，宁可少划几双，不能影响质量，有损牌子。"对于绱鞋，边启昌总结了十字诀：宽蹚一字平，穷鞋富后跟。不少顾客都说边福茂的鞋子、鞋面穿旧不走样，鞋底磨破不毛边。由于品种多样质优，社会上流传"头顶天，脚踏边"，即要穿边福茂鞋，可见边福茂名气不小。

也是在杭州，仍有以事件传名的现象。光绪年间，乡下有一位盲人感觉身体虚弱，于是进城去天一堂买全鹿丸。由于看不到，误进了别家药铺。

店主拿出全鹿丸，盲人一摸一闻，马上就走出这家店铺，大声说这不是天一堂。路人都非常好奇，问他如何判断的。盲人答：该店给我的全鹿丸香气不钻鼻，触手不滋润。可见天一堂是有独特产品支持的。另一则故事是说一孕妇因难产昏迷，家人都以为母子双亡，于是准备料理后事。此事恰好被天一堂一位药工遇见，他看到孕妇脸色苍白，流出的血还很新鲜，就让家人带孕妇去天一堂看。孕妇死亡而移动是大忌，但家人仍抱着一线希望到了天一堂。药液给孕妇灌入后，孕妇呼吸开始加强，并顺产一男婴，且母子平安。挽救孕妇之事不胫而走，传为佳话。当时天一堂还把配方药物分包并附有药性说明，让百姓在使用时又普及了药物知识，堪称服务的典范。所以民间有谚语："不吃天一药，死了是冤枉。吃了天一药，死了没办法。"这说明天一堂有良好形象。

（四）利用墙体进行广告

这种广告成本低、干扰少、灵活、能重复曝光，易形成视觉冲击，信息存时长，让人反复记忆。19世纪后期，山东济宁故苏玉堂总经理陈守如上任后用一两白银一个字的高价，聘请著名书法家项文彦为玉堂写了融经营与艺术的百字广告，并把它装饰在运河迎门墙上，这广告布局严谨，字体深厚遒劲。这100个字被放大后，每字大约长宽四尺，粉刷在临运河的店铺墙壁上，水字相映，光彩闪亮，进入南来北往游人眼球。这精心制作充满艺术水平的广告牌，一时成为济宁一景，很快扩大了玉堂酱园的知名度。只几年时间玉堂酱菜的名声就传到了京津，送到了皇宫被慈禧太后得知、品赏后，给一御封，这样玉堂名声名气更大。广州明兴制药厂在配制成药丸后，为让消费者认识，在广州多处墙上做广告。同治年间在浙江慈城开张有赵大有号，由于拥有官盐而称官酱园，经营酱油。后请文人书家梅调鼎手书官酱园三字于店铺沿街墙上，门前刻有书法家钱罕先生书写的"恒其德、大有年"字，也不断传扬开来。

（五）利用包装广告传播

商品需要包装，这包装也可以利用起来做广告。可以在包装上表示一定的内容，这也是一种重要传播形式，且在各地都有出现，尤其在山西、山东、苏州、陕西等地。在山西，永聚祥茶庄包装上印字。在山东济宁，玉堂酱园在推出的各种酒的包装上印刷祝酒诗进行传播。如在合家欢酒包装上印"酒以合欢，和气致祥，椿萱并茂，兰桂齐芳"。在万国春酒包装上印"万国皆友，睦邻合欢，万国来宾，一醉方休"。在玉壶冰酒包装上印"冰清玉洁，十里闻香，我有旨酒，尔寿尔康"。在苏州，在慈禧授旨采芝斋糖果列为贡糖后，金荫芝便做了一块四周雕有龙形黑底金字的贡糖牌子，悬挂在店门口。后又在招牌纸、包装袋上印"贡糖"两个大字大肆宣扬。从此"采芝斋的秘制贡糖治愈太后毛病"的神奇说法，也就一传十、十传百地传开了。采芝斋糖果从此声名鹊起。在陕西，马合盛茶砖得慈禧称赞后，便在包装上印刷慈禧赞语"大引商人马合盛"七个字。很快名随货走，广为流传，信誉大大提高，都知道马合盛茶是慈禧太后金口玉牙封了的。

（六）仿单直接印刷广告宣传沟通

这是仿单广告的深入发展。1907年，在上海黄楚九与人合资开张五洲大药房，该药房在经营中进行了人造自来血系列广告。它们构思了"过渡篇"，"誉满全球篇"。广告图文并茂，令人赏心悦目。过渡篇，画面上是一条正在横渡海洋的船，船上扬起人造自来血风帆，画面空白处书写："专制与共和之过渡"广告语，意指爱国欲成英雄，必须补血。"誉满全球篇"中，上半部右边地图上书写一封信，表明此药誉满全球；左边为三个环环相扣的圆环，环中书写了一首古典词牌《浣溪沙》。下半部以文字覆盖，其广告文字阅读顺序为地图内文字，需自右而左直贯中心。三环相扣的圆环内文字需一二左旋三右旋起处标↓为记，下半部方框内文字，要求读者右读法，从中间环字起以次旋捱顺序而转，这样图文并联且需阅读技巧才能读懂的广告，极大地提高了读者的好奇心。这时期在各地还出现了明确直观的印刷广告。这形式在河北、徽州、杭州、上海都有出现。还有不少采用香烟牌子形式。在清末国产香烟就有采用这形式。1904年上海三星纸烟公司印制了一套32片的清末美女牌九，画面精美，文字全为中文，极大地吸引了顾客。

（七）在活动中沟通

商号都有一定的经营活动，一些经营者便利用这一机会与消费者沟通，让消费者无意中认识和接受某一商号、商品名称、标记等概念。在北京，天源酱园的刘湛轩在取得产品优质以后，积极探索与消费者沟通，以征联方式进行互动。他首先请人写了上联："天高地厚千年业"，然后要求对下联，并奖十个大洋。但要有内含招牌名称和商店的含义。果然很快就来了不少应征者，分别出了下联，最后选中"源远流长万载基"。对联出来后纷纷议论，成了街谈巷议的佳话。之后刘湛轩又推出了上联"酱佐盐梅调鼎鼐"，再次公开征下联，并要求说明内容，还有所在位置。这次又有人拟了下联："园临长安胜蓬莱"。这样两副对联又成了四句楹联，也可以说是一首藏头诗：

天高地厚千年业，源远流长万载基。
酱佐盐梅调鼎鼐，园临长安胜蓬莱。

两对楹联既有店铺的名称，又说了经营的内容，既抒发了雄心又包含了所在位置，充满了艺术技巧，令人过目不忘，很快带动天源酱园远近闻名。同时，天源酱园的酱菜，具有"鲜甜脆嫩，酱香味浓"的京味的消息很快传进宫廷，并很快纳入御用菜之一。后有人还写了一首竹枝词进行赞扬：

菜蔬种类不盛繁，制法新鲜说酱园。
共道佐餐风味好，长安街上有天源。

从此天源酱园的名声逐渐发展成为与六必居、天义成并称的北京五大酱园之一。在南方杭州，胡庆余堂以送药建立关系。店号开张前胡雪岩即开始发动攻势，先声夺人，以形成胡庆余堂的影响力。他聘请省内外著名医师收集古方，从中选出 400 多个验方，组织人员，设立大料、细料、片子、拣药等部门进行试制，然后施放。他把各种药丸免费寄给军营使用，以期军营流动中扩大影响。此外也送各地有关人员并听取他们的反映。他还组织人员到码头上送药和宣传药效，来往旅客将胡庆余堂的成药带往全国各地，大大扩展了胡庆余堂的影响。接着又安排人编辑《浙杭胡庆余堂雪记丸散全集》分送各界。尔后又在《申报》等报刊上登载广告介绍胡庆余堂。胡庆余堂虽然没有开张，但已议论纷纷，翘首以待。开业这天只见胡庆余堂锣鼓喧天，鞭炮齐鸣，客人熙熙攘攘，热闹非凡。胡庆余堂摆出十大类药任人挑选。胡雪岩还亲自招待顾客，当一顾客对药品微露不满他立即表示歉意，收回成药并答说一两天内赶制调换。这事以后就成了胡庆余堂药物顶真的美谈。胡庆余堂在胡雪岩的苦心经营下迅速发展，名气不断扩大。在上海，五洲大药房在推销百龄机胃肠药时，用一硕大风筝，挂箱笼高飞南京路上空一声爆炸；百龄机广告海报飞下洒向大街小巷，五洲大药房及百龄机很快家喻户晓。

（八）利用报纸进行广告传播

报纸，这是一种新媒体。它灵活、及时、覆盖率高、让人可信。但传阅有限，适于解释说明。早在 1827 年，在广州英文报纸发布物价行情中就有人进行广告。1833 年一外国传教士在广州创办第一份中文报刊发布商品信息，初不登广告，后出现亏损也增加广告，且数量多范围广。到了 1861 年，中文日报《上海新报》创刊并在启示中说："开店铺者，每货物不销，费用多刷印招贴，一经风雨摧残，或被他人扯坏，即属无用——似不若叙明大略，印入此报，所费固属无多，传闻更觉周密"。它还说明报纸广告比招贴广告更多优越性，以说服经营者采用这一形式。1868 年开始刊登配图广告，产生了强烈反响，之后这类广告进入新的发展时期。1872 年《申报》创刊后，不少商号开始在报纸上登广告。这时全泰盛信局、周虎臣笔庄、缦云阁、衡隆洋货号先后在《申报》创刊上广告。1900年在天津的英敛之创办了《大公报》，不少商家利用这媒体刊发广告，致使广告达版面的一半多，各种品牌货品纷纷登场，从此报纸广告不断被商家采用。

（九）开始利用日历画报进行广告

这现象较早出现在上海。一些华商药房在市场推广方面除模仿外商药房进行报纸、招贴的广告宣传外，还采用赠送画报、年历、月份牌以及随出售药品赠送奖券等新式广告手段传播。据载在1892-1893年《北华捷报》就接到了中西大药房惠赠的日历。这种惠赠行动无疑发挥着广告作用。

（十）利用印发业务资料进行广告

为了顾客认知商品商号，有的编印本商号及产品业务资料。这些资料附有企业状况、优势特点、业务知识、产品介绍、联系方式，内容丰富。无疑会联想到商号名称，也会结晶商号商品牌子的内涵。这在杭州胡庆余堂、张同泰、北京同仁堂都有表现。

从以上广告的众多现象可以看出，商品牌子传播开始转向了新的形式，可以说走上了无孔不入的宣传，以求消费者认知。

二、传播沟通的特殊形式——大量商联续现

商联为中国特有的传播沟通形式，到了清末不少商号仍采用这一形式与顾客沟通宣传自己。许多店铺都撰写有各行各业的对联，可以说是五彩纷呈，各具风采。商店对联除了行文美、诗句美、书法美等佳丽辞章外，还在上下联嵌进一定的内容以便消费者认知。这种形式，各地市场都有出现。

（一）在楹联中介绍经营理念

讲诚信是商号取胜、成名的基本因素。不少商人虽以营利为目的，但凡事以道德信义为标准表示要遵循商德。在行动上表示销售商品不缺斤短两、货真价实、童叟无欺。由此对待顾客，建立良好关系。这现象山西尤多。

在山西，周兴公镖局挂出楹联：大智大勇威震四方，立信立义，一诺千金。又：仁义为本神武为恃，信誉是守鸿业是途。有瑞隆裕号商联为：细流渐积成沧海，拳石频移作泰山。日升昌号商联为：轻重权衡千金日利，中西汇兑一纸风行。横批丽日凝辉。又联：日丽中天万宝精华同耀彩，升临福地八方辐辏独居奇。见下图。在榆次、太谷也有这现象。榆次禄兴号联则表示：出入经营循天理，往来交易合人心。昌兴隆客栈联为：仁为道仁道自然人到，德为先德先方可得贤。在太谷，会元银号联：方圆有制汇

日升昌楹联　　　　　　　　　　　　日升昌内室联

通四海，轻重相权利聚八极。志成信号亮出楹联：秉公而贸易货真价实，守义以经营五积金堆。蔚丰厚号表示要公道经营：永远生涯财辐辏，长存公道利丰亨。见下图。豫丰号烟铺联为：豫建征祥云景丽，丰收有象雨风调。吉履谦联：白镪赠君还赠我，青蚨飞去复飞来。聚兴顺联为：天下群贤一品壶中况味，乡里少长静领无上清凉。在这里把客人尊敬为群贤。有

协和信联：处世守中和，生财泛大道。表示要待人和气，要走正道，不走歪门邪道。延寿堂药店联：延晚景于桑榆，不外栽培心上地；寿长令乎姜桂，只缘涵养性中天。内嵌商号名称延寿堂。龙海泉浴室联：石池春暖人宜浴，水阁冬温客更多。表示一幅温泉曲水的石池面貌及浴室繁忙景象，无论冬春秋夏，都令人痒痒的下池就浴。

太谷会元银号

太谷志成信楹联

在浙江，金华一商人1843年开张了仁寿堂药号后挂出楹联：仁心炮炙遵先法，寿制丹丸在至诚。张同泰药号挂出楹联：悉遵古法务尽真良，货真价实存心利己。到了1863年在兰溪高隆岗，诸葛亮47代后裔诸葛棠斋弃儒辞官，在兰溪创建天一堂药铺，从此致力于药业商号经营。进入清末由于诸葛棠斋精于鉴别药材，善于经营管理，习药经商恪守地道药材、货真价实、童叟无欺，以敬业为民作办店宗旨，十分重视本商号声誉与商业道德。天一堂监制的诸葛行军散、卧龙丹皆按古方精制而成，疗效显著，为家藏必备良药。为了向消费者传播诸葛棠斋亲自撰写楹联于亭柱上：余地辟三弓，何必羡金谷繁华，争奇斗艳；诚心唯一点，务须追杏林至德，救死扶伤，以表明其经营宗旨。同时在天一堂内悬挂对联："天合虽无人见，诚心自有天知"，当成天一堂的座右铭，这都成了与消费者沟通的金言玉语。

在天津，进入1904年，莫荫萱与同和升股东合资在估衣街开设同兴和帽店，两边对联直白地与消费者沟通："同心偕力功成和，升官冠戴财源多"，并请名人杜宝祯题写。楼外门脸为帽品广告，有此沟通很快就经营红火。

（二）表示以先祖为榜样

有些商人表示在市场上要以商祖、经营圣人为榜样，以祖制经营，从而给消费者印象是这商号尊师敬祖。在山西，一些晋商把自己的经商活动看作不仅仅赚钱，更是遵循商圣的品德，讲合作，讲友情，不欺骗。管（仲）鲍（叔牙）都是春秋时期商人，合伙经营，从而相交莫逆、情谊笃深。陶朱即春秋末的范蠡，民间传说的财神爷，古代商人中最高明的营销大师。这人功成名就后不苟名利转到齐国后效法计然之策经商。他经营有方，不久产业达数千万钱成巨富。后北上到宋陶邑改名陶朱公，隐匿经商，富甲一方，19年中三赚千金三散尽钱财又东山再起。富好行其德，资产施舍结良缘。在经营中他深解民意，按不同需求进货让消费者满意。他经商有计划有预见性，手中掌握实物积蓄，薄利多销，设法加快资金周转，手内不多存钱。他助人做生意发财致富，是活财神大恩人。他有精辟理论观点，有丰富经商经验，成了商人崇拜的偶像。他的《致富奇书》、《陶朱公术》被后人发挥撰写出《理财致富十二法则》、《理财致富十二戒律》、《商教训》、《经商十八法》，称商人之宝。后人把经商做买卖称陶朱事业，世代经商为陶朱遗风。陶朱公成商人之圣。此外还有端木，字子贡，在鲁、卫、曹地把生意做得很大。他善于预测行情，臆测屡中，有智有谋效益好成巨富。不少晋商以他们为榜样，表示向他们学习。山西榆次双庆号挂出楹联：经济浅识陶公术，贸易常怀管鲍心。表示要遵循先人古贤的经营之术和经营之道。祥记号也表示：务经营不让陶朱富，通贸易常存管鲍风。协同庆商号表示：协力效陶朱棹舸沃湖皆学问，同心继端木连骑结驷即经纶。见下图。

山西太谷祥记号楹联

协同庆楹联

（三）在楹联中嵌商号名称

商号名称是企业识别要素，一些商号通过楹联介绍本商号名称，或放在字头（谓之"平头""藏头"），或裹挟中间，既吸引人猜析，又给人以信用。同时包含经营理念、业务、特点等内容。在长沙的天然台，天津同升和，都在楹联中嵌商号名称。在山西，泰缘号在楹联中分别嵌泰缘两字：泰而诚游城阙勾描世间缘，缘以信赏休漆绘饰时运泰。日升昌号在楹联中嵌日升两字：日丽中天万宝精华同耀彩，升临福地八方辐辏独居奇。有一药店延寿号嵌名称字：延晚景于桑榆，不外栽培心上地；寿长令乎姜桂，只缘涵养性中天。山西太谷云锦坊联中：云霞焕彩成异色，锦辉泛明光天德。见下图。这种现象还有很多。在扬州，有家四时春饺面店，在商联中云：四时兴佳中年景好，春风十里明二分。对联内含：店中有四时八节之美味佳肴，嵌进了字号"四时春"，且又包藏了姓氏"景"。另有景吉泰茶叶店挂出的藏头联为：吉地产金枝玉叶，泰西通海客山商。森泰茶店也是一

太谷云锦坊楹联

111

平头联：森枝秀撷三春翠，泰运鸿开万载基。有一同胜茶馆联：同是梨园翻旧曲不须笙管嗷嘈自有一番趣味，胜于菊部斗新妆即此衣冠脱略更添无限精神。在北京，天源酱园藏头诗既有店铺的名称，又说了经营的内容，既抒发了雄心又包含了所在位置，充满了艺术技巧，令人过目不忘。清同治年间，长沙人徐松泉在老照壁开张徐松泉茶室，店主请人题写商联，要求嵌入店铺名称，字联为：松号大夫，泉名甘醴；茶称博士，室结香山。这联也巧妙地内含商号名。

（四）告知经营内容、业务、地点

商号在市场上还很注意让消费者了解自己经营的内容和地点。在山西，汇源当楹联为：当珠当玉当金当银军器不当，赎年赎月赎日赎时过期难赎。说明负面清单只有军器，除此之外都可以经营。绛州的良英笔庄楹联为：良枝修毫笔下龙蛇竞走，英才握管纸上云水翻腾。聚兴顺的楹联为：天下群贤一品壶中况味，乡里少长静领无上清凉。大德生药店采用另一种内容对联：发兑关东鹿茸，官楝高丽人参。此联介绍了本号的药材造价昂贵取来不易，有关东的鹿茸麝香，有朝鲜的人参燕窝。高档精品，气魄非凡，很受官宦贵客的欢迎、巨商豪富的青睐。在北京，荣宝斋店联：软红不到藤萝外，嫩绿新添几案前。后又挂出：重帘不卷留香久，古砚微凹聚墨多。在琉璃厂宝林堂联：宝气腾辉瞻典籍，林花启秀灿文章。切字号对语自然，书法精妙。崇文堂书坊其门联为：崇山峻岭琅环地，文薮书田翰墨林，给人以深刻含义。

（五）进行描绘赞赏

早在道光年间，有柳氏在长沙开一汤圆馆取名柳德芳。经营中他坚持选料上乘、制作精细，风味独特，渐成名气。时陕甘总督左宗棠感其汤圆鲜美香甜，书赠楹联"枵腹而来，君休问价；从心所欲，我亦垂涎"。对此联柳德芳视为珍宝，装帧挂出。时学院阅开各县举子来长沙应试，在此见左联无不赞叹其笔力苍劲，从而进店品尝。之后社会上流传"不吃柳德芳汤圆不算到长沙"，遂成为入长沙品尝风气，从而门庭若市，生意兴隆。也是在道光年间有人在长沙明藩城开张了茶楼。该楼处湘江不远的高地，面对岳麓山的云阳美景故称云阳楼。楼上悬挂数副名家所书茶联，致使云阳楼陡增内涵。时湖南著名书法家何绍基主讲长沙城南书院，为其书写一联：花笺茗碗香千载；云影波光活一楼。商联写登楼怀古，联想唐诗人薛涛自制彩笺专门用来写诗，自烹煮香茶款待客人之事。其中香字切了花笺、茗碗，既写出了茶楼的雅兴又颂扬了女诗人的百世流芳。同时写楼又不直接点楼而是从江中摇曳的倒影上示出，以活字含蓄之意令茶客再添雅兴。如此品位的对联，无疑为云阳楼带来浓厚的韵味，吸引客人前往品尝。

商联这种形式既有优势也现不足。它精练且内容丰富、固定，不受时间但受空间限制，因而存在明显的不足，文字精、含义深，容纳内容少且难以通俗，大众难以理解。中国人多数没有文化，不易认知和理解，势必在新的形式不断出现的潮流中走向衰落。

三、传播沟通的基本内容

进入近代后，根据市场和消费者的需求，传播沟通的基本内容与前代比更丰富、更深刻、更明确。一是介绍企业本身基本状况。有的在广告中介绍自己企业是为大众服务的，讲仁义、讲德行；本企业历史悠久，经验丰富，是可信的。在浙江绍兴，到清后期余孝贞采用以仿单进行广告沟通，介绍企业名气、历史、皇帝御赞，在坊单上横书"余孝贞颖清香又升景记"字。这文字下的长方形框内是"金爵"商标图案，爵内直书"本坊向在浙绍东浦，开设三百数十年，佳酿、加重等酒，各省驰名。前清乾隆皇帝御赞，钦赐'金爵'商标。荷蒙赐顾，认明内招，庶不致误。"框内右上方盖有丙戌年造状元红酒，左下方印有"孝贞升余景记字样"。在广告中介绍了企业及酒产品。仿单时间丙戌年推定为1886年。在此介绍了余孝贞历史悠久，酒品优异，皇帝欣赏，有名可信。二是介绍企业的产品、经营业务。一些商号在介绍企业重点要介绍经营的产品、业务等经营内容时，还说明具有的与众不同的优点，在同行中所处地位，具有的业绩及优势。在北京月盛斋请书法家王恩熙书写匾额"本斋开自乾隆年间，世传专做五香酱羊肉，夏令烧羊肉，均称纯香适口，与众不同，前清御用，上等礼品，外省行匣，各界主顾无不赞美，天下驰名，只此一家，诸群赐顾，认明马家字号，庶不致误。"在山东济宁，玉堂酱园推出的各种酒的包装上以祝酒诗形式介绍酒品。如说合家欢酒"椿萱并茂，兰桂齐芳"，万国春酒能让人"一醉方休"，玉壶冰酒可"冰清玉洁，十里闻香，尔寿尔康"。在上海，顾松泉在《申报》刊登启事说中西大药房是以"各国上品药材，不惜工本，详加炮制灵验丸散膏丹，各种药水药酒，性质和平，功用神速。"介绍自制成药有70种，还兼售电镀器具，照相镜匣、药水，进口食品饮料。在昆明，福林堂通过广告说明：本堂药料选辨最精，参茸燕桂必择其优，饮片丸散精益求精，药真价实包换来回。还根据疫情及节令气候变化制售时令药，春时制银翘散、平胃散；夏时附桂理中丸、杭菊凉茶；秋则温补药；冬时则当众切茸出售。经营中在每味药上标注价码，明码实价，从而博得了顾客的信任。三是介绍经营地点，表示欢迎态度。在江西赣州，同治年间泰和药号为了向购买者宣传，以质地坚硬的黎木制作了边长11厘米，厚2厘米的大印章，上刻"泰和药号"，中刻"本号开在赣城南大街白衣庵上首处，诚配各种药酒赐顾者请认招牌为记"，印色为黑色，作为包装广告传播。北京月盛斋的产品包装用马口铁特制了长方形扁匣，上面书写"京城月盛斋马家老铺五香酱羊肉"及"精工细作，四远驰名，前门户部街路东"等字。四是暗示功能属性。不少商号能清晰反映行业特点。如双福泉对联：洁净浴池流涓涓，渊源沧浪泛清波。对联构思奇巧独到精妙，14个字的偏旁都是三点水且毫无生硬拼凑痕迹，词式优美，生动地描述了浴池水流波动和清洁卫生，给人优雅舒适的感觉。如福泉浴联：相看此际皆生色，共涤从前旧污染。清泉浴联：入浴突感全身暖，出门顿生满面春。宁园浴联：金鸡未唱汤先热，旭日东升客满堂。永宁泉联：身离曲水精神爽，步上瑶池气象新。双桂泉联：涤旧垢以澡身，濯清泉而浴德。东乐园联：金鸡未唱汤先热，玉板轻启客早来。这些都以浴池具有的温馨、欢乐、舒适、清洁的信息吸引顾客。这一副副对联以精辟的词句或明或暗、或隐或现而巧妙地把经营内容告知顾客，同时让人获取了一种艺术享受。五是进行综合介绍。也有的商联不再是某一方面暗示，而是多方面的告知。如元升茶园联：元气转鸿钧如闻盛世元音俾孝子忠臣各怀元善，升高调风琯自有前庭升步合来今往古永庆升平。同庆茶园联：穿红挂绿献千娇慢启朱唇调新调，着紫披蓝生百媚轻敲牙板唱旧歌。协盛茶园联：协和雅化自古为昭看闲歌三终不改当年旧谱，盛世无音于今未坠聆承平一片非同近日新声。这些楹联表达了该商号的愿望、经营理念、待客态度、商号特点、经营内容。但往往因字多、内容多，所以难以留住购买者的脚步。光绪初年绍兴长水人朱鹤汀在本地开谦豫萃酒厂，不断总结研究形成良好品质，后产品以梅鹤为标志并编印小册子对外宣传，其内容有主人影、商标图、奖牌图、奖题图、各号地址、酒源、特点、制造方法，品种、英文说明。由于产品品质优秀，获 1910 年南京南洋劝业会金奖、农工商部特等文凭。

四、不断探索，努力提高传播沟通效果

近代在广告传播中探索了不少提高效果的要术，不少人开始努力做到真、简、口语化、活，在潜移默化中让消费者乐意接受牌子的信息。

第一，进行定位，突出优势宣传。清后期不少商号都设法告知消费者，不断介绍产品品质、功效、功能优点及档次、价格实惠之处。采芝斋突出销售的是贡品，在广告中介绍产品品种时，金荫芝便做了一块四周雕有龙形黑底金字的"贡糖"牌子，挂在店门口，又在红色招牌纸、包装袋上印上"贡糖"两个醒目大字，突出贡字大肆宣扬。

第二，注意口语化。在英商大英医院（药房）做事的顾松泉，在1887年辞职和友人开张了中西大药房。为先声夺人，他在《申报》上毫无造作、平静地发表声明："余在大英医院老铺执事已十八年，今自行告退，外面并无经手未完之事。现在四马路中市转角处自创'中国大药房'。"后为了更能清晰地表现经营西药性质，改为"中西大药房"。1888年1月29日在《申报》发表《论西药渐行于中土》一文，说顾松泉在大英医院药房"司刀圭之事，十有余年，于制药之法无不明晓"，"华人之卖西药者，则以顾松泉首为之倡"。这些优越条件很快使中西大药房成名。5月11日顾松泉又在《申报》刊登启事说中西大药房"先行交易，然后择吉开张"。广告言简意赅，内容清晰。所以还未开张，人们对中西大药房就翘首以望，开张时进入店内的顾客络绎不绝。浙江余姚人黄楚九在上海三马路开张了颐有堂眼

药诊所，经营中成药兼西药。1890年改为中法药房后在南京路开张。1905年从吴姓药剂师收来安神补脑滋补处方生产艾罗补脑汁，以中药为基础，加上西药产出后，推出广告词："爱国必先健身，健身必先健脑。"以顺口溜形式潜移默化地进入消费者心目中。

第三，塑良好形象有美感。有的广告中图文并茂，形象直观有艺术性。胡庆余堂、萃华金店进行豪华装饰都给人有实力印象。长沙徐长兴烤鸭店产品美味，而且在店内布置壁画，每月更换，使店堂充满新气。有的使店堂古色古香，景致幽静或张贴文人书画。有的在产品上刻风景图，给人以美的享受。

第四，以巧、奇制胜。近代一些商号在广告中别出心裁，注意技巧以新奇吸引消费者。在散布商品知识中巧妙地加入商品商号名称、标记等，利用有关资料进行扩散。在北京，1884年一得阁的谢松岱以《南学制墨札记》出版，其中对墨汁怎样有利于墨盒及如何使用墨盒进行了详细论述。1893年又出版了《论墨绝句》，对墨及墨盒论述其中专有一节《论墨盒》，这墨（墨汁）与墨盒的关系无形中呈现了一得阁的地位和形象。杭州张同泰药号编印赠送医药资料向消费者传播医药知识，也随之宣传张同泰药号，让消费者无意中认知和接受张同泰。1902年广州博济医院附属教师梁培基根据疟疾流行的现象，开张了一家明兴制药厂。他通过香港从外国购进西药原料，根据临床经验配制成药丸。这药体积小、见效快、服用方便。但要让消费者认识得有奇招。于是在多处墙上写"梁培基发冷"大字，这让众人丈二和尚摸不着头脑，感到惊愕和困惑。因为不少人都忌讳发冷二字。数天后标语加了一字为"梁培基发冷九"，人们更是疑惑这不伦不类的一句话，当成错话笑料和闲谈话题。又过了些时候又加了一点变成了丸，人们这才如梦初醒，原来是一种新药。这事不胫而走很快家喻户晓，后很快兴旺起来并行销全国各地。

第五，结合活动提高趣味性和吸引力。一些商号在经营中如采用优惠、文体、服务，进行鼓励、劝告，促进交易成功。道光年间在长沙云阳楼，由著名学者黄本骥在欣赏了云阳楼之后发出《云阳楼看山约》邀三湘名士来此看品茶，赴约者诗歌和唱互赠书画，蔚为一时之盛，也为云阳楼增名不少。到了光绪庚子年在浙江兰溪的天一堂店主诸葛棠斋去世后，乡里皆为之悲，其族弟国学生诸葛范用 64 味中药名撰写了祭文：

呜呼！秋桂枝高，痛泣威灵仙去；冬桑叶落，更悲子不留行。恭维我兄斐斋公者，禀性光明，持躬厚朴；细辛处事，苦楝成家，诚大腹之能容，亦合欢而有庆。只为潼关失怙，苦丁慈父之忧；于焉浮海经商，甘遂劳人之驾。迨至业精百萃，利获千金；新会朋侪，当归故里。余粮满石，有时则润及慈姑；益智多仁，至此则苦尤知母。骨肉果团圆以序乐，弟昆布慈惠以无私。宜乎宝树联辉，五加其一（斐斋有六子）；银花叶瑞，二妙成双（斐斋有二女）。有事必不为违心，随遇自然得意者也。胡意平生急性，流毒归身。病起无名，吞吐未能活络；医诚没药，肿痛盖以连须。百药徒煎，千年难健。怅登仙于紫苑，徒洒泪于清风也乎！兹际梅开绿萼，橘皱丹皮；律转阳春，期当望月。驾而车于熟地，借巢穴于原枝。吊客连翘，哀声续断。范等密蒙友爱，薄荷教言，叹栀子之云亡，悲使君之不见。歌兴薤白，聊呈竹叶之觞；服带麻黄，有感荆花之宜。望车前而洒滋，束藁本以为刍。血献仙茅，香供白檀一炷；露擎佛手，酒斟红曲三杯。神曲有歌，公英来格。

这祭文很快在社会上流传，极大地扩大了天一堂在社会上的影响。

第六，反复宣传，加深印象。一些商人往往间隔或多阵地或利用新旧媒体进行交替传播沟通。1904 年黄楚九搞到一张中药滋补药方并产出产品。为这药取名艾罗补脑汁，并说是美国医生艾罗发明的，还在《申报》《新闻报》上频繁刊登洋化的药名 DrT．c．YaIe，译成中文称为艾罗。1910 年 7 月 10 日，曾国藩儿子曾纪泽在《申报》上发表《艾罗补脑汁得此证书又增身价》的文章，大肆吹嘘艾罗补脑汁的药用功效。随后艾罗补脑汁的名人广告频频出现在报纸上，受到人们极大关注，在消费者中形成深刻的印象。

更多相关因素生联想

品牌在创造中不可避免会受一些相关因素影响。这些因素的实体、事件无疑会向社会传递相关品牌的一定信息，让人产生联想，从而促进品牌的形成。

一、优越企业条件产生良好联想

在品牌创造中，有的利用有关客观条件让消费者产生一定联想，从而支持品牌概念的形成。

有的因企业家族有名而生联想。清后期，有的家族企业的历史很长，资金雄厚，或地位优越，或家族（家庭）名声好，这都会让人对其商号产生有实力的联想。如清后期在浙江兰溪，有诸葛棠斋任江苏一县丞后不恋仕途，弃官经商，致力于药业经营。1863年在县城开张了天一堂。诸葛氏作为一个充满智慧的人物，有了它无疑让人产生良好联想。天一堂以货真价实、诚信戒欺为宗旨，以修合虽无人见、诚以自有天知为职业操守，选料地道，精心泡制。尤其诸葛行军散、百补全鹿丸、卧龙丹等都是独家配方，疗效显著，质量优、信誉好在民间口口相传。又如在陕西信义镇，一焦家经营恒丰号成名成了富商。庚子年间慈禧逃陕，恒丰号焦家捐银5万两、麦6000石，被授予资政大夫衔。恒丰号东家焦联奎出任刑部员外郎，其他有任知县、县令、道台、知府。这样焦家成了有名有地位的家族，这些都不同程度为恒丰号成名提供了条件。还有胡庆余堂，店主是红顶商人，具官商背景，有地位。店铺装饰豪华，实力雄厚，给人有条件生产优质药品的联想。

有的产品生产有优良的生产经营条件。产品生产依赖一定的客观条件。这条件良好优越就可能有好的品质，就给人可信的联想。1875年安徽歙县谢正安创办了谢裕大茶行。店主在本县漕溪收茶，制作茶叶称"黄山毛峰"。黄山地理条件优越，土质肥沃疏松，温暖湿润，云雾缥缈，非常适宜茶树生长。当时这里的茶已很有名，称云雾茶。谢氏为了迎合市场爱好，清明前后亲自率人到充川、汤口等高山名园选采肥嫩茶叶，再经过精细炒焙，创制出了风味俱佳的优质茶。由于该茶白毫披身，芽尖如峰，故取名毛峰。又因为它产自黄山一带，所以后来冠之以地名称其为黄山毛峰。遂成达官贵人饮用和馈赠之珍品。此后远销关东、京、津、鲁各地，甚至美俄等国茶商纷纷争相订货竞购，因此黄山毛峰香飘万里，声誉鹊起，被众人称为绿茶中的极品，谢裕大遂成徽州府五大茶号之首。之后到了1908年，在开封有人在鼓楼街开张又一村饭庄。店古色古香，雅座幽静，餐具高档，选料严谨，制作考究，这优雅的条件深得社会上层人士赏识，从而树立起高档形象。

有的有特有技艺支持。形成和亮出特有技艺也是创造良好联想的重要手段。进入清后期，北京月盛斋由第四代马德成接手经营后，进一步完善并概括成月盛斋的特色：一是神秘器械。月盛斋一直珍惜地使用盛放老汤的容器，一只很精致的青花瓷罐，还有一把百年老刀。这老刀由于年深日久，刀身被磨窄了1/3，刀背也薄得近乎刀刃，切出来的羊头肉片薄如纸。二是百年老汤，这是月盛斋的一"绝"。加老汤冲去肉上的佐料，浇上明油，即为成品。三是技艺绝招。烧羊肉则先煮后过油，达到外焦里嫩，不膻不腻，香美异常。四是独特配方。由此四招使月盛斋充满魅力，成为食品独特、历史悠久的羊肉店铺中的一面旗帜。1886年11月10日，经慈禧太后"恩准"，特发给月盛斋四个腰牌，作为往皇宫内送肉食的凭证。每隔数日月盛斋即将特制的酱羊肉送至清宫，以供太后及皇室成员享用，从此月盛斋酱羊肉又被称为御用食品。这也为消费者增添了品优可信的联想。由于有技艺绝招，器具经典，神秘配方，百年老汤，月盛斋从而成为食品独特、历史悠久的领先商号和羊肉店号的一面旗帜。

二、名人的影响

在社会上，一些名人具有良好形象和口碑。这些名人如果与某一商号发生联系，也会在消费者中产生良好联想。一些商人于是利用这一杠杆作用，有意无意地与名人建立联系，以增强和支持品牌的良好形象形成。

（一）有名人题字

一些文人的特点就是书法好甚至有名气。如果商品商号得到举人、书法名家，甚至皇宫的题字、送字，都让人产生优秀可信的联想，一些商人便利用起来为自己服务。这在各地都有出现。清后期的 1858 年，在云南昆明，厨师胡善、胡增贵父子在如安街开办了糕饼铺合香楼。在产出"火腿包子"成名后，又获得慈禧太后御笔亲书"合香楼"三字，这样合香楼便成了名糕点、名商号的象征。到 19 世纪 60 年代社会相对安定，北京琉璃厂书市恢复。李鸿章任直隶总督主持编修《光绪顺六府志》，又使琉璃厂书市兴旺。到这里的文人中有与店主商号相熟的时不时受邀题匾或对联，如大书法家何绍基题"富文堂""集古斋"；维新派首领康有为题"长兴书局"，梁启超题"藻玉堂"；光绪老师翁同龢题"茹古斋""尊汉阁""赏古斋""季文斋"；湘军首领曾国藩题"龙威阁"；户部左侍郎孙诒经题"翰文斋""荣禄堂"；东阁大学士陆润庠题"荣宝斋"，这都给人以好的印象。进入 80 年代，在宁波的寿全斋经营百年之后又请了慈溪人翰林杨泰亨书写名称字。他善诗文精书法，制成的匾额字笔法遒劲，厚重稳健，悬挂店内，熠熠生辉。另有楹联"碧海寻奇，鼓铸太和"；"神农始尝百草之滋，济世传经以救民疾"。又请毛翼虎先生撰写的"杏林济世千秋寿，桔井流芳百草全"，内含商号名称，同时又有做药务真不欺客，行医务正不欺世的医德含义。这些无疑给人以寿全斋有地位、有优势可信的联想。1887 年江苏王万兴在常熟虞山北开张了王万兴酒店，这里小桥流水，环境清幽，有山村情趣、独特菜肴，从而吸引了许多达官贵人与文人墨客，很快王万兴酒店远近闻名。该店有一特制家酒，它味美醇厚，饮之醇味无穷。在众多名菜中，有独特的叫花鸡，它肉质鲜嫩，膛料精美，色泽光亮，五味俱全。不久光绪帝老师翁同龢来到王万兴酒店，亲笔写下"带径锄绿野，留露酿黄花"诗。后诗人杨无恙光临赏景饮酒时赋诗："黄鸡紫蟹香粳稻，小墅何须比辋川。秋雨蹄涔泥滑滑，入城聊乘卖花船。"这些诗人及诗歌赞颂王万兴，促进了王万兴成名，很快成了名号。进入 90 年代后山西平遥有一黄酒号称聚盛源酒铺。该铺酒饼质优信誉好，车水马龙，门庭若市。1900年8月12日，慈禧西逃入山西宿平遥，洗尘大宴设聚盛源。当晚太后在店铺进膳时，品尝了黄酒，老佛爷咂着嘴问黄酒谁家酿造，听到是本店多年陈酿，于是说愿这店生意兴隆、长盛不衰，并赐给"长"字。第二天聚盛源便改为长昇源。这事很快震惊全城。老佛爷走后店主为让这事存留社会，也为商号保持声誉，便对有关物件进行标记显示于人，让人不断联想。见下图。

长昇源酒铺

在西安，这里早在乾隆年间有童氏开始经营老童家羊肉店，精心探索，逐渐形成了家传秘方，远近闻名。慈禧偕光绪帝逃到西安后，一日乘坐御辇途经广济街口时，闻到阵阵浓郁肉香，好吃的慈禧于是停辇询问，得知老童家正在煮制腊羊肉。侍从命店主童明挑一上等品奉上。慈禧一尝，顿觉这肉馨香溢口，回味无穷，连称"此肉色味俱佳，乃民间之佳品，若能赐匾示志，定可俯沐万世。"当时广济街至城隍庙一段路呈斜坡状，慈禧又是在坡前停辇，便命大臣赵舒翘之师邢庭维手书"辇止坡老童家"六个大字。尔后制成金字招牌赐挂于店前，并命童明精选特制腊羊肉，日日奉供。这事和招牌很快使辇止坡老童家及腊羊肉名扬古都。到了清末，设在澳门的梁永馨药庄已誉满中外，翰林院编修黄玉堂、内阁侍读学士梁诚、法部尚书戴鸿慈、广西巡抚部院黄槐森等朝中重臣先后为梁永馨药庄题"公心济世""杏林春满""药到回春""寿世功深"等褒奖之词。这都让人产生梁永馨药庄可信的联想。这时期在山西交城于明嘉靖年创的天元恒皮货庄的沈、郭、丁三家在银川鼓楼西街合资开张天成西销售日用杂货。后由前清举人赵锦文手写的隶书体"天成西"三字，在西北这一荒漠之地，黑底金色的招牌更是给人有名人认可的联想。

（二）名人支持赞赏

在市场上，有些商品或业务得到各界的名人支持与赞赏，也会让人产生良好联想。1839年，林则徐来广东禁烟，因热中暑，咽痛咳嗽。请来名医诊治开方服药不见效。后服了王老吉的凉茶立即药到病除。病好后林则徐答谢王老吉并送铜制葫芦状的大凉茶壶，壶身刻"王老吉"三字。店主王泽邦把铜壶作为凉茶容器摆在店中，由此"王老吉凉茶"名声大振。王泽邦和"王老吉凉茶"的名声传到了北京。道光皇帝把他召入皇宫，封为太医院院令。但他过不惯宫廷生活，也不愿在达官贵人中逢迎，不久就辞官回广州依旧卖凉茶。到了1843年，洪秀全在广州赴考，身染疫症，同窗买回王老吉凉茶给他饮用，很快就恢复正常。之后到1862年太平天国的很多将士不适应江浙气候，浑身酸痛，影响了战斗力。洪秀全想起王老吉凉茶的功效，便派了一将领去广州找王老吉，买回大批凉茶料熬汤给将士喝，果然见效，将士顿时精神抖擞，使天京保卫战取得初步胜利。这些事例无疑为王老吉带来了良好联想。王老吉茶再次名声远扬，销量大增。从此王老吉便在广州众多凉茶中脱颖而出，进入了领先地位。进入道光末年，山西人李诚甫在京经营古玩文物，开张德宝号，并求克勤郡王写了匾额"德宝斋古玩店"。王爷的书法在京城有名，也给德宝斋带来名气。到咸丰九年，德宝斋装修门面再请克勤郡王写对联，以进一步丰富名气。王爷解释说："我已给写了一块，物以稀为贵，不能再写。如要门槛可去找当今新科状元翁同龢，他的书法倒与我的字匹配。"李听了说："由于他的手笔名满京城，我面子不及，要打您的旗号去求才有用。""这也行，你就说我写了匾，让他写副门槛，是我的主意。"翁状元听了李诚甫的介绍，果然写下"德比圭璋儒所贵，宝花彝鼎古为图"藏头联，这名人题字无疑为德宝斋又增添了名气和信誉。到道光年间在陕西岐山出土了青铜器毛公鼎、盂鼎，辗转多年后由德宝斋设法购到手，这也为德宝斋增添了名气。德宝斋注重培养人才，给人信用感。如培养懂文物鉴定、会做古玩的人才。有的成了专门鉴定田黄石、鸡血石、玉石印章的权威，也使德宝斋享誉海内外增添了技术信用。云南景东人刘昆，道光年进士，历任工部、户部侍郎，内阁学士，授湖南巡抚，居长沙多年。后为长沙云阳楼赋了一联：细捡茶经，朗吟橘颂；闲论画舫，坐拥书城。这名人联挂出后为云阳楼增色不少。之后到了光绪年间，光绪帝老师、常熟人翁同龢罢归故里，到常熟兴福街王万兴酒店借酒叙怀，亲笔写下了"带径锄绿野，留露酿黄花"。诗人杨无恙光临赏景饮酒时赞颂王万兴"黄鸡紫蟹香粳稻，小墅何须比辋川。秋雨蹄涔泥滑滑，入城聊乘卖花船"，也给人以良好联想。在杭州，胡雪岩为母做七十大寿，用雪舫蒋送来的火腿制作菜肴，官员、宾客对雪舫蒋火腿赞不绝口。胡雪岩决定包销这一牌子产品，之后又送北京官员，他们品尝过后也赞不绝口，后又被列贡品。这也进一步增加了人们对雪舫蒋的良好联想。这时期徽州著名画家任伯年为曹素功尧千氏墨庄画了一套名花十二客的墨图，每锭一图，共12锭，极大地扩大了曹素功墨庄的影响。1900年陕商吴寡妇见裕兴重名声大，效益高并不满足，总觉得不踏实，想找一靠山。这年慈禧太后出逃，衣衫陈旧，沿途吃玉米棒充饥。到西安后各省协银未到。吴寡妇听说，二话没说即捐银500两。她极力表现出为人忠厚，很得慈禧太后喜爱，常传她入行宫说话。吴寡妇善言语，举止颇有风度。在言谈中不断讲述风土人情奇闻逸事，引逗得老佛爷心花怒放，乐不思京，并把她认作干女儿，封她家为资政大夫。从此吴家赫赫有名，裕兴重也沾光名声远播，产品销量大增。

（三）名人使用消费助成名

清后期一些商号产品，好得到皇上、贵妃、社会名流、洋人的购买使用，不同程度产生良好联想。

道咸年间，1850年一宁波人在上海洋泾浜北三茅阁开设菜馆，取名大鸿运，经营宁波海产名菜：黄鱼羹、黄泥螺、生炒鳝背、鳗鱼，烧法独特。1861年大鸿运改名鸿运楼。时沿路洋行、旅馆不兴旺。但鸿运楼坚持风味纯正、质优。宁波人常吃，外国人也喜欢。之后上海地产大王哈同与罗迦陵举行盛大婚礼，在鸿运楼设席近百桌请客。中外来宾，欢聚一堂，轰动上海，鸿运楼也搭车成名。宣统年鸿运楼毁于火灾。后在公馆路重建 5 开间门面的二层楼房，楼下各厅称厢房，楼上称花楼，中间敞亮的 4000 多平方米的大院子，可搭台唱戏，也可摆近百桌酒席。还有举行婚礼仪式的礼堂、新娘化妆室、更衣室、来宾休息室，成上海规模最大及办喜庆宴席的酒家，这也给人豪华气派的联想。在徽州，1855 年秋，胡开文号主胡贞观取得了恩科举人身份，便以此名义拜访文人墨客、宿学名儒、达官显贵。因此不少名人前来胡开文墨店购买或定制墨品。道光以后许多名人在该号制作自用墨，如为童濂制"瓶花书屋藏墨"、为杜壆制"玉屑珠英"墨、为曾国藩制"求阙斋"朱墨、为李鸿章（少荃）制"封爵铭"墨、为张謇制"季直之墨"、为梁启超制"任公临池墨"、为端方制秦权形墨等。这众多的名人定制墨品，无疑会形成胡开文号优质得名人认可的联想。在北京懿贵妃服树德堂的阿胶怀龙子，母以子贵，后成为慈禧太后。咸丰帝手抚太子龙颜大悦，于是赐给树德堂 3 件礼物，即四品朝服黄马褂、进宫通行证手折子及"福"字，以表其功。邓发于是利用皇上赐的"福"字作为阿胶品牌称号。之后"福"字阿胶多次赴京进贡。这阿胶因进贡被称为贡胶。他还用绢裱盒装，古朴典雅，古色古香，赏心悦目。其标志图案为一花瓶，口插三支方天画戟。树德堂把皇帝赐的"福"字作为商标并印在胶片上。同时将福字悬挂在树德堂店上，作为该堂店阿胶的牌子，由此树德堂及福牌阿胶很快誉满神州，闻名遐迩。

同治年间，在广州陈李济开发了药材新品，如疗效好的追风苏合丸。有一次同治皇帝患感冒风寒，腹痛吐泻，用尽方剂不见好转，后经御医推荐用了陈李济的追风苏合丸，迅即奏效。于是龙颜大悦，遂钦赐杏和堂封号以示表彰。同时还钦定陈李济旧陈皮为广东进奉的贡品。这都给人陈李济疗效高的联想。在杭州，面向大众的王润兴也有名。早年胡雪岩未发迹时，常来此吃门板饭。店主怜其境遇不佳，常关照伙计让其吃后记账。同治年间，胡成为红顶商人后，来到王润兴命从人陪其吃门板饭重温旧时光景，观者如潮，水泄不通。胡雪岩邀请围观的登楼入座，以佳肴招待。后还请了有名的英国传教士梅藤更（广济医院长）与赫德（杭总脱务司）到王润兴吃饭，成了杭城大新闻。这时在天津，专门经营素食的餐馆有十多家，其中有真素园。该园具精湛的调料、合理科学的配制工艺，选料制作精心细致，没有一点荤腥，具特色风味。其投入的副料都是各地名品。品尝过的人无不赞其美味，从而门庭若市。这独特香味很快吸引了众多文化名流前来品尝。据说慈禧太后到天津进香，在真素园小憩食其素包，感口味甚佳。看到高高的石头门坎，随口说这家石头门坎素包味道真好，比御膳房的菜还顺口。回京后时常想起，但没有留意地址、店名。依稀记得石头门坎，只得差人来买有石头门坎的素包。于是"石头门坎素包"称呼不胫而走，食客相告慈禧夸赞。天津教育家林墨青以真素园为例，倡导素食。天津著名教育改革家、书法家严修为真素园题写匾额并题联："真是情的元素，素乃味之本真。"近代名人、大书法家华世奎为真素园题联："味甘腴见真德性，数晨夕有素心人。"名人邓庆澜题："真是六根清净，素无半点红埃。"此外还有李容之、朱家宝等文化名人也都为真素园题联。这些都让市民产生了真素园的独特联想。

　　进入光绪年间，这现象更是此起彼伏。在北京，韩同利在前门大街开店取名南恒顺，推出了涮羊肉、炒菜、绿豆杂面、芝麻酱烧饼。1878年春末，一天来一老一少两位客人。二人吃完付钱时，仆人说未带钱，想以后给。掌柜过来一看，他们似乎不像骗子，便大方地说："没有什么，什么时候方便带来就是了。"第二天只见宫里小太监来到南恒顺说是送昨天的酒钱。原来那个温文尔雅的年轻人是光绪帝。掌柜立即把昨天皇上坐过的方凳当成宝座供起来。皇帝来南恒顺吃喝之事很快传遍大街小巷。好奇之人都来南恒顺看宝座。店老板活灵活现地进行一番描述，名声很快传遍全城。从此，南恒顺门庭若市，生意兴隆。人们转而又开始称其为"一条龙"。这名逐渐代替了南恒顺。"一条龙"名声传播快而且远，西北新疆、甘肃、青海的一些人到了京城都要到"一条龙"瞧瞧看看吃一餐，体验一下"一条龙"的食品口味。也是在北京，王致和腐乳成了"上用"品，慈禧享用后赐名青方。后立了三块匾均彩绘龙头，示大内上用。王致和南酱园六字分开分别由状元孙家鼐、鲁其光书写。孙家鼐还为王致和写了门对，一副为："致君美味传千里，和我天机养寸心。"另一副为："酱配龙蹯调芍药，园开鸡趾钟芙蓉。"这些名人食用和赞赏都为王致和号增加了良好联想。仍在北京，光绪年间河北侯店制笔艺人李文魁开设笔庄，因制笔精良极受宫廷和文人墨客所赏识。光绪帝用后也是推崇备至，不仅自己喜用，而且还降旨当朝官署和部门一律采购衡水笔。光绪对笔工李文魁极为偏爱，在他谢世后还降旨赐给他二幅龙碑立于墓前，上刻"圣旨"二字。对李文魁笔皇上高度评价，赐碑题字，也可说是无上的赞赏，人与笔名称关联，也给人产品优质的联想。在吉林，1896年秋河北抚宁人杨玉田来到洮南，摆摊生产烧饼，并把干烙改成烙烤，加工出来的饼嫩软香脆。价格一样，味道不同，饼大实惠，老少咸宜。洮南交通方便，来往人多，吃饼人也多。于是在一十字街口开烧饼铺，经营烧饼米粥，取名玉田烧饼。由于杨氏小时患天花，脸上落下麻点。百姓称其饼为杨麻子大饼，后挂出招牌，顺水推舟改成杨麻子烧饼铺。时镇守使吴俊升听说杨麻子烧饼好吃，要来一尝，连连称赞，于是令其天天为吴府做烧饼。消息传开，议论纷纷。本地一王姓老太太听说，立刻把姑娘给杨做媳妇。后杨又探索出独特配方和技艺。之后吴大帅还让杨把铺子搬到吴府的东大墙旁边。这些都让人们对杨麻子烧饼产生良好联想。在山东济宁，这时期玉堂酱园名声传进了京津及皇宫，慈禧太后得知后，立即传旨军机兼总理各国事务大臣孙毓汶、顺天府府尹孙辑，速将孙家经营小菜送进宫来。孙家叔侄接到圣旨，喜出望外，立即回济宁精心选制了多种小菜。在店内先做成半成品，选技术高手林大松和一名厨师乘船进京，经一个多月的加工，待到北京打开罐正好光泽鲜艳、甜而不腻、咸而不浊、脆硬适口。慈禧品后连连夸赞：果然味压江南、名驰京省。当即封林大松为七品官衔，封厨师为御厨师。慈禧的称赞很快让人产生玉堂独特优质的联想。在苏州河南人金荫芝在观前街设摊把小方糖剪成粽子样串起来卖，生意很好。1884年，一古董商把采芝斋店转让给金荫芝，店名中含有芝字，金荫芝便顺水推舟也将店称为采芝斋。真是无巧不成书。有一年，慈禧太后生病，久治无效。后得人推荐采芝斋糖果贡奉慈禧助药。慈禧病情好转后，觉得苏州糖果甜且鲜洁爽口。曹告之这是贝母糖，含川贝，有药理功效。于是授旨把采芝斋糖果列为贡糖。金荫芝得此消息，大喜过望，郑重其事地做了一块四周雕有龙形黑底金字的"贡糖"牌子，挂在店门口，又在招牌纸、包装袋上都印"贡糖"两个醒目大字，大肆宣扬"采芝斋的秘制贡糖，治愈太后毛病"的神奇说法，也在消费者中产生这贡糖有治病功效的联想。在山西祁县，1900年当慈禧挟光绪西逃经这里时，大德通打通关节，把总号作为清廷下榻之处，大德通顿时让人们产生该号优秀的联想。

三、以良好的社会评价获可信形象

在市场上，商品商号如得到一些人的良好评价，也会让人产生好的联想。在清后期针对一些商品商号，有些文人在报纸、杂志上写文章赞颂，有的在诗中歌、和、唱，都易传递赞颂的信息。有的是社会上流传良好口碑、谚语，无疑会在消费者中产生良好联想。

有的得官员的赞赏评价。在北京天源酱园的刘湛轩不断探索，形成了北京人喜欢的"鲜甜脆嫩，酱香味浓"的京味。后一状元便写了藏头诗给予称赞。这赞诗作为社会公众的看法，暗含商号名称，通俗顺口，且对其产品给予了很高的评价。1875年，在昆明沈之能主持老拨云堂并扩大规模，产品作为贡品送京得嘉奖。返回途中开化总兵夏豹伯在轿前题联：拨云抽丝眼光若电，云开雾散医道行通。这形象地说出了此药的疗效，可见社会评价之高。

有的得媒体良好评价。1876年，在上海，《沪游杂记》中有"鸿运楼，著名食品——"报道。1883年《淞南梦影录》记有鸿运楼"亦复庭盈车马，座满婵娟"的现象。在上海鸿运楼，由于食品独特深受顾客欢迎，很快获上海报纸、杂志良好点评。

有的得文人称赞评价。如在长沙，1904年有人开张了一饮食店，以白居易《长恨歌》中"玉楼罢宴醉和春"中一词取名玉楼春。由于经营的产品口味好吸引了不少客人。后曾国藩之孙、湘乡翰林曾广钧登楼用膳，以赞赏的口气写下"麻辣子鸡汤泡肚，令人常忆玉楼东"诗句，由此名诗、商号很快传扬开来，从而给人们留下了良好的联想。著名文人吴趼人写给黄楚九的信《还我灵魂记》刊登在1910年6月29日的《申报》上，内容为："楚九仁兄大人阁下，承赐'艾罗补脑汁'六瓶，仅尽其五，而精神已复旧。弟犹不自觉也，家人自旁观察得之，深以为庆幸！然后弟自为审度，良然取效于不知不觉间，是此药之长处。因撰《还魂记》一篇以自娱，录以呈政。弟以为不必以之发表登报，盖吾辈交游有日，发表之后，转疑为标榜耳。匆草奉布，惟照不宣，弟吴沃尧顿首。"在信中介绍了使用经历、效果，一方面说不登报，另一方面则写书、写信介绍，从而使艾罗补脑汁信用度提高。这信给读者的印象是连吴趼人这样的名人都对"艾罗补脑汁"体验如此深刻，赞不绝口，我们也可相信它。进入清末，为推动经济发展，政府开始主办商品展览及评奖活动。1910 年 6 月，两江总督兼南洋大臣端方与上海宁波帮领袖虞洽卿等人发起在金陵设南洋劝业会。在展览会上南浔梅恒裕丝经行的绣麟牌、金鹰钟牌等获得头等商勋，又有银鹰钟牌、飞马牌、黑狮牌、荷花牌、梅月牌、梅石牌等获超等奖。1911 年南梅所出各牌号丝在意大利工业品展览会上获一等奖。在这一展览会上，玉堂酱油酱菜等获优等奖，这都让人们产生了它们优质的联想。

有的得社会上顺口溜良好评价。另外在江浙一带社会上流传"金华火腿出东阳，东阳火腿出上蒋"，则是以顺口溜传递良好评价，让人产生某一牌子的联想。

这些让消费者产生的种种联想，都能不同程度地在消费者中产生一定的信誉及概念。从而提高对该识别要素的认可度。

在品牌管理中成长发展

清后期，品牌创造条件处于激烈变化中。在这环境下，品牌经营受到严重干扰、激烈冲击。为此一些品牌进行管理确保，以实现品牌化正常发展。

一、品牌经营条件的变化

在进入清后期的政治经济转折过程中，品牌经营的市场及本身条件也在不断变化，这都不同程度地影响了品牌的创造。

（一）市场环境的剧变

这时期由于市场需求旺盛，各地商号广泛发展，商号数量大增。同时又有国外商品及品牌进入，因此市场环境呈现出剧烈的变化，都不同程度影响品牌创造。

商品经营竞争更加激烈。鸦片战争以后，一方面传统产品更多产出，新式产品陆续推出，同时进口产品也不断增加。在市场上同行间互相排斥、敌视，竞争不断。一些商人砍价、打压、诋毁等手段轮番上阵，无所不用其极。或搞垮对手，或两败俱伤。在汉口黄陂街鸿彰永开设总店时绸缎商号有和记、大成、老介纶、叶新昌，它们都实力不凡。在江汉路设店时对手更多，开设较早的有采章、裕号、九章等，新近开张的悦新昌、九华、鸿祥、九大、荣康等规模都在伯仲之间。由于都是同行，往往具同质化，顾客挑选余地大，但给商号的压力也大。同时在镇市也有这种现象。1904 年英美烟公司到山东周村设同庆号。1910 年南洋兄弟公司派人到山东选周村为营业点，设于周村大街。在高大楼房前竖立两米高的大招牌，上画两个戴礼帽的绅士，旁边黑字为："南洋兄弟公司"，并推出飞马牌、飞船牌、三喜牌、双喜牌争市场地位。先从价格上争，或增量不增价。把四喜牌、飞艇牌由 20 支改为 50 支装，加工出 10 支装，并大力宣传。同庆号见了也降价回应。把市场看好的派力牌从 2.45 元降为 2.40 元一盒，后又在每盒中放一块手绢，实价降到 2.35 元，不久又将三炮台、活边、双英、GOODBEAN 等牌号烟一律降价。后又在烟盒中送彩票，回收空烟盒。同时设广告员在大街、马路、广场、城门上绘巨幅广告宣传画。向各商号、酒楼、茶馆、驻军、行政机关分送时事图画、月份牌、美术画片、纪念品。之后又扩大营销网络，设法巩固经销商人的忠诚度。对批发商给以优惠，暗中补贴。代理商可赊账购销，承担远处代理商运费。设宴招待，鼓励经销同庆号的品牌烟。同时停止脚踏两只船商家，交好官员名人，宴请来村演出的名角，以产生良好联想，巩固市场。在金融市场上，作为信用机构的票号在汇通天下繁荣发展后，到了清末更先进的银行出现，成了不愿转型的票号的强有力的对手，迫其江河日下，纷纷退出市场。再就是洋货不断取代土货，逼迫传统产品及商号转型或退出市场。受国际市场影响，出口产品商号倒闭。如茶产品方面，分布在各地的茶号受印度、锡兰、日本出口茶叶的影响，从 19 世纪 80 年代后期开始，中国茶业忽视质量甚至假劣，从而结束了自己的黄金时代。茶价下降，不少茶叶商号倒闭，1898 年《农学报》载："九江城厢内外，往年茶庄林立，或五六十家，三四十家不等。后来仅存十余家，今年各茶商来者更属寥寥，仅四五家耳。"

在经营中企业时不时遭政府搜刮。这现象在各地市场都有。每次战前战后政府乘机抽捐盘剥。左宗棠受命领军入陕，便就地征粮，"劝本邑富家商铺各输捐"。在陕西三原四出逼迫"富绅各出城店资本"，一次掠走白银 90 万两。从陕商中"获藏镪数万，尽以犒军"，如从渭南李家地窖中强行掘出白银 100 万两。一些商号遭政府迫捐外还常遭抢劫。清后期，陕地兵荒马乱 20 余年，战乱洗劫频繁发生，各商号及家园遭兵燹，市场陷入"既不能招徕外商，更无人贩运"的萧条景象。

市场本身也在剧烈波动之中运行。19 世纪 80 年代上海出现了近代第一次股票买卖高潮，后许多股价大跌。同时中法战争迫在眉睫，谣言四起，各处富户纷纷从钱庄提取存款，外国银行却从钱庄收回贷款，以致商势震动，导致大量商号倒闭。1883 年 1 月 12 日，上海金嘉记源号丝栈因亏损

56万两而倒闭，累及钱庄40多家。市面银根一紧，各业周转不灵而倒闭的达20多家，钱庄因受累而停业清理达过半。由于一损俱损，大量商号顷刻之间倒闭、消失。同时丝价下跌，囤积了大量生丝的金融巨头胡雪岩不得不将1.2万包生丝削价销售，损失达150万两。到这年12月5日，他的阜康票号倒闭影响众多分号同时退市，以此牵连大量钱庄或倒闭或歇业。1883年初，上海有钱庄近80家，到年底仅存10家。从80年代中到1897年前，由于市面现款紧缺，鸦片商人只好以高利向钱庄借款，相应钱庄因现款供不应求乃以高利吸收存款。潮州商人协和钱庄首创贴票办法以高利吸收大量存款。之后利息日高数额大增，终于无法支持。1897年11月24日，贴票钱庄相继倒闭，凡经营贴票的钱庄大部关门。同时它又殃及池鱼危害了票号。1903年，英商麦边在上海设立蓝格志（橡胶产地）拓杆公司，声称经营橡胶、开采石油和煤及采伐木材等。由于汽车工业发展快，橡胶供不应求，价格不断攀升，致使橡胶股价暴涨。水涨船高，蓝格志股票更是大幅上涨。钱庄积极跟进，对这些股票大力提供贷款，本身也大量买进，火上浇油。但好景不长，7月伦敦市场橡胶价格迅速下跌消息一出，上海市场橡胶股价也随之受冲而暴跌。受殃及的正元等3家钱庄首先倒下，接着源丰润票号、源吉钱庄以及德源钱庄受挤，源丰润票号倒闭并拖累数十家银号、钱庄歇业，与义善源票号来往密切的36家钱庄受累，义善源也资金周转困难而很快倒下。尔后倒闭潮又冲向森源、元丰等钱庄，迫其关门，市面大震。市政府于是担保借洋款偿付钱庄欠款维持市面以安定人心。但浙商的源丰润票号、源吉钱庄、德源钱庄仍相继受挤，只好向上海道借款。屋漏遭阴雨，这时正好又要付庚子赔款，于是向清政府要拨借。清政府于是将上海道蔡乃煌革职，限其缴清经手款额。在清政府逼迫下，蔡只好从源丰润提取巨款缴清。10月8日源丰润宣告清理。这时一外国银行宣布概不收用21家钱庄的庄票，这又雪上加霜，造成上海市面更大恐慌。源丰润、源吉钱庄、德源钱庄倒闭后，又波及义善源票号。该号受钱庄倒闭影响，与交通银行往来断绝，于1911年3月21日宣布倒闭。这一倒闭潮很快影响到各地分号以至全国。当上海总号倒闭，各地分号牵累各地钱庄、商号。这种现象在北京、长沙、苏州、徽州、浙江等地都有出现，从而极大地影响品牌的生存条件。

在市场上出现品牌要素假冒盛行。这也直接冲击品牌创造经营。当时在北京流行一打油诗："鲜鱼口内砌砖楼，毡帽驰名是黑猴，门面招牌皆一样，不知谁是老猴头？"可见与这相同招牌的帽店不少。早在乾隆时开张的便宜坊利润丰厚，接手后的孙子久的徒弟纷纷跳出来开店。咸丰年后一王氏从便宜坊中拉出伙计，在前门外鲜鱼口开便宜坊盒子铺。后其他手艺好的伙计也出来，各显神通，在崇外花市大街、鲜鱼口东开便宜坊鸡鸭店，有开一号便宜坊盒子铺，有开一号鸡鸭店，挂两块匾：天德居，便宜坊。不到几年，京城就开了七八家便宜坊。对这些仿冒现象，孙子久也无能为力。在上海，嘉兴人陆氏在三马路开了一家文魁斋糖果店，专营梨膏糖、糖果、蜜饯。由于面对大舞台，生意兴隆。有人见了格外眼红，于是在其隔壁开张了同业店，取名文桂斋。名称既相邻名又相近，在浑水中摸鱼。陆老板看在眼急在心，无可奈何。后文桂斋老板投机，生意失败，盘给了姓弗的苏州人，店名改为苏州文桂斋，招牌样式相同，商品也相同，店内装潢设施也一模一样。文魁斋生意被夺去一半，陆氏于是大骂。弗家仍无动于衷，只顾赚钱不理睬。陆氏于是又制一木牌，上雕一只眼睛小乌龟并刻"乌龟眼睛很小，见人招牌就要假冒，仅防东首冒牌，天晓得"。意思隔壁假冒是乌龟，老天爷可证。弗氏见了仍不动声色，悄然制一招牌，多刻一只小乌龟，被大乌龟咬住尾巴，彼此相争。为此吸引了不少路人注目、议论，谁正宗，谁假冒，谁知道？后打官司都有理，各有证人，花了不少钱，轰动了上海，在官司中双方都出了名。有说是一家老板的商店，以炒作成名，对此文魁斋也无可奈何。在宁波，上虞人赵氏到江东制作年糕，根据《周易》中《象》的：大有字而取名赵大有。之后族中多人仿效。于是议定不管谁经营都以赵大有为招牌，从此年糕生意日益兴隆。为保品质还订出"三不出售"店训：金团粉酸、漏馅不出售；花纹印不明晰的不出售，松花脱皮不出售。后开出多家赵大有商号。接着旁系族人则开张赵大德、赵大利、赵大茂等年糕商号进行仿冒。尔后市场上又出现了老大有、新大有、同大有、顾大有等。这众多谐音取名，一些商号火中取栗。在仿冒下原赵大有商号含义不断稀释、模糊。苏州五芳斋在观前街走红后，一些人便开张了大芳斋、六芳斋、七芳斋，进行模仿经营。在徽州，胡开文牌子这时在全国有名，胡家后人有的将其出租，在一些边远地区，则出现了外人冒充胡开文招牌的墨店。可谓是鱼目混珠，真伪难辨，给胡开文墨品带来严重的伤害。在长沙，1862年一刘氏在东牌楼开设了六合庵蚊烟铺，其所产蚊香均匀牢实，驱蚊力强，接火容易，气味芬芳，深受顾主欢迎，但好景不长，很快长沙城内真六合庵、老六合庵四处冒出。这些商号极大地抢占了六合庵的市场份额。

（二）品牌创造的支持条件不足

在市场上有的商号受外部环境影响，也受内部条件制约。因产品落后一成不变，沟通宣传也不足。但消费者的生活形态、思想意识、喜好、价值观在不断改变。一些品牌在经营中没有创新适应这些变化而难以生存发展。

首先，仍有不少经营者思想保守、品德不端、业务不精，品牌意识不浓。尤其缺乏创新思想，不能适应不断变化的潮流而被淘汰。这时的中后期票号得到不少商机，但也遇到了新的危机。一些票号因循保守，经营者腐化堕落日甚。一些品牌经营的大掌柜守旧懒惰，不问时事，在变迁中入不敷出。这些人对形势不看也不明，总号对各分号的指令或搁置不理，或瞎指挥。在经营方式上，多以信用放款少有抵押贷款，每遇商号竞争失败倒账，放款如泥牛入海。这时社会上一些先知先觉才呼吁票号改组为银行，票号内也有人提出，但响应者寥寥无几，经营者无动于衷。众多票号牌子一是遇到了现代银行的挑战。当时出现十几家官商银行，而且他们的主要业务都有汇兑。二是外商银行也极力与这些票号争夺汇兑业务。一些有先见之明的人还致函总号，要求把票号改组为银行。有的甚至拟订了票号改组的具体计划及方案。可惜这一票号改革计划，遭到总号保守者的反对而成为泡影。清政府邀请票号加入天津官号，户部银行成立时对票号入股邀请，山西票号总号则一口拒绝。这种拒绝转型行为导致大清银行只好改由江浙绸缎商筹办。于是山西票号纷纷被江浙商人银行取而代之。同时一些票号主管敷衍迁就，或上下蒙蔽，或独自鲸贪或私用。不少掌柜伙计生活奢靡，听戏嫖赌，吸食鸦片。号内人心涣散，遭遇危难时四散逃走，树倒猢狲散。1890年12月元丰玖票号倒闭，伙友逃走。"日升昌北京分号掌柜赵邦彦因号事吃紧托病回家，一去不归。合盛元票号北京分号因债权人追逼，逃匿无踪。"（《大公报》1915年1月23日）票号总号集中的太原通顺巷"彼巍巍灿烂之华屋，无不铁扉双锁，黯淡无色。门前双眼怒突之小狮，一似泪涔涔下，欲作河东之狮吼，代主人喝其不平"。（《大公报》1915年3月26日）此时还有其他行业影响带来的危机，如19世纪70年代由于外商压价丝茶发生危机，华商不少品牌也随之消失。20世纪初以经营豆油为主的营口东盛和号倒闭亏欠银行、票号500多万两，票号200多万两无法收回也只好倒闭。

其次，在这转折时期的市场上，一些经营者缺乏生产技术无优质条件取信用。有些商品或商号没有产品优质的支持，难以得到消费者的认可，在市场上处于风雨飘摇之中。1865年天津开始进口火柴，其品牌纷纷在中国市场亮相。1889年为适应市场需求，重庆、四川、天津、上海、厦门、广州、太原陆续有火柴公司开张。但当时生产的火柴木材是本地生产，其他化学药剂全进口，完全手工制作，管理水平及产品质量低。到1911年全国火柴厂48家，推出了不少火柴牌子，如广州有舞龙牌火柴。但品质都不及外牌，且只在当地销售，不能扩大市场。在茶叶市场，一些商号由于土庄茶栈粗制滥造，掺杂制假，损害了信誉。1911年5月1日起美国颁发着色茶进口顿失美国绿茶市场，很快被日本茶牌子取代，印度、锡兰茶叶牌子也迅速进入美国市场，中国茶叶出口遭致命打击，雄风消失。浙江宋氏一批瑞字号茶栈也随之纷纷倒闭退市。在丝品方面由于西方国家使用机器缫丝，产品品质较高。中国旧式手工丝品不洁不匀，影响机器生产，易使织物出现结头，造成染色不匀、夹花。不少丝品牌在市场上日益产生信用危机。这时外国香烟在中国有市场，一些华商见了于是办厂加工。1910年李松茂等人在昆明创天森茂纸烟公司推出松鹤牌香烟，口味欠佳。产品没有优质的支持，所以这烟很快退出了市场。

再次，品牌创造少体制机制支持。在清后期中国大多企业仍是家族经营，品牌创造经营无疑都要受其影响和制约。由于体制的缺陷，徽州胡开文号的经营已发展成一个庞大的品牌群体。但鱼龙混杂，各地不少分号均以胡开文为牌子，模仿生产墨品品质低劣。对于外姓假冒者只能求诸诉讼官司。但家族内虽能通过"投祠"来解决矛盾和纠纷，也难以完全控制。在芜湖的长江沿岸各地，胡贞益擅自以"胡开文"为牌子的名气越来越大。总店于是打算在附近开一家门市部打总店的牌子。胡贞益听说后想了一个围魏救赵的办法，既维持芜湖胡开文墨店，又向东西方向发展。他到南京、汉口开分店，又分别把店铺称为胡开文利记、胡开文贞记，然后广为宣传。南京胡开文利记由于所处是江苏会考之地，文人骚客云集，墨品消费多，所以这里的生意格外兴隆。汉口作为南北货物转汇之地，商贾云集，胡开文贞记墨品也格外畅销。胡祥禾见只剩下芜湖周边市场，发展有限，延伸之事便不了了之。光绪初年，在北京曾在博古斋读书备考的孙秋飒下海经商，到清秘阁学徒。孙被派到各衙门、国子监联系生意，结识了不少朝廷大员、名流学者、收藏家、研究金石的大学者、书法家。孙为他们提供笔墨纸张、砚章印泥、古铜器、古玉、石雕石刻、法帖。孙文化知识丰富、能力强，尤其与清室大员、金石学家端方结识后形成金兰之好。于是在1903年离开清秘阁，自己开设式古斋古玩铺，主营青铜器，这样孙氏毫不费力地带走了清秘阁的不少业务。之后清秘阁古玩生意几乎全转向式古斋，其生意名存实亡。也是在北京，在1900年义和团运动及八国联军侵华时，同仁堂受到战火波及。1907年同仁堂主持叶氏去世后，乐家各族各自为政，明争暗斗。乐印川有四子，孟季繁先其母去世。叔繁妻乐达璋接管，两年后六老爷乐达庄接管半年，后由大房的长重孙乐佑申接手同仁堂经营，从此由于经营体制不完善，主管在频繁变动中使同仁堂进入混乱经营局面。

最后，就是少有法律保护。品牌作为产品形象标志，能带来丰厚的利益。但在利益的驱动下，在各地市场上频繁出现假冒他人品牌逐利的现象。当时华商和外商都要求立法进行打击，但效果不明显。在市场上清政府虽采取了一些措施，但少有效果。如1867年4月在苏州邹阿五冒用野荸荠牌号开了一家茶食店，野荸荠店主沈世禄请求官府饬令邹阿五改换招牌，从而打赢了维权官司。为了杜绝此类事情再次发生，沈世禄呈请官府发告示以绝后患，不久苏州知府即发告示永远禁止同行冒牌。但执行力度低，品牌创造得不到正常的保护。这时期洋商们也把在中国建立商标注册求法律保护作为重要内容。1902年在《中英续订商约》中载明中国政府要"设立牌号注册局所"，次年的《中美商约》中也列入了"中国政府允示禁冒用"的内容，但少有实施。

　　这时期在有些地方也开展了一些对假冒现象的打击，如1869年10月1日，江苏镇江府丹徒县正堂汪在一判词中写道："为此事，仰远近客商军民人等知悉：尔等当知一正斋老店秘方利济——只此唐字，并无分铺，毋许私制假膏，冒混牌戳，图利病民，倘有故违，以及借端诈扰，一经访闻或被告发，定即提究详办，决不姑宽，具各凛遵毋违。"这说明当地出现有假冒"牌戳"的行为，县政府给以制止。1887年7月26日，光绪十三年六月初六，钦加府衔补用直隶州署江南苏州府吴县正堂马在一判词中写道："今春又有奸徒假称房族，在木渎一带公然蒙售。追职往查，即遁。惟恐以后再有奸徒假称房族，在于乡镇冒设职店牌号分铺，私售渔利，有坏市名，粘呈仿贴，抄录示报，禀请给示禁约等情到县。"清政府为市场正常运行，在制作招牌上颁布一些政令规定以禁止假冒行为。如1897年钱塘知县束台泰制作石碑并题写"永禁冒用"大字，以达禁止假冒品牌招牌的行为。见下图。之后到了1904年，在内外强烈要求下经光绪皇帝钦定，颁布了首部法规《商标注册试办章程》，还规定商部设注册局，专门办理商标注册事务。商标是品牌的重要内容，如商标得到法律保护，品牌地位也就更能得到保障。清政府出台了一些法律，但未能真正实行，品牌仍无法真正得到法律保护。

永禁假冒招牌，光绪十六年钱塘知县束台泰题字的石碑

二、强化品牌管理

这时期在很不健康的市场繁荣条件下也有一些品牌经营者克服困难，进行了品牌管理，采取措施使品牌正常健康发展，获取品牌效益。

有的不断告知消费者注意对商号识别。让消费者认知商号这是创品牌进行销售的重要内容。在市场上让消费者了解商号的形式很多，且推出了不少新的形式。在广东佛山经营颜料的正尚斋，牌号有名能带来丰厚的利益。有人假冒正尚斋销售商品。正尚斋无奈只好在包装上贴书卷、图案及说明文字，以作广告加强传播，其文字说："近有无耻之徒，假冒本号，贪图财利。"以此宣传防止和打击假冒。这现象在其他地方也有。在杭州，张小泉剪刀店为防被假冒，在名称后加近记，并制作标志新图公示于众。

有的求人才支持。在品牌创造上关键是主要经营人员的素质，尤其是牌子的经营理念、业务开展，都要由具有一定素质经营人员计划和实施。一些店主为此想尽办法争人才建体制行机制。19世纪80年代，陕西泾阳的安乐吴家，经营盐业发家后经营茶叶开张了裕兴重号。女主人是本县布商的女儿。她嫁到吴家后，早年丧子，中年丧夫，被称为吴寡妇。她为了把裕兴重办下去只好四处寻找能人，终于了解到邓监堂可信任。吴寡妇了解后便请他出山，并答应为他提供优厚的条件。邓监堂终被吴寡妇的诚意所感动，答应出任裕兴重总管。邓监堂上任后大刀阔斧，精打细算，强化管理。再就是邓掌柜遇有风险时，沉着冷静，使裕兴重这牌子渡过难关。有一年茶叶滞销，茶价暴跌，卖得多赔得多，不少茶叶商号出现严重亏损。邓监堂带着众人坐吃山空。伙计们急得团团转，哭求邓掌柜想办法。吴寡妇听了再也坐不住，几次声泪俱下求邓出主意。邓掌柜只是淡淡一笑不置可否，仍和伙计泰然下棋。他知道"贵极则反贱，贱极则复贵"的价格规律，只要坚持就有机会走出低谷、柳暗花明，但又不能说出。果然不出所料，不久茶价停降后迅速飙升，裕兴重号大批积茶一销而空，当年赚了400万两银子，其他以前降销无货的茶号见裕兴重门前车水马龙，只好望洋兴叹。邓掌柜很注重茶叶质量，反复研究，制成天泰牌砖茶。他努力提高名气，使裕兴重的茶叶在甘陇牧民中很有市场，成为陕西茶号的领头牌子，迫使另一家最有名的商号退回甘肃。陕西之外，在其他市场也有这种现象，四出寻找主管人才并隆重推上马，促其创名牌、积财富。在山西祁县乔家大德恒票号开张后，苦无合适人才主持经营创牌。由于票号经营复杂，风险也大，需要有勇有谋的人才。大德通、大德恒两票号开张较晚。在票号林立、龙争虎斗环境下，更迫切需要人才。一天得到汉口快信，说精明能干的蔚长厚票号福州分庄经理阎维藩辞职还乡，不日将回祁县。若东家有意起用则要尽早决断。号主乔致庸喜出望外，当即吩咐次子在途中迎接。阎维藩善于应付各种事态，深得掌柜赏识，派任福州任分庄经理。在拓展业务结交官府时，有越权和冒险的现象，便进行查处。这时那朝廷官员提拔，还了蔚长厚十万两银子。阎维藩觉得此事了结，但对蔚长厚没了感情和出力的积极性，于是辞职另谋出路。乔家人于是组织八抬大轿前往阎维藩回家的要道口迎接。阎维藩见了大为感动。到乔家后又受盛宴款待，更是感激涕零，愿殚精竭虑为主人创立一个有名票号。这样年仅 36 岁的阎维藩便出任了大德恒总号的大掌柜。自此阎维藩主持大德恒，身怀远大目标，苦心经营，不断创新，使大德恒声名远扬，效益丰厚，三年每股分红 8000—10000 两白银。虽遭社会动荡影响，在一些票号倒闭风险波及下，他主持的大德恒则化险为夷，屹立不倒。包头复盛公是乔家的又一个商号。为了这品牌形成有效又不倒，财东很重视用人，甚至破格提拔。乔氏为了把商号大德通创造成名牌，他起用了高钰。这人原在大德通学徒，精明能干，善于学习又勤快，办事利落。1889 年以伙友身份调回总号，后被财东看中，破格聘为大掌柜。他在这多事之秋，不负重托，很快使大德通成名。祁县外平遥也有这现象。这里的米氏与榆次王氏投资筹建协同庆，1856 年开张。财东经营票号经验不足，于是对外招聘人才。时在蔚泰厚当小伙计的孟庆元、刘庆和走穴到协同庆，财东见其有活力且年轻，为了稳重便安排了陈谦安任经理，二人协助，共创品牌。陈思想保守，生意清淡。后选孟庆元继任。这人初生牛犊又精通业务，开明豁达且胆大心细，因此很快打开局面。后把总号迁到北京，在全国设了十几家分号。孟、刘知人善任，破格起用有文化的赵厚田。这人熟读史籍诸子，有胆量，有经营才干。后总经理孟庆元调他为苏州分号掌柜，并给其一笔开张资金。赵摇手拒绝，认为苏州经济条件优越、商业发达，所需信贷资金多。协同庆声誉好，人们信用它有价值效应，这是可利用的资本。赵厚田于是充满信心地带着协同庆的图章戳记、伙友，风风火火来到苏州。挂牌开张后很快办起全国汇兑业务，生意兴隆。协同庆成名后很快扩张，在前期建设10余家分号后继续发展达33家，并抢先占领西南、西北市场。当时在兰州遇到暴乱，总号于是调赵厚田赴兰州。到了这里了解后赵认为这事件出现后清廷必定镇压，只是现在银根拮据。据此可设法助其筹资。政府有了资金后，很快荡平暴乱。协同庆也大发其财，名声大振。赵又趁势在西北各地开张分号，垄断了这里的商款、官银、私存，可说是西北商号一霸，协同庆也稳占了西北金融市场。到了光绪初，协同庆进入鼎盛阶段，处山西票号领先地位。进入1890年，孟、刘先后去世，赵厚田继任并进行整顿。同时看到中国纠纷迭起，风云难测，凶多吉少。于是命闽、粤各地分号结账撤庄。几个月后，中日爆发甲午战争，协同庆免于祸及。这在宁波也有依人才取胜现象。这里的存德堂药号扩张中在药号大门口立柱上书楹联："百草加春争鹤寿，千方着意续松年"。号主王德馨只有一个儿子，好吃懒做，不学无术。年事已高的王德馨于是把药号经营委托阜丰成药行大伙计孙均升负责。王德馨去世后三家药店均由孙掌管经营，确保了经营顺利和牌子不倒。

有的结交官僚争支持。清后期一些票号为了生存发展，也为了利益确保，千方百计结交官僚，与政府结合生利及求得政府一定保护。但这是双刃剑，维护了品牌经营也可能伤害自己。这时期不少票号都勾结亲王做靠山，如蔚盛长有庆亲王，协同庆有董福祥及慈禧太后的亲信李莲英，志成信有两广总督叶铭新，大德通有赵尔巽、庆亲王，百川通有张之洞，三晋源有岑春煊，日升昌有历任粤海关监督、庆亲王、伦贝子、振贝子、赵舒翘等做靠山，由此商号也能给人以更多信用。在结交求支持中一些商号使尽了浑身解数以求成功，但也付出了昂贵代价。为了牌子能长期立足市场，有的积极与政府亲近，解决政府困难以图获利、求得保险。平遥协同庆掌柜张治达善于交往，结识了不少满汉大员。他放长线、钓大鱼、居奇货。一次见穆氏面有难色，问后得知他要活动福建省将军职，但少6万元经费，张满口答应由协同庆借支。穆氏格外高兴。不久穆氏果然被任命为福建将军。到任后立即要求当地官员："协同庆票号信用高，以后公私款项可尽存该号。"协同庆因此得到了"投之以桃，报之以李"的效果。1884年张之洞为母守制后，到京想借些钱以打通关节谋取更高职位，来到协同庆票号，掌柜听说如答应，他一定会感恩戴德。因此便满口应承，又说这数不算什么，又建议说这么多不是一次用完，可立一个取银折子，用多少取多少。他觉得如果花三五万有提升苗头再借也行，如没有希望就可借机中止。张听了觉得可行，便办了个取银折子。果然借用不到三万，张就被任为两广总督。消息传出，协同庆掌柜前往贺喜。张之洞不提报答，只问协同庆在广有无分庄？听说没有后便嘱咐派两人随其到广东办号，今后两广财粮国税全由协同庆经手解交。后协同庆在广开张立足，赚了不少，也很快成名。这当中其他票号为了利益，也为官吏方便存储他们的款项。蔚丰厚在迪化的分号为新疆总兵董福祥汇存军饷时，也为其存私款十几万两银。在北京同仁堂乐印川为捐四品官，捐米86石、银票432两，得从二品典封。有了顶戴方便与官府来往，从而提高了自己和商号的社会地位。

有的求政府和法律保护。这是品牌管理的重要手段之一。早在乾隆初开于长沙理问街的陈力新号，产品力曲系按秘方而精制出来，治疗肠胃症疗效显著，名噪一时。到清后期又出现仿制冒牌现象，于是向政府起诉这些假冒商号，长沙官衙判定："以理问街剃头铺对口为真正陈力新。"店主以此布告嵌碑勒石立于店前，并四处传告，从而确保了陈力新的市场地位。到了清末在清政府推出《商标注册试办章程》，后1890年上海燮昌火柴公司向清政府呈报渭水牌火柴商标，注册获准使用。这是我国最早由政府批准的商标。从此开始有了依法保护品牌的条件。有的诉诸法律打击假冒，谢馥春香粉铺、清芝斋、同仁堂等都对假冒行为诉诸法律进行了打击，维护了自己的品牌权益。

三、调整管理

这时期，一些品牌在经营创造中，根据条件的变化，采用各种形式进行了及时调整。

首先，调整定位。众所周知，这时有些商号所有人感到由于经验不足，信息有限，市场变化大，早期定位往往不确切，因此需要调整。在盛京，天合利丝作坊由单文利独资后改为天合利丝房，多年后调整转向经营绫罗绸缎、绣花制品。到了清末，天合利实力开始雄厚，于是再次调整，将沈阳店改总店，在吉林、法库、辽阳、营口开20多家分号。1905年，日俄战争时，天合利货物被抢。战乱后在分店支持下，总店重开扩大，后院大楼为总店，改称老天合丝房，经营内容调整扩大为绸缎、布匹，还有海参、燕窝、纸张、香蜡等，也可称百货。

其次，预防回避风险。进入近代，由于内外商品的大量增加，市场繁荣，竞争也激烈，风险也不断增加。为此一些商号在经营中努力防止品牌经营风险，尤其在近代后期这种现象更为频繁。1883年，在上海蚕丝价格大跌，发生了严重的金融风潮，累及无数的企业及商号停歇倒闭。面对这形势，顺记号在抢先抽回顺记存放在银行或钱庄的资金的同时，又火速催讨客户欠交的煤油货款。叶澄衷抓住时机及时地调整经营方针，开始对顺记号扩张。他避开多事之秋的上海滩，全力向风险较小的长江中游和沿海地区渗透。这时美孚公司将大量煤油运进上海，希望以增加销售来弥补伦敦金融风潮带来的损失。当叶澄衷设法获得美孚在华独家经销权后，便不失时机地拓展顺记外埠业务。他先在宁波、温州、镇江、芜湖、九江、汉口、天津、烟台、营口、广东等地设立了顺记分号或联号18家之多。顺记号不但避过了危机还趁机扩张到多地。到了庚子事变前，在山西高钰预感战争不可免，于是进行调整，安排大德通在京津鲁的分号撤庄回晋，其他业务收缩现银运回，从而避免了大德通的重大损失。在这大动荡时期，他精心观察分析运筹帷幄。宣统初年他发现平庸无能的巡抚任湖广总督，说明清廷无人，照此下去将会有大变。于是采用保守主义，力还外贷、减少存款、收缩贷款。大德通票号在总经理高钰回避风险的经营下，1908年盈利78万两白银，分红40多万两白银，创下票号史上新纪录。不久辛亥革命发生，不少票号措手不及，纷纷倒闭。大德通已有预防，损失较少，仍能维持且有不少盈利。

再次巧妙转型。有的牌子由于经营不好、形象不良，便采取措施悄然树立崭新形象。光绪末年，在江西景德镇的徽州黟县人叶氏所开叶开泰药店拍卖，这是一家颇有名气的中药铺。还有一家是当地商人所开，店号利济堂。这两家药铺为争夺顾客，明争暗斗了几十年，最后还是强龙斗不过地头蛇，叶开泰处于摇摇欲坠之中，只好拍卖。邵运仁，祖籍屯溪，世代经商，是个商界高手。他见叶开泰无人接手，于是把它盘下来。店铺买来后进行调整。为体现讲道德讲诚信，命名种德堂。为了起死回生有轰动效应，邵运仁翻新门面，又请人写了种德堂三字招牌。新店开张，邵运仁雇劳工抬着存药，请几个艺人吹吹打打，招摇过市，直到泗王庙港下。这样经过一条条大街，引得市民们沿街驻足观望、议论。中午邵运仁又置办酒席，款待士绅，并请他们监督烧药。待士绅们酒足饭饱后邵运仁便把他们带到泗王庙港下。这时广场上已预先铺了一层木柴，上堆存药，点火烧毁。这里傍着昌江是过往船只的集散地，南来北往的客商们站在船头上看热闹。又有跟随来的市民，可说是人山人海。这把火烧掉了叶开泰的存药和晦气，以示完全与原号决裂，弃旧图新。同时也把种德堂的名号烙在了市民、客商的心目中。开张后很快就有不少顾客慕名而来，或咨询或购买，种德堂前车水马龙。接着为了对得起顾客，卖良心药，真料实货，于是选了二人在汉口、广州长年坐庄负责进货。除了饮片外种德堂还自制各种成药，要求药工精心选料制作，力求物美质优。饮片加工力求精美，所用原料，货正量足。同时要求店员殷勤待客、笑脸相迎，视顾客如同衣食父母。逢年过节，还奉送一些胡椒、茴香。结账后小数尾款也可以抹去。对他乡远地主顾，免费提供膳食；生意大的还要招待他们。这样种德堂"货真价实、服务优良"的声誉便很快在景德镇市民的心目中树立起来。

还有的是修改内涵以适应新观念。市场消费需求是不断变化的。针对这现象一些品牌在坚持理念的条件下，及时改变商品商号名称，更新识别要素，体现经营理念，更明白、更易读写。这做法在杭州、广东、北京、汉口、湖州、辽宁都有出现。道光年间，山东周村孟家在孟毓溪去世后，其子孟传珠分配家产时得周村恒祥母号。于是改为谦生祥号，任用原恒祥雇员董连元为经理。后根据市场需要调整为以棉布、颜料批发和棉布漂染加工、外销为主要业务，避免了与垄断市场的丝绸业商号发生冲突。在19世纪30年代后期，江西临川李家渡邹氏兄弟由苏州贩运羊毛来汉口销售。当地笔店主见其货多，乘机压价销售，图迫邹氏兄弟低价出售亏本而退出。邹氏兄弟见汉口市场大、机会多，不但不退，反而在花市街开毛笔店固定下来，取名邹紫光阁笔店。当时汉口毛笔店有邓光照、周三盛、太极图、袁怡兴、焦林魁，且规模不小，名气也大。邹氏兄弟经营多年后，邹紫寅阁也逐渐成名。1874年前后邹氏兄弟相继去世。由他们的后人邹嘉联、邹嘉芗续营。后邹氏同乡湖北巡抚衙门一师爷来店里买笔，见邹紫寅阁用字不妥。当时商号多选择吉利字再冠姓氏，以图吉利，也忌讳与凶险有关字词，这师爷见邹紫寅阁有违惯例，建议做些改动。于是告之邹紫寅阁词义古奥，其中的寅字又与惯例不符，寅属虎，白虎当头十分凶险，不如改寅为光以求光大门第，转凶为吉。邹氏兄弟欣然接受，于是进行调整，把招牌改为邹紫光阁笔店，之后生意很快红火。到了同治元年，绍兴人毛四发在杭州托盘提篮沿街出售眼镜，有了一定积蓄后看到经营玉器、眼镜的詹源昌号的生意萧条，濒临破产就盘了过来。毛四发喜欢店名中的源昌两字，就只加了姓改为毛源昌号。之后，毛源昌维持玉器销售，又增加钟表、眼镜，后发现玉器远不如钟表和眼镜销售和效益好，于是进行调整，减少玉器增加眼镜转变为专业眼镜号。初期主要以有钱人及文人墨客为对象，产品主要为铜边、茶晶、水晶等眼镜。随着社会发展，眼镜不断普及，为适应需要，毛源昌不断增加品种，生产平光、散光、老花、近视等镜，尤其水晶眼镜最为有名。之后毛源昌号逐渐形成了讲究信用、货真价实、童叟无欺的形象。进入1861年，云南人邵云福在辽宁金州定居后，结交了一位乐于助人的绅士张二爷，得其支持在南街开了一家小杂货店并取名双兴号，卖酒和烟袋、百石嘴、琉璃嘴、铜锅、日用零货。邵云福在经营中格外小心，处处谨慎。进入1888年声誉不错，就是不富不旺。他觉得这店名起得不好，双兴——伤心，于是将店名改为天兴福，商号中有店主的"福"字，意思是有老天爷保佑，由天来兴起邵家的福，同时也给顾客带来福气。在改名后不久商界根据邵云福的品行推举他为金州商务会长，这也提升了天兴福的名气。邵云福病故后，三儿子邵贵主持营业，坚持公道经营，不断把天兴福名气提升到新阶段。进入1876年，在南方有外地人卜鹤汀在绍兴开笔店，以自己的姓名为店名称，经营的毛笔精良，有一种笔小巧轻便，很受用户欢迎，不少人用作科考时用。于是改名为金不换。为防被冒牌，他又在笔杆上加了烙印"绍兴卜鹤汀双料金不换"字。到了清末，北京松竹斋由于张家后人不重经营只图享受，挥金如土。松竹斋生意不少但效益不丰，难以为继。为使这经营了220多年信誉卓著的品牌渡过难关，股东便聘请了与北京文化人士关系很好的庄虎臣出任经理，1894年庄改商号为荣宝斋，请著名书法家陆润庠题写荣宝斋店名。庄虎臣接任后进行业务调整，不断开拓新领域新业务，从而使荣宝斋有所起色。他在经营中不但抓好店务，还不断与许多知名书画艺术家及文艺名流交往。同时注意社会青年人才，联系他们以荣宝斋为学习交流场所，在这里观摩陈列的字画及金石篆刻，也可说是让顾客在这里观摩陈列品，在欣赏中购买各种商品。文化用品之外其他的商号也有这现象。随着时代的推移，穿皮鞋的人越来越多；穿厚布鞋的人日益减少。在北京内联升虽名声大，清后期其营业也大不如前。为适应变化了的消费者，于是便进行产品改进，推出小圆口千层底缎子鞋和小圆口千层底礼服呢鞋。这种鞋底子薄，轻便透气，从政为商的都可以穿，以创新的品质支持内联升的发展。因此深受顾客的欢迎。在杭州，广东海丰人在此创办一茶楼，取名海丰茶楼，经营粤式早茶及粤菜，不适应江浙人，生意很不兴旺。为迎合潮流，于是增设西餐，改为海丰西餐社，结果想尝鲜的有钱人、谈买卖的生意人、想吃西餐的外国人，纷纷来到海丰西餐社，海丰楼很快就络绎不绝。1904年，在浙江湖州，周济相看到丁莲芳店生意红火，就在丁莲芳病故后，在对面也开了家千张包子店，取名周生记，暗中与其竞争。在丁莲芳店由其子丁焦生掌管后，在应对中假称停业。周生记于是扩大产量图独占市场。过了些时候，见周生记大量进货，丁莲芳店突然杀出重新开业，不但提高品质还薄利多销。周生记措手不及，原料产品积压变质，一筹莫展。于是停产千张包子改为周生记馄饨店，创新求生。挂出招牌亮出"湖城只此一家的鲜肉笋衣传统大馄饨"的牌子。由于注重质量，一炮打响。形成了"皮薄滑润，馅大饱满，入口汁长，回味久鲜"的特点，新食品新口味吸引了不少人，常常座无虚席，很快占领了不少市场份额。这时期北京清秘阁处于风雨飘摇之中，于是调整为重点生产独家产品八宝印泥。20世纪初清秘阁的最后一任经理张静忱继承和发展了八宝印泥。这产品是宫廷作玺盖印、书法家落款盖章用。清秘阁将其重新生产出来，这印泥气味幽香，质地细腻，色彩鲜艳，经久不变，可保存多年。张氏重新研制成功后，得书法家青睐，致使清秘阁延续了下来。

四、进行品牌振兴

一些品牌在经营创造中因顾客品位、偏好改变，出现现有市场力不足，品牌认知度、信誉度难以适应。商家因此设法品牌振兴，以适应变化了的顾客。这现象在北京、东北、浙江都有出现。

在北方市场，同仁堂系列措施得振兴。早在清中后期，北京同仁堂由于经营困难，乐百龄之母张氏将同仁堂典与朱某，朱经营赔亏逃往他乡。1834年乐平泉收回祖业无力经营，只好又典与庆某、董某经营。这样同仁堂股东多为药外之人又不善于管理，致使同仁堂江河日下。见此乐平泉便开始思考振兴同仁堂。乐平泉号印川，1831年过继给乐百龄名下为嗣而进入同仁堂。乐平泉接手后，由于有思想、胆魄、活动能力强，便对摇摇欲坠的同仁堂推出了一系列振兴措施。一是巧取股份重获所有权。乐平泉往太原做药材生意，赚了一些钱后在前门开广仁堂开发出新成药，信誉好争得不少顾客。几年后同仁堂掌东董某经营难支，与乐平泉说和。1837年乐平泉将广仁堂转给同仁堂，并订契约：广仁所存货物照行价作银均卖与同仁堂，交同仁堂长期代卖，但不许同仁堂自为添配。每月得价一千，交乐清安六百。到1843年董某维持不下去，只好将同仁堂全归还乐平泉。乐平泉为此研究配制出上百种成药、药酒，质量高，药效好，成为竞争武器。他先在广仁堂试用，之后在同仁堂寄卖，在有收益后不断买回外股，还清债务，经12年的经营把仅占1%的同仁堂股份逐渐收回到100%。这些药也成同仁堂特色药。二是安定族兄。经营同仁堂之初，乐印川把仅有的收入分成若干份给族兄们，并签订文书，每日以字号钱五串分与族兄等，同仁堂药铺永为清安（印川又名）世业铺底，盈亏赔赚，均与族兄无干。这样同仁堂无后顾之忧，可全力与对手周旋，以恢复祖业及同仁堂良好形象。三是宣传同仁堂的历史，加深消费者的认识。《同仁堂药目》1888年重刊，其内容有序言、药目相关内容、与假冒行为斗争事例、借官府禁假事，附文。有乐凤鸣早在1706年撰写的《序一》《序二》，利用药目进行广告登启事，介绍同仁堂历史。在《序二》登出启事，"本堂自康熙年间开张至今，选料精纯，配制详慎，以此名驰四远，赐顾云集，乃有无耻之徒，偷刻本堂门票，造做假药，勾串客店会馆，谬称其药目自本堂盗出，自甘认贼，减价骗人。——是以本堂万不得已，于咸丰二年三月初六呈送，蒙院宪大人将卖药之于大等枷责示众，并出示严禁假药在案——"，并付官府告示："钦命巡视中城罕院端袁为出示严禁事。"有同仁堂不设分号以杜绝假冒伪劣内容。同仁堂在《药目》序言中介绍了经营历史及遭受的假冒，也让更多的人了解了同仁堂，加深了对同仁堂的认识和更多信用，更亲近同仁堂。四是坚持优质及开发拳头产品。为保品质，同仁堂不用徒弟，而请有能力有经验的药工师傅；不许乐姓子孙干药业以外的行当。同仁堂努力求药品质优。为此做到使用原料不怕价高，只要货好，每年春秋两季，都要到河北祁州（安国）药市买药，总是选取"地道、纯洁上等"的药材，出价最高，求质量最佳买量最大。还承办御药房的供药，致使市场地位信誉高而显赫。对丸散加工质量一丝不苟。一次同仁堂要配乌鸡白凤丸，仅有十几只纯种乌鸡，不够同仁堂配制乌鸡白凤丸一次所需的 32 只标准。有人说偶尔用一次身有杂毛的。印川公严肃指出："宁可断货，也一定要保证丸散的质量。"五是进行字号宣传。为了让人深刻理解同仁堂，后又新制了"灵兰秘授、琼藻新栽"两块匾额。这两块配匾的含义是：灵兰秘授，灵即灵台，兰是兰室，此两处为黄帝藏书之地。灵兰秘授即是指同仁堂的医药理论、资料和方书等都是从黄帝的灵台和兰室秘密传授而来。以琼藻新栽形容有些物之珍贵、珍奇，还有灵芝、珊瑚、海藻等。另有一种解释为琼指方士用以炼丹的八琼即朱砂、空青、硫黄、云母、戎盐、硝石和雄黄；藻为海产总称。琼藻指代表所用的珍贵药物，也暗示同仁堂的药都是最珍贵的最新鲜的。寿岂先生还书"乐家老铺"四个字，公开亮出来。它们还举办公益事业，设沟灯，舍救济。六是利用药王节推销。农历四月二十八日为药王圣诞，同仁堂为此进行隆重庆贺。怀仁堂门前人来人往，拥挤不堪。七是坚持管理。乐印川 1880 年去世后，其夫人许叶芬接手掌内抓全面，带着四个儿子经营管理。她认真执行印川所订规章制度，勤俭持家，以身作则，知人善任，奖罚分明，培养后辈，选人才，请名师培养，送国外学习，送药房实践。她身体力行威仪自行，从而使同仁堂得以重生，走上振兴之路。也是在北方，在近代前期，长春涌发合酒坊的酒品优利丰，每遇灾害，赈灾济民、发水发粥。人们从此称赞这酒质优良行善事，可说是积德泉烧锅，并托一老秀才写了一块匾上书积德泉送给作坊。从此人们习惯叫涌发合为积德泉，一些商贾、达官显贵的婚丧嫁娶、红白喜事，老百姓年节时也喜购买积德泉酒。同时还大量销往外地。可是天有不测风云，1901年日俄战争，俄国失败。俄国发行的姜帖贬值，与俄做的大批买卖成了一张废纸，积德泉号全赔，只好倒闭。之后河北乐亭县人王玉堂闯关东在粮号任掌柜，见积德泉倒闭，于是邀人合资接兑，后又扩建改造，安装了设备，达年产几十万斤老白酒。后请来著名书法家王休然重写积德泉招牌。经营中采用新法振兴，实行送货上门，并在九台、德惠、黄龙府、双阳、榆树、永吉各开酒局，专门负责往当地运酒、销酒，收款，批发，诚心招待坐商，积德泉从而很快振兴起来。

在南方宁波，恒利药行于1881年创办后，专营中药材批发业务，遭大火后店主一病不起辞世。其三子继承父业调整为专营参茸、燕窝等高档品的恒利参行，经营兴隆但多次被敲诈，只好宣布倒闭。之后重新开张恒茂药行。为有特色，根据宋代《太平惠民和剂局方》研制出拳头产品膏滋药。由于质量上乘，价格合理，很快畅销，恒茂号也很快成名。到了清末，也是在宁波东渡门有人开张方聚元银楼，1908年因家道之变，举步艰难。于是进行改革，邀上海银楼业大同行公所总董、南京路方九霞成记银楼经理桂增元与上海一银楼资深职员裘清甫联合入股集资联营。变体制后又革新管理，变革人事，聘裘清甫为经理。裘氏上任后，一是实行精工制作，高技艺，精产品，踏实经营。二是广开财源，吸纳存款，扩大金货存量，丰富产品。三是诚信拓市，顾客至上。微笑待人，童叟无欺，为顾客答疑解惑。四是在技艺上，率先引入西方硫酸提炼法进一步提高质量，足赤金品完全达标。很快方聚元在振兴中进入鼎盛阶段，信誉提升，与消费者的关系更加密切，消费群体迅速扩大。

五、管理品牌危机

由前所述，清后期市场商品经济处于转折过程，新旧的或同类商品、商号充斥市场。同时消费观念变化，过时产品不断抛弃，市场竞争加剧，不少品牌走向消亡。因此不少人对品牌创造中的各种风险采取了一定的对策。

（一）诉诸法律打击假冒

到了清末，清政府也出台了一些法律，对市场进行了一些管理。有些品牌经营者也对假冒行为进行诉讼。各地都出现过依法打假维护品牌权益的事例。在北京，同仁堂状告假冒保信用。由于同仁堂名闻天下，店前车水马龙，络绎不绝。一些人见了眼红便想利用同仁堂牌子骗人。同仁堂也为了防止假冒，便用特殊纸作名票。还专门设有印刷房印刷名票，以防止外人伪造假冒。虎骨酒的商标专人用毛笔书写，凭字体让外人难以假冒。同时在名票上印标准字体作暗记。虽如此仍有人假冒同仁堂骗人。有于氏兄弟从外地来到京城，自制丸药膏丹，不求质量，没有名气，生意清淡。兄弟俩见同仁堂生意红火，便设法雕刻同仁堂印章，精心伪造同仁堂名票，装上自制劣质药品行骗。他们把行骗对象瞄准外地富商，以及新来乍到的绅士，频繁地出没在客店会堂等场所兜售假药，不知底细的人见了同仁堂的名票便信以为真，买下其药。同仁堂得知了这一情况后便找到了他们，要求停止假冒。但于氏兄弟当面赔不是，转身却继续招摇撞骗。迫不得已，同仁堂只好于1852年3月6日这天向中城察院状告于氏兄弟。在大堂之上于氏兄弟供认不讳。宪大人责令他俩销毁假药，同时严酷地架上大枷号游街示众一天。于氏兄弟的丑行终于暴露在光天化日之下。为了杜绝类似事情发生，中城察院又颁布了一道告示，说明了这次事件原委，并指出今后如有人再犯，允许同仁堂将人扭送中城察院处理。同仁堂打赢官司后，为了防止外地客商上当受骗，进一步完善仿单、名票的印制质量。同时告诫外地客商购买同仁堂的药品务必亲自到大栅栏同仁堂药铺来买。之后到1869年在大栅栏西口杨梅竹斜街，悄悄地出现了一家同人堂药铺，它与同仁堂音韵相同。同仁堂得知后，先是好言相劝，但遭拒绝，以后几经交涉毫无结果。无奈之下，同仁堂于是呈状御药房，状告同人堂冒名仿效误导顾客。清宫御药房接到状纸后，立即行文都察院后即转中城察院派员察访，果然看到同人堂牌匾高悬在门面之上。一些客商不知底细，以为与同仁堂相同，于是纷纷进堂购药。在中城察院审判大堂上，同人堂却诡辩"'同人堂'不是'同仁堂'，'人'和'仁'不是同一个字，他有他的字号我有我的药号，两店铺各不相干。"同仁堂据理力争，指出对方是以近似乱真，误导消费者以为是相同店号。为了杜绝假冒伪劣商品，同时也为了保护同仁堂这块牌子，保护供奉御药，中城察院判决同人堂改换字号，不得暗示他号，以假混真。同仁堂经过与伪冒铺号的较量，维护了自己的信誉。到清后期，在杭州张小泉近记经过几代人的经营创造，很有名气，但也被假冒。店主张利川 1876 年去世，子年幼，其妻为保证产品质量，关歇炉灶改为选购剪坯后加工，精心验收，严格控制质量，力求精致，因此保持了产品质量的稳定。现在又发现相似招牌增加了几个，儿子年幼，自己又无力制止冒牌，便想找官府协助。1890 年的一天，她打听到钱塘知县回家路线后便上去拦了下来，控告有人对张小泉的冒牌行为。知县听了，回去批准禁止冒用张小泉的布告。这样张小泉招牌暂时得到一些保护，名气越来越大，信誉越来越高，成为南国和沿海的著名剪刀品牌。之后到了 1909 年，张祖盈把"云海吞日"泉近字样作商标送知县转报农商部注册，求得了法律保护。

（二）注意防假

由于当时市场缺少严格管理，假冒横行，许多经营者无可奈何，只好在防假上下功夫。道光年间，开始有人揭露假冒，要求顾客防范。1840 年以前生活在广州的美国人亨特所写的《旧中国杂记》一书中收录了几则当时的广告，其中有同记和合的广告："本号产品，能集此数美于一身，帮自开业之始，以迄于道光二年，历经二十九载而保有可羡之品质。唯今为防他人冒称本号产品，特采用二字新名，见于所有包装，自此使用，不再更改。故若见有所售绉纱纹现疏松，表面粗糙不平者，即此已可判定其为冒牌之劣货，断非本号之织品。"在杭州宓大昌也采取了这办法。在湘潭，由于清芝斋品牌有价，也出现被仿冒现象。一些人推出正清斋、新芝斋、芝兰斋、馨芝斋、洁芝斋进行仿冒。有的甚至明目张胆直接用清芝斋名。真清芝斋无奈只好在店堂外面挂上"本店只此一家，别无分店在外，货真不言二价。如假包管回换"长牌。后对假冒控诉公堂反侵权，清芝斋胜诉更增加了消费者的信用。

（三）建新体制支持品牌创造

这时期有不少企业为了品牌创造有体制支持，采用股份制经营，两权分离，资东放手让经营者经营企业及其品牌。1888年，曾任清朝矿务大臣、云贵总督的唐炯和曾任知县的于德楷二人合资在贵阳正新街开办了同济堂。当时贵阳药业比较落后。唐、于二人鉴于经营药业既可以谋利，又可以解决百姓生活所需，实为名利双收的福利事业，遂共襄此举。同济堂仿照外省药店布置，店内装药瓷坛罐都从景德镇定烧。由于唐、于二人都不懂医术，便打破惯例进行外聘，由德楷介绍在汉口的老友黄紫卿担任该店掌柜。黄系江西人，经营能力强，学识丰富，通晓医理，熟识药物，且有一定的经营管理能力。黄到店后，唐、于提出一干股给黄作为优待，以鼓励他全力经营好同济堂。在黄的主持下，同济堂很快成名。这现象在其他市场也有出现。

大量品牌内外扩张

进入清后期，不少商品商号适应变化的环境创造结晶品牌，有的进一步成名增值。一些经营者于是审时度势发挥品牌的果树效应，进行延伸扩张。

一、品牌形成成名有价

与前代相比，这时期形成的品牌在品种和数量上有较大的增加，而且有更多表现出品牌价值。

（一）各地都有品牌甚至有名牌出现

这时期一些商品、商号经多年经营，进行一系列品牌塑造后不断品牌化，它们形成了某些特征和良好形象。它不再是物的概念，在人们心目中觉得它是优秀值得信赖的，是抽象的概念。这商品名称品牌化后有的展现了一定特色，有的甚至象征某一类消费者身份。它在市场上形成了一定消费群体和市场份额，其中有不少还是有名品牌，而且在各地都有出现。如《水窗春呓》中载，"著名老店，如扬州的戴春林，苏州的孙春阳，嘉善的鼎盛，京城的王麻子，杭州的张小泉，皆为天下知——各店得名之始，亦只循诚、理二字为之。"坚持以诚、理经营而成名。

在京城和北方地区市场上形成品牌的商号多。如在北京，成名的商号不少。在社会上曾广泛流传："头顶马聚源（帽店），脚踩内联升（店），身穿瑞蚨祥，腰缠四大恒（钱庄）"的顺口溜。说明老北京人以穿瑞蚨祥布、戴马聚源帽为荣。绸布商号中有以瑞蚨祥为首的有名的"八大祥"。饮食商号中酒肆饭庄有庆寿堂、同丰堂之类，京城人家有喜事、筵席、铺陈、戏剧一切包办，莫不如意。另有称为园、馆、楼、居的全聚德烤鸭、正阳楼、月盛斋、桂馨斋。药品有专售秘制一种"传之数百年成巨室者，如酱坊胡

151

同庄氏独脚莲、土而胡同同德堂的万应膏，观音寺雅观斋的回春丹、鹿犄角胡同雷万春的鹿角胶，'皆以致富'。还有熟药铺如菜市口的西鹤年堂、大栅栏的同仁堂，每年所作膏丹销往各省，收益丰厚。"印刷文房用品类在琉璃厂有名的有德玉斋、英古斋、书业斋、永宝斋、厅观斋、荣录堂、晋秀斋、永誉斋。其中宝名斋最大，由文水县李钟铭开，时谚语说："琉璃厂，一条龙，九间门面是宝名"。其他有一得阁墨庄，吴裕泰茶庄，王麻子、张一元、致美斋、王致和、六必居、广信号、陈庆长号、内联升、龙顺成等。金融业中银号首推恒和、恒肇等四家，称为"四大恒"。在天津，市场商号后来居上，清后期时也出现了不少有名商号。在这里颜料商号占统治地位的如西裕成、德昌公、公裕、福兴恒等。还有历史长的中和烟号。买办徐润在1859年开张了绍祥号、福德泉、永茂、合祥记等，成为当地有名商号。此外还有狗不理、复兴祥、张兴茂、马源昌、王珍记、王六记、周立昌、向庆昌、周和昌、达仁堂、福德泉、永茂、合祥记、福兴恒。另有水泥马牌也很有名。在山西市场有名商号更显辉煌。晋商在祁县开张的茶庄成名的就有长裕川、巨贞川、永聚祥、大玉川、裕盛全、德逢源、大德诚、巨盛川、大德川、长源川、宏源川、通川盛、福廉泰、大德兴等20家。此外还有众多的名票号。在平遥日升昌得顾客信用成名后作为票号领头羊，得到了"天下第一号""汇通天下"的赞誉。之后出现了大批名票号如蔚字号等。光绪后期票号进入鼎盛时期，不少票号都表现出极强的能力。"一纸之符信遥传，万两之白银立集"。也说其给人们带来的便利，一纸带动万两。"到清朝末年，山西票号已经在全国100多个城市开设了450多家分号，甚至延伸到了边远地区。见下表。经营金额高达七八亿两白银，就

边远设庄的票号上海、汉口票号统计（选自山西太原晋商博物馆）

连清政府的税很大一部分也都由山西票号汇兑总付存储，山西票号获得了"汇通天下""九州利赖"的名声。如清末刘鹗在小说《老残游记》中曾记载济南府一家字号："老残到了次日，想起一千两银子放在寓中总不放心，即到院前大街找了一家汇票庄，叫个'日升昌'字号，汇入了八百两寄回江南徐州老家里去。"可见老残对日升昌之信用。此外还有西裕成颜料庄、祥云集烟号、晋昌元铁铺。在河北，安国药王庙的碑廊里有《清同治十三年春会至光绪五年冬会客帮银钱捐项碑记》载的药号中有怀帮51家药商的商号名称及其捐款数额，名列前15位的有杜盛兴、申三成、协盛西、生和成、崇兴寅、人和敬、广兴瑞、协盛全、义聚祥、长兴公、泰顺茂、杜双和、谦益儒、茂盛永、天和顺，杜盛兴捐银名列榜首。应该说多是有名的商号。在东北地区，这里市场形成较晚，但后来居上，也出现了不少名商号。在沈阳较有名的饮食商号有鹿鸣春、二合永、甘露馆、宝发馆、三盛轩馆、李连贵大饼、马家烧卖。药号有泰和堂药店、天益堂药房、广生堂药店。在中街有1895年关锡令开张的萃华金店、中和福茶庄也很有名。在沈阳外的营口有油坊商号、粮号，有些还成了著名品牌。由于同记号信誉好，当时哈尔滨的人口只有25万，但每年光顾大罗新百货商店的顾客就达50万人次，而光顾同记商场的则更多达450万人次以上。由此可见同记号信誉度之高消费群体之大。在长春、哈尔滨，其中有专营南方丝织品的绸缎庄，规模最大最有名的有太顺增、天合庆、兴顺公号。

在东部地区，这里市场商号更多且有名，同时有不少新式品牌。在山东，在济南有商人开张了隆祥、瑞林祥、瑞蚨祥、庆祥、鸿永祥绸布商号，德和栈药号。出济南往东到周村的商号也是鳞次栉比，形成了永和、恒和、同和、复源、谦和、金记、同利、鸿昌义、东来升、三义太、谦祥益、瑞蚨祥、瑞林祥、益兴太等著名丝绸商号。在药号方面，除延续下来的明代开张的天德堂药店、世泽堂药房外，有清代的同仁堂、异芝堂、广和堂、永生堂、大德生等也很有名。其他铜品字号如闻名全国的聚合成，泉祥茶庄规模大。周村尤其是孟家的"祥"字号，经营药材的"德"字号，经营绸布的"鸿"字号，经营银钱业的"大"字号，经营染业的"永"字号，都成了著名商号。到20世纪初较出名的字号有德成昌、聚合成、聚合恒等。在烟台，到光绪末年出现各类商号众多，有名且较大的商号有大成栈、双顺泰、万顺恒、怡美、晋升、顺泰等，还有张裕葡萄酒。处于沿海的青岛开埠后，餐饮业中出现了有名的三大楼：聚福楼、春和楼、三盛楼。在江苏，南京高淳老街名商号不少。光绪年间有各有擅长的王元昌、仁成堂、天兴祥等八家药店。当地曾流行一首顺口溜："药材仁成堂，中街天兴祥，人参魏长庆，老店王元昌，胡家卖药连处方，夏家蚌壳疮药一扫光。"扬州作为一个消费城市了，形成"吃在扬州的概念"，美食闻名全国，出现了不少著名商号。李斗在《扬州画舫录》中列出二梅轩、惠芳轩、集芳轩、腕腋生香、文兰天香、丰乐园、品陆轩、雨莲、文杏园、四宜轩、小方壶、天福居、绿天居、双虹楼等著名商号。有众多俗称皮包水的茶社，著名的几十家中有冶春、富春、菜根香、共和春、惜余春、景吉泰、大麒麟阁等。辕门桥口有谢馥春香粉店。玉器店有玉缘，漆器厂有漆花。有三吉泰南货。这部分中也有不少商品商号有名成了品牌。还有四美、三和酱园也很有名。同时在苏州也形成了不少有名商号，如采芝斋、五芳斋、叶受和，有药号王鸿翥堂、雷允上，银号恒孚。在无锡，南货中有早在1826年浙江绍兴人徐元吉创办的徐元吉斋（后改名三吉斋），其中元宵最为有名，深受市民青睐，被誉为"桥上十子"之一。道光年间，陕西华阴一党姓巨商在徐州开张广济堂永记药店成了全国知名的老药铺。在上海1865年建成的南京路上商业迅速发展，很快树立起150多家商号。较著名的绸缎店有老介福、老九章、老九纶、老大章、老九和、宝大祥等。银楼有老宝成、老凤祥、老庆云、老杨庆和、费文元、方九霞、裘天宝。在南京西路经营的商号也不少，仅药业名商号就有雷允上诵芬堂、张发记、凤翔、庆余堂、童涵春、蔡同德药店。广货业的名商号有广升洋、老悦生、金享、悦生、有隆、广同昌、广利安、老恒生、恒生、隆华彰泰、致宝长等。浙江洋水茶商在上海开张有著名的义升行、福兴隆等，有叶大昌食品店，邵万生南货店、老正兴菜馆。有上海老顺记到1890年前后成为有名的五金商号，资产已达100万两以上。在宁桥半边街宁商开的海味行乾丰、润大、东源、余发、振大等店也很有名。在浙江，有不少商号也很有名。在杭州同治年间范祖述《杭俗遗风》及清末洪如嵩《杭俗遗风补辑》二书介绍，这里涌现出一批有名的饭馆酒楼、茶名店，如小有天与聚丰园、宴宾楼合称杭城三大京菜馆。小有天以风味独特的坛子肉闻名于世。普通饭店中有王顺兴、天竺也很有名。酒家有五柳居、楼外楼、壶春楼、闲福居、杏花村、两宜楼、卧龙居、自然居、天外天。西湖四周的素菜馆多达几十家，著名的有功德林、素春斋、素香斋、素馨斋。火腿品的雪舫蒋价格是市场价格最高标尺，可见雪舫蒋产品质量之优，信誉之好，市场地位之高。药业方面，有名的有《杭州遗风·名铺》还记下了："清道光、咸丰年间，杭城药店，生意极盛者，数种德堂、许广和、碧苏斋。"19世纪50年代，有胡雪岩开张的胡庆余堂也很有名。此外天禄堂、方回春堂、张同泰药店也很有名。丝绸业商号有名的有蒋广昌、悦昌文、豫丰泰、袁震和、宋春源、金沅昶。1896年开办的萧山合义和丝厂，产品取名为和合牌，在国内外市场口碑很好。银楼则有1865年开张的信源、乾源银楼远近闻名。其他还有王星记、西泠印社、悦昌文、豫丰泰、袁震和、宋春源、梅恒裕都是有名商号。毛笔方面有名的有邵芝岩笔。在绍兴形成了50多个行业200多家商号，较有名的有荣禄春、同心楼、震元堂、光裕堂等。这里刘静南经营酱园，盘进俞兴合酱园与其所属分店，改名为刘合兴酱园后成名。在湖州有老淳泰、弘生昌、咸章信。食品商号有丁莲芳店、震远同、周生记、诸老大、老恒和、干昌（酒）。文房店有王一品斋笔庄。尤其是湖州南浔镇成了众多专业市镇中最盛之镇，形成了一大批著名的商号。1895年南浔四象之一的庞元济与人合资在杭州创办世经丝厂，且将生产的丝品取名为西泠牌，进行清晰的品牌化经营。1909年王正昌在湖州创办公益缫丝厂，将丝品取名为牡丹牌。在衢州府所属各县药材店铺中较为有名的就有100多家。宣统末年，在青田叶祖俊祖父在老城区开张新宝华打银店，技艺好，信誉也好。在县城三家打银店中名气规模最大。在温州有严日顺、陈恒隆等有名商号。可见浙江有名商号在各地比比皆是。

出华东转中南地区，在河南除城市外，一些市镇也有名商号出现，如赊旗镇也有不少名商号。如酒馆方面仅咸丰、同治年间就有永龙馆、永禄馆、玉泉观、正兴隆、光辉馆、永乐馆等著名酒馆。食品号有晋和店、元吉店也很有名。还有有名的苏全盛刀剪号、申仁义笔、广顺生银号。在这里山西戴氏戴玉林开张长兴太号，成为全镇纸业首户。1886年以锻造菜刀为主的吴老三铁匠铺所造菜刀远近闻名。1902年吴老三徒弟苏平安出师后技艺出众，创办了苏全盛号，苏字菜刀品质更优远远超出了吴老三的声誉。铜制品方面，1902年徐桂林创办天兴隆，由于技艺精湛，慕名而来从师者多，先后收徒四十余人，商号规模扩大。制笔业方面，1875年申明春开张了申仁义笔铺，产品销本地及驻马店以东地区。银钱业以广顺生最大，设分号十余处。另有锦璋秀杂货号在南阳地区规模最大。其他著名的商号还有万茂昌、李二斋公、殷天兴。此外在河南的怀庆府有杜盛兴、郡义顺、协盛全、马泰丰等都是很有名气的药材商号。在湖北的汉口，有名商号有叶开泰、谦祥益、曹正兴、林祥泰等。广商唐翘卿到这里开张了谦顺安茶栈，之后成名。也是在汉口叶开泰药号经几代人经营，到嘉道年间，名重三镇。由于选料讲究、制作精细，疗效显著，价格公道而畅销。到光绪年间，叶开泰成为全国四大中药店之一。在武汉还有有名的显真楼。汉口外在龙驹寨有陕商开张的德盛新最著名，有存布榻房30余座。其店铺占龙驹寨半条街，称老板李半街，可见名气规模之大。在湖南长沙，也出现了不少有名商号。餐饮业中有旨阶堂、菜根香、馓香居、菜香圃、庆星园、嘉宾乐、玉楼春、挹爽楼、天乐居、式宴堂等，被称为餐馆"十柱"。有徐长兴烤鸭店、曲园酒家、许宏茂饭馆、李合盛餐馆、柳德芳汤圆店、黄春和与和记粉馆、潇湘酒家、又一村餐馆、洞庭春茶馆等。著名饭店有南国、中央、双品香酒家和居士林等。中药号有四怡堂。金银号有余太华、李文玉。鞋店有美利长、四明号。茶叶店有吴中和、詹恒大。笔店有彭三和、桂禹声。针号有吴大茂。新书号如雨后春笋般出现，著名的有新学、维新、经济、强亚、实学、三味、学艺。湘绣业较有名的有锦华丽、春红簃；古玩业有叶顺发、徐永盛；刀剪业有董同兴、捞刀河；眼镜业有老杨明远；伞业有陶恒茂；百货业有雷同茂；钟表业有寸阴金、亨得利；旅店业有天乐居、大吉祥等都是该行的领先者。进入清末，长沙徐松泉茶室改名茶馆。由于探索优质产品待客，有著名烧卖、火烧饼子、春卷的支持，深受欢迎。当时流传一逸事，说有一日一老茶客到徐松泉茶馆买春卷，见茶馆座无虚实，只好到隔壁小茶馆买。因徐松泉的春卷太著名，无法与其争雄。因此并不做这产品，只是这茶客要买，店员只好从后门出去，到徐松泉买回卖给这茶客。小茶馆问茶客，您老觉得这春卷如何？茶客爽快回答：味道还可以，但比起徐松泉茶馆的来还是要差些。其实品质相同，但在不同商号内品味联想不同。由此可见消费者对徐松泉茶馆的认同和迷恋，以及对徐松泉茶馆的信赖程度之高。在广州有名的商号有广州酒家、陶陶居酒家、清平饭店、泮溪酒家、莲香楼、趣香饼家、皇上皇腊味店、紫阳观店、纶章纺织品店、鹤鸣鞋帽店、王老吉凉茶、何济公制药，还有永顺源、成安、广生、浩昌、杨浩章等有名商号。

进入西南地区，四川有名的有川同仁堂、陈麻婆豆腐。在云南腾冲明清宠与人合伙开张三盛号，由缅甸运进产品回滇销售成名。1846年在坟溪马佑龄开创兴顺和号，由昆明购纱运玉溪又在玉溪，换布运昆明。1855年在泰国买进德国洋靛染布，色彩艳丽，深受欢迎，商号成名。喜州宝源号声名远播，成为大商号。在喜州还有得到顾客认可的孙定珍油粉、大苟破酥、张子惠酱油。驻拉萨商号中滇商号有仁合昌、恒德和、永兴号、永聚兴等也很有名。

在西北地区，陕西渭南板桥常家于光绪初在汉中开张义兴琳号，在西安开张义兴泰、自积永、义兴生、公正诚、凝运长等20家商号都很有名。在西北银川形成了有名的八大商号，即天成西、隆泰裕、广发店、百川汇、敬义泰、合盛恒、福新店、永盛店。

（二）续现品牌有价

从前述各地市场可看出，有名商号目不暇接。这些牌子虽然仅是一块木牌，但它含商品商号名称、标志、经营理念、信誉、消费者的认知和认可及相互情感。这是产品之外的另一种概念，它们不再是物，而是一种抽象的有价值的代表，可以说它们品牌化了。在市场上一些有名商品商号及其品牌有价值甚至表现出一定价格，有的还以商号商品牌子进行交易、出卖、出租，从而获取品牌利益。在苏州，早在1821年，浙江慈溪人黄启庭设一粽子摊，有了积蓄后便在都亭桥前开糕团铺取名黄天源，从此悉心经营，黄天源形成了名气。黄父子相继去世后黄天源糕团店由寡媳陈氏主持，但不善经营，生意每况愈下。至1874年陈氏就将黄天源盘给了牵烧师傅顾桂林，出价银洋1000元。另外黄天源的招牌出租年租金12石大米。这说明黄天源有名气，能带来较大效益，所以招牌能用来出租，可见品牌是有价的。到了同治年间，在浙江宁波，华少湖在中册、镇明交叉路口开张升阳泰南货铺。由于有知府背景，经营中又做到按质论价、货真价实、秤准量足、现做现卖、产品新鲜、童叟无欺，形成了良好口碑："升阳泰黄沙也能卖三年"，说明升阳泰这块牌子信誉好，有价值效应，人们信任它，成了它的回头客。同治末年，在湖南湘潭，清芝斋传至第三代后便出让招牌经营权。江苏吴县人徐椿生、杭州沈星槎合伙收购，论定房、什物价 1000 吊钱（800 两白银），招牌价 2000 吊（相当于 1600 两白银），在这里牌子的价格比房产实物还高。两人接手后又开发新品，用金狮为商标，扩大规模。之后在徽州，由于胡开文品牌有价，有一些胡氏后裔把胡开文出租给别人使用，如胡贞一的侄子胡祥元、胡祥英就出租了不少招牌。租约期年限不定，有 1 年到 99 年不等。于是安庆、芜湖、上海、扬州、苏州、镇江、济南、兰溪、杭州、锦州等地又出现了不少他姓人开的胡开文墨号。芜湖最多的时候就有四家胡开文墨店，其中有两家就是租招牌经营。由于加了后缀，既关联胡开文号又使新的经营者有一定独立性。这个时期徽州歙县商人吴南坡在江西经商中坚持平等待人，又讲信誉，市不二价，很得顾客的信任。人们入市买货，凡见到印有吴南坡封识的货品，常常毫不犹豫，二话不说，便立即买走，而且回头客多，生意兴隆。在道光年间，由黟县来的商人胡荣命在江西吴城镇开张商号经营 50 多年，远近闻名。晚年要告老还乡时，由于该店知名度高，又讲信誉，招牌很有价值。有人愿意出高价购买该店及招牌。在中南汉口，汪玉霞号经营到了第六代启蒙、启漾时两兄弟意见不合，都不想经营店铺，一度委托同乡代营 20 年，年收 50 两银招牌租金。1908 年，湖北商人戴季梅在长沙鱼塘街开张茶馆天然台。这店环境古色古香，优雅别致，经营各地名茶，形成了水清、茶热、味浓、香烈特点，但价高，每杯制钱 120 文，近当时 2 升米价。顾客为达官贵人，仍座无虚席。这招牌体现了产品优、环境雅、消费者地位高贵和有身份，可以说这牌子也有一定价值。在西安马合盛开张后，马氏根据西部民族不同特性，针对性地开发茶叶。成名后马合盛每封茶比别人高出 2 角，仍畅销不滞。这更高的价格既有产品品质也有商号名气信誉的成分，所以能溢价销售。

以上各地商品商号招牌价格、溢价销售现象，可说是它们得到顾客信赖，消费者认可了它，甚至与这商号有情感迷恋它。这名称成了与消费者沟通的工具，在市场上形成一定特点，独一无二、难被模仿，带来了更丰厚的利益。

二、品牌产品延伸扩张

作为品牌除了前述功能外，它们还可扩张延伸、兼并和扩展，这在清后期市场上进行扩张的不少，其中有在同类或相似产品上延伸、扩大规模。

（一）食品类

这类品牌在市场上数量较多，成名后延扩的也多。1849年，在浙江杨森火腿成名后开始扩张，销上海、九江、武汉、广州、香港。后改为杨森和店，于1872年始进入鼎盛时期，腌缸达100余口，年产火腿4万余只，并远销东南亚。这时期在浙江海城徐氏开张了老鼎丰酱园，深受欢迎。之后鼎丰不断扩张，在武原镇开设了徐鼎和酱园。后又在天宁寺、南塘街开张西万丰酱园，在平湖创立徐鼎丰酱园。1885年，在平湖东门外设东鼎丰，12年后又在西大街设西鼎丰，20年后在上海设分店，在奉贤、天津、青岛等地开设酱园使鼎丰号得到较大扩张。到了1850年，在湘潭，有浙江湖州南浔人吴子楚发现这里的制酱业不发达，于是新梁街开张了吴元泰酱店，成名后延扩推出上母油、子油，分一二三四等、特等、超等、头等龙牌产品。后又增元酱、子油萝卜、子油姜、腐乳，经营稳定后扩张到汉口，开张了和记吴元泰。1870年，在北京的正名斋饽饽质优价廉，深受顾客欢迎后，又在前门大街开了第一家分号。在孙学仁经营管理下，讲究质量，价格公道。因此，上至宫廷、贵族官僚、大户，下至平民百姓都爱正名斋的饽饽，于是扩张在鲜鱼口开了第二家分号。1890年又在珠市口南开第三家分号。到19世纪末在芜湖胡玉美酱园成名后也开始扩张。由调味品延伸到罐头、冷饮、糕点、药酒等多个品种。随着业务的发展需要，胡玉美不仅在本市设立多处分店，还在上海、南京、汉口等地设立支店或经销处，并逐步打开津浦、沪宁和平汉销售渠道，业务日渐发达。这时在绍兴，酒酱业甚为发达，不少商号在成名后都在品种或销售范围上进行扩张。早在清初江苏吴县人沈良衡，在绍兴开张了酿酒作坊，取名沈永和酿坊，将酒命名为善酿酒。经世代经营到 1910 年，沈永和商品酒获南京劝业会展览特等奖，后在美国巴拿马博览会和杭州西湖博览会获大奖。商号和酒成名便进行扩张，在日晖弄开张沈永和墨记北号，在西桥塅开沈永和墨记南号，后又在杭州、上海、北京、天津、哈尔滨、广州、福州、厦门等地设了销售网点。清末时沈永和印制了中英文说明书和坊单设计寿星（左杖右桃）作图形标志。仍在绍兴，刘静南经营多年酱园后盘进俞兴合酱园改名为刘合兴酱园。刘合兴酱园成名后进行扩张，在刘合兴名下增开了隆记官酱园、南号官酱园、东号官酱园，增加产品。由于质优味美，远销两广、东北、上海、香港等地。后又自酿绍兴老酒，有加饭酒等 12 种。扩张后每年制酱千余缸，酿酒 300 余缸，做醋百余缸，腐乳近万坛。还是在绍兴，早在 1743 年周佳木在东浦开张了酒坊，命名为云集号，意名师云集。进入到第五世商号成名进行扩张，分别开张了周云集的元记、昌记、利记、员记、信记等酒坊。这时期，在西南昆明许松龄开设老同兴酱园成名后扩张，在昆明市内外接连开起九家分店，几乎囊括了该市的酱业生意。为了进一步走出去，又从绍兴东浦以重金聘来酿酒能手，大量生产绍酒销售。又先后去贵阳、衡阳、桂林、柳州开张酱园。并派人前往四川在重庆、成都、涪陵、万县、自贡、宜宾、泸州等地设园营业。派人在宜昌、遵义、贵定、桐梓等地也创设老同兴酱园，从而占领了西南的半壁酒酱业市场。在成都太和号在成名有积累后也开始扩张，开发新品种。后又在冻青树街、提督街、玉带桥、东城门、正府街分别开了多个门市部，极大地扩大了太和号规模。在四川，资阳临江寺首家"义兴荣"，清末其子分家立业，先后分出开张"义兴福""义兴祥"酱园。

（二）药材号类

这类商号始终是商人们经营的重要内容。清后期药业更发达且扩张的也多。在北方山西，道光时期太谷的广升号成名后也开始扩张，在广州设立分号，采办进口的各种南药，北运禹州、祁州批发出售。到 1885

年再扩充至 7 家分店，并改组为广升药店远记。数年间，广升药店在香港、广州、禹州、彰德、营口、济南、重庆、烟台等几十个城市设立了分支机构，联手汇通天下药材并投放香港市场。这时期在祁县北大街渠氏开张了永春原号，在经营中服务周到热情。后以药材地道、炮制规范著称于市。成名后扩张在北京、天津、济南、祁州、禹州、包头、西安、成都、汉口、广州、香港设有分号。在东北吉林，天一堂道光年间改为世一堂。随着传说的讲述人们的议论，世一堂的名声四处传扬。于是开始扩大，先后在吉林、黑龙江、奉天、上海、天津等地建了多家世一堂分号。在苏州雷允上追求优质获信誉之后，为使这块招牌发挥效应，雷莲伯开始实施开发新品种，从此在雷允上这一品牌下，形成了多个品种，覆盖面不断扩大。到同治年间雷滋蕃得到六神丸方，经多次研究试验，证实它对消炎症颇有效果，特别是治疗痧疫症、烂喉及喉科疗效更为显著。因此他雇用了几名药工，在家制成丸后投放于开设在上海的雷桐君堂药铺内销售。由于疗效明显，销路较好，至清光绪年间销量逐渐增加。随着声誉日增，六神丸扬名海内外。于是在上海从南号接连开设了北号、北支号。在浙江兰溪，天一堂有了良好口碑后开始扩张，把天一堂药店扩为天一药行，增设同庆药行，在上海开设了祥泰药行，在广州、香港等地开设了祥源药号。1862 年宁波镇海人王德馨在舟山定海开张了存德堂药号，后在宁波开设万瑞药行。经营中做到价格公道，医师坐堂，生意红火。成名后开始扩张，在汉口开设阜丰成药行，在定海开存德堂药号。在中南汉口，协盛全收购了南北方 40 多家亏损倒闭商号，使分店达 100 多家，迅速扩大了规模，在汉口为扩张需要买了一条巷子叫全济巷，可见规模之大。在四川，19 世纪中期成都的川同仁堂成名，于是增加品种扩大规模。到了 1892 年他先后推出了一系列的品种。在膏类中推出显著功效的鲫鱼膏、万应膏、黑膏药、益母膏。在丹类中推出了金灵丹、红灵丹、天王补心丹、黑锡丹。在丸类中，推出了惊风丸、金匮肾气丸、大活络丸、各种地黄丸、乌鸡白凤丸。在散类中推出了平安散、锡类散、吹喉散、白痧药。后又开发了蟾酥锭、万应锭、一纸金锭等百余个品种，从而较大地扩张了川同仁堂规模。

（三）轻工产品类

这方面在杭州、汉口等地都有典型事例出现。杭州王星记出现名气后，便开始扩大规模增加品种。在王星记名下逐渐开发了象牙扇、檀香扇、白骨扇、白纸扇等共15个大类400多个品种3000多种花色。不但品种多，规格也多。这众多的品种适应了需求的多样性，也使品牌得到较大扩张。在汉口苏恒泰由于伞质优信誉好，于是扩大规模，月销达500—600把。之后由于苏恒泰伞的成名和利厚，在关帝庙很快如雨后春笋般兴起了一个雨伞市场，出现了10多家伞作坊店，心照不宣地展开了竞争。但这些商号仍敌不过苏恒泰的声誉。苏文受便继续扩大规模，在大光路先贤巷租了一栋房屋，开设了更大的作坊。由于卖出的伞多，在江汉平原一带形成一种风俗，女儿出嫁要买红蓝苏恒泰伞各一把，男持红，女持蓝，表示"红男绿女，婚姻美满"。同治九年，苏恒泰月销雨伞上升到700把。苏恒泰为了进一步扩大规模，店主便采取了订立包销合同的方式。她从工人中间挑选一位既忠于苏恒泰、制伞能力又强的左云程，给他300银圆，让他做代理人到湘潭开设作坊。双方协议，产品完全按照苏恒泰指定的原料工艺要求制作，全部运往汉口由苏恒泰包销。左云程回湘潭开了一间左和祥作坊，产品源源不断运往汉口。苏家货源充足，于是关闭了本部的作坊，只进行最后工艺制作，从而进一步扩大了苏恒泰的规模。到1911年辛亥革命前夕，苏恒泰已成为汉口十大名牌商号之一。除销售本市之外，遍及周边多县，并扩展到河南、河北两省。

（四）五金铁器类

到了19世纪50年代，在杭州，剪刀张小泉的经营由于名气大，市场需求旺盛，不但在本省销售而且大量销往上海、南洋。后张利川了解到市场上需要大批工农业生产用剪刀，因此反复进行研制，陆续生产出手工业用的鞋剪、袋剪、裁剪，农业上用的猪毛剪、羊毛剪、桑剪以及园艺轧草剪和树剪等多品种剪刀等。在山西祁县，早在乾隆年间襄垣县人李氏在城东开张的晋昌元铁铺，经营铁业。成名后何氏入股扩大规模，经营铁货、五金、竹木器。后到光绪初在西大街又开分号西晋昌元。由于信誉很好，在外省包头、张家口、绥远及其他多地推销、批发。在汉口，周恒顺号随着名气的扩大，周庆春灵活地不断扩大业务。之后在品种上他开发生产出卷扬机、抽水机、蒸汽机、蒸汽船。既制造，又安装、修理。随之信誉不断提高，尤其在1909年建造的"顺风"号蒸汽船行驶在监利断堤航线。不久又开辟了汉口四官殿码头到汉阳东门的轮渡航线，后又造了几艘川江轮船。之后又设立了大庆轮船公司，建造了大庆、大恒、大升、大德等号轮船，周恒顺号规模得到较大扩张。

（五）杂货商号类

在汉口，早在1884年曹南山在武昌后长街的新街口开张了曹祥泰杂货店。先经营水果、干果、杂货、炒货，成名后增加了五金、铁器、锅罐。后兄弟分家，曹南山仍经营曹祥泰杂货店，以薄利多销为特点，经营兴旺。后扩张到米店、槽坊，作为曹祥泰分号。在名称上取名曹祥泰福记杂货店、曹祥泰禄记杂货店，在经营中曹云阶亲自抓进货，开拓与洋行的购销关系经营洋货，从英商太古洋行、怡和洋行、日本三菱、三井、复和裕洋行购进大宗食糖，行销三镇，使曹祥泰的业务大增。后失火店烧光，恢复经营后由曹云阶接手。由于信誉还在，因此他扩大业务，销量增长四五倍。在东北，随中东铁路通车，大连港开放，所在金县商业迅速兴隆，经营多年的天兴福也成名。邵云福四儿子邵尚勤抓住时机对天兴福进行扩张，于1906年到大连开设了天兴福支店，由经营传统的日用杂货加洋货，增加油产品、粮食。1907年到长春开张了天兴福粮栈，从而把天兴福转向重点经营油业、粮食、服务业、洋货，从而进一步扩大了天兴福规模。在沈阳老天合成名后，接着在小东门里开张了老天合的分号兴顺义丝房。之后又取兴顺二字在中街路北扩张了兴顺西丝房、在中街东头路北开张了兴顺东丝房。从而极大地扩张了老天合的规模。在河南，19世纪后期，云南回族人马家岭往开封推销花边折扇，后携五子到开封，开张豫盛永号经营花边折扇、百货。经营中做到货真价实、童叟无欺。马家岭去世后，儿子马有义接手开始扩张，将店分为豫盛永、豫盛昶。又集资在郑州、汉口开福盛长，在开封设福盛恒经营百货。进入清末，休宁屯溪人郑吉人，在徽州屯溪经营郑景昌南货店，后相继在上海、杭州、宁波等地开郑景昌分店扩大了规模。

（六）金融票号

金融业是市场的血脉，也是市场盛衰的标志。清后期除了钱庄、当铺发展外，票号业得到迅速发展。在山西，日升昌在雷履泰的主持下，很快就把异地汇兑业务扩展到全国，在各地设置分号，不几年分号就达上百处，遍及天津、张家口、盛京、苏州、上海、厦门、广州、桂林、重庆、长沙等35个城市，很快就进入了全盛时期，其经营额曾经占有清朝政府80%的白银储备。这也从中看出日升昌票号在金融界中叱咤风云、纵横捭阖的气势与雄厚的财力，一年最高经营额曾达3000万两的汇兑业务。它的总资本分成30股，最高的每股红利与本金相等，也是1.2万两。在太谷，亁成望开张志成信票号成名后，以网络做布局不断扩张。以西安为中心沿丝绸之路向西发展。以广州为中心向东南沿海一带发展。以长沙为中心占据中州。以张家口为中心向蒙俄发展。以沈阳为中心向东北发展。他使金融与商业合作，凡设置票号的地方都随之开张了商品经营商号。票号为商号提供资金，商号自主经营，积极发展，支持票号业务。票号又对商号进行监督和控制，让商号顺利发展。这样商号票号品牌互相依存共同发展，所以志成信票号很少亏本。在苏州，恒孚号金铺太平天国时避乱上海后，1865年程蟾香返苏在观前街租房开张银楼。当时苏州银楼达104家。恒孚由于重诚信，深受顾客欢迎，到1870年成为苏州第一大银楼，处于领先地位。第三代业主程执甫时，考虑到城西通道阊门通过人员多，于是在这开设恒孚分号又称西恒孚，观前街老店为东恒孚。为开拓存款业务，后又盘进同丰永金铺，增强实力。在山东，章丘孟毓瀚在周村状元街开张了阜祥银号。成名后到光绪年开始扩张，在高青、淄川、章丘、长山设立了分号。

（七）文房用品类

这类品牌扩张比之前有所减少，但也有出现，尤其出现了新品，并进行了扩张。北京一得阁成名后，根据不同对象开发相应墨品。书法家们用的佳品有油烟类的云头艳、兰烟、亮光、大单童和双童等墨汁。书写小楷字和工笔绘画的佳品有松烟类的阿胶松烟、五老松烟、小松烟等。后又开发八宝印泥作为配套商品。到同光年间，由于墨汁使用方便，已经渐渐有取代块墨的趋势。周虎臣成名后，1864 年该笔墨庄便扩展到上海开分店，而后总店也迁到上海，并成为拥有 100 多名笔工的较大型的制笔工厂。子继父业，连续七代，后传至外侄傅洪初手中，仍以选料精严、做工精细为宗旨，品种繁多。这时在徽州休宁胡开文墨庄成名后，先是扩大品种生产顶烟、贡烟、五石清烟、超顶烟墨等墨品。由于销售旺，之后又推出相当数量的集锦套墨。另有贡品墨万年红、朱墨等。由于效益好，很快积累资本 20 万元（银圆），年产高级墨 300 担，胡开文墨成了徽州墨业的霸主。

（八）纺织品类

在近代初期的杭州，1858 年绍兴人蒋廷梁、蒋廷桂兄弟开张了蒋广昌绸庄，自产自销。由于质量好很受欢迎，形成了名气。于是扩大生产规模，之后在上海、汉口、青岛、九江、营口、哈尔滨等地设蒋广昌分庄。在周村谦祥益成名不久就试着扩张。首先在河北任丘开设了第一家谦祥益分号。之后孟传珠的儿子孟乃泉觉得谦祥益虽然有所扩大但还是小规模，于是在苏州、郑州也设分号。接着决定进入北京，在这里建设经营中心，然后向全国发展。19 世纪 60 年代末，孟乃泉乘着谦祥益信誉形成，再次扩张。在北京组建新的绸布店，并打算把谦祥益总部也迁到北京，开始新的更大规模的品牌创建。孟乃泉先是在前门外鲜鱼口开张了谦祥益南号。不久又在前门珠宝寺开张了谦祥益，尔后又在钟鼓楼开张了谦祥益北号。由此谦祥益几乎覆盖了整个北京市。在北京初步扩张的同时，孟乃泉又继续在外地实施扩张。孟继富派赵春山为代理人，南下汉口，在戏子街（今人和街），开张谦祥益棉布店。由上海庄调来货源，批给汉水中上游一带客商。经营中采用明码实价，从不乱价。这些都使谦祥益形成了诚信的形象，带来丰厚的利益。1894 年，又在汉正街开张了绸布零售店，取名谦祥益衡记，名气大到影响武汉三镇乃至湖南、河南等地。1904 年又在汉正街开了谦祥益西号。从此谦祥益这个品牌得到了迅速的发展。在北京，山东旧军镇的孟氏，在当地开了瑞林祥绸布店。道光时外国商品大量进入中国市场，国产绸布受冲击。瑞林祥趁机大量经营洋布和合成布料，获利丰厚。1862年在周村大街开张瑞林祥，经营绸布，成名后开始进行了扩张。到了光绪初，瑞林祥在北京前门大街路南鲜鱼口开分店取名瑞林祥东记。周村徐氏，邹平苏家庄人，向贩卖丝麻方面投资，靠往来于旧口、周村之间贩运获利很大。光绪年间在周村丝市街开办鸿昌玉丝店。后在大街北开办三义太丝麻庄。鸿昌玉成名后，到上海、徐州、济南、蚌埠、芜湖等地设了分店。也是在周村，谦祥和主要经营周村多家丝绸工厂生产的滚宁绸、闪花缎、花丝葛、缎被绸等。主要销往直隶、山西、陕西、郑州、洛阳、北京、天津、保定、张家口等地市场。由于品质好，谦祥和声誉高，需求旺。1899年，谦祥和于是在保定设立分号，1909 年又在包头设立分号。这时期，孟家镇的瑞蚨祥成名后也进行了扩张，在北京大栅栏开业，经营山东土布为主，后又兼营进口品，品种不多。1900 年被烧，在 1901 年重建恢复后，大量经营进口商品，包括绸缎、呢绒、洋布、哔叽；土洋兼营后营业额大增，成为八大祥之首。在周村，1906 年，王秀斋、沈兴恒合资丝市街开张永和丝店。后分开，王秀斋与牛瑞卿合办这店。进入 1907 年，由王秀斋在山东周村丝市街合资经营永和丝店老商号，采取热情周到的服务，使远近各地的客商都愿意到永和丝号来做生意，丝店后面的客房每逢集日常常爆满，交易额常在 2 万元以上。为了接待好来往商客，做到周到热情，在顾客中永和形成了热情大方、周到可信的形象。成名后扩大经营范围达广东、广西、山西、陕西、湖南、湖北、四川、河南、河北、浙江、新疆、青海、香港，以及俄罗斯、蒙古、日本、朝鲜等地。

（九）茶叶类

这类商号品牌也有一些成名扩张。道光末年，24 岁的徽州绩溪人汪立政在上海城南创设汪裕泰茶庄，成名后祖孙三代先后在本市开设茶庄、茶行、茶栈 20 余家，它们都久负盛名。后扩张在上海、奉贤、苏州各地设 9 处分号。到光绪年间在山西祁县渠氏家族渠映璜于乾隆年开张商号和顺川，经营多年后更名为长裕川，成名后扩张在上海、长沙、汉口、南昌、扬州、天津、绥远开分号，还远销蒙古、俄罗斯及欧洲。1903 年一商人在扬州辕门桥开张了景吉泰茶叶店。由于对茶叶加工极为严格，包装也很讲究。为保证顾客皮包水满意，他精心备好香茗，还附有传统品种桂花京果粉、牛皮糖、核桃酥作为点心。因此口碑很好，生意红火。由此他将景吉泰进行扩张，并发展到淮阴、镇江等地开张了景吉泰的茶叶分店。在浙江绍兴早在清嘉庆年间有人开张悦名茶店到近代成名后扩张，至宣统三年扩张茶店 16 家。也在绍兴，宋守仁名周瑞，英商发现他正直，深受感动，于是就地投资，请宋周瑞办厂，创办了瑞泰茶栈。以诚信成名后宋周瑞及子孙在王化、寺前、上灶等地开了 25 家茶栈及分号，一些亲友也开张带十几家带瑞字的商号，可说瑞泰关联商号增加了不少。在山东周村，孟德明开张春和祥致记茶庄，这茶庄后成为济南三大茶庄之一，后扩张在北京、天津、周村开分号。光绪年间，在广州陈惠如开张了广三如茶楼经营小食，因待客热情，物美价廉，生意红火。有一次，一落难人因饥饿难忍，进店偷食，被发现后得陈氏宽恕，并赠以银两。此人后在南洋谋生发了财不忘当年解救之恩，每年寄款资助陈氏，陈借此扩充生意开张茶楼，取名惠如茶楼。后建多家分号，名称不同，但都带一个如字，如三如、多如、太如、东如、南如、瑞如、福如、天如。这些茶楼，建筑装修经营手法，都与惠如一脉相承。每楼三层，层高堂深，给人宏大宽敞之感。安有窗玻璃，四周摆设古玩字画，环境舒适雅致。在经营上惠如做到茶靓水滚，总体一个风格。也有个别茶楼有不同特点或档次。在河南的三如茶楼，根据南岸居民多为中下层特点，经营高档商品的同时开设经济实惠的茶点菜式，适应了消费者的不同需要。

（十）建材类

这是新产品品牌，扩张数量少。进入清末，天津启新公司在水泥马牌经营中强化内部管理，更新设备，改进技术，使水泥质量达到国际标准，并多次在国际质量评比中获奖，形成了较好的信用和名气，因此产品供不应求。之后便不断扩大规模，新建了四个生产厂，不断增加品种和产量。在普通洋灰的基础上生产了速凝洋灰、抗海水洋灰。同时在全国各地建了 90 多个销售点，在上海、汉口、奉天、北平分别建了支店，扩大了销量。

（十一）其他方面

在四川自贡，王三畏堂开张了广生同号经营盐业，成名后又开了 70 多家分号，远至重庆、宜昌、汉口、沙市、洋溪。还有经营米豆油的福昌号也进行了扩张。胡慎怡堂开盐号称福临怡号，后把分号扩张到重庆、宜昌、沙市、成都、乐山等地。清末时扬州谢馥春号成名后进行延伸扩张，推出具润泽、乌发、去垢、解毒、消炎功能的新品梳头油，入市后大受欢迎，销量大增。后引进香精代替鲜花熏染，降低了成本和价格，扩大了消费。在重庆 1872 年王炽邀俞献廷入伙恢复天顺祥号，昆明货庄更名同庆丰。由于俞氏熟悉汇兑，外省协滇饷银、本省解款均委托同庆丰办理。王于是压缩贸易，按票号范例改组同庆丰为票号，重庆天顺祥为分号很快成名。后在大理、保山、思茅、蒙自、个旧、东川、昭通、曲靖设分支，在外省多地设分号，在香港、海防派代表，省内分号称同庆丰，省外号称天顺祥，后成为著名商号。进入 19 世纪 60 年代，在武昌早年开张的周天顺冶铸坊传至第八代周庆春，乘着周天顺炉坊的名气不断扩大规模，由制作一般市民所需的生活用具，扩大到香炉、神钟、罐、鼎、锅、铁器、农具，并自备木船销往九江、镇江、南京一带。

三、以产品品牌策略扩张

在这一品牌关系中，通过某一产品大类下推出不同品牌，以满足不同需求，吸引不同细分市场顾客。这是向深度的延伸，其特点是不同价位、不同档次和相应的消费群体。这某一产品大类下推出不同品牌，互有关联但各自独立，甚至有一定竞争，以占有更多空间，吸引不同顾客。

这在多方面都有表现。在丝织品方面，清末时浙江湖州梅恒裕丝经行，为了与他人的丝相区别，也让人能更好识别，将不同特点和等级的丝品分别取名为金麒麟牌、银麒麟牌、绣麟牌、飞马牌、蓝龙牌、黑狮牌、荷花牌、梅月牌、梅花牌、金鹰钟牌、银鹰钟牌等十多个不同档次的丝产品品牌。梅恒裕也因此在清末进入鼎盛时期，出现了名牌迭出、在国内外频频称雄夺奖的局面。孟洛川在山东周村大街开张瑞林祥经营绸布。到了清末，在北京瑞蚨祥经几年经营名气越来越大，于是进行扩张。孟洛川先在打磨厂开了瑞生祥，后又在前门外大街开分店瑞蚨祥东记。1903年以后又在大栅栏兴建了鸿记洋布店、鸿记皮货店、西鸿记皮货店，瑞蚨祥的生意几乎占据了"寸金之地"大栅栏的半条街。从而在纺织品类的绸布、洋布、毛皮及衣着类商品内推出了多个不同品牌。在药业方面也有这现象。在北京，清末时经营药业的乐家发展为四兄弟四大支。在对乐家老铺共同经营下，允许各支在外开办药铺。可用乐家老铺招牌，但不能用同仁堂名。就是说乐家老铺不能分也无法分开，是共同的品牌及形象特征，它是一个无形资产。同仁堂是旗帜品牌也是主品牌，也就是说各支在外地开张商号，经营药业，可另创品牌，作为乐家老铺的子品牌。在食品方面，1848年章利川在上海小东门开张章东明号酒坊。1862年前后章利川次子开张章东明正号酒店。之后为体现不同特点，章氏孙章心甸开张章东明号，章氏孙章浚申开张章东明浚记，曾孙章介轩开张章东明介记，曾孙章芳轩开张章东明芳记。山东玉堂酱园由孙氏独家经营后，店主依民间传统心理，按照节令酿造出各种酒。针对酒的不同特点及消费对象进行不同的命名，以塑造玉堂号的不同酒品牌的特征：当临旧历年时推出合家欢酒，清明时推出满庭芳酒，五月底近小年时推出菡萏香酒，近重阳节时推出醉重阳，针对请客相聚需求推出宴嘉宾酒。这些酒品名称满足了不同消费者的需求，也体现不同消费对象的特征。茶叶方面，也有这表现。在上海，汪裕泰茶庄成名后在五马路开了家汪裕泰北号。1895年，汪自新接手后继续扩张，宣统年间在福州路、南京路相继开第三、第四家茶号，后又组织出口。之后发现桐乡盛产白菊性能好，于是委托当地商人制作精包装，克服霉变虫蛀以运销。汪接货后取名蝴蝶牌，在包装上印"蝴蝶牌杭白菊"标记销往国外。这可说是定牌生产也是汪裕泰的子品牌。1901年张昌翼在京创张一元茶叶店。茶号成名后1908年在前门外观音寺附近开了第二家茶庄经营高档茶，最初冷清不热闹。但这里的八大胡同，上百家妓院，需要大量高档茶。于是派人联系，送上样品。后几乎承包了周边妓院用茶。1910年，张文卿又在最热闹的前门大栅栏中间开了第三家店铺，取名张一元文离茶庄，内含店主姓名中的一个"文"字，并成为主店。金融方面，也多地出现产品、品牌扩张现象。在山西平遥，介休侯氏聘原任日升昌票号的副经理毛鸿羽为蔚泰厚绸布庄经理。1834年改为票号，毛鸿羽协助侯氏将蔚泰厚、蔚盛长、天成亨、新泰厚、蔚丰厚等绸布绸缎庄改组为票号。几年后形成多个蔚字票号，大获其利。蔚丰厚初创时年获利三五千两，到光绪年间利润增长近百倍，达20万两白银。到一个账期，各分号纷纷用马拉车将银两送往北贾村侯府。在祁县渠元浈在经营票号中推出长盛川、三晋源、百川通等号，成名之后扩张到全国多个商埠。在四川，陕商常克珍在金堂开张义兴珍当铺，为了商号不倒，他让所有权与经营权分开，重用人才。到了光绪初年，为经营不同特点商号，常生春在陕西汉中也开张了多家分号，开设了义兴林，在西安开设了义兴泰，在故市开设了义兴生、公正诚、凝运长等20多家商号，但名称均以"义"字为主，以发挥关联作用。文房用品方面，这一类品牌出现较少。在汉口，1854年胡魁章笔店开始扩张，后在悦来胡同开办了裕盛坤分号，制售文房用品。胡开文号在后人不断增多的情况下，依"祖宗成法"的原则，掌门人胡贞观做了变通处理。他规定其他各房起桌制墨，可在胡开文招牌下新开张墨店，但必须加上"某记"或加署"某某氏"款，以示与总号招牌既有关联又有区别。在这规定下，各房各显神通，致使胡开文墨业出现第二轮大发展时期。胡祥禾继任后，大量增加了墨品种。在扩张中，老六房后代胡贞一于1869年在芜湖开设胡开文源记墨庄，后来又在江西九江开设"亨记胡开文"，在南京开设"利记胡开文"，在汉口开设"贞记胡开文"。光绪年间，八房后代胡祥礼、祥钧、祥云兄弟三人在上海开设广氏胡开文，增加了三个分店，后在南京、汉口、天津、北京等地也设了分店。随之二房休城墨店也不甘示弱，相继在多地挂牌开了分店，其业务遍及大江南北。这时胡天注的六房曾孙胡贞益经过调查分析后，认为清王朝镇压了太平军后将恢复科举考试，芜湖成了太平府考试之地，芜湖书院多，墨宝是他们不可缺少的工具。再就是这里是著名的米市，经销活动多，记账交流频繁，耗墨量大。而原有的制墨业在战争中凋零败落，现在需求又开始上升。在这里开设胡开文墨店是最好的选择。于是不顾家人的反对，在芜湖设立了胡开文墨店。芜湖墨店开张以后，果然生意兴隆。后又推出不同档次分号进行扩张。在北京，一得阁继续创新进行产品延伸，开发不同特点和档次墨品，如适用书法家的油烟类有云头艳、兰烟、亮光、大单童和双童等墨汁，适用书写小楷字和工笔绘画的松烟类阿胶松烟、五老松烟、小松烟等不同档次分号。后又延伸开发八宝印泥。

在杂货方面，在昆明滇池下关马名魁开张了福春、裕顺、泰来商号，后扩张又在宜宾、昆明及缅甸仰光、曼德勒开13个商号。在腾冲明绍林开张鉴记号经营进口棉制品，后扩张在保山、下关、昆明、重庆、缅甸曼德勒设分号。洪盛祥号由董绍洪在腾冲创办经营石磺、翡翠珠玉、棉制品、茶叶。后又经营汇兑在昆明、缅甸仰光、曼德勒建分号扩张。锡庆祥号由白族人董澄农开张。董先开张德润生号，经营进出口业务，后又与人合作开张天福昌号。在沈阳天合利号转型为百货商号，单氏兄弟开始扩张，先后在盛京、法库、铁岭、辽阳、营口等地开设了天合东、天合源记、天合辅等带天字商号丝房，达20多家天合利的分号。它们是同一东家，经营同一类商品，在不同地区的分号有一定独立性，有各自的特征甚至不同档次。

四、多品牌扩张

在市场上，有的企业在一个商号下，经营不同产品，又各立商号，自立品牌。它们相互关联但又各自独立。这形式是在名称上以一个或两个字进行关联，但实际是各自独立。这就使品牌扩张构成一个无形网络，但又有不同方向和消费群体，使不少商号顺利走上扩张之路。

有的以前一两个字关联扩张如以复字关联扩张。道光年间山西复盛公派生出复盛西、复盛全、复盛兴等号，分别经营绸缎、布匹、杂货、钱庄、当铺、蔬菜、粮油等行业产品。有的以吉字为关联扩张。1878年，山西榆次人宁继宗到塞外经营父亲留下的吉大升商号。在有信用形象后，他回到榆次发展吉大升，进一步树吉字号品牌。几年后吉大升在榆次成名有了一定实力后，又开始向其他行业扩张，陆续又开张了吉泰隆、吉丰厚、吉履谦、吉玉恒、吉生庆、吉泰公、吉丰成、吉履恒、永吉当九个商号，分别经营粮、棉、油、绸缎、布匹、木器、百货、钱庄、典当等，这些商号既与吉字号关联，但又各自独立，成了多行业的不同品牌。1901年，林慎德在沈阳中街开办了吉顺昌、吉顺洪两家丝房，且在同一栋楼上。在有了良好口碑后，在中街开办了独立的吉顺通、吉顺丝房，后又扩张了吉顺隆等吉字号丝房。还有的以庆和、日升为关联的扩张。到清末，在山东周村桓台人耿氏家教员出身的耿筱琴继承父业，接手经营庆和永纺织品批发和德庆银炉生产，分别经营纺织品、金融业。后以"庆和"关联在全国各地扩张，开设庆和东、庆和恒、庆和长、庆和堂、庆和义、庆和公、庆和祥、庆和源等商号或批发庄，经营纺织品或金融产品。在山西，平遥李氏开张经营西裕诚颜料庄。多年后开张了日升昌进行汇兑业务，后又增建谦吉升票号。进入近代以票号为中心，向其他行业延伸扩张。在平遥新增日升裕、日升厚、日升达、日升通钱庄及日升布庄、日升店、货栈。在天津设如升、东如升颜料庄，扩张到多个行业。清末时曹培德弃儒经商，在山西创立了一系列锦字商号如锦丰泰、锦生润、锦丰焕、锦丰典、锦泉汇、锦泉兴、锦泉和、锦泉涌、锦元懋、锦隆德、锦泰亨。这不同商号分别作绸缎、布匹、呢绒、颜料、药材、皮毛、杂货、洋货、茶叶、典当、钱庄、票号的牌子，从而形成了不同产品的多个商号品牌。

有的以中间字关联扩张。清咸丰年间，山东掖县吕士适五兄弟先后漂洋过海来到东北营口安家，后开张了卤虾酱店铺。1864年吕士适考虑到兄弟多人，既关联也独立，在经营上也可以此思路进行开发。于是在外地投资组建新的商号都用顺字，然后加上自己的理念含义为名称。做到以顺字关联，业务上互有联系，但又独立经营，自负盈亏。吕士适于是乘着信誉，在后河沿先后开张了公顺东、宏顺东、合顺东。1878年开始又向辽阳发展，先后开张了裕顺成、德顺成、大顺成、合顺成、东顺成、永顺成。各自经营不同商品布匹百货、粮油、纸品，形成了不同商号及产品的牌子。

有的以另立品牌进行扩张。在山西，休宁人汪厚庄经营祥泰布庄，其毛蓝布以质优价廉畅销全国并出口东南亚和法国。有实力后又投资金融业，在上海开张多家不同商号如聚生、祥生钱庄，振大典、鸿济典当铺。在山西，太谷商人曹三喜转关内把彩霞蔚号设在本地，分号设在各地商埠、城镇，延伸到不同方向发展到全国各地。开张了榆次广生店、太谷锦生蔚、黎城的瑞霞当。清后期为了扩大市场，在北京崇文门外设了吴鼎新号，在广安门外建协利号，西单北大街建吴新昌号，在东单建信大号，崇文门内开乾泰聚、福盛号。后又在清河开吴德利号，在通州开裕生号，从而创造了企业的多个不同商号牌子。在沈阳广生堂成名后开始再扩张，在辽阳、营口、抚顺、铁岭等地开分号。在吉林开广生堂德记，1861年改为永德堂。之后在多地设不同商号分别经营药材、皮张、绸缎、面粉、烟、茶、石油、百货。在黑龙江，清末时山东一登州人经营的太顺增，后发展为专营茶叶的太顺祥号和专营杂货的太顺利。在天津1886年严信厚在东门开设同德盐号，1887年创通久源札花厂织布局，在上海设源丰润票号，后在江南各省、京津两地设十余处分号，经营兑汇和商业拆放业务。十几年后在天津设物华楼金店，在上海设老九章绸缎店。1904年在上海开同利麻袋厂。1907年创四明银行。从而形成了严氏企业的不同产品、业务的不同牌子。在浙江，道光年间，杭州杨森火腿店成名后开始扩张，1849年始销上海、九江、武汉、广州、香港，后改为杨森和店。1872年以后，进入鼎盛时期，腌缸达100余口，年产火腿4万余只并远销东南亚。后又另开商号进行多品牌经营，开张了经营米豆油的福昌号，经营药材的天心堂。在徽州，汪厚庄在休宁县城及屯溪开设有万洪、万泰、万隆三家汪氏典当。后在景德镇和城里开天生堂药店，一家布店。在屯溪开广源盐栈，在汉口开鼎泰油行。在上海大东门开祥泰布庄。五金方面偶有表现。在上海，1862年叶澄衷开设了顺记号经营五金，由于信誉好，顺记号成为品牌。后通过另立或购买、投资新行业，经营范围广布于五金、煤油、机器、钢铁、洋烛、火柴、金融、地产和保险等业。1870年盘进接手经营煤铁号，改名为可炽顺记。之后又开设南顺记、新顺记等五金号，并在多地开设十几家分号，推销五金钢铁、煤油、洋烛产品。南顺记19世纪70年代开始又在镇江、南京等地开十几个分号。1890年他在上海创办了最大的华商火柴厂——燮昌火柴公司。

但品牌扩张并非都是一帆风顺的。北京同仁堂就是在家族制下由于缺乏明确的经营体制机制，扩张出现了危机。宣统年间乐家四老爷乐达聪第一个在济南开张个人独资的宏济堂及胶厂。当时乐家后人留学海外接受了不少新思想，回国后纷纷开设个人或本房药铺，其他人也仿效。有的是打着乐家老铺牌子下设商号独立经营。十二世的男性10人开张本人或本房药铺4个，两侧门柱上悬各号××堂乐家老铺。从一定程度上说它们也是独立的牌子，是乐家老铺的子品牌。这乐家老铺作为总号并没有完整有力的体制，也少有作为企业的形象，而且主要体现同仁堂形象。所以在亮出乐家老铺时其特征并不清晰，子品牌受其制约不足。因此出现众多子品牌如麻袋装钉子个个想出头，甚至出现恶性竞争。果然四房七老爷乐达仁在上海、天津开达仁堂，在青岛、汉口开分号。20世纪初老大房在西单开乐寿堂。长子在天津等地开分号乐仁堂，其他开宏仁堂。其三子乐度周敢想敢干，初与老铺抗衡，主持几家宏仁堂。有一店开在同仁堂东侧，达仁堂则开西侧，从两侧对同仁堂的市场进行拦截。这样在大栅栏有三家乐家老铺的药号。在天津东马路开乐仁堂、马路东开宏仁堂进行竞争，自相残杀。乐笃周在上海南京路达仁堂不远处开宏仁堂。四房在宏仁堂对面再开一号取名树仁堂，经营中或减价或细料免费或白送方中犀角、羚羊角，与宏仁堂竞争。宏仁堂渐感不支，于是急中生智实行提价，刚好适应上海人价高质优心理，生意反而兴隆，树仁堂只好收场。老三房无本房药店，只有个人的药号。其四老爷乐达聪开宏济堂，由长子经营欠债不少，但他欠债多也不介意，仍行乐，债主进门也只是笑请宽坐。四老爷弟乐达璋在西四开乐舜记药店，继承父业后开继仁堂。市场上这众多乐家老铺的商号无疑乱了自己，也乱了母品牌。

五、续延扩境外

进入清后期，一些品牌由于实力不断增强，一些商人进一步把目光投向国外市场，从而更大规模地在中国南北及国外立商号创品牌。

晋商在北方中俄边境恰克图中方口岸的买卖城开张了不少商号，并通过恰克图对外深入发展。早在 1826 年常万达孙子新设大升玉，之后 1842 年设大泉玉，后人 1866 年设大美玉，1879 年设独慎玉，后扩张在莫斯科设分号，从此总分号联袂经营外贸扩张到国外。19 世纪 60 年代华商在恰克图开办商号达 60 余家。同时在"玉"字号的影响下，晋商纷纷来到这里开张商号，经营自己的牌子，这小小的边界小镇，一时商号林立，仅茶叶商号即达 100 多家，发展到清末路履仁在《外蒙古见闻纪略》中介绍说，在买卖城东西向有一条街，约有半里长又名横街，有较大的商号福源德、天和兴两家。中街上南北向有三条街，中间街中巷子上有较大商号大升玉、恒隆光、锦泰享、久成兴。东街东巷子，有较大的商号独慎玉、永玉享、天庆隆、祥发永四家。西街西巷子，较大商号有公和盛、璧光发、天和兴、永光发、大泉玉五家。它们都是晋帮商号。经营的出口货品以红茶、砖茶、白绸为大宗。其中有太谷曹家的锦泰恒，多人合办的大盛魁，榆次商人的恒隆光，祁县乔家的大德兴等。还说这里的锦泰享、大盛魁、大升玉、恒隆光、久成兴、独慎玉、永玉恒、天庆隆、祥发永、公和盛、璧光发、天和兴、永光发、大泉玉、福源德等最著名，都是晋帮的有名商号。各商号在莫斯科、多木斯克、耶尔古特斯克、赤塔、克拉斯诺、雅尔斯克、新西伯利亚、巴尔纳乌、巴尔古金、比西克、上乌金斯克、聂尔庆斯克等俄国城市都设有分庄。祁县常万达把大德玉总号设张家口，通过恰克图、库伦向俄、蒙古国扩张发展。

但与此同时，在恰克图的经营一方面不断走出去，另一方面也在逐渐走衰，一些品牌退出了市场。这是由于同治后沙俄逼迫清政府签订《天津条约》《北京条约》《陆路通商章程》，获取了不少在中国的贸易特权。他们在边境可免税贸易、在内地可直接采办茶叶、办商号。由此恰克图失去通商口岸的唯一地位，货物不断向他地分流，致使华商在此树立的品牌也开始衰落。在这形势下晋商没有坐以待毙，而是审时度势，"以其人之道，还治其人之身"，要求清政府批准深入俄境贸易。时俄政府又要求在张家口通商。由于这会影响和渗透京城，由此清政府方准晋商出外，"假道该处（恰克图），赴西洋诸国经商。"晋商于是又高举品牌旗帜，纷纷向俄国多个城市市场进军。

这时期在其他地方也有商人将产品销到国外，并亮出了自己的牌子。在广州随着出国谋生华人不断增加，陈李济的产品被引销到新加坡、马来西亚、越南、泰国、缅甸、印度尼西亚等地。1856年又在广州十三行开设批发所作为产品输出、洋药原料输入的口岸机构，陈李济也就开始直接对外经营，扩张到国外。在云南，弥勒人王炽在重庆与旅渝滇商合营开办企业，取名天顺祥号，行川滇互贸。后又与席茂之在昆明合开同庆丰号（钱庄），后又在越南、马来西亚开设了分行扩张到了国外。在山西太谷有晋商开张锦全昌、万聚恒、元生利等，他们从四川采购夏布以上海为基地直接与朝鲜、西欧的行商做生意。太谷曹家则直接在莫斯科设商号，从河南鲁山采购曲绸运到张家口打包，贴上曹氏商号标签运往莫斯科经销。在蒙地到清末时，陕商在各旗的商号达230多家。在湖南浏阳生产花炮的有十家九爆，仅城关镇有作坊300余家。到光绪初始有出口，如保生东号在汕头设庄，将花炮运销南洋；丰绥永号经营汉口庄，转上海出口。培德厚通过洋行出口后于香港自设鼎元和爆庄，产品直销南洋。在云南，在思茅的江城一带产茶经焙制存放几年，然后销香港、越南、新加坡、菲律宾。信昌号在江城设敬昌号，加工七子饼茶运港，销量迅速上升。

也有的开张商号直接经营国外产品。道光年间云南腾越李茂林、蔺白新合伙开三成号，总号设缅甸瓦城，在国内的腾越、永昌、下关、昆明和国外曼德勒及缅北八美、密支那开分号，经营丝绸、玉石、棉花进出口业务。虽然没有资料说明在国外如何立商号创品牌，至少说明在封闭状态下开始走出了国门，在国外市场立起了中国商品经营的牌子。李永茂在缅甸开设永茂和，经营玉石、宝石、百货。该号成名后 1897 年在腾越建总号，在缅甸设 8 个分号，在国内多地设分号，经营生丝、紫胶、牛皮、茶叶、木材、烟酒、百货等进出口贸易及汇兑。

　　这大批品牌形成、价值表现及品牌各种形式的扩张，充分说明清后期的品牌创造有进一步发展，不但数量更多、分布更广及有明确的产品品牌出现，一些品牌对国外市场的占领也有扩大。这说明清末品牌创造进入了新的阶段。

下篇 民国时期品牌的繁荣走衰

　　中国品牌在经过近代七十多年转型后进入繁荣时期。这时期虽然社会动荡，但市场在开发产品经营商业中的品牌创造却在快速蓬勃发展。只是好景不长，很快在外敌侵略及国内动乱中走向衰落。

商品经营及品牌状况

一、新经济条件下的商品生产

20世纪初到40年代后期，民国政府推出了新的经济政策，对商品生产经营有鼓励支持也有排斥甚至打压，与前期比曾有更多的自由经营，商品生产不可阻挡地快速发展起来。

（一）不同经济政策的影响

20世纪初，新成立的民国政府初推商品生产新政策。1912年1月1日中华民国成立，结束了长达两千年的长期实行贬商抑商政策的君主专制统治。民国政府建立之后，新政权一直处在动荡之中。新政府为推动经济发展和取得商人的支持，沿用清末有激励作用的经济法规，又拟订了《商业注册章程》，陆续颁布了准许商号自由及注册的法规达100余件，鼓励兴办公司、保护工商企业、提倡国货、裁厘减税、统一度量衡，这都为以后商品生产及品牌发展创造了条件。在经济法规的作用下，一些官员鼓励支持商业，如在长沙，三起三落任湖南都督的谭延闿，在起落中不忘主张和关心创办新式商业，每当省城有身份和规模的商号开业，谭总要亲临道贺，题写招牌和楹联。他先后为介福昌绸布店书写了"通功易事无余布，纬地经天具大材"；为北协盛药店书写了"大开窗户纳宇宙，醉与花鸟为友朋"，为天然台茶馆书写了"客来能解相如渴，火候闲评坡老诗"等商业楹联，对长沙商号起了极大的鼓励作用。

这也说明有一些政府官员是鼓励和支持商业发展的。1915年，在美举办博览会。孙中山、袁世凯积极支持参展，任命浙江人陈琪为筹备事务局局长、代表团长，以参展博览会促中国商品和品牌市场地位及成名。经一年半准备，集中了 19 省区 10 大类 10 万余件展品，在会上设九个展馆，规模仅次于东道国美国，获奖章 1218 枚，其中金奖（一等大奖）57 枚，世界第一，其中张裕葡萄酒、泸州老窖、茅台酒也在会上获了奖，树立了良好形象。20 年代后期到 30 年代，政府再出政策以推动商品生产经营。1927年国民政府成立后，国内商业也出现了新趋势，经商条件也有进一步改善。1935 年开展国民经济建设、立法裁撤转口税、增加进口税、减免出口税，推行了一些有助于经济恢复的政策措施，颁布了一批条约法规，尤其推出了《奖励工业品暂行条例》。同时改革币制，统一度量衡，极大地降低了商品经营成本，促进了商品经济及品牌的创造发展。30 年代中后期进入抗战时期以后，各区推出了严格经济管制政策。这时期中国出现了多个不同的统治政权及商品交换地区。在这些地区内推出了不同的经济政策。在国统区国民政府为了控制经济命脉、集中资源和经济管理，推出了严格控制政策。在日占区日伪政权在关外东北、关内沦陷区华北、华中、华东实行统制政策。再就是统制物价。它们推行全面配给，民族商业从而受到极大限制和打击。抗战时的币制改革及其限价政策更使商人雪上加霜，而限价还使手工业品生产大量停产。限价取消后，金圆券贬值，产品生产因进口原料上涨了近 40 倍，产品销售价只涨 25 倍，造成大量产品亏损，不少产品及品牌难以为继。抗战胜利后，国民政府派出接收大员对民族商业再次打压、强占，使不少商号及品牌无法经营。他们滥发金圆券，名义上限价，实际上反而导致物价疯狂上涨，同时又面临新的战争，致使众多品牌处于风雨飘摇之中，瘫痪或消亡在市场上。

（二）不断兴盛的商品生产

第一次世界大战至 20 世纪 20 年代，先是外国商人减少了对中国商品输出，市场上商品供不应求价格上涨，中国出口商品也不断增加。旺盛的市场需求和人民对利益的追求极大地刺激不少人纷纷投资组建企业、开发产品。在振兴实业救国、实业建国口号鼓舞下，在全社会掀起兴办实业的高潮中，各种企业如雨后春笋般在各地涌现，开发经营商品。

这时期进行产品生产的企业在各个行业都有较大增加，尤其是新型产品企业更为突出：一是棉纺织企业。不少人在各地兴办了不少纱厂、织布厂，在上海的三大实业社还生产出毛巾新产品，从而取代了布巾。在山东有棉织厂 200 多家。这说明山东纺织企业很发达。二是机制面粉企业。早在清末上海出现机制面粉，民国后在山东也开始大量这种产品生产。1916 年孙多森、孙多鑫又投资山东济宁开张了济丰面粉厂；1919 年又在河南新乡设通丰面粉厂、济南兴顺福面粉厂。后在青岛、烟台、泰安、周村、高密等都有面粉厂推出。三是钟表企业。这又是一个发展快的新型行业。钟表商董子星创办上海中美钟表公司、三星钟表公司后，又收购并创建上海钟厂，正式生产台钟、挂钟，深受顾客欢迎。中国钟厂开张后，又有亚洲、华强、远东、时民、文华等钟厂以及多家零配件厂相继开业。此时上海时钟行业基本形成。在烟台中国造钟业也很集中，抗战前有宝时、永康、慈业 3 家造钟厂，产品运销全国各大城市及南洋群岛。因当时我国时钟制造厂少，烟台造钟业乃执全国之牛耳。四是颜料生产企业。中国颜料自古使用土靛，自外洋化学颜料输入后传统产品土靛销路急转直下。进入民国后山东始有商人设厂仿制化学颜料，到 1933 年有济南裕兴颜料公司和青岛中国颜料公司。它们的产品除行销本地外，还大量运销外省销售。五是药品生产企业。这类企业在民国时期获得进一步发展，到民国二十年杭州市有大小药行 151 家。清末这里西药产生后急剧增多，民国前有西药房 6 家，民国二十六年西药房达 40 家之多。抗战胜利后增加到 60 多家，可见西药产品生产发展之快。

在这些企业中，我国民营资本投资的新式企业，在民国前只有数百家，民国后从 1914 年到 1922 年兴办实业高潮中，民营企业得到前所未有的发展。1913 年和 1919 年兴办实业从 1000 多家上升至 2000 余家，到 1920 年我国有近代工厂 1700 多家。因此新兴产品也随之不断推出。民国以后新的工业部门不断产生，且不断细分。这其中有化学、钟表、机器制造、五金、针织等业。第一次世界大战后进口减少，各地纷纷设厂生产，尤其上海最多。此外还有火柴、榨油、烟草、制糖、造纸、制革、玻璃、橡胶等业开张进行了新的产品生产，为新的品牌树立创造了条件。民国以后机器生产不断时新起来，尤其是纺织品生产更为明显。1911 年开张的中国化学工业社生产牙膏、牙粉，也分别在 1920 年、1921 年使用电机生产。华生厂 1916 年只几件手工工具，后购置电动车床制造电扇。其他行业都有由手工向机制过渡的企业，从而使更多优质产品进入市场。

同时更多商人投资生产领域生产产品，推出不少产品品牌。如投资棉布、面粉、钟表、染料的生产。云南大理白族人赵永开张裕和号，投资生产石磺。在蒙自有商人设顺成号在个旧生产锡。这时期一些地区出现了专业手工业区，在河北、河南、山东、安徽、东北都有在一个地区内众多企业生产同一类产品，这无疑也是商品生产。1926—1929 年间河北高阳是著名的手工织布区，产布约 380 万匹。1915 年河北定县输出土布达 400 万匹。1923 年河北宝坻最盛时期产布 480 万匹。1916 年山东前后周村有丝织业户近 3000 家。其他手工业如河南许昌附近 19 个县，制造卷烟的作坊有 600 处以上。皖北的凤阳、涡阳一带产烟区，卷烟成为农家的主要副业，还有几十家卷烟作坊。早在清末，华商对于卷烟都是仿制生产，到 30 年代华商烟厂达 100 多家。又如东北三省的榨油业也很发达，哈尔滨附近的油坊就有 2000 余家。中国原来没有针织行业及产品，光绪年洋货盛销，国人纷纷购机仿制。1927 年，杭州出现针织厂，生产衬衫、毛巾、袜子。1926 年浙江硖石县有大小袜厂三十来家，一个县就有这么多厂进行同一产品生产，应该是高度专业化面向市场的。

从此，纺织、制药、火柴、化工、水泥、钟表、电器、机器制造行业及产品也不断亮相市场，为品牌创造打下了坚实的基础。

（三）商品生产经营由盛转衰

从 30 年代初期到 40 年代末，在政府统制管控和日军侵略、战乱的摧残下，商品生产不但发展速度减慢，甚至走向严重的衰退。在 30 年代前后，国营资本上升，民族资本工业继续发展但开始放缓。1928 至 1934 年注册的工厂数和资本额均在逐年下降。上海当时集中了全国工业的大部分，但 1934 年后上海新建工厂不多，改组的多，倒闭的也多。在政府不断强化控制垄断经营中，改组和倒闭企业大量出现，说明市场很不稳定且面临危机。南洋烟草公司产品及多个品牌一度畅销国内市场，但 1928 年后开始亏损，后停止营业，由中国银行投资控制才走向恢复。在东北，30 年代初商品经济刚迅速发展就出现严重放缓。在这日占区日本通过"南满洲铁道株式会社"作为大本营,掌控东北多个行业。1931 年 12 月,沈阳市的工商业户由九一八事变前的 1.5 万户减至 7000 余户,停业数在 50% 以上。1934 年在沈阳、安东、营口、辽阳等地,凡以贩运中国内地货物经营的商号多数由萧条而倒闭;凡专贩日货则利市百倍,而日人商店在各地迅速发展起来。进入抗战时期,商品生产受到严重摧残。在日占区东北,1939 年民族商业商号有 5.7 万户,但大多走向衰落。在华北,日军占领后华商工厂、商店或停产或倒闭。在日伪侵吞和物资统制政策下,许多工厂没有了原料来源而被迫停产。市场经营环境日益恶劣,商品及品牌经营艰难。民营企业及其品牌遭受日军、日商侵占、打击而处境艰难,岌岌可危。在关内占领区,日本侵略者在这里或独营或委托或合办,强占中国市场,致使中国品牌创造日益艰难。有些品牌在恶劣环境中求生存经营,不少品牌艰难维持,或停业或走向消亡。

(四)抗战胜利后再现产品生产锐减

这时期,由于国民政府接收的混乱和激烈的战争,从东北到东部沿海及华中地区经济日益萧条,市场冷清。自 1946 年下半年至 1947 年,上海、天津、重庆、汉口、广州等十多个城市,工厂和商店倒闭达 2.7 万多家。上海市原有工厂 4000 多家,1946 年底已倒闭了 3000 多家。在天津、重庆、沈阳、汉口也出现大量工商业倒闭,这都影响了品牌的经营。

这时在根据地却发展兴盛。陕甘宁边区有光华商店、多个公司开张经营。尤其在解放区国营商业迅速发展,合作商业蓬勃兴起,私营商业有所发展。1946 年 6 月东北齐齐哈尔私商有 985 户,到 1947 年 9 月则发展到 3175 户。1947 年哈尔滨市有商店 3500 多户,到 1948 年初发展到 9400 多户,可见增长之快。

二、快速发展的交易市场

辛亥革命后,作为中国品牌生长和繁荣的市场得到快速发展。开张的商号大增,经营规模扩大。尤其在进出口贸易不断增长的影响下,商业组织、贸易方式不断近代化,从而为品牌生长不断创造条件。

（一）大量商品进入市场

民国时，商品经济深入发展，致使深加工产品和工业品不断向市场推出。在市场上商品的数量快速增长，内容不断变化。

从不同方式看入市商品有传统的也有新式生产的。这时入市传统生产的产品有棉织、制革、榨油、酿造、面粉、缫丝、茶叶、榨糖、土纸等。以新方式进行生产或加工出口或进口替代的产品有花边、草帽辫、抽纱、肠衣、蛋粉、猪鬃、针织、制皂、西药、日化、搪瓷、地毯、火柴、石印、铅印、机器、五金、时钟、电器产品等。

从入市产品品种看主要的商品有纺织、食品、药品、五金电器、化学、日用化工、轻工等产品。在纺织品方面，入市的有棉纱、棉布。在绒线方面，由于外商在华本土化生产，一些华商随之向市场推出相应产品，1919年三新线厂开张后，又有多家棉毛纺织厂推出了绒线产品。在食品方面，早期是美商沙利文糖饼公司经营糖果饼干，长期垄断中国市场。20年代有国产产品推出，冠生园、天星厂先后产出了糖果食品。在药品方面除原有中药外，不少西药商号陆续推出了不少西药产品。1913年上海已经有29家华商西药房，到1920年达到85家，呈后来居上之势。重庆、西安都有不少西药房开张。日用工业品不断推出，如橡胶制品、民用电器、罐头食品、针棉织品、毛织品、鞋帽、味精、电池、肥皂、蜡烛、油漆、玻璃、苏打、纯碱。在轻工业品方面有缝纫机、自行车。30年代成衣中开始出现时装，款式流行时间越来越短。仲华在《现代妇女的时装热》中说近年来男子的服装只变了二三变，而妇女的服装则至少已经历了一二百变。发端于20世纪初的旗袍到30年代开始代表女性并得到她们的广泛欢迎。这是中国女性服装最高境界的服装，也是中西合璧的产物。在五金电器品方面有手电筒、时钟、搪瓷、电风扇、铝制品等也很受市场欢迎。

从生产区域看各地有自己的优势商品。传统商品外的新式商品方面在上海明显较多，处于全国领先地位，而且多为现代工业品，如纺织品、化工产品、搪瓷、玻璃、五金电器、橡胶、缝纫机、自行车。这在内地是较少甚至没有。在山东出现多种工业品入市，食品工业有丰泉啤酒公司产品，青岛、济宁有蛋厂。在卷烟业方面有济南裕隆、即墨泰东、青岛等烟厂产品。饮食品种有济南的泰康罐头，烟台的东亚、德丰、福兴公、振东罐头。烛皂业有济南的兴华、大兴及烟台的源成泰的皂类产品。济南的泰华厂兼造洋烛，烟台的公盛、福利、宏源永则专制洋烛。布产品在济南最先开办的为久兴机器织布厂，后有瑞生、正大厂，周村有东和益、丽新，潍县有隆丰、德信亨等厂的产品。20 年代铁木提花机进入周村，宝丰、瑞华，产出大量丝织品。在天津有新品毛线、纯碱。到 1920 年宁商在此经营的服装店就有十多家。这时入市商品不断细化，行业也不断分裂，如京广杂货中独立出钟表、眼镜、热水瓶、无线电、毛线。从五金行业中分出脚踏车、缝纫机、汽灯等。从面粉到纺织品，从化工到香烟都有细分产品呈现在市场上。

大量增加的外国商品。这时期外国商品大量进入中国市场，甚至出现了不少洋货的本土化商品。抗战胜利后的 1946 年 7 月，美商在中国设立的分支店达到 115 处。在永安公司的美货竟占总货物的 80%。可以说无货不"美"。进入中国市场的有玻璃丝袜、奶粉、棉花、烟草、香水、纸、福特汽车，而仅从美国进入的就有石油、机器、车辆、化学产品、烟草、火柴、面粉、雨衣、牙膏、药品、奶粉、罐头、服装、布匹、鞋帽、水泥、金笔、香水、口红等，高档商店更是琳琅满目。大量美货由于品优价廉，不断蚕食中国市场。1946 年美货的价格，一般相当于中国产品的 1/3 到 1/5。在上海美国汽油一加仑售价 700 元，等于南京每加仑开水的价格。四川广柑在产地卖八九百元 1 只，而美国橘子在南京街上不过三四百元。在低价优质的优势下不断占领中国市场。

（二）各地商店蓬勃发展

随商品大量产出入市，各地城市、乡镇的商店也雨后春笋般地开张出来。据巫宝三等人在《中国国民所得》一书中推算，1933 年包括饮食、服务业在内，全国共有商店 164 万家，它们集中在各地城市里。在山东，据介绍，30 年代初济南商业共有 47 个行业 1228 家商店。青岛全市共 35 种行业，商店 5514 家。烟台有 9 种行业商号 417 家。龙口、威海卫等地也有不少商号。周村镇商号有 700 余家。在上海，先后出现了较大的商务公司、毛线商店、百货店、杂货店、银行等。1913 年棉布商业企业达二三百家，后不断开张了新号。《上海商业名集》记 1919 年棉布商业会员户数达 500 多家，1937 年棉布商号有七八百家。上海百货公司也多。民国后香港先施百货在上海开张百货店，继之又有华商开张了永安百货公司。在上海百货业发展细分成小百货（零售）、华洋杂货（批发）行业。上海的小百货行业中，在 1900 年时有 130 多家，1910 年南北洋广杂货号约有 200 家，到 1913 年增加到近 300 家，进入 1925 年增长到近 400 家。在 30 年代的经济危机中小百货业受到冲击，不少商号歇业。1926—1936 年在同业公会登记新设商号有 157 家。1936 年上海小百货行业中有 700 多家商店。到 30 年代，在上海的商业已发展成 23 大类的各类中又分出不同的专业，全市形成了 204 个行业。同时出现了多个专业交易市场。上海华洋杂货业在 1931 年成立同业公会时有 33 家，到 1936 年约 100 家。在汉口，商店由 1914 年的 13000 多个增加到 1929 年的 15900 多个。在长沙，民国后商店得到快速发展。据 1922 年 1 月 5 日《大公报》调查，经商会注册的行业达 95 个，时有店铺达 3300 多家。到 1933 年商店增至 12000 多家。1904 年长沙开埠时，有洋行 17 家，到 1925 年达 88 家。南货店方面，1920 年长沙有近 150 家，到 1938 年全行业达 380 多家。书店方面，民国时期先后有新旧书店 220 家。这些书店有的规模较大，如以书多、学术权威性强而著称的中华书局，也有大量小店。40 年代后期，长沙有书店只 72 家，后倒闭不少。在广州，1914 年有棉布商号 192 家，到 1936 年达 300 余家。1920 年这市华洋杂货店有 600 多家，到 1929 年增为 765 家。在西安，1931 年有 3000 多家商店，到 1935 年就增加到 4000 多家。在兰州，1923—1928 年，特色产品水烟经营又一次兴起，营业者多，其中临洮人开烟丝坊达 150 余家。行业增加，竞争领域扩大，同行商号增多竞争更加激烈，从而不断推动品牌化深入发展。

由此，一些市镇、边境也出现繁荣景象。民国初江西铅山河口镇有商店 2000 多家，大店名铺集中在一二三堡大街。20 年代集散中心转上饶，尤其 1931 年前后在动乱中商号减少很多。1935 年商店仅存 383 家。抗战时外地商人迁入开张商号，还有不少纸商进入，河口镇又出现繁荣。在苏区也有不少商店开张，如江西宁冈县工农兵政府药店。赣东北苏区的工农药店。1933年闽浙赣苏区的药店达30余家。闽西长汀办有红色饭店。有中华苏维埃钨砂公司、博生纸业公司、兴国樟脑公司、中华商业公司。1943年，在太行区按经济流向设立了8个总店。在西藏地区不产茶，但要消费大量茶。在这受限的条件下，1927年恒顺公派余敬诚由滇出发取道缅甸入印，转藏探明运输线后便在勐海设茶厂，从事紧茶生产，运销西藏销售。

（三）出现更多繁华的专业街

民国时期，适应消费者方便、比较、挑选购买的需要，一些同类商品进一步聚在一条街或附近几条街上，从而形成专业街区及新式商店一条街。这现象在多地都有出现。在北京，王府井大街及东安市场是较晚兴起的街市。这里元代时为小街，明朝时修十王府，中后期出现店铺及商号，入清后杂草丛生，偶有摊铺出现并日渐繁荣，光绪年始建东安市场。民国以后进入这里的人员陆续有清王公遗族、遗老遗少和军阀新贵、官僚、政客及各国使馆官员、来华洋人来此居住。这街也就称王府大街。由于距东交民巷较近，洋人也常来搜寻珠宝玉器、珍贵文物。从此王府大街成了洋货、高档品为主的市场。民国四年，美国石油大王洛克菲勒买下原豫王府旧址建协和医院。1917年法国人与中方合资在王府大街南口建起北京饭店，东侧则有西式旅馆、平安剧院。之后中外商人纷纷在此开店铺立商号，经营洋货、金融业，开张不少洋行，有古玩店、西服店。面对大量洋商号在王府大街亮相，中国商人也不示弱。一些商人于是在此开张不少商号。在北京西单北大街原来没有什么商店，1930年加拿大归侨黄树晃在这里建造了厚德商场，四周是商业铺面，其间按东西方向分为四条街，划出摊位供商贩使用。在厚德商场北建成福寿商场。这两商场由此合称为西单商场。到1935年西单商场内共有商店150多家，商场周围也随之繁华起来。在北京琉璃厂，1911年藏书家缪荃孙又作《琉璃厂书肆后记》，列举出琉璃厂的旧书铺近30家。民国三年缪又作京华游以《琉璃厂后记》补记，出现了几十家包括同古堂在内的新商号。二十多年后，琉璃厂古旧书商孙殿起又作《琉璃厂书肆三记》，把琉璃厂东西及周围胡同中、南新华街上和海王村公园中的古旧书铺及个人经营旧书业者一并列入，有216家。在天津，出现了滨江道商业街。1920年高兴樵买下大观园旧址兴建了天津商场，后改名为大观楼。1928年在和平路与滨江道交口处建成天津劝业场。1928年建成后，创办人高兴樵请人撰写劝业藏头联，"劝吾胞舆，业精于勤，商务发达，场益增新"，以此诠释劝业场及其内涵。这里集商业、文化、娱乐、休闲为一体，场内有商店近300家。开业当天有2万多人参观购物，轰动全城。繁华的劝业场很快带动了周边地区各行各业迅速发展，使劝业场地区逐渐发展成天津最繁华的商业中心，方圆几平方公里内商号鳞次栉比。在辽宁沈阳出现了繁华的中街。1926年以前这里大多是平房，少数二三层楼房。1927年拓宽街道，增人行道，改建新楼，修饰门面。由于街道拓宽视线好，致使新楼气派，交通便利，店铺增高，商号耀眼，中街很快繁华起来。在辽宁营口市辽河大街也是一条专业街。早在清雍正四年修建了天后行宫，始客商如云，店铺林立。咸丰十一年开埠对外通商，各国商人纷至沓来，成商贸中心，粮栈、油坊、银号、杂货、绸缎、金店纷纷开张，不少还中西合璧经营。1906年在营口有商号达400多家，至1931年营口的商号发展到2500多家。在上海，出现了更加繁荣的南京路。至20世纪二三十年代，南京路蜚声海内外，成为全国规模最大的商业街。在法租界，随着西江路、宝昌路的建设，以及外国侨民的大量入居，商人们在这一带开店设铺，经营服装、皮鞋、西药、百货、乐器、餐饮等业；同时霞飞路成了颇具特色的商业街，到1933年上海共有商店7.2万家。而公共租界和法租界内有商店3.4万家。在南京路出现了大量新式的商号，时南京路东外滩成了金融街。民国初宁商在上海创办了十余家银行。之后有中国银行、中央银行总行进入；浙江的银行也陆续迁入外滩及邻近地段。1937年在这里的民营银行总行达48家。从而在外滩及邻近地段内的中外银行、钱庄发展到160多家。许多金融企业在外滩、江西中路、南京东路、北京东路、九江路等地建造高楼大厦，至1949年外滩及其附近银行、信托公司共计150多家，可说是上海和中国的金融中心，集中了大批金融商号。在上海还出现了福州路文化街。早在19世纪40年代起，外国列强开始在上海开辟租界，福州路东开始有外商建的洋行。咸丰三年小刀会起义，大批华人涌向租界，报刊书肆、笔墨笺扇、仪器文具行业相继在此创设，戏园、茶楼竞相开张。至19世纪末，福州路及其附近，报馆、书局、笔墨文具店集中，戏园、电影、茶园书场、游乐场、舞厅等文化娱乐场所密布，戏班演出频繁，文化街经济初步形成。民国以后望平街附近报馆聚集，有20余家在此争雄。有《上海洋场竹枝词》称"集中消息望平街，报馆东西栉比排。近有几家营别业，迁从他处另悬牌。"这里逐渐成为上海的新闻发布中心，也有称报馆街。尤其《申报》《新闻报》《时报》三大报馆聚集，在申城形成三足鼎立，争夺上海报业盟主。还有商务等大型书局（店）也先后在此开设。传统的文房四宝行业的笔墨庄也迁入福州路附近营业，从而文化街经济繁荣起来，一批文化业商号在此争奇斗艳。在南方广州出现了文德路文化街。这街在30年代，出现了较大的店铺，如文华阁等。更多的是有通俗名称如民生、大中等商号。小摊档的一般称"记"，如彬记等。

在其他地区，在汉口有汉正街，长沙有波子街，济南芙蓉街、徽州屯溪街，江西铅山三堡街，这都是商号云集的街区。在这些专业街区商业集中建设，同行业内易同质，竞争也更激烈，也极大地推动了品牌的生长。

（四）抗战之后商业急兴速衰

抗战时在东北、华北、华东被日军侵占后，不少人西迁。因此后方人口大增，要求大量商品供应，这又推动了西部商业飞速发展，形成了多个新的商业中心市场，如重庆、成都、西安、贵阳、昆明、桂林、兰州。这时仅重庆商业同业公会就有123个，大小公司商店27000多家。在重庆由于人口猛增，游资大量进入，通货膨胀，投机盛行，相应企业迅速扩张，到1942年9月商店达25900多家。但在这之后整个后方都出现显著衰退。在西安棉布业先后倒闭企业达800多家。

抗战结束后，大后方商业迅速走向萧条，在收复区由于国民政府的盘剥敲诈加上通货膨胀、美货倾销，不少民营企业经营惨淡并迅速走向消亡。上海的工厂在1946年下半年倒闭了1600余家。之后在币制改革和限价政策中大量商号停止经营。同时出现物资紧张，通货膨胀，投机盛行，尤其黄金、外币、证券、房地产、轻纺品、五金、西药被投机商人操纵。日用品价格一日三涨，仅兵船牌面粉，1947 年 8 月每袋法币达 21 万元。一年后价格上涨达 3150 万元。通货膨胀严重打击了商业正常运行，致使大量商号倒下。1948 年上半年，仅京津的民营厂就倒闭了百分之七八十。广东 400 多家厂有 300 多家歇业，四川省参加产联的 1200 家厂关闭了 80%。大量华商品牌岌岌可危或退出了市场。同时日本投降，日商退出市场后，美英产品大量销往中国，大量品牌充斥中国市场。

三、品牌发展概况

民国前期，在国内政权不稳和西方列强无暇东顾及新经济政策的影响下，我国商品生产及经营得到较快发展，市场上与此相适应，商品品牌创造和经营也雨后春笋般地蓬勃兴起。但在 20 年代到 30 年代初不少中国品牌迅速走向繁荣之后，由于战争影响而昙花一现，迅速走衰。

（一）品牌发展的几个阶段

在民国前期，品牌迅速发展。当时军阀政府你方唱罢我登场，接二连三地出现一些动乱，但市场经营较自由，产品开发、品牌创造蓬蓬勃勃发展起来并进入繁荣期。这时由于政府管理较弱，市场经营环境较宽松，人们消费也更注重新品、热衷于工业品、洋货并开始崇尚品牌。一些人放弃木杆白铜锅、关东大叶换用纸烟；昔日饮酒，众推柳泉居黄酒，今则非三星白兰地、啤酒。适应这种需要，一些商号、企业亮出品牌，不断开发新产品，实行新的经营策略，采用新的传播形式吸引消费者。如上海的双钱牌、亚浦尔牌、宝塔牌、佛手牌。在武汉有桐君阁、太平洋牌。在四川有五粮液、小洞天。在长沙有寸阴金都有较大发展。30 年代前期，国民政府不断强化垄断，排挤民营，品牌创造开始减速。

之后由于遭受日军侵略，市场经营环境日益恶劣，品牌创造不断退市。30 年代日本侵占东北后，不断排挤摧残华商商号。由于交通阻断，进货难，不少商号营业每况愈下。1941 年下达限价令，沈阳老天合的商品多属停涨类且仍要销售。因此购者人山人海，质优品被抢购，呆滞品大量积压无法脱手，资金枯竭，只好倒闭。不少商号品牌在恶劣环境中求生，或艰难维持，或走向消亡。在后方人口大增，需求大量商品。这又推动了这里商业飞速发展，尤其在重庆商业企业迅速扩张。在敌占区不少民营企业遭受日军、日商侵占、打击，岌岌可危。在一片衰落浪潮中，上海成为孤岛时出现品牌绿洲，有鹤鸣牌、飞机牌、永久牌、名星牌、康派司牌、祥生号、金星牌、三五牌、飞轮牌、回力牌、船牌、象牌、祥生号、钟牌、飞人牌诞生。这仅仅是霜打中偶现的绿叶，多数市场的品牌则是嗷嗷待哺。

抗战结束后，大量品牌由衰而亡。这时原内迁的人口又东迁，大后方商业顿时走向萧条。在收复区国民政府派出接收大员，对民族商业不是打压，就是强占，使不少商号及品牌无法正常经营。由于政府的盘剥敲诈，加上通货膨胀、美货倾销，民营企业经营惨淡，不少品牌走向消亡。上海的工厂商号在1946年下半年倒闭了1600余家。同时政府又推行币制改革和限价政策，由于美元的实际增值，购买同样的外国原料要增加支出30%。从而使手工业品生产大量停产。限价取消后金圆券贬值，产品生产因进口原料上涨了近40倍，产品销售价只涨25倍造成大量亏损。同时在这些地方出现物资紧张，通货膨胀，投机盛行。在剧烈动荡的环境下，中国品牌迅速地走向衰亡。在解放区商业则得到一定发展。在新政府支持下，私营商业发展，公私合营商业兴起。在哈尔滨抗战胜利前，这里有私企1600多户，到1948年达到3800多户。1947年在沈阳同记商场日收入达百万元，超过伪满时期的最高收入。

（二）品牌创造更深入

民国前期，曾出现大批商人不断探索创品牌。有的不但开张商号，而且针对其产品取名进行产品品牌创造，出现了前所未有的创牌高潮。在品牌识别要素构思中更重视商标设计而且注册以取得法律保护。有的经营多年，也觉醒开始创品牌。可以说民国时不少品牌创造更明确、更深刻，把品牌创造推向了新的繁荣阶段。

第一，更努力取得品质的支持以求顾客信任。为使产品有用、方便、安全、可得顾客认可，有的商人不断改善、创新产品。有的反复试验，解决技术难度，甚至设法冒名到外商或外厂学习。有的制订严格产品检验制度，确保产品入市优质。有的求技艺支持高薪聘请技术人才，有的不断试验、攻关，解决生产技术难题开发新品，提高品质以取得优质，保证诚信实现。有的明确制订检验制度验收标准，确保优质，保持信用。

第二，更明确定位构思商品识别要素。这时期更多商人从消费者性别、档次、大小、性质区分，以进一步明确品牌对象并相应构思商品识别要素。有的细分选择大众消费者如武汉蔡林记、上海良友，有以某一部分消费者为对象如老美华女鞋，有针对文人的王四酒家和同古堂、赏古斋。在定位上更贴切，消费者也更容易寻找到相应牌子。在品牌识别要素构思上，有商人在继承前人经验的同时探索了不少新形式。与新思潮相结合体现取名标识如征东牌、抵羊牌、勤俭牌。有以一般人物为名称如小弟弟牌、双妹牌、美女牌。有以动植物尤其是动物为名称以表达爱国为号召。有以数字加吉祥字、以警句、缩略词、译音、物体轮廓图形、新词为名称，拆字命名、加老字取名。在标志上更多以变形汉字、动植物图，尤其是抽象图及特有色彩为标记。

第三，在品牌创造上更深入。在争取信誉上更重产品品质支持。在品牌产品策略、营销策略上有进一步发展。在争取顾客认知上选择和创造了更多形式。如探索了更多以报纸图画广告，新出了明信片、霓虹灯、音响、月份牌、路牌、橱窗广告，参与展览、公益活动等。有的强化广告语、增加趣味性。有的还在企业内设广告部，进行品牌管理。在销售中紧密结合经营细节，进行品牌创造，如陶陶居、同古堂、醒狮牌设法与消费者建立良好关系，兄弟公司、虎标牌赞助公益事业，有的甚至培训消费者。有的进行实惠营销，价格上明码标价，可退可换，给人实惠感觉。不少品牌为在竞争中形成优势地位，不仅华商品牌之间而且与外商品牌进行竞争，如为市场地位或商标而争。

第四，在创造中提升和强化品牌管理。民国时期，不少商家都进行品牌管理，注意提高品牌创造效果。有的及时调整经营创造组织，调整定位和识别要素。有的开始了更清晰的强化管理，或调整振兴、或处理好危机，加强和巩固与消费者的关系，从而结晶了更丰厚的品牌资产。有的延伸扩大了规模，成了区域性、全国性品牌。更多的还走向了国外市场。

（三）各地品牌数量大增

民国时期虽然时间短，但商人开张的商号和开发的产品相对前期明显增多。现在记录的不少商号和产品虽然不能说都是品牌，但能记录下来的只是其中一部分有一定影响或得到消费者认知、认可的。这在各地都有表现。

在北京市场上，由于传统消费仍然旺盛，新需求也不断出现。这里即使在动荡形势下，商人们照常活动，继续经营或开张新的商号。在王府井大街有百货公司、同升和鞋帽店、大明眼镜店、亨得利钟表行，盛锡福帽庄，宝美斋糕点铺、永仁堂国药店、清华园浴池、东兴楼、萃华楼饭庄、华兴蔚百货店。另外还有亿兆百货、紫房子、启元茶庄等。在琉璃厂，有实力雄厚、几代相传的东琉璃厂韩心源主持的著名的翰文斋书铺。之后出现了一些新名号，如松筠阁、槐荫山房、晋华书局、有益堂、直隶书局、述古堂、赤薰阁、同古堂等数十家。饮食商号中饭庄有庆和堂、会贤堂、聚贤堂、福寿堂、聚寿堂、天福堂等。比饭庄规模小一级的饭馆有广和居、东兴楼、明湖春等。在天津市场，仅在南市就有不少商号，有绸布庄，服装成衣店，还有照相馆等服务商号。餐饮商号也不少。另有茶社、南味号、皮箱店、西服号。有天祥、泰康商场、劝业场，国民大饭店，交通旅馆、惠中饭店、渤海大楼，兴业银行纷纷亮出招牌。时仅餐饮商号就有八大成。还有稻香春、庆林春、德寿堂、盛锡福、庆德号、正兴德、瑞生祥等。在东北市场，商号也有较大增加，在辽宁德盛号、仙露芳、泰和兴、聚丰祥，有太阳公司产的白马牌、足球牌香烟。在吉林有老鼎丰、德泉酒。在黑龙江有双合盛、同记商场。在江苏市场，在南京著名的饭馆有贡院东街的六朝春、东升楼、嘉宾楼等，点心小吃也有不少，如清和园、包顺兴、三栈楼。在苏州有石家饭店、恒孚银楼、王四酒家、养和堂药店、余昌钟表行、明远号、明光号。还有人开张了谷香村、桂香村、稻香利、采芝斋、朱鸿兴等店。在上海市场，在南京路有费文元、方九霞、裘天宝等银楼。马应彪在这里开张了先施公司后，1918年郭氏开张了永安公司。1926年有人在附近开了新新公司、大新公司、丽华店。有中西、中法、五洲、中英等药房规模较大。时南京路东外滩成了金融街。民国初宁商在上海创办了上海煤业银行、民新、日夜、中华劝业等十余家银行。之后有中国银行、中央银行总行；浙江实业、盐业、金城、大陆等银行的总行也陆续迁入外滩及邻近地段。在数万家菜馆中徽商有大中楼、其萃楼、大中国等。苏州、无锡商人的菜馆占半数以上。北京商人开的菜馆有会元楼、燕云楼、凯福饭店、南来顺、回光楼等。广店有杏花楼、大三元、翠乐居、新雅粤馆，四川商人开张的聚兴园，河南商人开的厚德福、梁园、致美楼等。在浙江市场，在杭州有天章帽庄、边福茂鞋庄。钟表业有"二亨"。素菜馆有功德林、香积林、素春斋、素香斋、素馨斋。南北货有仁昌、益昌、胡恒昌、方裕和。茶食糖果业有颐香斋、采芝斋、九芝斋、五味和、叶受和。药业的六大家有胡庆余堂、叶种德堂、万承志堂、方回春堂、张同泰、泰山堂。官酱园有春和、同福泰、正兴复、鸿右祥、乾发、惟和、元泰、恒泰、永昌、全茂号。还有织锦都锦生、龙井茶翁隆盛、毛笔邵芝岩、眼镜毛源昌、杭菜楼外楼和天香楼，宁式面点奎元馆和状元馆、风味点心知味观也是声誉卓著。杭州饮食商号本帮有王饭儿、德胜馆、天香楼，京帮菜馆有聚丰园、宴宾楼、小有天。杭著名的茶楼、茶馆有悦来阁、西园、三雅园、雅园、喜雨台等。在宁波东大路上有源康、云章、大纶、裕丰祥、凤苞、成大昌等绸布店，灵桥门附近有大丰、新顺、华华、恒大、天宝。江东有裕成、恒孚等绸布店。银楼有方聚元、凤宝、方九霞、行远、紫金、新凤祥、老凤祥、新宝成、天宝成等。浙西兰溪饭店菜馆有万春仁、冯恒顺、冯广顺、陈人和等。在河南市场，餐饮小吃有合记烩面、洛阳真不同；眼镜行精华号；药号有开封乐仁堂、许昌保元堂；酒类有宝丰、杜康。许昌商号有南悟真、北悟真、德源、五洲等。在朱集镇（商丘前身）形成近千米市场街，汇集了大批各地商人，成为土特产集散地，著名商号有上海的申沪布行、晋商的鸿运楼、徽商的天益斋、怀商的保年堂。在湖北市场，在汉口华洋交界的歆生路上有周广顺、周广顺智记、同庆和、谦祥益西号、正太恒、庆和、祥和、瑞记等商号。据《汉口小志》记载，1913年汉口大旅社所设的瑞海西餐厅是武汉首家西餐馆。此后海天春、第一春、美的卡尔登、大中美等西餐馆陆续开业。在这里晋商经营茶、烟、布、油、皮货，1895年山陕会馆募资商号1128家，其中山西祁县车辋常家就有大德玉、大泉玉、独慎玉、大升玉、大昌玉、大涌玉、大德常、三德玉、三和源、大顺玉、保和玉、泰和玉等商号。在湖北樊城有樊川酒楼，有公记、醉月楼菜馆，伦记大华酒楼。在长沙市场，各种商号可说是琳琅满目。农产品商号有长丰、万和顺、公和顺等6家猪行。有以人和生、李德晶、森懋昌、大昌祥、鼎升恒、李广丰、公顺湘、协昌祥等规模较大。饮食商号有名粉店甘长顺、和记、黄春和、杨裕兴、半雅亭、健乐园、燕琼园，还有天然居、潇湘、玉楼东、怡园、天然台、奇珍阁、潇湘、半仙乐、远东、南国、飞羽觞等酒家。布业商号民国初有介福昌等开张经营。20年代兴起的著名布号有裕纶、大盛、天兴福、丁三泰、裕同和、美利、华丰等。轻工业商号方面，鞋铺号较大的有药王街的美利长、五福、大捷、云飞、四明、美利时、伟大、健飞等号，有黄兴南路的合利长、群力、大兴长、范协和、陈云记、中华利、经济、二友等。有北正街的湘记、胡桂记、吴祥记、陈万兴。有蔡锷北路的蔡锦霞、王福记。有南阳街的皇天、天宫、陈春记、陈宏大。纸店有粟锦星、邓以大、协成永、大吉祥、熊彩章、汉新和、新昌，有师古斋、青莲室、缦云、文英阁等。笔庄有詹有乾、彭三和，桂禹声、花文荃、王贵和。南货业方面，从方位看东有怡隆祥、宏泰兴、三吉斋、协中孚等，西有九如斋、后丰斋、湘天益、广福昌等，南有朱稻香村、百福斋、正怡协、同太和等；北有杏花村、德胜祥、元吉贞等。到30年代初，不少上海百货店进入长沙。之后不少苏广杂货号、洋货号改为百货店，到1934年百货业有店铺259家，规模大的有大德昌、大五洲、裕阜长。服务商号1904年第一家照相馆镜蓉室诞生，后改为燕燕。之后有南绘素楼、白东坡、金粟影，再后有蓉光、凯旋门、云芳等照相馆推出。理发号著名的有中华、南京、远东、环球、青年、华中、欢颜客、好莱坞等。在长沙城外益阳，江西人在此开设药店有40余家，如樟树国药店、熊同济药店都很有名。在广州市场，有商人开张了仿古斋、北隆、德安等商号。在西南市场，有人在重庆开张了美华、华西等西药房。在云南昆明有德鑫园号，在宣威地区出现了义信成、裕丰和、利源通、秉诚公、聚盛祥等火腿商号。

在西部市场，有人在西安开张了广济、长安、竞爽、华美等西药房。在兰州有人开张茶叶商号，在西宁有合盛裕、晋益老号。1943 年在根据地太行区设了 8 个总店，分别称裕泰恒、晋和昌、德泰恒、万丰昌、德庆隆、谦记货栈、德兴货栈、豫兴隆。

在商号及品牌之外还有大量产品牌子。由于清末洋货及技术知识的进入，机器产品、深加工产品不断代替传统产品推向市场，并进一步进行创牌经营。与前期比数量明显增加，尤其在上海、天津、山东，开发了不少新产品，并进行了品牌化。到 30 年代，浙商创办的机器厂有数十家，开发了一系列产品并形成了一批产品品牌。尤其轻工业消费品的仿制替代更为明显。纺织品方面，过去是少有品牌化的，在北方较少，多在南方。在 20 年代初在天津开张了裕元、恒源、裕大、天津、北洋等六大纱厂，其中天津纱厂有抵羊牌。南方上海最多。不少产品取了名，设计了十分耀眼的商标，如裕元号有松鹤牌、飞虎牌。华新沣厂有福禄牌、十全牌、三元牌。恒源厂有蓝虎牌、八仙牌、炮车牌。北洋厂有三光牌、三戟牌、金三鼎牌。裕大厂有八马。宝成号有三鹿牌、三喜牌、红万福牌。有申新的人钟牌、金双马牌、金钟牌、采花图牌，永安的金城牌，恒丰纱厂的云鹤牌，厚生的双喜牌，有鸿裕的宝鼎牌，振泰的鸿福牌，大丰庆记的人球牌、汽球牌，中纺纱厂的象童、百鹿、双金、金宝星牌。德隆有大鸣牌，大同纱厂有飞鸿牌。袜类有 100 多个牌子，和义厂推出了交通牌、墨龙牌，五洲袜厂有五卅牌，惠福有黑猫牌、蝉翼牌。新星厂有华尔兹牌。美丰针织厂有美蜂牌。大明电针厂有老刀牌。上海唯一织造厂有皇后牌，良工袜厂有亮宫牌。印染布方面，在 1920 年上海达丰染织厂诞生后推出了凤凰牌、双童图牌、送子图牌。尔后有天一厂的天一牌、满堂彩牌；勤工染织厂有大妹妹牌；大陆染织厂有梅花三鹿牌、双鹿牌；震丰厂有芷江图牌；美丰厂有忠贤图牌；大公厂有木兰从军牌、姜太公钓鱼图牌、家庭图牌，有取孙中山题词的天下为公图牌。棉布方面有春大棉布号的春晓图牌，汇成棉布号的飞虎牌，新康棉布号的洛阳花牌，日新昶号的小弟弟牌，正大棉布号的正大牌。针织内衣方面出现了以电机代替手工生产针织内衣，新的技术使产品质量大大提高，因此常在厂名或产品名上加电机、机器两字提高身价，有永安织造厂的宝剑牌、开生永电织厂的飞鹤牌。振新电机针织厂的双鹭牌。围巾方面有中南棉织厂的骆驼牌、指南牌，鸿福厂的红蝠牌，荣记厂的火炬牌。丝线方面有荣丰厂的金手牌。纱线有华成线厂的红狮牌，信孚线厂的帆船牌。有棉毛纺织厂推出了毛线皇后牌、红美牌、小囡牌、顺风牌。丝绸方面，有老正和染厂的访贤牌。从这可看出上海的纺织品带牌字的在中国占了统治地位。其他地方，在四川南充盛产丝绸也是历史上南方丝绸之路起点。20世纪初不少商人开发新品推出各种牌子。兴隆丝厂将木机改为日本式电机生产，将产品分别取名飞机牌、汽车牌推向市场，转销洋行，供不应求。1929年六合丝厂主盛克勤进口日本设备，将产品丝取名鹿鹤牌并以鹿鹤图为标记，后进入国外市场。在浙江有梅恒裕缫丝厂，生产出机缫丝，产品为双金牌、双银牌、鹰钟牌。食品方面，主要在沿海地区有品牌出现。在上海有华利糖果手球牌；天星糖果厂的鹅牌、天星牌；天明糖果厂的天明牌；冠生园的百鸟牌、同心牌、生字牌。饼干类在20年代后泰康罐头食品公司有三角牌、福字牌，马宝山公司有马宝山牌，新亚食品厂有红双喜牌。葡萄酒类有山东张裕公司的双麒麟牌、大宛香牌、金星高照牌、玫瑰香牌。济南华兴酒庄有三星牌露酒，继有乌河特曲、齐桓公宴酒、宫保酒等。汽水有上海益利公司益字牌。在天津1915年江苏朱清斋在这里建第一座现代化面粉厂寿星面粉公司，产品取名桃牌。之后陆续有福星、大丰、民丰、裕和、庆丰、三星等面粉厂开张推出相应牌子的面粉。药品品牌也主要在上海。1912年中华制药公司推出药品龙虎牌。1925年张禹洲创上海海普药厂推出针剂药品海普牌，中德药厂有大力牌，中法大药房有药膏九一四牌、有艾罗补脑汁云狮牌。中法大药房有万象牌。1924年，上海信谊化学制药厂有维他赐保命保健品长命牌。日用化学品方面，1918年剧作家陈蝶仙创上海家庭工业社，推出牙膏及生发油无敌牌。之后有中国化学工业社又推出牙膏三星牌，永和实业的月里嫦娥牌，中兴行的牙粉牙膏坚尔齿牌。香皂有中华兴记厂的麒麟牌、花球牌、老鹰牌，五洲固本厂的荷花牌，华孚香皂厂的三友图牌。花露水有中西大药房的明星牌。生发油有大隆公司的双童牌，德利化学工业社的松美牌。轻工产品方面，火柴有中华火柴公司的月兔牌、双兔牌、花船牌、黄鹤楼牌、三猫牌、人象牌。大中华火柴公司有宝塔牌、仙鹤牌、金鼎牌。1912年，蓬莱人丛良弼凭借对火柴生产技术和经营管理的长期积累，在济南投资，创办振业火柴厂后推出推磨、蜘蛛、三光、山狮等牌子的硫化磷火柴。由于品质好，迅速占领了津浦路、陇海路沿线的火柴市场。香烟业自 20 世纪初推出香烟品牌，到 1933 年初商标局统计有 882 个注册烟标。利华烟厂有米许林牌、利华牌，合众烟草公司有三钱牌，道南烟草公司国色牌，华东烟草公司北平牌，福新烟厂金字塔牌。长沙 1927 年华昌机制烟厂开张，推出曼丽牌烟，后推岳麓、革命牌烟。后锦大烟行开设华中烟草公司，1940 年投产推出七七牌、垣克牌，后推飞蝶、红桥、挺进牌烟。在贵阳抗战后香烟品牌有 108 个，比较有名的有金猫、赤兔马、远征军、美姑娘、黄河、海南、察哈尔、开罗、维多利亚、玉兰花、野玫瑰、郁金香、原子弹、空中堡垒等。鞋类方面，1917 年上海余华龙开设中华皮鞋店首推方趾牌。之后有征东、回力、天禄、马敦和、中华、凯福、蓝棠等皮鞋牌子推出。到抗战初上海已有200 多家皮鞋厂及相应牌子亮相。在天津 1917 年扬州人谢炳成在滨江道开张了天顺鞋厂，将皮鞋取名龙凤牌。1930 年刘镇荣创沙船鞋厂并将产品取名骆驼牌。钟表有上海美华利的美华利牌、时中牌、致富牌、美记牌。上海造钟厂的福星牌、中国钟表厂的三五牌。在烟台有宝时钟厂的宝字牌、永字牌、盛字牌。见下图。化工产品方面，长期是外商品牌占领，后华商

30 年代盛字牌钟表

裕兴公司产出武士牌、鹰盾、五老牌颜料。再后上海有大美的鸡蛋牌，泰康厂的泰康牌、人桥牌、海关钟楼图牌。在山东有染料蓬莱阁牌、万年青牌、喜字牌、松美牌。油漆有上海开林公司的双斧牌、振华的飞虎牌。橡胶产品有大中福利厂的热水袋五福牌、鞋靴元宝牌，胶鞋有回力牌、大喜牌、三八牌。五金电器方面，有光明、汉昌、立兴热水瓶厂推出长城牌、三羊牌、金龙牌，上海永热发行所的热水瓶五福牌，上海汇明电筒电池厂产出产品命名为大无畏牌。其他产品牌子洋烛有上海南洋皂烛厂的凤凰牌、水月牌、南洋牌，大成洋烛厂的旗城牌，恒兴洋烛公司的宝鼎牌。锡箔有周德泰锡箔庄的周锦章牌、周光结牌。王裕大锡箔庄王同记牌、王长兴牌。安裕锡箔的朝山牌，永春锡箔庄的福寿图牌。揿钮有上海澄德厂的嫦娥牌。锁具有上海利用五金厂的狗头牌、利牌、马牌，上海大源合记五金社的源星牌。天津有茶叶绿竹牌。

（四）品牌规模进一步扩大

这时期不少商号或有名产品品牌的经营者，抓住品牌价值效应功能，在有一定积累后，进行品种延伸，或推出子品牌或并列品牌从而较大地扩张了品牌规模。在上海福州路，商务、中华、大东、世界、传薪、开明等大型书局（店）开设后，商务印书馆规模为全国最大、以出版教科书闻名于世。有大量品牌在本类或相关产品中不断延伸扩大，如纺织品牌延伸到毛线、针织、袜、围巾。有的食品牌子延伸到饼干、糖果、罐头。除在本地扩张外，还发展延伸到较大区域市场、周边地区。先施公司在香港开张后先在广州、后到上海开张先施，大新在广州开张后又到上海开设商号。五洲药房在1913年到1920年先后设9家分店向各地扩张。上海茂新面粉厂在1912年与人合伙创建了福新面粉厂，生产兵船牌面粉，一经推出，便被抢购一空。同时茂新厂也推出了绿兵船牌。之后引进先进技术装备，改进生产工艺，使兵船牌面粉质量处领先水平，后又扩张至8个厂，迅速扩大了兵船牌的规模。同时出现一大批商号在全国各地建分号扩张。如亨得利、精益号、冠生园、虎牌、虎标牌都扩张到了全国各地。上海三星牌铅笔成名后，1949年9月吴羹梅又在北京、华北、东北、西北先后设立9家三星牌铅笔分厂。在南方广州文德路文化街，30年代出现了较大的店铺，如文华阁、萃经堂、玩文斋等。其次有的在同一类产品中推出不同档次、水平、特色的不同品牌，如同一香烟中推出高中低档的不同牌子。这时不少企业进行不同档次多个品牌扩张，如兄弟烟草公司有飞马牌、双喜牌，华成有金鼠牌、美丽牌。有的在化妆品中推出不同功能的产品牌子，以满足不同消费者群体要求。再次有的在经营不同产品、业务中推出各自独立的牌子，以不同的形象出现在市场上从而获取了更多品牌效益。

（五）在风险中大批品牌走衰消亡

民国前期品牌创造曾一度繁荣，在短短的时间内从商号到产品的品牌创造经营进入有史以来的最高峰，尤其产品品牌有了急剧增长。但好景不长，民国后期由于日军侵略、国内战争，不少商号措手不及，或遭日商打击，或遭战火摧残，或遭官僚敲诈，或遭外牌排挤打压，或本身经营管理不善，品牌创造遇到空前未有的风险，大量品牌走向衰亡。东北老鼎丰、同记号，天津马头牌、利生牌，山东宝时钟，杭州张小泉，上海冠生园、船牌、象牌，汉口太平洋牌都先后走衰。有的遭官员敲诈勒索而退市，如北京东来顺、天津抵羊牌、苏州恒孚号、上海三五牌、兰州天成西先后在各地衰亡。民国时股东太谷人胡正扬、掌柜武进阶，在奉天开张万隆合、万隆德，经销老龙口酒。到20世纪40年代被日本人控制的"白酒配给组合"管理经销，自身无权经营，所以只能维持。在沈阳，广生堂曾开始了外地扩张，先后在沈阳、抚顺、铁岭等地开张了分、支店八处之多。之后到日伪统治时期则迅速衰落，惨淡经营。当然也有少量品牌面对恶劣环境，或转型经营、或创新、或坚持、强化管理、防假冒中求生，站稳了脚跟，走向了新的时代。

树立良好的品牌形象

民国后，有不少经营者在商品品牌化之初为取得消费者的信任往往在产品品质上设法让消费者感到优质、独特或档次高，可信，在市场上形成与众不同的内涵、特点和气质，从而与消费者建立信用关系。

一、以经营理念指导创造牌子

在 20 世纪一二十年代，更多经营者为顺利进入市场，提出了一定的经营理念及经营目标、经营方针，以实现有良好的牌子形象。

（一）树立德义和不断奋斗的经营思想

经营道德是有无诚信经营的基本品德，也是争取顾客的重要条件。民国时期不少经营者在经营中做到讲德、仁、正、信，甚至在商号商品名称中体现出来，如德盛号、天德当、德聚成、德记、天德堂、大德堂、永元德。有的称仁寿堂、达仁堂、仁昌、万春仁，还有的称义新堂、隆兴义、义兴东、义兴永。在天津有一穆家开张了一茶叶号。他觉得做生意要讲道德、有好品行，行事正派顾客才相信，才青山常在。据此便把茶店取名正兴德以体现自己的经营思想。有的强调和气生财，如不少商号取名庆和长、五味和、叶受和、庆和、祥和、三和源、保和玉、泰和玉。1913 年贵阳士绅富贾华问渠、兰念慈等人集资兴办糕点作坊，以"财源茂盛，股东人和"取名盛源和，体现共同的经营愿望。在开封寺后街有张永福四兄弟开张商号取名永和长，名称含四兄弟名字中一字，表示永远和睦相处，祝生意长久兴旺，与日月共存。20 年代有人在成都龙桥镇开张酱园取名永和居，寓意坚持和气经营。在这一思想指导下生产酱醋、作料，做到风味独特、和气经营，很快红火。到了 1930 年有人在开封马道街建绸布店取名义丰厚。

虽然时事不断变化，但义丰厚始终不忘以义为指导进行经营。后推出发送礼券、送货、送年画等活动，不断加深消费者的良好印象。有的突出奋斗精神，在经营中以体现百折不挠、创优产品为顾客服务的精神为名称。1925年实业家丁熊照开张了上海汇明电筒电池厂，产出产品后命名为大无畏牌手电筒和电珠，以大无畏表白自己的创新精神，也鼓励顾客，从而深受顾客欢迎，在顾客中留下了深刻印象。有的以聚、丰、成作为经营指导。山东苗氏兄弟开张了恒聚成号，寓意长期坚持把顾客聚集到自己店里来。之后他们先后创办了十几个企业，都以含聚字、丰字、成字、德字为商号名称，如粮栈恭聚如、恒聚和、公聚和、同聚长和成丰、成记、成丰等面粉厂、成通纱厂、成大纱厂。1920年张氏兄弟在西安竹笆市开张了牛羊肉泡馍馆，以寓三人与馆同兴盛、共吉祥，取名为同盛祥牛肉泡馍馆。有的显示爱国、振兴思想。抗战期间，一些人表示愤慨、奋起反抗，喊醒国民，他们将商品取名中国人牌、爱国图牌、醒狮牌、雪耻牌、警钟牌、三枪牌、抵洋牌、征东图牌、爱国牌。中国福昌烟草公司名九一八牌香烟。广西德成烟厂迁贵阳，称会狮东京牌香烟，内含"国内外团结，共同抗日，会狮东京，直捣敌巢，众人吸烟，勿忘抗日"，有很强思想性。江苏武进人吴羹梅又名吴鼎，他在1935年10月开设中国铅笔厂。有人提出航空救国，他积极响应，将产品商标取名为与"航空救国"有关的名称，如飞机牌，另将"航空救国"的口号印在飞机牌铅笔上。有的以利民生为宗旨。1920年宁波人戎光久与人集资在杭州开办餐馆取名多益处，以"多些益处、多些方便、多些实惠"为理念经营，顾客也得实惠，生意很快兴隆。1921年天津南开学校孙润生放弃教职制作篮球，以"利应社会需要，制造体育用品；生为人身健康，畅销运动器具"为宗旨，以其上下联第一个字命名工厂为利生厂。篮球研制成功后其产品也命名利生牌，以利于生命健康为指导进行经营。由于没有具体说明经营理念的具体资料，而这商号取名则成了体现其经营指导思想的最好表现。当然这仅仅是举例说明，实际远比这些深刻得多。

（二）以能长期经营、平安顺行为目标

这种对经营目标的追求在多方面都有表现，不少商号时不时寻找机会暗示自己的目标和追求，从中不难看出店主之大志。一是以安全顺行、持续经营为目标。一些商人图经营能永远平安、顺利、健康发展，在名称中含永、安、泰、康、吉祥如意，如取名永安、恒顺、吉顺昌、兴顺、恒泰、顺祥、永昌、大顺。在上海有取名永安公司，山东有永字牌钟，染料万年青牌。20年代四川西昌人周自镐弃儒经商，在昆明顺成街创办布庄。为取名他费尽心思，根据《大学》"生财有大道，生之者众，食之者寡，为之者急，用之者舒，则财恒足矣"中的内容拟定为"大道生"，意在"大方处平顺，道说色新鲜，生意通四海"。后又托人从泰山石刻《金刚经》碑文中选取"大道生"三字拓印放大。招牌挂出后深受许多书法家赞赏，接着又在报上进行广告。大道生经营中为了平安顺行的目标，坚持货真价实提倡以诚为本。针对当时商界"货物出门、概不退换"惯例及提高底价行折扣、讨价还价做法反其道而行之，货真价实言不二价，包换，从而得消费者信用。1939年上海自行车厂生产出一种自行车，取名为永久牌，这永久是对产品的夸张，给人放心的感觉，也是目标追求。二是以领先为经营目标。有的希望长期经营成为第一或长期领先。它们在名称中带永、元、长、恒，如永兴元、恒源祥、元泰、宏大、一元堂、太元堂、恒大、方聚元、大吉祥、鼎升恒、大五洲等。孙焕文于1912年在宣化开张"永升元茶庄"，图永远成为领先第一的茶号。由于他善于认茶，品茶，加工技术精湛，善经营，永升元很快远近闻名。1930年迁北平在宣武门内大街开张茶号。孙借用"一元复始，源远流长，庄底雄厚"之意将永兴元更名为元长厚望长期领先利厚。30年代杨庭兰开张了鞋帽店，取名元泰。《易·序卦》："履而泰，然后安"，其名称的元是第一的意思，泰有平安之意，元泰就是寓意平安第一。1927年6月沈莱舟在上海开张洋杂百货店恒源祥经营绒线，店名出自对联"恒罗百货，源发千祥"，即亘古常青，源远流长，吉祥如意。三是以长期兴盛为目标。有的在取名中突出做大、兴盛、利厚。如取名为泰丰、

郑发炉、三盛炉、长盛号、聚丰祥、广盛恒、鸿裕、张裕、长盛和、永立兴、广兴隆、恒孚。有的示大命名为中西大药房、中法大药房、大世界、大德昌。有的洋布商号图兴盛取名日新盛、日新增，还有上海金星笔厂的万利牌，苏州恒孚银楼都体现其愿望。1936年王幼宸从山西到京后，在西湖营开店取名元隆顾绣绸缎商行。顾绣是明嘉靖年顾名世绣法，所绣花鸟人物巧夺天工栩栩如生。店号元隆含争第一兴隆之目标。

（三）坚持产品服务优质的经营方针

民国时期，出现了不少商家顺应市场趋势和消费者的需求，在经营方针上坚持优良品质，努力使产品有用、安全、方便，从而为形成可靠的品质形象创造条件。为了品牌化，这时期在经营中不少经营者注意收集分析消费信息，根据自己的条件，从顾客需要出发思考自己的打算、今后的做法及设计、制造、加工产品，在实施中服务周到，有自己的特色，做到具有比对手更优，有较高档次或领先地位的形象。这在上海、北京、云南、天津都有表现。有的以大无畏精神开发产品。在上海1925年实业家丁熊照开张了上海汇明电筒电池厂，生产经营中因"技术困难，环境恶劣，组织未备，人事不良，种种阻挠，故本厂主要产品，均用大无畏为商标"激励自己和消费者，命名为大无畏牌，如大无畏牌手电筒、电珠，在顾客中留下了深刻印象。有的示以高超技艺竭诚为顾客服务的精神，1928年许达昌在上海四川中路开张许达昌西服店。1934年迁至新华电影院对面改名培罗梦西服公司，名称含义为培育高超服装技艺，竭诚为顾客服务。为此高薪聘请有名人才，用进口高档衣料精心制作，后培罗梦很快成名。有的体现百折不挠创优产品为顾客服务精神。在北京王府井由于受战乱冲击较小，百货业不断兴起，这时期有中华、王府、丽都、天佑等百货公司及东安市场内的东新裕、盛兰等商号。1946年，有一商人开张了大华百货公司，提出了新的策略进行经营。首先制订了"以新、奇、信、和取胜"的经营方针，采用崭新的经营手法和商业设施，形成大华特有形象。为此在装修上别具一格，针对当时招牌红红绿绿的现状而采取黑底白字，清新悦目。大华使用以灯光显示商品的新式玻璃柜台货架、敞开式橱窗，以形成玻璃世界似的商店与出售的商品互相衬映，浑然一体。在商店内外安装霓虹灯，摆上鲜花。这与周围的灰头土脸的老店形成鲜明对比。其次是在商品销售中坚持"人无我有、人有我好、人好我廉、人廉我转"的战术，以实现品种和经营方式抢在同行前面。为迎合顾客喜新猎奇心理，凡是新奇商品都抢先推出。如尼龙塑料制品这一新产品，在北平也只有少数商店经营。为了方便顾客，大华经营的尼龙、塑料制品品种多，五光十色。所以人称大华为"品种齐全"。大华率先采用人体模型陈列商品橱窗，以此吸引了大批顾客。面向大众销售的一般日用品价位低于其他商家，以带动其他商品的销售，也给顾客形成一个"大华的东西不贵"的印象，而对各店出现竞价的商品便及时让其退出。再次是针对上层消费者的需求，大华推出样式新的名牌商品；针对大众消费群则推出实惠名牌商品。为了把衬衫发展为名牌商品，用加工定做办法达到精致的要求，从而形成品种齐全、质量可靠，在同行中处于领先地位和商品多的形象。

（四）坚持创新立足市场

这时期，消费者新需求不断产生。一些经营者，为此创新产品，开发了大量新品，以新创造立足市场。上海商人推出的新产品尤其多，技术含量高，其他地方也有新品，这些新品的推出，都为品牌占有相应市场创造了条件。

20世纪初，出现创新品质立足市场。在浙江一些商家为了丝品优质，由内行人把收来的丝分成各种等级发给农户摇经；按出口规格，复摇整理、除类摘糙、接好断头，按条纹粗细分片精心包装。另有赏罚制度和"车保头"，进行管理以保证丝经质量稳定，从而使梅恒裕丝经形成色白、经匀、质韧的特色。福墉接手南梅恒裕丝经行后不断追求丝经改良，注重新品开发，其所出的经丝以其原料考究、条纹均匀、色质白韧而深受市场欢迎。

20年代前后，更多商人走向创新商品。早在20世纪初山东烟台商贸发达，众多制造厂应运而生。威海李东山在烟台一商号学徒有积累后，1892年开办了德顺兴五金行经营小五金。李素有"凡人有之我不干，人无有之我要为"的自立誓言，专视缺门发展。李东山经销部分日本马球牌座钟及零件时发现制钟业是我国的空缺，有利可图并可创品牌，便与唐志成磋商创办造钟厂开发新产品，两人一拍即合。1915 年 7 月以德顺兴五金行为主股本，开张了第一家烟台宝时钟厂，李东山任经理，唐志成任厂长兼技师。建厂前后李东山曾以经销商身份，3 次赴日本大阪钟厂观摩考察日本先进的制钟技术和生产方式。钟厂刚开业时只有冲床、车床，之后陆续添置其他设备。钟厂一面生产一些五金产品以维持费用，一面购进洋钟零部件进行组装并配壳出售。同时对日本钟悉心研究，掌握了其中诀窍。经过两年多技术准备，于 1918 年生产出第一批座式机械摆钟，并以"宝"字为标志。1920 年宝时钟厂生产出了与日本马球钟相似的机芯，从而开始了除一些原材料仍需从日、德进口外，自行加工机芯、钟壳和其他零部件，开发生产了永字牌钟，开始销胶东及北方市场。1929 年在天津的陈调甫为了开发新产品油漆，建立造漆厂。后陆续招聘三名大学毕业生配助手定课题，进行试验生产，很快使研制成功的漆品质好、成本低，并取名永明漆。后又获国民政府实业部颁发的优质产品奖状，一举成名。之后又创新研制汽车喷漆。1934 年举行喷漆展览会，扩大了新产品的影响。抗战胜利后陈又开始研制醇酸树脂，1948 年试制成功。这产品具有能喷、能刷、能烘烤三种功能，于是命名为三宝牌漆，后重新定名为灯塔牌，这牌子在市场上很快站稳了脚跟，并不断扩大了市场。

进入 40 年代初，天津诚信文具店郭尧庭面对墨水都是外国的牌号的状况，经过两年的反复试验，不断调整材料和配方比例，生产出一种墨水，命名丽得牌，向学生推销。之后经过优选，在 1945 年制成了蓝黑墨水。这墨水品质更优，有很好的特点。于是称为鸵鸟牌蓝黑墨水。郭尧庭一方面抓推广销售，另一方面仍不断试验调整配方和工艺，不断改进完善，终于使鸵鸟牌墨水在质量上可以与进口墨水相媲美。不少人使用进口派克金笔也灌注鸵鸟牌墨水。鸵鸟牌由此迅速扩大了市场份额，信誉也不断提高。

抗战胜利后，也有创新现象。一些饮食店为了进一步占领市场，于是提升产品。汉口通城店聘了号称豆皮大王的高金安掌勺推出三鲜豆皮。店外装上霓虹灯"豆皮大王"四字，实行定量生产，以做到味鲜、不腻、油光光、香喷喷，令人垂涎欲滴。很快三鲜豆皮闻名遐迩，客人络绎不绝。

二、创优品质为树诚信创造条件

不少产品生产经营者为使自己的牌子能得到消费者的信任，都努力使推出的产品品质优异，以让人相信和放心。为此在生产经营中采取了种种措施，以获取优质产品。

（一）从产品生产上确保产品优质

这时期不少商家坚持用优质原材料并自行探索，或设法学习、寻找，甚至吸取技艺加工优质产品，以形成功能属性适度、方便、耐用、新颖的特性。

20世纪初，在一些地方出现重视技艺推出优质产品。为了有优质产品，不少经营者千方百计探索加工技艺，如四川春花酒、上海冠生园、精益眼镜，哈尔滨老鼎丰，北京张一元茶、吴裕泰茶、同古堂墨盒，苏州松鹤楼，广州唐拾元药、杭州张小泉剪刀、知味观都从不同角度探索了自己的产品，具有良好的品质及其特性。在1911年，四川南溪人邓子均来到宜宾，与人联合购买了温德丰糟房，后更名为利川永。邓子均虽是店主但技术却在赵铭盛手上。于是就设法把赵铭盛烤酒师笼络过来。这配方是温德丰时的陈三探索的，由于无后，临终前把烤酒技术传给了忠厚老实的外姓徒弟赵铭盛。赵师承秘诀后被宜宾酿酒业公会推为酿造总技师。但他也无后人无法后传，为此邓子均对赵铭盛十分敬重，发现他生病立即请来医生，为其喂汤吃药。半年后发现赵铭盛身体更虚弱，于是又悄悄地为他准备棺木寿衣。赵铭盛深受感动，于是把陈氏秘诀传给了他，生产出了更优品质的杂粮酒。1929年温德丰的杂粮酒取名春花酒。这时期的1912年上海三友实业社决定创立毛巾三角牌，为此大量收集毛巾生产技术资料，创始人沈九成只身一人前往日本学习漂洗及染色技术。在汉口，1914年春薛坤明脱离洋行，与兄长薛冬柏合建了民信肥皂厂，对其产品分别命名为万国通商牌条皂、铜帽牌圆皂、八吉牌薄圆皂、民信牌方皂。之后又用太平洋做肥皂和工厂的名称。为有生产技术确保，于是设法到日本肥皂厂去做工学习，摸索生产技巧，很快就把太平洋肥皂品质提到了新的水平。在上海杨继川为打破外牌长期独占我国电器市场，1916 年 2 月筹资在上海四川路开设了家用电器制造厂，1924 年在上海周家嘴路扩建厂房开始着手生产电扇。为体现"中华民族更生"，杨济川将产品命名为华生牌。为配合爱国运动，生产了一批华生牌电扇供应市场，销售一空。之后为了有更优的品质，把美商慎昌洋行的奇异牌存在的不足，组织人员进行全面解剖分析，据此对华生牌电扇品质进行改进提高。1927 年华生牌电扇在苏州连续半年运转，试验取得成功，显示了华生牌较高的质量。"华生牌电扇"质量过硬的消息在市场不胫而走。在天津，宝坻人张兆凤兄弟四人白手起家加工布鞋，诚实守信，真材实料的白布不掺假。一次一先生问如何鉴定你纳的鞋底全是白布做的。张氏让这人随手挑出几双鞋底用刀剖开，全是白布。如此良好材料的口碑迅速传开，这人也当场订了一批货。1916 年有张氏在天津估衣街开店取名凤祥号鞋帽店，在品质、服务优异条件下，凤祥号得消费者信用。也是在上海，广东人冼炳成制作了独特口味的陈皮梅、牛肉干，摆摊销售。后发现一家冠生园的食品店倒闭了。名称冠生具有顶好、独特、卫生含义，而自己的产品正好有这特点。于是把招牌要来挂在自己的亭子间门上。由于冠生园的食品讲究质量，对顾客服务笑容可掬，深得顾客喜欢，都愿意到这摊子上购买。1918 年秋冼炳成的独特产品，引起了薛寿龄的注意，便要与他合伙把冠生园做大。两人一拍即合，于是集资在南市开一间冠生园食品店。招牌亮出后冼炳成进一步提高产品质量，使之更有独特性。同时选了价格贵的杭州超山青梅以提高陈皮梅质量。接着又马不停蹄开发新品，增加了散梅、出核梅、重核梅等。冠生园开发的果汁牛肉，使之略具甜味，桔汁牛肉稍有辣味，有大、中、小多种，分散装、盒装、听装。因此这些小食品很快风行上海。冠生园为了对产品质量把关，一是注意配料比例。在同行中生产糖果的饴糖、白糖四六开制成后易稀化，粘纸粘手。冠生园改为二八开，增加了白糖防止了稀化。再是注意香味分明，在制作中注意产品甜味又通过配料使之有独特香味。同时又提出"产品质量、卫生第一"，制订制度，对生产条件都有卫生要求。建立原料产品验收制度，以保证产品质量。同时在经营管理中严格把关，做到色香味俱佳，为形成冠生园特味个性创造了条件。在长沙，经营多年的德茂隆由谢菊生接手，主营酱园，兼营酒、香干、麻油、豆豉。1945年精心策划，不断改善。在制作德字香干中，从选料、浸泡、淘洗、磨豆、摆浆、煮浆、凝固、成片、造色、瓮色、配卤等各道工序，层层把关，一丝不苟。由于严格控制，产品品质优异，德茂隆取得顾客信任，生意格外兴隆。同时德茂隆信誉日增，独占了市场鳌头。在天津，老美华对布鞋的制作首先原材料选用新白布，无杂色，不用糟布。用丝漏盖在布底下并印颜色，再手工搓麻、纳底、纤边。夏季选用穿着软硬适中的安徽麻纳底，冬季则用更结实耐穿的河北、张家口的油麻纳底。纳好的底用60度的水浸透密封一整天，起缸后再用木槌矫正鞋底形状后晒干。同时老美华格外注意表面品质形象，缎面要绣吉祥如意内容的图案；鞋面配色做到明快、和谐；针码均匀。最后则用火烫去鞋面上的毛绒眼，然后再擦净，或者用刚蒸出笼的揭皮馒头滚鞋面。这样粘去线头，而使鞋面上的绣花显得亮丽。对"三寸金莲"之称的坤尖鞋，技术难度大，制作时缝制尖头的前三针要平整。在又尖又窄的鞋面上绣龙凤呈祥图案。为此在坚持有良好品质方针下，又制定了"正、要、净、平"的验鞋标准以确保产品优质。老美华由于品质的支持，形成了优质形象及一种身份、高贵的象征。社会上名流商贾家的小姐和夫人都争相到老美华选购各种坤鞋。一些著名老艺人上台演出的彩鞋也都是由老美华的师傅画脚样、修楦并亲手制作。在这严格控制下老美华品质稳定，诚信可靠，从此穿老美华鞋成为一种时尚。也是在天津，正兴德茶庄为了有诚信无欺的信誉，努力做到区分质量、严格把关。从而使经营的茶叶形成适合天津人、北方人的吃口、汤卤、耐泡、香味浓厚的特点。在西南昆明，宣威人浦在庭开张宣威浦在庭兄弟罐头公司，商号名大有恒，产品为双猪牌。经营中严格检查，确保品质，包装别致。1915年双猪牌在巴拿马博览会获金奖，孙中山题赠"饮和食德"，这也是对宣威公司及双猪牌的肯定和高度评价。在上海，在1917年浙江宁波人沈国笙到日贩卖绸缎，学会加工西服，后在上海霞飞路开店，以祝君幸福安康之意取名福康西服店。1919年迁安徽蚌埠，后又迁开封、洛阳、西安。其子沈北昌接手后，他不懂服装，但他重质量，善用人，严要求，产品美观大方，久不变形。他实行三不：非技术高手不用，非上等面料不做，非高质产品不交。很快福康西服誉满古城，名扬西北。

　　进入20年代，大批商家更重视以技艺支持生产优质产品。如上海宝塔牌、华生牌、飞轮牌，长春的郑发炉，哈尔滨的三盛炉，这些牌子都追求产品质量优异以得消费者信用。1920年浙江定海人刘鸿生与人合作在苏州建了鸿生火柴厂，推出了宝塔牌火柴。刘鸿生先推出了定军山火柴。没有优质支持，在市场上少有人问津。他于是改做赤磷火柴，命名为宝塔牌。最后只能将其销往苏北农村城镇。几年下来宝塔牌虽未消亡，但市场占有率低。在国外学习的大儿子刚回来，刘鸿生便派他去任厂长，以提高宝塔牌火柴的质量。接着又高薪聘请了著名化学家林天骥协助攻关。经过一段时间的改进，宝塔牌火柴的质量超过了洋牌。1921年在长春，山东章丘人郑茂盛学习打铁期满后，独立开张了铁铺，取名郑发炉。郑茂盛专注经营菜刀，取名郑发菜刀。在对手如林的环境中，为使牌子有名有品质支持，以取信顾客，于是精心钻研，反复琢磨，总结出一套独特工艺。他克服了刀口刚度不硬或过硬的弊端，将刀背加厚，增大下压力。加钢前在刀刃上折口，然后加钢使钢套得牢固。他对每一道工序都精益求精，探索出炼和淬各种刀的火候。他还严格检验合格的才加盖标记，对不合格的则不许出店。因此郑发炉打出的菜刀钢口好、背厚、堂薄、锋利，用起来得心应手，渐渐形成了"削铁如泥"的美誉。1922年在吉林，山东烟台人王连州来到安东开张糕点店，取名仙露芳。为树立优质形象，产品加工中原材料做到优、齐。王连州制定铺规、章程标准。为此他严格检查，发现违规，严肃处理。一次发现族侄违规作业，王连州六亲不认给予辞退，全店震惊。从此员工们更严格执行各项规定，保持了较高产品质量。在销售中坚持质优价适，时间一长，顾客公论："仙露芳的蛋糕久搁不硬"，"仙露芳的芙蓉糕不粘不散"，从而形成仙露芳产品超群的良好口碑。1922年在哈尔滨，山东章丘人康业福来到这里与同乡合伙在太古南租了三间门面经营铁器取名为三盛炉。为有信誉，康业福认真挑选材料，打刀坯全用含碳低的软铁，刀刃选取英国产的双鹿牌竹节钢。下料前对钢铁要进行逐块锻打淬火实验，刀坯用铁有侵火（造成刃部钢铁不清）或吃火（脱碳）的一律不用。打制刀时刀刃钢的重量大且控制火候，防止烧过度而产生重皮断刃现象。最后磨的刀刃达平直、齐口，不见白刃，锋利，手感好。康业福对每天打制出的各种刀都要进行检验并盖上"三盛炉康记"钢印，如发现瑕疵和缺陷，立即返工修理，从不马虎懈怠。有了优质产品，康业福于是背着印有"山东章丘康记"的褡裢，装上有三盛炉康记印字的刀具，到市内的饭庄、餐馆、肉铺推销。每到一处都说："刀好使你就留下，过几天我来取钱。要是不好使，你就扔掉，分文不要，再给你换新刀。"用户们半信半疑试试看。几天后都说三盛炉刀刃锋利，品质过硬，不但买下还纷纷上门订货，很快三盛炉生意红火，供不应求。在上海，这时期缝纫机线都是进口的。罗立群先生于是召集朋友支持，在上海南市晏海路创办了一家专业制线厂。1926 年 9 月，为制线厂起了"中国"名字。产品推出以后罗立群将商品取名为飞轮牌。为进一步提高质量，罗先生通过朋友关系认识了英商绵华线厂负责技术的华人厂长张文田，以每月二百多美元的津贴条件，将张文田先生请到飞纶厂进行技术指导。这样张厂长便成了飞纶厂一位负责技术的工程师。由于张文田对飞纶厂影响质量的关键设备——制线机、引线刀片进行了一系列技术改进，飞轮牌木纱团的质量也大大提高了一步，优良的质量极大地支持了飞轮牌信誉。

到了三四十年代，市场上少有新增技术含量高的新产品，但以真材实料确保产品优质的不少。如骆驼牌、永盛东号、德园号、小陶园。在服装鞋帽方面，30 年代初在天津有一地道缝制皮鞋手艺的刘景荣在东马路开张了一家店，取名沙船皮鞋店，将产品取名为骆驼牌。为了产品优质，他到洋行、进口材料店、国内名厂选用优质的面革、底革。在加工中无论是进口皮还是国产皮，都努力做到缝制特别坚固耐用。缝制皮鞋用的麻绳是温州产的纤维长、柔软性强的苎麻，再打上松香蜡，绱鞋时用较细的锥子捅眼，因线粗眼细再有松香黏性，然后用木榔头把针眼砸死可防止泥沙进入。这样绱出来的鞋不开裂、不变形、不走样，让人放心。其产品质优价高，迎合了外籍人士、官僚买办、绅商富户、高级职员的需求。接着又贴出广告承诺："买沙船的鞋，半个月内出了毛病保修、保换。"之后又推出按顾客脚型画样定制项目，不收定款，约期交货，此举深受用户欢迎，招揽了不少顾客。自此沙船的信誉大增，骆驼牌名声大振，销量成倍上升。1930 年，在山东济南有田兴源开张了帽庄，后因经营不善，于 1940 年破产歇业。田兴源帽庄伙计昝文林约人集股将该号接收，改名为永盛东帽庄。永盛东开业后仔细研究分析市场摸索供销规律，探讨产品性能，设计生产出男女老少戴的各类帽子。在生产加工中，从选料、上浆、裁剪、配色、上盔到定型都严把质量关，生产的帽子戴破了都不变形。永盛东产品畅销全省及省外蚌埠、徐州、浙江一带。这时期，在昆明大道生号经营中发现进的布中有劣质货，一些人在染料中加胶和牛血，表面光鲜，入水脱色，原形毕露。为保优质，于是自己生产加工，在玉溪建染织厂，进口德商染料染成不会褪色的阴丹士林布。后又织造咔叽、帆布、花布，其布细密平整，久不褪色，经久耐磨，价格公道，明码实价，还包退换，很快在消费者中形成可信的印象。也是这时期，在天津有季拱臣，在北门外大街开张天盛号酱肘铺。在加工中坚持做到选料精致，精鲜上乘，从清洗、捆扎、调汤、封火、起锅，道道工序，工艺严谨，配方独特，火候适中。达色均匀光亮，品味醇厚鲜香，入口爽滑有筋道，软烂不散，肥而不腻，各品种口味不同，匠心独具，脍炙人口。其青酱肉经腌七泡八晾制，形成独特口味，且不以假代真讲诚信，使天盛号形成了很高的信誉。抗战胜利后，在汉口陶坤甫、袁得照根据湖北人爱喝汤习惯，开了一煨汤馆，初为牛肉汤和八卦汤（即龟肉汤）。八卦汤不仅汤鲜肉嫩，口感极佳，且具滋补作用。为了提高吸引力，陶坤甫精工细作，原汁原汤，薄利多销。他到周边汤馆学习请教，反复探索，做到原料上新鲜干净，加工独到，瓦罐以小火煨、焖等11道工序。之后增加了母鸡汤、排骨汤、鸭子汤、鸽子汤、猪蹄汤、肠肺汤等品种，且各有特色，尤以母鸡汤黄澄澄、香喷喷，味鲜甜润，沁人心脾。喝上一碗无不称好。由于是陶、袁联手开店，情同手足，情如关张，便用三国桃园结义之意，以两人姓氏为店名谐音陶袁。小店加小字笔画少兆头不好，于是取同音字筱代替小字。这筱桃园形成真材实料、口味独特的品质形象，更加远近闻名，进入领先地位，并在市民中流行"要吃顿好的，就到筱陶袁"。在天津，惠福木器厂为得到优质支持，从产品设计、选材、生产、工艺上严格管理。为保品质，人员择优录取，严考核，以制度保证。工艺上，各环节有介绍和规定，建质量责任制、质管机构，行三级检验，材料管理，立质考指标，各工序有质检标准，下工序检验上工序，合格方可进入下道工序，追求十全十美，可以说其质量管理严格到无以复加的地步。有史料上记载，有一天王楚章在生产车间巡视，发现油漆完的一扇衣柜门没有安装好，于是把衣柜拉到车间外，用斧子将衣柜劈开，并在现场召集伙计，重申不符合质量标准的产品，宁可用斧子劈了也不让出厂。30

年代在上海，周子柏接手经销金星牌金笔后，为使金星这个牌子得到消费者认可，就要有优良的产品质量的支持。于是派人去日本考察学习，并聘来一位日本技师，购买了制造笔尖的机器，开始自己生产笔尖。在生产中周子柏从原料进厂到金笔出厂层层检查，处处把关。从美、德等国进口笔杆，加工中精益求精。他抓重点笔尖，为使它有弹性、书写流利，严格检测纯金量，坚持做到笔尖含量一律达50%。经不断总结，逐渐形成三角磨尖法，做到笔尖四面光滑。这样整个笔尖就比较均匀圆滑，无论你用正反面、左右侧，任何角度写字都滑爽流利，从而以优质的产品支持了金星的市场信用。在武汉，许建安开张经营了一药房，并以"桐叶封弟"的君子无戏言、事必讲诚信之意取名为桐君阁熟药厂。为体现有实力，所售货品真实无假货，特别讲究排场，药房坚固高大，内部摆设华丽。为表示制造认真，经营老实，又采用悬挂满金抱柱对联："修合虽无人见，诚心自有天知"，不断表白公示讲诚信。桐君阁开张后，许建安在选料上规定用料量不得违背，人参要用高丽参，鹿茸非藏货不可，虎骨胶只用四大骨。有的材料则托人在广东、香港、南洋一带购进。桐君阁注意吸收和采用先进工艺制造阿胶，从北方购进黑毛驴皮，聘人剥去腐肉漂洗洁净，然后用老君洞的纯洁泉水掺和陈年老酒熬炼，产出色泽淡黄、有香气的黑驴皮胶。桐君阁努力做到采用新式工具，使药的粉末更细更均匀，对有挥发或芳香性药物低温干燥，使含量和品质保持最高。对黄芪、甘草则用蜂蜜炙熟使纤维易成粉末。对补剂丸药则设法制成绿豆大小，既方便又易溶解吸收，以提高疗效。在同业中领先采用玻璃瓶、纸、铁盒装，内附仿单外套纸盒，形式美观，便于携带。桐君阁在真材实料、严格工艺保优质中不断形成市场信用。

（二）不断改善创新，提升品质

民国时期，一些商号、商品在品牌创造中不满足于现状，为适应消费潮流不断改善、创新产品，提升产品品质，以满足变化的消费需求。这在各地食品、面粉、酱品、粽子、金笔等的生产经营中都有表现。在北京，1903年河北沧州人丁德山在东安市场挂出"东来顺粥摊"牌子，专卖玉米面饼、小米粥。后认识了市场主管太监魏延，得其欢心。这人无后，见丁德山机灵便认了干儿子。1912年东安市场粥棚被大火焚烧。魏出面张罗拿银两助建三间瓦房，称东来顺羊肉馆。初只做羊汤、羊杂碎等，后实施涮羊肉。最初靠的是其羊肉的制作工艺。丁德山自己饲养羔羊，然后挑最肥的后腿和上胸加工、腌制，经不断改进，做到选料精、加工细、佐料全，肉嫩味美。后重金从前门外正阳楼饭庄挖来一刀工精湛名厨帮工传艺。他切出的羊肉片既薄又整齐，铺在花瓷盘里可透过肉片看到盘上花纹，制作的羊肉肥而不腻，正好涮锅。对佐料则摸索出勾兑方法，形成了咸、辣、卤、糟、鲜的独特风味，使吃东来顺羊肉成一种享受。由此东来顺成为"涮锅之王"，给顾客形成了"专业"的形象，招来大批食客。之后市场上流传出"东来顺的涮羊肉——真叫嫩"的顺口溜，进一步强化了东来顺"涮锅之王"的概念。在长春，裕昌源原是手工生产面粉，品质不高，产量不大。1914年夏，经营机制面粉的苏泊金，因世界大战在塞尔维亚国内发生被沙皇召回。苏走时把钢磨卖给裕昌源的王氏经营，裕昌源有了机器生产，面粉质量大大提高。后打听到德国西门子的设备先进，于是设法买进，使产品品质规模又上了新台阶、新档次，日产面粉2000多袋，裕昌源成为亚洲最大的面粉生产品牌。在浙江湖州，1927年诸老大号店主去世时要求后人继续注重质量和信誉。经过深入探索创新，形成粽子的独特配方，产品三伏天存放一星期不变质，冬天放半个月不走味，成了美食奇品。尤其洗沙甜粽、鲜肉咸粽，或甜糯或鲜而香，具四角密封、外形挺括、打结美观的特点。后参加西湖博览会获奖，声名大震，产品进入上海，名扬上海市场。在济南，进入30年代的德馨斋酱园实行人无我有，人有我优，人优我廉，人廉我转的策略，及时调整创新开发品种。它组织专人搜集了解本地较有名几家的酱品生产工艺和样品，品尝评论，集思广益，不断改进实施创新，保持着优质可信形象。在上海1944年汤蒂英经营多年后，便把现代教育物品社迁到卡德路，租了一间店面继续经营文具。她将店面采用大橱窗、玻璃柜台、大招牌、霓虹灯进行了精心装饰，但没有产品品牌。汤蒂英于是改进创新，开发生产金笔。自己没有条件就委托生产，并要求在笔尖上的斜方块里嵌上绿色。经多次加工试制产出样笔，命名为绿宝金笔，又在报纸广播电台大做广告。她用大字刊登"绿宝金笔，永久保用"这一响亮口号，或制作路牌广告在路边间断地进入人们的视线，在人们的脑海里逐渐留下绿宝牌金笔的印象。随着一些日本货的陆续退出，美国派克金笔、墨水又接踵而至。不久又有价廉物美的新产品雷诺圆珠笔进入市场后冲击更大。这时恰有一家小厂愿意出盘，汤蒂英于是盘进。为了控制品质，在生产中进行严格品质检验，同时还亲自掌握原料零件进货，为生产优质货品提供条件。之后她为适合顾客心理而花样翻新，并总结出个性化品质，采用花色赛璐色笔杆，生产出流线型男用长寿绿宝金笔，接着又生产出小号女性用幸福绿宝金笔，把两支合成一对组成鸳鸯绿宝金笔。价虽然高些，但能作为礼品，很受欢迎。尔后又推出黑杆中型实用钢笔，三色笔杆的小朋友钢笔。根据"人要包装，佛要金装"的潮流，创新加工精美锦盒礼盒，深受欢迎，买者络绎不绝。

在这短短的时间内，在市场上出现这大量注重提升商品品质现象说明，民国时期大批经营者进一步认识到用优质产品或服务，以内含凝结在商品商号名称标记上，为品牌创造打下基础。

三、树良好独特品质形象

这时期不少商品商号在追求优质的道路上，还努力使自己有独特品质形象。如独特疗效、口味、风格，在市场上显得独一无二，这在各地都有表现。

在20世纪一二十年代，在各地出现的这一类商号数量多。如茶叶、饮食商号不少给人以智慧形象。民国元年王阿大由浙江来到东北哈尔滨，开张了老鼎丰号。在这北方口味一统天下的市场上，为树立南味牌子，王阿大制作了南方通行的手提炉。这种炉烤火均匀，烤出的点心色泽好、质量高。王阿大坚持做精细、高质的南味点心，小批量投放市场，深受欢迎。之后老鼎丰又推出了各式月饼和糕点。老鼎丰月饼款式新，种类多，有不少高档品。其槽子糕不仅外形与众不同，口味上也比同类产品高出一筹。点心出炉后直接摆上柜台，客人买上时仍然是热乎乎香喷喷。虽然卖价较高，但有入口松软、香味四溢的特有品质，顾客仍愿意多花几个钱来买。随着老鼎丰名气的流传，不少客人慕名而来，常常出现排队等候的现象。

几年后老鼎丰迅速发展成为哈尔滨食品业中较有名气的商号。自此"老鼎丰"三字在哈尔滨糕点业中形成了南味独有的商号形象。在北京，张一元茶号经营多年后，张文卿为了它成为高档品牌，于1925年在福建设立茶场熏制茶叶，保证了质量，降低了成本。其茉莉小叶花茶，向以清汤、香馨、杀口为广大顾客赞许。他依京城及北方人口味，就地进行窨制、拼配，反复探索形成具有特色的小叶花茶，从而形成张一元茶庄的汤清、味浓、入口芳香、回味无穷的京味茶特色。在山东济南，章丘一黄氏经百余年探索形成整套烤肉的独特工艺、调料秘方。光绪年黄家后人到了济南，在城东租门头经营烤肉。民国后黄元清带儿子雇伙计，在纬四路租店销售，1917年才取名异香斋黄家烤肉铺。其顾客主要是附近中药、杂货、绸布、鞋帽、钱行的掌柜、东家及上层人物，尤其章丘帮布商，可见都是高端消费群体，同时成为不少顾客日常走亲戚、逢年过节的礼品。它价格高，以10斤锅饼或40斤玉米面价才可买1斤烤肉。此外还有德、英、美、俄、日商洋行人员也来购买，因此它也体现人的身份和富有，从而形成异香斋独特的形象。在济南还出现了有独特风味的便宜坊。张同祥1926年由天津来济南，后与人合伙在经三纬四路开便宜坊饭馆。为了有特色，有拳头产品，他选中锅贴为主品，也可当主食，作为大众化食品。他总结探索出馅料配时令菜制作达底面深黄、酥脆，两端张口，味美可口。还有天津风味的四大扒：扒海参、扒鸡腿、扒猪肉、扒面筋。由于是外地风味、独特，在济南形成了优势。在独特品质支持下这便宜坊又在接待上做到独特，实行顾客进门小伙计主动打招呼，找座位让座，询问，端菜，递毛巾，漱口，送牙签，之后亲切地问"吃好了，先生？"然后报账，报小费，致谢，同时还行外卖服务。这样便宜坊很快以独特形象闻名济南。在苏州，出现创苏味的松鹤楼。经营多年的松鹤楼到1918年因经营守旧濒临倒闭，后天和祥店张文炳以合股形式租赁该店，改名为和记松鹤楼。张文炳接手任经理后，先后聘来苏菜名厨，继承苏菜炖、焖、煨、焙等传统技法，每道菜的色、香、味、形都按苏菜的正宗风味做，达"味浓厚不油腻，味清鲜又不淡薄"的特点。松鼠鱼改鳜鱼制作，鳜鱼是吃活食的野生鱼种，骨疏刺少，皮厚肉紧鲜嫩，盘中松鼠鳜鱼色泽金黄，头昂尾翘，颇像欲跳松鼠。该楼一年四季都有时鲜名菜，后又陆续创制数十种新名菜，而且独特显示出苏式菜肴原汁原味的特有风格。松鹤楼很快成为名流聚会的场所，成了高档店及苏式菜的象征。在杭州1913年绍兴人孙翼斋和义阿二在旗下路开店做汤团馄饨生意，初经营冷清。第二年义阿二退出后孙翼斋认为生意清淡是顾客不了解造成的。他读过私塾记得《礼记·中庸》中有"人莫不饮食也，鲜能知味也"，便以货真价实作为突破点，写下了"欲知我味，观料便知"八个大字，放在小摊前面，由此吸引了不少人前来试吃后成常客，生意逐渐兴隆。由于没有店名人们指认也不方便，于是把广告语中的"知味观"三字作开张的商号招牌。这特味小吃有了名称，生意更兴隆。有一诗人还赠一联："生意兴隆师爷笔，财源茂盛八字来。"同时对馄饨进行不断总结探索，终于确定制作出肉鲜皮薄、造型美观、悦目可口的食品。到1920年知味观仅馄饨品种就多达25种。后又增设酒菜和多种点心，不少产品成了杭州名小吃，从此形成了"知味停车，闻香下马"的良好口碑，从而树立起味美小吃形象。在河南许昌，民国初回族人尚德元为生计遍访名家，研制成了一种味道极佳的烧鸡，并以自己的名字把这烧鸡命名为尚德元烧鸡。他提篮沿街叫卖，烧鸡香味也随之飘散在许昌大街小巷。不久尚德元在南大街租店，正式挂起了尚德元烧鸡招牌。尚德元号烧鸡以香而不腻、熟烂不散、色泽纯正为特色，深受食客喜爱，很快尚德元号便在许昌有了好名声，从此一代一代流传了下来。

进入三四十年代，也在一些地方出现有独特形象的商号，但这种现象的数量明显减少。在广州出现独特广味皇上皇。广州沦陷后，谢昌先是做挑担生意，走街串巷。后发现兄弟谢柏经营的八佰载太上皇腊味行人头攒动，深受欢迎。他于是进店观察学习，渐渐熟悉了运作方法。回家后反复调试腊肉腌制配方，并将亲手配制的腊味分给左邻右舍，听取意见不断改进，得到好评。之后便在其兄弟隔壁租铺取名东昌腊味店借势经营。他接着招来腊味、酱油等专职技术人员，同时请来有陈列经验的铺面工，将产品巧妙组合搭配，陈列得美观醒目，吸引市民。谢昌还一改只卖腊味的传统，采取秋冬腊味、夏天冷饮，使商号四季顾客盈门。在得到消费者好评后，改店号叫皇上皇，并不断使产品独特。腌制时用酒、酱油、糖等调成的汁把肉浸两三天后，再挂起来晒干或烘干，不烟熏，所以质地红润或金黄色、油灿灿且无烟味，皇上皇成了广东的特味品代表。在四川成都西郊三洞桥街的沿河邹瑞麟建了一竹篱茅舍，开张草堂餐厅。1937 年将茅屋野店命名为"三江菜园"，经营凉粉、凉面、麻花、花生糕、豌豆糕、小吃。虽处野外，但却是通向西部杜甫草堂、青羊宫道观的必经之路，行人多。抗战时敌机轰炸，城里人逃到此，顿时热闹起来，于是抓来当地鲶鱼烹饪出售。邹氏少时学过烹饪，制作鲶鱼鲜美可口成良好口碑，于是扩大规模并装修成花园酒家，吸引文人雅士宴请聚会。文人陈践石先生酒兴中借用杜甫诗："每日江头带醉归"之意，题写"带江"二字，赠予店主，于是改名"带江草堂"，从而树立起独特商号形象。在武汉，老大兴园吴云山高薪聘请了精通鮰鱼烹制厨师刘开榜，并挂出鮰鱼大王的牌子。名师带名菜，名菜亮名店。这样鮰鱼大王也就成了"老大兴园"的别称，同时还带来其他拿手菜。1944 年 9 月武汉被炸，老大兴园被毁，刘开榜罹难，只好停业，后人集资复业生意仍红火。1946 年扩建恢复旧观，友人赠匾上书："美尽东南""大展经纶"。接着曹雨庭又挂出"鮰鱼大王"牌子，同时曹雨庭与原刘开榜的不修边幅不同，他衣着讲究，仪表堂堂，派头优雅，同时还推出多个新品种，使老大兴园有了新的独特内涵。

这各地的老鼎丰、张一元、知味观、尚德元、异香斋、松鹤楼、便宜坊、皇上皇、老大兴园等字号都以独特风味为形象，让人感到它们是智慧的结晶。

四、树精致、专业形象

市场产品商号品质除上述几种现象外，还出现了重技艺，努力使自己在市场上有专业水平高、有能力的形象，而且在各地都有这形象的商号商品出现。

在 20 世纪初，市场出现精致、专业形象。在香港，有人开张技术含量高的李占记。早在清末李兰馨来到香港利源钟表店学习钟表维修技术，出师后他仍然用功学艺，勤奋钻研，练就了一手过硬的修表本领。1912 年李氏离开利源店在文咸东街盘进一家店面，取名李占记。这时在市场上出现了大量高档钟表，不少中外显贵、官僚、富商、传教士、华侨都有各种进口的名贵钟表，价值昂贵。这些客人到店里维修总担心表中的贵重零件被调换，往往不惜花高价到信誉好、工艺精、牌子响的店维修。但接收这类高档钟表也要承担不小风险，因为来修表的人大多非富即贵，有来头。因此在维修中李兰馨从不掉以轻心，要求员工精益求精，以求有可信的口碑。为此李兰馨每天清晨都要亲自查看头天接受的维修清单，根据各种表的维修要求分给术业有所专的员工修理，做到万无一失。名贵和稀有的钟表，李兰馨则亲自拆修。修好的钟表要经技术更高的质检员复验，若质量不足则要返回查修。修好后要观察七天，准确无误方让顾客取走。对于修理难度大、技术要求高、零件无法配套的，则主动告知顾客"先试一试"。李兰馨每天要在店铺巡查一遍，看员工操作，抽检修好的钟表，百般挑剔，运行可靠才放行。李占记对于修好的钟要贴上"李占记修"字条以示保证。拆卸时发现新的隐患，也不随便退货，而是千方百计购来零件保质修好。李占记严格要求技工，维修第一次不过关，李兰馨和技工一起找原因。第二次再出差错，则多付一个月工资后请他另谋高就。李占记规定每位技工每天只接收三只钟表以保证质量。李占记还打破一般保修半年的规定，延伸到一年。进入 20 年代初，李占记在市场上形成了技高、可信的良好形象。1912 年在广州三水医生唐振之，早年在博济医院学西药。后在广州开医馆，针对患疟疾、咳嗽等疾病总结探索制作中药久咳丸、哮喘丸、治疟丸，于是办厂并命名为唐拾义药厂。唐深入进行广告，做到家喻户晓。唐拾义从而树立起治疟治咳的独有形象。也在民国元年，张樾丞在北京琉璃厂西街开张了同古堂。张樾丞河北新河居人，14 岁时到北京先投琉璃厂益元斋刻字铺学刻字，六年后出师，先后寄寓于来薰阁、明远阁，治印、制作铜墨盒。他对前人印谱善于揣摩、吸收，逐渐形成自己的篆刻风格，其制品超乎旁人，求治印刻铜的络绎不绝。于是自立商号同古堂，治印刻铜兼营古籍文玩字画。同古堂治印刻铜精致且善与众多名家交往，吸收了大量画稿，既为同古堂提高了名气，又提供了素材。他与达官贵人、遗老遗少、文人才子、书画名家及进步人士都有联系。陈师曾，民国画坛领袖，为同古堂篆书同古堂匾额，为之送了大量墨盒画稿。同时又由在多所大学任教、工书擅画的贵阳人姚华题诗。有技艺精湛的张寿臣亦工刻铜则专刻名人书画。其匠徒也都是善刻能手。有的善裱贴工艺和碑帖鉴别，有的精于治印、刻铜、刻竹。其中张幼丞即樾丞次子，5 岁从父习篆刻，7 岁作品发表于报端，被誉为七龄神童。经此历练，印艺更精，名声四传，求印者络绎不绝。这样就有了一支雄厚的技术力量，同古堂便在文人和其他消费者中树起技艺高超的形象。之后在上海出现了专业性强的精益眼镜店。高士德在高德洋行眼镜店里干了五年后辞职，在南京路租了一间店面，然后取精益求精的缩略词和有利于顾客的含义称上海精益眼镜公司。精益眼镜店为使自己有专业可信的形象，在生产经营中进口玻璃坯料，吸取西方眼镜磨制方法和采用主客体相结合的科学验光技术。他进口了部分机械研磨加工设备，并开始自制各类镜架，从而在验、磨、割、装、矫、制等方面都采用了国外最先进的技术和设备，从而使产品具有品质优异、专业性强的特点。浙江镇海人胡西园到浙江高等工业学校电机系就读后，于1919年大学毕业之际，萌发了从事灯泡制造思想。毕业后到上海没有去谋生，而是搜寻灯泡制造技术资料，在家里偕同留德工程师周志廉、留日学生钟训共同试验，经多次失败终于成功。于是集资在福建路租房，从日商手中买来旧机器进行试生产。产品合格率不高且质量不稳定，成本也高于市场价。1922年11月胡西园认识了德商奥本。这人开张了小型灯泡厂，产量少亏损严重。胡西园买下这厂后，于1923年正式成立中国亚浦尔灯泡厂，自任经理并聘奥本为工程师。胡西园对产品一开始设计了神州牌、日光牌、三海牌，但当时国民仍迷．信外牌，不得已为迎合消费者心理采用了带洋气的名字取名亚浦耳。名字虽洋但含义要超越德国亚司令、荷兰飞利浦，执中国灯泡之牛耳。商标也洋化定为"OPPEL"，同奥本OPEL仅一字之差。亚浦耳广告为"完全国货，省电耐用，最坚固老牌的灯泡"。初产5瓦到50瓦亚字牌，月产2万多只。当时正值社会上提倡国货，印上国货字销量大增。1928年又从德国引进更先进设备，聘请交大电机系毕业、留学英美法的电机工程师马庆云、汪经蓉、庄智焕任技术顾问，扩大技术队伍，进一步提高了产品品质，树立起专业化的形象。

进入20年代末到30年代，在市场上继续出现技精、权威的商号，但明显减少。这时期在杭州出现了独特的都锦生丝画。1919年机织专业毕业留校任教的都锦生，利用业余时间进行反复试验制作织锦画。1921年终于织出了世界上第一幅九溪十八涧风景织锦画，于是辞职办厂。1922年5月15日，在茅家埠挂出了都锦生丝织厂招牌。由于人们到灵隐、天竺都喜坐船到茅家埠，一上岸就可看到都锦生丝织厂及展示的织锦画，或观赏或购买作纪念。后都锦生又在中山公园租亭设摊或开营业所。1925年在上海开设营业所，并很快打开了销路。在生产中坚持传统手工工艺，经过近60道工序进行精细加工。他不断创新，突破黑白丝以黑白丝和五彩丝织成；试制五彩台毯，质量超过著名的南京云锦。后又推出领带缎、内衣布，旅店装饰画，西湖绸伞。1926年参加美国费城国际博览会，风景画丝绸都锦生牌引起轰动，获金奖，丝织唐伯虎名画《宫妃夜游图》，被誉为"东方艺术之花"。之后远销欧美，闻名中外。由此都锦生在市场上树立了独特、专业的形象。1929年李润田脱离慎余洋行借用鉴臣洋行的部分业务及其牌号，以鉴臣洋行西药部的名义专营鹰牌香料。1932年李润田出资买下鉴臣洋行的牌号，取消西药部字样，直接使用鉴臣洋行名义专门经营香精、香料。同时以高薪聘来波兰人那格尔技师使鹰牌香精质量得到进一步提高，陆续配制出各种不同香型和用途的混合香精，花色品种逐步齐全。后又培养调香技术骨干。李润田自己也在技术上深入钻研，掌握了香精生产的整套技术。1935年自建厂房专门生产鹰牌的各种混合香精。1937年抗战爆发，国外香原料进口中断，李氏于是又聘来专攻化学的大学毕业生，从事研究原料生产，以技术支持鹰牌成名。由于香精香气与进口货相仿，价格便宜，供应及时，因此鹰牌深受客户的欢迎，如大陆药房所生产的雅霜、英商力士香皂都乐意采用鹰牌香精。之后对一些大用户，鉴臣即分别按各用户所需香气而供应鹰牌专用香精，且香气始终如一，保证了他们产品的销路，也就是保证了鉴臣香精自己的销路，从而鹰牌也形成了专业性强的化学用品个性。

五、树高档领先形象

这时期在市场上商品同质化现象更为普遍，难有突出的表现。但也有一些牌子不满足于这一现状，改善提升产品品质，从而立起高档领先形象。

在杭州，1910年张祖盈执掌张小泉近记，于是着手进一步改善剪刀品质。到民国时对剪刀制作总结出72道工序，其中独创了镶钢第7道工序。为了更锋利，张小泉则在剪刀的铁槽上嵌进了"钢刃"，把铁的柔软和钢的锋利结合起来，从而形成了"镶钢均匀、钢铁分明、磨工精细、刃口锋利、销钉牢固、开合和顺、式样精巧、刻花新颖、经久耐用、物美价廉"十大特点。在市场树起剪刀行业的领先品牌形象。这时期，浙江镇海人方液仙在上海中西书院学习后，又拜师专攻化学，进修日用化学品生产。之后在家中进行试验，并萌发建厂生产家用化学品。这遭到父亲反对，但得到了母亲1万元的支持，之后在住处办起中国化学工业社。尔后初产牙膏、雪花膏、生发油、花露水，取名三星牌，并雇人挑到街上叫卖。当时市场上有不少品牌洋货，三星牌的产品不是其对手，以至亏损。1915年方说服舅父投资，筹资租厂房再次创业，增加蚊香、皮鞋油、果子露的生产，并开张发行所进行推销。但洋货质好对消费者的影响根深蒂固，三星牌产品仍打不开销路，但方仍不泄气。1919年爆发五四运动，兴起抵制洋货运动，从此不断有商人来到中国化学工业社订购，三星牌牙粉开始得消费者认可而畅销。由于生产三星牌牙粉的原材料乌贼骨不能满足大批量生产，国外已使用碳酸镁，只好从日本进口。为生产这原料，1919年方液仙多次到日本考察，也发现国际市场出现了更优越的牙膏，且前景看好，于是又集中力量研制。1923年三星牌牙膏推出，这产品给人实惠方便的感觉，风靡一时。到1930年初三星牌牙膏占国内市场一半以上，三星牌形成质量精美、价格公道的市场形象，一度成为中国牙膏的代名词，处领先地位。

进入20年代，以创优质产品支持树品牌形象的现象，与前期比较明显增多，分布广泛，从山东到长沙，从汉口到浙江，从上海到天津，尤其是上海，这种现象更是如雨后春笋般出现在市场上。1921年湘乡人潘岱清在杭州购得几把绸面花伞，羡其精巧适用，有意仿制。于是变卖田产办起伞厂，并参考杭伞和本地纸伞另行设计加工，精益求精，其品质超过杭伞并取名菲菲伞。这伞具有欣赏美和实用美合一的形象，一经上市便深受欢迎，一时门庭若市。后不断开发新品满足消费者，其品种、图案、造型多种多样，伞面装饰千姿百态。有的印制《潇湘八景》《黛玉葬花》《天女散花》《嫦娥奔月》，栩栩如生，它既是轻便适用的日用品，也是美观雅致的工艺品，很快畅销本省、长江流域，港澳、东南亚地区。1928年，潘弟在美国芝加哥开一门市专销菲菲伞，轰动全城，因而又扩大了国外市场。从此菲菲伞在市场上树立起新颖形象。这时期在中英大药房当过会计任过分店经理的项松茂，于1911

年受聘上海五洲药房经理，开发了"人造自来血"等多种药物。但他一直注视着制皂产品的生产销售及品牌发展。由于肥皂使用方便、去污力强，又不损衣物，深受欢迎。1921年适逢德商开设的固本肥皂厂出盘，他于是洽谈盘进，改名为五洲固本皂药厂。项松茂虽然买下了厂房机器设备，却无法得到固本的生产技术。由于得不到关键技术，五洲固本皂质量不理想，于是又聘请了化学专家逐步解决了一些技术难题。项松茂仍用固本为品牌名，但这是以自己的技术加工的质量支持下的品牌。所以他底气十足，然后大批投放市场。经反复改善，固本牌肥皂的主要成分指标都比祥茂肥皂更优，故能达到表面坚实颜色纯一、不收缩不变形、耐用且泡沫多、去污力强的特点。这产品推向市场后销量日增，很快登上领先地位。1924年，在青岛福山人吴子玉、高学曾开办聚福楼后，为了形成高档品质，聘来烹饪之乡福山厨师高手制作菜肴，做到选料讲究，刀工精湛，尤以烹制鱼翅、海参、燕窝等见长，具有胶东口味，极为诱人。其高汤极为有名，在整桌酒席上一般只用高汤而少用其他调味品。同时周到服务，对附近客户送菜上门，有时还派厨师带烹饪器具外出服务。这些方便顾客做法赢得了更多客户，生意更加兴隆，从而与春和楼、三盛楼并称为青岛三大楼，共处于领先地位。1927年，在山东烟台，宝时钟厂分离出的一部分人员，另行组建了烟台第二家钟厂——永康造钟公司，以永字为商标。见下图。

30年代一钟表的标志

永康公司起点较高，主要仿照西欧国家的挂钟、台钟款式进行生产。第二年与宝时公司一起参加了在上海举行的中华国货展览会，宝字、永字牌钟得参展者赞赏，成了国货精品。在参展中，宝字、永字牌在消费者中形成了中国钟的领先形象。1931年，宝时和永康再次参加了在沈阳举行的中华国货展览会，会上宝时被公认为"中国造钟第一家"。1936年，又试制并投产了单铃、双铃闹钟和十四天机械摆钟，均处全国首创，宝字、永字牌仍处领先地位。这时在蚊香市场上，不是用艾叶搓成的国产绳条，就是外商的各种牌号的蚊香，中国品牌一个也没有。而日本蚊香品牌，具极强杀虫力，且对人体无伤害。为此通过华侨从日本购买除虫菊研究，压制出棒状蚊香，但易断裂、点燃时间短。于是决定引进日本机制盘型蚊香技术，甚至设法安排技师进入野猪牌蚊香厂当苦力，悉心揣摩钻研掌握全套技术。之后方液仙针对其不足，使燃烧时间从五小时延长到六小时，从而确保用户放心睡到天亮。产品产出后取名三星牌，定价低又有产品质量的支持，可以说是物美价廉。所以，一经上市就受到市民的喜爱。之后又研制了紫罗兰香型蚊香。后又引进肯尼亚的除虫菊，试种成功，扩大种植。有了自产原料三星牌大量产出推销到多个地区并销香港、南洋，从而在蚊香市场立起领先形象。

从 30 到 40 年代，一些商号为了产品优质和诚信创造条件，在极端困难中进行努力创造，以形成和保持高档形象。抗战以后，钟牌高档毛巾生产原料难以保证。李康年为保持高档形象，坚持选用高质量棉纱，遇上优质纱脱销，则商请小型纱厂用上等棉花定纺定购生产优质纱。其他材料如染化料等也是挑上好的用。在选用纱支方面，他们坚持用 16 支纱做经，20 支纱做纬以增加柔软性。在生产工艺上，设法让经纬组织较一般毛巾为密，这就为钟牌保持优质形象、良好信誉创造了条件。为了使产品品质提升，他又添置先进设备、改革工艺创造自动起毛装置，从而使钟牌毛巾保持高档特点。在汉口，1938 年白海山开张了白海记时装店加工旗袍。这产品原是满族妇女的服装，后渗透到汉族妇女中。辛亥革命后，这旗袍样式开始变革得更开放。白海山手艺精湛且了解流行时尚，不断完善使之成为展示女性曲线美与气质美的特有服饰，其样式由肥变瘦、直领窄袖、右开大襟钉扣襻、两侧开衩紧腰身，以流线型、古典神韵与时尚特色融为一体。之后由于设计和做工独到，很快登上高档领先地位，名声远扬。但好景不长，一年后武汉沦陷，白海山只好将白海记迁到法租界维持经营。抗战胜利后他对旗袍进行了改进，容众家之长首创了有腰翘、贴身的旗袍，从而进一步树立起时尚领先形象。

这大量事例说明，民国时期在市场上，在新的经营理念指导下，一大批商品商号在良好品质支持下，相应树立起消费者认可的多种品牌形象。

定位与广泛构思品牌要素

这时期，为了交易成功，更多商人进一步针对所服务的消费群体的特点开发产品，构思品牌识别要素，更注意做到可记忆、有意义、独特而又适应。

一、续现品牌定位

在进行商品生产经营时，不少商人进一步根据拥有的资源和市场需求，设定经营目标及商品品质后，分析相应消费群体的需求和喜好，确立商品在市场中的位置和具有的个性，形成目标市场，也就是说进行了品牌定位。

（一）有的进行功能性强而表现一般的品牌定位

在产品和服务形成优异品质、功能性强，但消费表现则一般，也没有特定对象，凡是有条件的都可以消费。如同古堂的古文物，醉琼林、积德泉的酒、光明牌的漆、郑发炉和三盛炉的铁器，松美牌的生发油，知味观、菜根香餐馆的菜品，采芝斋糖果，保安堂药，艳芳照相馆的照相，光明号眼镜配制，佛手牌味精，永久牌自行车，丰牌面粉，永字牌钟，狗头牌锁，潘高寿药，大无畏手电。这些名称或商号的产品、业务适应的是广大消费群体。这些名称产品或业务功能性强，且人人都可消费，不太体现人的身份和地位。如在山东，1915 年 7 月开张了烟台宝时造钟厂后，经过两年多技术准备，于1918 年生产出第一批座式机械摆钟，取名宝牌钟并以"宝"字为标志。开始只销胶东一带，几年后进入北方市场。这是功能性强不太体现身份的牌子。在上海，胡西园针对广大民众设计生产出我国第一批灯泡。这亚浦耳灯泡功能性强，也不体现身份，只要需要，人人可买。

（二）有的进行表现性强而功能一般的品牌定位

这是能体现消费者本身状况、情绪及特定的地位，也就是具有明显的物质之外的价值，如身份、地位。但产品、业务的功能一般，如王四酒家、美女烟、金星笔、艳芳照相、华尔滋袜、全素刘、老美华。有的表现某种思潮。由于外国品牌在中国市场不断渗透扩张、排挤打压中国品牌，引起华商不服，并开始反击。尤其抗战期间，一些人表示对侵略者的愤慨，喊醒国民，同时也利用民众情绪，将商品取名中国人、爱国图、醒狮、雪耻、警钟、三枪、抵羊、征东图等牌。金星金笔厂面对外国侵略，将一种产品命名为爱国牌。如中国福昌烟草公司的九一八牌，以期大众记住这屈辱的一天。广西德成烟厂为避战火迁贵阳，将产品取名为"会狮东京"，内含"国内外团结，共同抗日，会狮东京，直捣敌巢，众人吸烟，勿忘抗日"，这些牌子有很强思想性。江苏武进人吴羹梅又名吴鼎，他在1935年10月开设中国铅笔厂。有人提出"航空救国"，他积极响应，将产品商标取名为与"航空救国"有关的名称，即飞机牌，另将"航空救国"的口号印在飞机牌铅笔上。在天津，1911年初冬，江苏宜兴人庞鹤年在天津老南市口一带考察分析，初步确定在此开间鞋店。当时有各种鞋，却没有为缠足妇女经营小脚鞋的店。于是进行个性定位，针对缠足妇女开家专营坤鞋、缎鞋、绣花鞋及缠足鞋的鞋店，并取名老美华。在鞋品产出后便命名为三塔牌鞋，由此开始塑造女式鞋形象。

（三）有的是功能和表现都强

也就是有高功能、高表现，这种牌子产品业务档次高，能体现一定身份、地位。如永安商场、大华商场、登瀛楼、松鹤楼、中原公司、培罗蒙、雅春园、怡园、老凤祥、沙菲菲伞、金星笔。在上海永安公司定位并坚持高档经营。经营者郭氏广东中山县人，六兄弟在澳大利亚谋生，老二郭乐发迹早，在紧随先施于1907年在香港皇后大道开张永安环球百货后，于

1915年春，在上海南京路以每年白银5万两的租金，向地皮大王哈同租下一块地，一次租了30年，这位置恰与先施相对。建筑采用英式风格，面向南京路装饰10个大型橱窗及服饰模特，首开上海大商场的沿街面橱窗陈列商品先河。永安百货公司1918年开张，并确定为销售国外产品和国内土特产品为主的高档商号。其布置与先施不同，底楼为商场销售各种日用品，在最显眼处有一条霓虹灯制成耀眼夺目标语："顾客永远是对的"，表明其经营理念。铺面商场全马赛克地墙，楼上商场铺打蜡地板，在明晃晃的日光灯下，声势、气派比先施显赫。公司开张后天天人山人海，宾客如云。永安六楼有一规模大的大东旅社，附设大东酒楼、大东舞场、酒吧、弹子房。酒楼内设大东茶室，室内宁静、舒适。这旅社成为中上层人士休闲，每天午后茶客如云，舞客翩翩，节假日永安号更是天天爆满。有的全家老少来此洗热水澡，享受一下永安号的豪华设施和热情周到的服务。永安经营德国、美国、瑞士、捷克、瑞典、日本的产品。整个商场成了世界各国名牌商品的陈列所，进出人员也多是富态有身份的人。在广州，大三元酒家定位典雅、高档商号。温心田1919年在长堤大马路开张大三元酒家，其名称含科举连中乡试、会（省）试、殿试榜首的解元、会元、状元为三元及第和多处前列之义，也有"酒家榜首，食肆班头"之意。该号聘请名厨鱼翅大王，经营以粤菜为主。店堂陈设典雅，环境清幽，食品高档，前来光顾者多达官显贵、巨贾富商，三元成了高端消费、体现尊贵、富有的身份象征。还有在天津惠福家具的中高档形象。浙江镇海人王楚章，1927年在天津与人合作创惠福木器厂被聘为经理。后迁罗斯福路生产家具，定位中高档产品。消费者为中上层社会群体。惠福的后人回忆，王经理曾说我们为某一阶层的人创造家具，就应该想着他们的需求，不仅他们买得起而且要考虑到他们的生活方式与起居活动，可见惠福厂定位很清晰。这说明在市场上定位思想比前代进一步明确。在苏州怡园，1939年朱春鹤与人合资开办茶室顺卖点心，并挂出招牌朱鸿兴。牌名寓朱姓老板开店，望鸿运当头，生意兴隆。这时苏州面馆名店林立，朱春鹤在经营中努力做到价廉物美，薄利多销。之后他不断创新，为适应不同顾客口味，推出了二面黄、紧酵馒头、虾肉汤包、汤面饺、蟹粉小笼，备上不同调料。朱鸿兴成名后提高档次，并聘来高手推出十多种浇头。在质量上求精问细不断创出新口味，很快赢得一批固定的顾客，且以宁沪一带老板、评弹艺人、书画家、报人等文艺界人士居多，经他们宣传，很快名声大振，被誉为"苏州面点大王"，店主趁机挂出"京（宁）沪驰名"的招牌。这食品精细的特点逐渐与文人富商的身份结合了起来。也在上海，到了1940年名星香水公司生产出一种花露水并命名为名星牌，这产品以其独特香味、包装、高雅名称并体现一定身份，很快风靡起来。

这些事实充分说明市场出现了档次高、适应特定高贵身份的消费者的牌子。

（四）有的是功能和表现都一般

在市场上大众化性质的商号数量多、分布广。如在市场上出现的五芳斋、蔡林记、良友、鹅牌衫、宝塔火柴、兵船面粉、三多轩纸、壶中春、宝元通、海普药、五洲药房、民生号等。这定位是针对未细分大众化市场，满足广大消费者基本需要而开张。1920年夏，著名实业家刘鸿生开办了水泥厂。这之前完全是进口洋灰，沿海市场都被外商的虎头牌、狮球牌、龙牌、青州牌、马牌所占领。这时期一些大城市大兴土木，各种新式住宅、商务楼如雨后春笋般兴起。这给水泥品牌带来很大商机。刘鸿生于是邀请朱葆三、谢仲笙等人投资成立水泥公司，根据市场状况及品牌名称标志进行比较，确定争取市场规模大及领先地位。产品推出后以五彩大象作为产品标志，取名象牌，从而树立起功能表现一般的牌子及大众化形象。1925年，在上海自小爱好美术的广东人伍联德，在一家西人书店发现一本英国出版的《伦敦英文画报》，图文并茂，别具一格。伍见后灵机一动，于是在北四川路开张了良友印刷所。一天附近天一电影公司正在拍一文艺片、古装武侠片。主人公胡蝶与伍是广东同乡。胡天然美貌。伍联想到作为画报，可以一个手持鲜花、笑面迎人的美女套色照片作良友画报的封面。由于与一电影院为邻，行人多，于是动员职工在电影院前销售。路人见了觉得新鲜，随手一翻五颜六色，内容丰富，售价又低，还有胡蝶照片，于是纷纷购买。初版3000册很快销售一空。再版二次共销7000册，初战告捷。1927年1月，《良友》公司正式开张。在第三期卷首语登出一生动质朴广告：

"做工做到劳倦时，拿本《良友》来看一会儿，包你气力勃发，做工作还要好。常在电影院里，音乐未奏、银幕未开之时，拿本《良友》一躺，比较四面顾盼还要好。坐在家里没事干，拿本《良友》一躺，比搓麻将还要好，卧在床上眼睛还没有倦，拿本《良友》一躺，比较眼睁睁卧在床上胡思乱想还要好。"广告情真意切，句句声声真心助消费者休闲生活，人们争相传阅。几年后在武汉，1929年农民蔡明伟从黄陂县来到这里，挑担卖面条为生。他卖面分量足、配料全，购者多，常应接不暇。于是摸索快餐式方法，将面煮成七成熟摊于案板，淋上少许香油，晾干成半成品。第二天清早摆摊时只将面条用滚烫开水烫几下捞出于碗中，加上作料芝麻酱等即可食用，后称热干面。它实惠快速，口味南北兼顾，很适应这五方杂处、商贾云集的武汉，尤其是码头来往不断的挑夫、脚力、贩夫、人力车夫。他们一早出门，要吃饱又要快，而那干干的充满香味的热干面或加一碗热腾腾的米酒，正中中下层民众下怀，所以生意兴隆。在有了一些积蓄后，蔡明伟租下一间门面，专卖热干面。于是根据门前苦楝树双木成林取名蔡林记。由于在社会上有了蔡氏干面分量足、配料全、风味独特形象，开张后更是受人欢迎，人头攒动。

二、构思品牌识别要素

经过定位，不少商人在产品进入市场时品牌经营者都进行识别要素设计，包括品牌名称、标识、图标、广告语、包装、声望、历史，以便迅速而深刻地进入消费者的视觉、听觉系统。从而有效地建立与竞争者的商品商号的差异性，在消费者心目中树立一定的特有的形象。

（一）多式构思品牌名称

这个时期，商人都很注意在取名上花功夫。这是品牌的核心要素，要求方便记忆、暗示产品等级及特殊利益、趣味性、创造性，尤其出现了不少用含义深远、称读响亮、言简意赅的字词表达。总体上说来有以下形式。

第一，以人物为名称。这形式数量多，分布广。这是以姓氏姓名取名，把创始人或所有人相关联。它往往会与创始人及背景、专业、品德、技艺、经营理念、追求和向往等内容相关。有的也会与某一类人物特性品德关联。有的是姓氏加专业为名称。这名称内含创始人姓名，如冼冠生的冠生园，马宝山的马宝山牌。又如杨记饭店、沈氏酱园、陆翔熊鞋店、李鼎和笔店、胡肇泰茶叶店、王恒豫酒店、章东明酒店、邵万生南货店，都锦生织锦画。又如玉器王、象牙杨、泥人张、年糕张、烤肉季。1933年四川蓬溪钱寿仁利用刁氏技术腌制猪肉，开店取名钱腌腊食品店。四川资阳人赖元鑫制作汤圆做工细、粉匀、糖重，又称三不粘（不粘碗、筷、牙），直到30年代在春熙路北开汤圆店命名为赖汤圆。四川新都龙桥刁凤标善家禽加工，以香樟叶腌鸭味特鲜别有风味，并于1931年在镇上开张了刁氏樟茶鸭店。有的是姓氏加吉利字为名称。这些人在姓氏后加发、裕、泰、兴、隆等字，如郑发炉、汪裕泰茶叶店、周德泰锡箔庄、周锦章牌、周光结牌，王裕大锡箔庄、王长兴牌。张裕葡萄酒就是创始人张弼士先生取"昌裕兴隆"的裕字，再冠以张姓为名称。在湖北孝感米酒市场有鲁氏制作了糊汤米酒，当地一文人称之："色白如芙蓉出水，味重似木樨吐蕊。"事情传出人们争相品尝。1924年鲁氏便开张商号，取名鲁源兴米酒馆。有的是以名字为名称。在上海浙江定海人周祥生，18岁到上海礼查饭店当"仆欧（Boy）"。在作业中他学会了英语，工作中常代客雇车，与车行主及司机交往甚密。1919年向英商中央汽车公司购置一辆旧篷车，进行出租业务。1923年与人合资开办汽车行，以自己名字取名祥生车行。在广州1932年邱炳南从南洋学成制作衬衣返广，在昌半街开裁缝店取名邱炳南恤衫店，定制衬衣来料加工。日侵入被炸后又在永汉北路重开商号，后与人合股发展为邱炳南服装专业店。在河南辉县，牛忠喜于1934年学成出徒后到汲县经营烧饼。1940年在新乡开烧饼铺取名牛忠喜烧饼店。由于质好有特色，牛忠喜烧饼很快出名。有的泛指人物及人物活动为名称。在上海有取名中带有人的含义，但不指具体人而是泛指，如人钟牌、小弟弟牌、小囡牌、武士牌。广生行的双妹牌、人桥牌。其他有人象牌、名人牌、佛手牌、美女牌、人球牌、象童牌、金手牌、明星牌。贵阳有香烟美姑娘牌。1924年，阮贵耀在上海新北门开设了一家店铺，取名为阮耀记横机厂，专门制造袜机的零配件。后以旧翻新、重新喷漆调试，生产出崭新的缝纫机。为在市场上能名正言顺经营，于是取名飞人牌，亮相市场。有以人物活动图形为名称。如以采花图、福寿图为名称。如有以故事为名的访贤牌。有以众多小孩玩耍图的百子牌，给人多子多福、吉祥如意感觉。有的体现双方合作为名称，且有多种不同形式。有的以双方的姓组词为名称，如山东烟台一锁厂命名为程明锁厂，是取合伙人程大钱庄的"程"字和精明表店的"明"字组成。有的以双方出生地简称组名，如制针冀鲁厂是以股东河北人、创始的山东人尹致中的省简称为名。有以双方商号中的一字组成名，如济南一货店以创办人的徐咏泰、庄宝康各自商号中的一字而名为泰康号。有以朋友为名称，如40年代初几个师兄在成都昌福馆街合伙开店经营面食，以含义取名师友面店。

　　第二，以动植物、物体象征为名称。这形式比过去有增加。民国时期出现大量用美好可爱事物、有象征意义或隐含经营者对事业企望的名称取名。这方面往往以吉祥字或形容词加动物名为商品商号名的很多。由于多年来，人们喻凤为尊贵，视虎为力量，言狮为威武雄健，看大象为力大而温顺安详，称鹰为勇猛矫健。于是依动物特征进行夸张、强化、联想等进行美化转化为具个性化的意象图案，如以虎头、虎口大张显示气势的形象，或以虎的整体形象作商标，突出虎的腿力作跨步状，或强调尾巴粗长以助虎威。有的将狮的大头、大嘴、大眼体现体魄雄壮、威武有力。有的对于大象则以长鼻子大耳朵巨型脚为特征，体现高大但温顺与善良。对于马则以快速奔跑、头部高昂或四蹄腾空、马尾飘荡表示快速有力、发展快。牛又称犟牛，示具有不屈不挠精神，形态以脑门宽阔、脖根短粗、前胸宽大的特征用以暗示商号的不屈不挠精神。也由于这形式可以寄托丰富含义，在市场上以此命名的不少，而且大多在动物名称前加吉利字或动词、数字，以增强优美形象。如金鼠牌、红狮牌、飞虎牌、立鹤牌、飞鹰牌、金双马牌、云鹤牌、金鸡牌、麒麟牌、老鹰牌、双兔牌、百鹿牌、飞鹤牌、美蜂牌、美蝶牌、骆驼牌、红蝠牌、飞马牌、双麒麟牌。上海一化工厂把香精与香料命名为孔雀牌。上海ABC糖果厂冯柏镛发现一活泼的米老鼠卡通片，便将产品命名为ABC米老鼠奶糖，并在包装上设计米老鼠而很快畅销。上海顺昌织造厂双狮牌的两只雄狮环抱地球，象征要进入世界市场。抗战后贵阳成为后方重镇，沿海大批厂商迁入，仅制烟厂即达150多家，有人将香烟取名金猫、赤兔马等。1911年，在四川南充丝商乔子珍与人合股开张吉庆缫丝厂。1915 年，改缫扬返细丝并将产品命名为醒狮牌销往欧美。1929 年，在日本留学专攻蚕丝的六合丝厂主盛克勤进口日本设备，将产品丝命名为鹿鹤牌，并以鹿鹤图为标记。后进入国外市场，法国厂商用这扬返丝织成长筒丝袜，美、英商人则用来制作飞机翅膀和高级衣料。1919 年 1 月，浙江余姚人沈玉山和美商胜家公司职员高品章、张明生合资，在上海开设铁车铺取名协昌店，意三人同心协力事业昌盛，经营国外缝纫机和旧缝纫机翻新业务。1922 年更名为协昌缝衣机公司。1927 年试制成草帽缝纫机命名为红狮牌，中国第一架国产缝纫机由此诞生，并投放市场。在药业方面有人推出云狮牌艾罗补脑汁、鸡牌金鸡纳霜药膏，中法大药房则推出万象牌。1931 年浙江人朱继圣从英国进口设备，在天津创仁立毛纺厂，1933 年产出产品取名天马牌呢绒商标为天马，骏马昂首而立目视远方，道出了经营者的雄心壮志。以植物名命名的也不少，如洛阳花牌、玫瑰香牌、花球牌、荷花牌。商号有稻香春、桂香村。抗战时，贵阳有商人把香烟取名玉兰花、野玫瑰、郁金香。

第三，以物品名为名称也经常采用。在市场上有的以物品或建筑物图形取名，如以长城、金城、宝塔、鼎、如意、船、火炬、金钟、宝鼎、气球、双金、金宝、宝剑、帆船、海关钟楼为名称。这种以物命名可以给人雄壮、宝贵、巨大及美感，由物及事引起人们对商品的注意、好感。在四川南充，1919 年同德丝厂采用日式电动机生产，产品质量提高了一个档次。于是分别取名飞机牌、汽车牌扬返丝，市场供不应求。在上海，1927 年浙江宁波人余芝卿在胶鞋产出后便将它命名为双钱牌，意名利、福寿双全、两全其美。这是以期望取名，接着又画了双钱图标志，见下图。也在上海，

双钱牌标志（一）　　　　　　　　双钱牌标志（二）

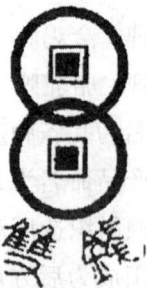

竺梅先经营民丰纸厂，于是试制薄白版纸成功并取名船牌。1935 年试制卷烟纸成功，推出第一个卷烟纸品牌帆船牌，以此表示追求一帆风顺之意。

第四，以数字加吉利为名称。以某些数字加特征、吉利词组成名称也是构思品牌识别要素的重要方法。它一般以三、五、六、九、百、万加象征或物品、动植物组词构成。一是带三字取名。该字含较多之义，如三角牌、红三角牌、三盛炉、三星牌、三钱牌、三蜂牌、三星牌、三友图牌、三猫牌、三钱牌、三羊牌、三五牌、三八牌、三元酒家、三元斋、三吉斋。在广州，1925 年黄其佩在高第街开张纸店，经营染纸、色纸、色笺，取店名三多轩。店号本义指多学、多做、多商量，暗示文房用品，给人吉利印象。在上海，1939 年吴龚梅与人合作开张了上海铅笔厂，以吉祥用语即福、禄、寿之义将铅笔命名为三星牌，以使人们想起吉祥如意。在抗战胜利前，一孙氏在迪化（乌鲁木齐）与周聪文在保安路开设了三星商店，经营照相器材，兼营布、百货。1947 年初，孙茂林又在迪化开三星照相馆。二是带四字取名。这种现象较少，如四怡堂。因为四容易与死谐音，给人不好兆头。如遇不满，易被用作骂词，所以避用这字。三是带五字取名。如五老牌、五粮液、五芳斋、五福牌、五羊牌、五和牌。四是带六字取名，如六芳斋，这方法也少。五是带九字取名如九芝斋、九鹤号。1915 年饶菊生在长沙药王街开了一店铺后，以《诗·小雅·天保》中"天保九如"的祝寿诗中连用 9 个如字"如山如阜，如岗如陵，如山之方至，以莫不增，……如月之恒，如日之升，如南山之寿，不骞不崩，如松柏之茂，无不尔或承"之意取店名为九如斋。其名寓意深刻，囊括有吉祥用语的精华。当时长沙南货店中有 3 家冠以"三"字的店：三元斋、三吉斋、三多斋。因此九如也有"克二"之意。有副趣联上联就是"三元斋三吉斋三多斋，三三如九九如斋"。六是带百字取名如百鸟牌、百子图牌。七是带万字取名如万年青牌，万隆咸鲞店。1933 年河南长葛人王聘卿、巩县人马鸣岐到开封做生意，合创万盛源五金号。1946 年又开张万盛永五金号，推出不少洋货；另有直接带第一的名称，这可说是霸王名。在开封中华楼厨师周效德与另一楼的黄继善开点心馆取名第一点心馆。周推出拿手品种小笼灌汤包、吊卤细面、铁炉烧饼和挂粉汤圆。加工中做到用料考究，制作精细，皮薄馅多，灌汤流油，小巧筋柔，鲜香利口，物美价廉，获顾客好评。之后不少名流入店品尝，举人祝鸿元多次来店并题写"第一点心店"匾；最后出现有带双字名称，香港广生行双妹牌雪花膏，妹字与美字谐音给人美丽感觉。还有在上海推出橡胶产品双钱牌。

第五，以励志取名。如以勤俭、大无畏、无敌、环球、精益、寸阴金、封侯挂印、春风得意等字词取名。1915 年，上海美华利推出有美华利牌、致富牌。1923 年，在成都陈汉三在青桥开张经营餐饮取名事竟成店。

第六，有的以特定含义为名称。在名称中带某种含义指导自己也启示消费者。1924 年江西人萧则可在四川宜宾开店经营。在挖掘房基时得到一枚唐代古钱开元通宝，于是把商店取名宝元通。店的招牌、图章都制成外圆内方形，以体现经营货品及货币在不断流通不断增利。1943 年之前，黎营鑫在成都开张了高档餐馆朵颐，不少文化名人也成了常客，朵颐也很快成名。在山东，苗世厚四堂兄弟在济南开张了恒聚成号，寓意要把消费者吸引到自己店里来。

第七，以暗示产品属性为名称。有名称中暗示商品功能、特征、外观以方便顾客认知。如永明眼镜，显真照相馆，陶陶居茶楼，亚浦尔灯泡，赏古斋古玩店。有的表示向消费者提供满意产品或服务，如布店碧云居，帽店彩云斋，是借碧玉、彩云之形色来形容布、帽之美，表示提供的产品质量优异。转运业有福光与北辰，前者是指福星之光，含有福星高照之意；后者即北极星辰，为夜间定向之星，使人在黑暗中能辨明方向，意味着永不迷航、一帆风顺。有的暗示餐馆饮食业，这类尤其多。1935 年一南方人根据淮扬菜风味，以菜根香为店名，后生意红火。龙抄手是谐音名，这产品北称馄饨南称云吞。四川龙抄手是说包制面皮时两头抄拢而成，颇似人们冬季为避寒而将手抄入袖中之状。1941 年张光武在成都悦来坊开一店，定名为龙抄手，颇受欢迎，成为名小吃。饮食菜馆业如雅春居、雅春园、玉壶春、四海春等均加选用一个春字，使其在雅中又含春光、春色和生机、生意旺盛之意。除了春字外仙与酒有缘，因而仙字也被店家竞相选用，如菜馆中的聚仙楼，面点中的赛仙楼与醉仙亭都用了仙字，喻以能供仙家饮酒作乐之处。在杭州有一知味馆，则直接告知产品属性。又如怡园菜馆的怡字确是令人一看就感到能心旷神怡；还有又日新、味中奇店名更是能吸引顾客想看看究竟新在何处奇出何味。至于汉光、壶中天菜馆，汉一意为天河，汉光即取天河之光的意思；壶中天则隐有壶中日月长之意，很合酒友口味。有的暗示食品业如采芝斋示小食品，如糕点、糖果、蜜饯、炒货、苏糖。倪锦财抗战后到汉口，邀人合股在中山大道开店取名五芳斋以示餐馆。1919年无锡人施逸庭在杭州延龄路开张了素春斋，经营素食，后推出100多个品种，并融入杭菜特色，集寺院、宫廷、民间于一体，素料荤做，以素托素，鸡鸭鱼肉俱全，形味足以乱真，很快在江苏及杭嘉湖地区出名，甚至在东南亚的华侨中也很有声誉。有的暗示药业如保和堂、宏济堂。1920年，有人在镇江创办药号名保安堂，意保家人平安之意。后遭水漫金山等祸事，迁钱塘并改名保和堂，挂出"贫病施药，不取分文"，生病来讨药和道谢的人络绎不绝，良好口碑故事不少。药行中还有恒春堂、生来春、益生等，恒春堂有带来生机和青春永恒之意；益生取有益于生命、健康之意。济南一药店命名为九鹤号，除了将店主名字暗嵌其中之外，更是向消费者宣示其产品能够使人至贵多福、延年益寿。济南宏济堂则含有通过药物而广济众生之意。1924年上海信谊化学制药厂"长命牌"更是直言不讳说明是良好保健品。有的暗示是留真求美业务，如1912年广州，三水人黄跃云合资创艳芳照相馆。1914年，武昌人李炳声自设照相馆，以照相品位高雅、流芳百世之意命名为品芳照相馆，大量重要人物到品芳照相馆照相留念，名声大振。有的暗示经营化妆用品。如松美牌生发油，有能使头发蓬松美丽，有谐音作用，符合消费者心理。有的暗示酒品，酒酱业中的天泉、源泉等是取泉源不断之意。在四川，邓子均在温德丰产出高档杂粮酒取名春花酒后，1930年的一天，听说团练局长雷士奇在府宅设宴招待宾客，便携带几瓶春花酒前往祝贺。来到雷府只见大厅内高朋满座。邓子均向雷士奇说明来意后，请大家品尝自己亲自酿造的酒。邓子均把酒倒出后，顿时浓香四溢。宾客个个赞美不绝，都说这酒的色香味都很好。有人问其名，邓子均答叫春花。又有人说：这酒质好，但名字平凡不雅。这时晚清举人杨惠泉呷了一口说："这酒系五种粮食之精华而成，何不名之为五粮液？"众人听了无不拍手称好。邓子均一听这名称风雅独特，既表达酒质好如琼浆玉液，又把酿酒原料五粮突出来，是粮之液五粮之精华，使人闻其名如享其味，当即宣布将春花更名为五粮液。也有的暗示功能用品，如以光明为名称的眼镜店，有以宝时命名的钟厂，既示其产品用于能计宝贵时间，又暗喻准确可靠。1932年上海利用五金厂将锁具取名狗头牌，有守门之意。有的暗示其他器具如通泉秤店和泉茂碗店，喻之秤与泉通、碗中泉茂，取秤不完，食不尽之意。有的暗示农产品如山东机制面粉厂取名瑞丰面粉，暗喻其产品与农业收成有关。

第八，以体现追求也迎合消费者喜好心理取名。在众多商号中有不少吉祥类的名称，且多采用吉、祥、盛、福、隆、和、丰、鼎、恒、泰、兴、顺、源、泉、利、成、聚、荣、大、安、昌、瑞等字眼，取吉祥、福运、兴隆、鼎盛等词意，指望生意越做越红火。一位日本商业学教授对东北商号调查后，对清代以来商号取名分类发现："兴"使用率最高，"盛"紧随其后。接下来依次是德、永、福、顺、发、昌、同、和、祥、成、合、号、源、利、记、义、天、恒、聚、丰、裕、茂、隆、双、庆、新等。当然还有其他吉祥字词。在长沙，有的对果业商号取名泰懋隆、祥茂福、公隆、宜隆、宜泰、隆利等。对布匹、苏广百货业取大有福、福兴隆、鼎隆盛、福盛、锦盛、丰泰等。酒酱业有名鼎吉、鼎吉顺、福源祥、福隆、隆和、隆泉等。米业有鼎丰、裕厚隆、福丰。金银首饰业有祥慎、益兴等。铜店有福泉兴、锦利等。饮食业有发昌楼、鼎和等。从中可看出，果业、布匹、百货等行业多用到吉、祥、福、隆等字。在菜馆有全、满之意。有的避忌求吉、祈求祥瑞，在品牌名称中寄托创办者的心愿。山东商号名中用得最多的字是庆、丰、泰、祥、兴、发、安、利、顺、裕、荣、昌、源、盛、福等，都是代表吉祥如意的字词，如亨得利、恒丰、永安、永盛东、聚福楼等。烟台药店生生堂，门侧竖匾"生者大乾坤并寿，生则明日月常昭"，寄托着济世救生的良好愿望。泰安桃园春餐馆则借用三国桃园结义典故，比喻宋、李、吴三人义气团结、志同道合，为大业而相聚携手，春则意味着饭店春机盎然，兴旺发达。

第九，有的利用事件取名。民国时期仍经常遭受外敌欺压侵犯。国人常现爱国心愿，一些商人便利用国人的这一情绪和愿望，动员购买其商号产品。抗战期间，一些人对外敌入侵表示愤慨，为喊醒国民，他们将商品取名中国人、爱国图、醒狮、雪耻、警钟、抵羊牌、征东图牌，意在征服东洋货。金星金笔厂则将产品命名为爱国牌。中国福昌烟草公司命产品为九一八牌。广西德成烟厂迁贵阳，产品牌子为会狮东京，内含"国内外团结，共同抗日，众人吸烟，勿忘抗日，会狮东京，直捣敌巢"，以强烈的思想性、高超艺术性刺激消费者。江苏武进人吴羹梅又名吴鼎，1933年留学回国，到上海后便着手筹办铅笔厂。而当时全国正掀起一场提倡国货、抵制日货的热潮。他在1935年10月开设了我国第一家自己制造铅芯和笔杆的中国铅笔厂。当时上海等地民众提出"航空救国"等口号。为此他将产品取名飞机牌，同时也作为他抵制德国老鸡牌铅笔长期占领我国市场的表现。到1937年初又研制出高档铅笔，并用鼎字做品牌名称。用鼎的谐音顶住外牌三堡垒、维纳斯等高档铅笔的倾销。

第十，以引经据典、有名词句、传说为名称。一些商人注重引经据典，突出悠久历史、文化积淀。有的借名句、名词、名事以增强吸引力，提高消费者兴趣。

多少年来，社会积累了大量有名的词句、故事、传说，耳熟能详。一些商人于是利用它为自己服务，以加速消费者的认知。山东德州包子铺根据宋代陆游诗句"山重水复疑无路，柳暗花明又一村"，将字号取名为又一村。有的以作品、戏剧人物名作为商品名，如上海天一厂的樊梨花牌布、双金锭牌布，三新社的三侠义牌。有大公公司的木兰从军牌、渭水图牌。美丰染织厂以岳飞故事的忠贤图牌。在杭州，有商人合资建雅园，竞争中生意清淡。进入三四十年代后，有二人退出。余一店主请方丈和客僧来改店名，三人绞尽脑汁，终于想出"天外天"，其内涵为灵隐寺头山门照壁上，书有"咫尺西天"四个大字，此菜馆在西湖之西当属天外有天；同时该菜馆在飞来峰"一线天"之外，可说是在天外故而取名天外天。同时还有菜馆所烹之菜格外鲜美之意。鸦片战争后西方眼镜技术传入中国。先有英商约翰·高德在上海开高德洋行，专营机磨眼镜和验光业务。1911年，高士德从高德洋行眼镜店里辞职，在南京路租了间店面，然后取精益求精的"精益"两字为店名。一是我国古代就有精益求精成语，它源于朱熹注释《论语·学而》中"治之已精，而益求其精也"。创业者期望以精益二字激励同仁，在眼镜制作技术上发挥精益求精的精神；二是要向世界宣告中国眼镜公司的诞生，而这公司英译为Chinese optical company，这与精益公司Chinese optical company谐音。1913年山东蓬莱人苏振芝于天津南市创办了登瀛楼，其名称登瀛二字取自《史记·秦始皇本记》"海中有三神山，名曰蓬莱、方丈、瀛洲，仙人居之"的历史传说及诗人李白《梦游天姥吟留别》诗中的"海客谈瀛洲，烟涛微茫信难求"和"十八学士登瀛洲"句，又参照唐太宗为网罗人才作文学馆的登瀛洲典故。登瀛楼显示山东家乡菜特色，暗示饭庄经营鲁菜又充满诗情画意，给人以高雅文化的享受。有的以缩略字组词取名，这也是一个很好的形式。一些商人从典故、成语中缩略成二三字词为名称，如以怡情和色取名怡和。有以《诗经》"鹤鸣九皋，声闻于天"句中的词把店铺称为鹤鸣鞋店。青岛首家清真糕点厂取"有志者，事竟成"中的志成词为厂名字号。1924年，廖青迁与樊青云、朱康林合作在重庆开餐馆，依山筑楼凿壁为室，设席接客，恍若置身洞天福地，于是以道家"十大洞天，三十六小洞天，七十二福地"意境取名小洞天。有的借诗句为名。1920年何乐义在西安五味街开张"何记葫芦头（猪肠为原料的泡馍）"，后迁广济街。一文人光顾，以杜甫《春夜喜雨》诗的"好雨知时节，当春乃发生"句取名春发生泡馍馆，示不断兴旺。陕西督军陈树藩来店吃后放下两块大洋："值得值得。"这春发生得名人赞赏，名声大振，很快红火。山东烟台醴泉啤酒厂，其字号采自《礼记》中"天降甘露，地出醴泉"之意。有的以有名故事、典故、事件、传说为名称。居住杭州的苏州人陆冷燕娶名坤伶粉菊花为妻。每当戏散时，便偕同粉菊花到附近小店悦来菜馆吃夜宵。店堂倌孟永泰周到接待，流露想开店，陆给以五万支持他在教仁街南买下三开间门面。至于店名，一说是征求而得，由一书生根据初唐诗人宋之问的名句"桂子月中落，天香云外飘"取名天香楼。见上图。另一说民国时《东南日报》资深记者黄萍荪先生在《话说天香楼》中记：陆冷燕问阿泰："我家太太（粉菊花）可称国色？"阿泰抬头赞道：

杭州天香楼招牌名称

"确是国色！"陆说："现在只缺'天香'，不妨称之为'天香'；国色天香，为湖上留一佳话，不亦乐乎？"初生意不旺，于是改营客人喜欢的杭州风味，名称改为武清天香楼。请来当时著名书法家朱孔阳题写招牌"武清天香楼"。另说 1927 年，新天香楼开张经营杭菜，在色香味形上给人风味纯正、口感新鲜的感觉，从而生意兴隆。于是在教仁路又开一家，形成南天香北天香。有酒店以典故取名，如 1940 年商人俞引德在宁波开明与东大两街交汇处创办了梅龙镇酒店。这名称来历说是明正德皇帝一次微服私游，来到山西大同梅龙镇，这里市井繁华，酒楼店肆林立，龙颜大悦，在一酒家喝醉时看上了店家女儿李凤姐。于是滑舌挑逗，轻浮戏弄，终于载得美人归。此事竟被一文人写成叫《游龙戏凤》的一本戏，编排演出，引起轰动，并成为茶余饭后的谈资，梅龙镇三字成为议论话题。一些商家借此作商号名，提高知名度。时餐饮界，多是宁波本帮菜，或徽菜加本帮，如要出头立足，就要独树一帜。店主俞引德巧妙地推出以淮扬风味为主的菜肴，平素吃惯了生猛海鲜的本地食客，不少转向品尝酥糯适口的淮扬菜肴，不禁称赞有加，甚至广为传誉，吸引了不少军政人员、名绅豪贾、寓甬贤达等高端消费群体。这现象在四川古蔺县赤水河旁也有出现，这里有一小镇二郎镇，与贵州的茅台镇隔河相望。这里气候温和而湿润，尤其是镇边有一股甜美的泉水，不少人都用它来制酒。酿酒多年的邓惠川到茅台镇学习酿酒技艺，掌握了茅台酒的回沙工艺。回到二郎镇在酒曲中加入多种草药，酿出了不同于当地土酒的新酒，并以自己的名字取酒坊名为"惠川糟坊"，将酒品称回沙酒，后为了与一般回沙酒相区别，又能与带传说故事的郎泉相联系，于是加一郎字称回沙郎酒。1918 年，酒商雷绍清与邓根先在二郎镇合作创办了集义新糟坊。后酿出一种融惠川、茅台风味为一体的新品种酱香酒。在取名时，雷氏便用当地的传说为名称，直接称为郎酒，体现这是用优美传说的郎泉水酿成的。

　　第十一，以俗或雅助俗为名称。有的以纯俗名为名称。宁波人江定法小名阿狗，多年在外轮跑船。1926 年回宁波摆汤团摊，后在城隍庙旁开一店。由于不识字便将小名江阿狗谐音缸鸭狗绘于门额。这独特新鲜招牌、别出心裁构思，饶有风趣的名号，通俗易懂，很快老少皆知。这谐音怪怪的，但幽默，既易识别也吸引人。在经营中由于汤圆品质优异，很快声名鹊起，顾客盈门。在济南，洛口镇人张文汉在镇饭店学徒。这人生性憨厚，终日烧火，择菜，干杂活。师兄呼之草包，他也不介意。1937年，卢沟桥事变后张文汉逃济南。由一名中医张书斋送给五袋面粉加上亲友资助，张文汉在西门里开店请张书斋取名，张说就用草包好了，之后草包店很快成名。一些商人讲究典雅含蓄，取名包孕着丰富的文化内涵。但也有很多商号的命名采用通俗浅显，体现亲切、自然、明了。有的以典雅取名。在北京有取名一条龙羊肉馆、醉琼林饭庄。在长沙，有取雅居面点和美雅有糕饼店。此外还有人取天春亭、醉仙亭、玉兰亭面点及芝兰斋、春兰斋、新兰斋、胜兰斋和同兴斋糕饼店，这亭、兰、斋等字眼里含有雅意，而斋字又正中斋食者之下怀。也有的傍名人为名称。南洋公司利用京剧名家梅兰芳的名字命名了梅兰芳牌香烟，寓梅兰芳这个出类拔萃的名角，其优异的品质是绝无仅有的好烟。还有的用方言或外观为名称。上海兄弟实业厂的宝囝牌，属江南对小孩亲热方言称呼为名。在天津有称耳朵眼炸糕铺，这名称往往有局限性，在延伸或扩张时会受阻。

第十二，以新词、译音、外文及谐音为名称。这是一种新的取名方法，效果也很好。进入民国以后，社会上流行一些新观念、新名词。一些商人受外商创牌的启发和对时代的认识、消费者思想观念的改变，开始采用新名词作商号名，以体现时代特色。随着列强侵略日深，民族危机不断加重，振兴中华、实业救国、走向世界成为一些企业创办者的直接动力，一些商号取名就充分体现了这一点。如中华、震旦、五洲、新亚、亨得利、精益、维新、华新、裕华、建华、民生等均含有振兴中华之意。五四运动前后伴随着新思想的传播，民主、科学、自由、共和、民生观念深入人心，这些时髦话语被企业创办者直接用来命名商号。济南一火柴厂以振兴中华、实业救国含义概括与提炼"振业"为名称，德州华振茶庄则取中华振兴之意。有的以谐音为名称。这方法往往是原名词太直白，为了含蓄给人以思考，或有更形象词，于是以谐音为名。上海的良工袜厂将良工谐音亮宫牌，广告语"亮宫牌，标准袜，牌子老，货色好"。白敬宇眼药为防假冒取其"敬宇"的谐音，设计了鲸鱼商标。广西德成烟厂迁贵阳后，将产品取名为会狮东京牌香烟，狮与师同音同调。有的以译音取名。实业家张禹洲在开张针剂药品厂推出产品后，在取名时为了能响亮有深刻含义，又暗示为病人

带来希望、光明，同时想到产药是要助人解除痛苦，治病救人，英文HELP
有帮助挽救、治疗、救人的意思，于是从英文谐音入手，又根据针剂前景
及销售对象，确定用海普为名。40年代初在上海衬衫厂生产出康派司衬衫，
品牌名原意义为指南针，其含义指精确、精工细作。但由于外文释者一般
人不了解，只好以汉字出现。上海新星织造厂华尔滋牌以外国交际舞为名
称。有的开张亨得利，不少人以为是洋名牌号，其实是中国店名。亨与享
同义，意思有向神献上供其享受的祭礼礼品，请神保佑自己，而且神已接
受其贡品，愿意保佑祭祀者之意。也就达到人神相通、事情顺和、必有好
处。历来被认为是好卦辞，所以店主取名为亨得利。

　　第十三，以企业组织、地名取名。以企业组织为名的也不少，如上海
天星糖果厂天星牌，天明糖果厂天明牌，冠生园推出生字牌，益利汽水公
司益字牌，正大棉布号正大牌。这形式还有太平洋肥皂、蓬莱阁牌染料、
渭水牌火柴。1916年，先施董事长黄祖康在上海南京路开东亚酒楼，经
营粤菜，以东亚为名示规模大。1927年，天津海河西侧窝棚区，刘老八独
创麻花，具有酥脆香甜的特色，所在巷叫十八街，又称十八街麻花。1929
年，在西安冯克昌与人合作在西大街开西安饭店，聘请技高厨师设高档筵
席，经营陕西十大名菜。1929年曾厚诚到汉口开张通城饮食店，以甜食为
主，日夜经营。抗战后贵阳成为后方重镇，推出黄河、海南、察哈尔、开
罗、维多利亚、空中堡垒等香烟品牌。

　　第十四，以图形为名称。这可以说是名称和标志相结合称呼。这种名
称直观明了，易被消费者认知。

　　从上述大量事例可看出不少商号都能清晰取名。但是并不都能做到这
状况。在市场上也有不少含糊取名，也有让人疑惑的名称。郁慕侠在《上
海鳞爪·天禄之扒潭仆远》中记：浙江路天禄茶食店内，悬一横匾曰"推
潭仆远"，且为已故行政院院长、鼎鼎大名的书法家谭延闿题写。这四个字
的来历，未能说穿，一般新学家往往要搔首踟蹰，莫名其妙。其实此四字
的来历，出在《汉书》上，它的意思是甘美酒食之意。但天禄只卖茶食糖
果，并不卖酒，于义也觉牵强；不过出于大政治家、大书法家的大手笔，
只好赞扬他题得深奥确切了。由于深奥晦涩往往难以让一般消费者认知，
只能孤芳自赏。

（二）商品商号的进一步标识

这是品牌又一要素。它是不能用语言表达的部分，由符号、字体、图形、专门设计的颜色构成。民国后在标识方面又有进一步发展，不但做到新颖别致、个性鲜明且数量多，尤其是上海及沿海各大中城市都有大量出现。

第一，以汉字及变形字为标志。中国汉字多为象形字、会意字、指事字，具有形音义等特点，有的也可作为商品的文字标志。早期的语言文字也可说是符号，所以有人把语言文字认作符号，作为传情达意的载体。符号可以是一个实物图，约定俗成的记，也是动作和姿态。这文字记号可说是抽象概念的载体，感性的声音本身，也能成为交流的工具，它把物质性的声音和概念性的意义融为一体，使我们在听到声音的同时也能领会声音传来的意义。文字是语言表达的符号，内含一定意义，如"狐狸"两字作为符号，与狡猾具有可类比性。有的以汉字体为标识。每个汉字写法不一，可说是千姿百态，把它作为商品名称的区别符号也有很好效果。经营中商品记号如字母、标记、语词也体现特定内涵。它是名称和标识的统一、以不同字体将品牌名展示给消费者，从而增强对名称的记忆。如福字牌即可以不同福字为标志。有冠生园外带圆的生字标志；市场上有标全素刘、张一元、荣宝斋字的标志。有人描述苏州玄妙观书市招牌，说这里依次而松石斋、存古斋、来青阁、适存庐、觉民书店、艺芸阁、宝古斋、灵芬阁、集成、勤益、琳琅阁、振古斋、欣赏斋，一路访书，它们以五花八门字体作标志。郑振铎在《黄昏的观前街道》中写道，黄昏时灯光耀耀煌煌的，铜的、布的、黑漆金字的市招，密簇簇地排列在你的头上，一举手便可触到了几块。这些不同招牌的字都很不同，有明显的区别作用。见下图。

蔚泰号招牌

　　第二，有的以字图为标识。在一些市场上出现了以变形汉字图形为标记。如上海中西大药房、大公染织等以变形汉字或组字为标志。经艺术加工形成中西天下为公组合字。又如亚浦尔、海晋。见下图。

亚浦尔标志　　　　　　　　海普牌标志

　　第三，以动植物图为标志。有一些商号商品以狮、虎、鹤、马等图形为标志。20世纪20年代，上海印书馆的谢锦堂等人在上海创办了马利工艺厂，将绘画颜料起名马头牌，以头颅高扬、神气十足的侧面马头为标志，寓意一马当先、马到成功。在山东，重庆人赵鹤1937年来到济南创办了阿胶庄取名为九鹤号，既包含了自己姓名中的一个字，又标示长寿之鸟——仙鹤，基本图形为展翅高飞的九只仙鹤，中间标上九鹤两字，从而显示吉祥意义，以精美、长寿之意给人心理冲击，形成一种健康之内涵。再加上"九"是最高数字，从而又强化了长寿、高寿、至尊之意。在天津，山东益都人宋棐卿办了东亚毛纺厂，于1932年投产。这时国人一心想抵制洋货。

金鼠牌商标　　　　　　　　抵羊牌标志

缸鸭狗标志

产品产出后取名时先提名抵洋牌，考虑词义太显露，宋棐卿于是将洋字改为羊，一语双关恰到好处。与当时全国各地抵制日货运动一拍即合。见下图。在商标图样设计时将印有山海关图样的彩色明信片剪去上部只留山图，又从画报上剪下两只羊的图样，再请画师进行综合设计。后借来两只羊，将其羊角相抵、瞪眼相睨、互不退让形状拍成照片，再请画师绘制成商标的基本图样，就是双羊相抵互不退让图。也是在天津，长清斋产风筝称风筝魏，以蓝色沙燕为标记。一品香糕点铺的糕点，标签上有"一品当朝"四字也可说是标记。1923年华成的各个牌子香烟，每天仅销5—6箱。1924年恰逢农历甲子年，按照农历为鼠年，而鼠为十二生肖之首。民间有黄金鼠年的祝福口彩，又含有富贵发财之意，华成于是利用人们对老鼠的熟知，改成金鼠作牌子名，并用中西结合手法，设计牌子图样。同时把有关商标、产品名、厂商等使用中英文对照，而且英文字体还略大于中文。这既迎合部分消费者喜欢洋货心理，又富有一定民族文化色彩。有的以含义性植物图为标记，如茶叶绿竹牌以"绿竹、行云、流水"图案为标志。有华孚香皂厂的三友图牌，正面以岁寒三友松竹梅为主设计标志。有回沙郎酒考虑到这酒是以高粱麦穗为原料，于是以此为图并画成标志。之后邓子均为体现酒名称，又设计了五粮液标记。它以所用粮食为图案。图下标地址和英文，用白报纸彩色印刷。

第四，以人物图形为标识。这时期出现了各种各样的人物图为标记，有描绘个人肖像图飞人、持枪冲锋及潘高寿、百宝号创始人像。见下图。如30年代邓仲和在上海创立毛线厂将产品命名为英雄牌，他亲自设计标志为一位手持钢枪、在硝烟弥漫战场上的勇士，面对敌人的铁丝网和爆炸物冲锋陷阵，一往无前。该图显得庄重豪迈，给人勇往直前的感觉。也有以抽象人物或个人肖像为标志，如以潘高寿创始人肖像标志。在上海汤懋昌号糕团店产品命名为百子牌，是八个小孩玩耍图，给人多子多福、吉祥如意的感觉。有一征东图牌，图中薛大将军全副武装，手握长戟，腰插锐箭，威风凛凛地站立马上，带领大军，把来犯之敌驱进白浪滔天的江中。该图立意鲜明，具强烈挑战性。

潘高寿人像标志　　　百宝号人物肖像商标　　　衡成元染织品双美图

　　第五，以物体图形为标志。有的以物品轮廓为图形。社会上物品丰富多彩，它们各有不同的体现，如高大、雄伟、有气势。如长城、飞机、高山、宝塔、帆船、海景、佛手等。1920年冬，郭乐兄弟开张上海永安纺织公司，推出棉纱产品取名金城牌后，用长城作为品牌标志。经过设计长城标志，再加金色，成为金色长城，将金色长城四个字的一头一尾两字作为商标名称，经过修饰加工，金城牌整个画面十分壮观。从整个商标图样看，长城垛墙和城台都布上金色线条。周围高山为绿色森林覆盖，整个图案给人一个清晰明亮、雄伟壮观的形象，使人顿生一种自豪的感觉，甚至产生购买的欲望。也是在上海，到了1925年，张禹洲与朋友筹建了我国第一家针剂药品厂，将产品定名为海普，以"海上日出，阳光普照"为内容作图形标志，图正中注"海普"二字。这名称具多层内涵：体现该厂救死扶伤的服务宗旨、普济众生的职业道德。海上日出、阳光普照，可给病人增强治病信心，也体现企业前途光明，蒸蒸日上，充满希望。

　　第六，以抽象图形为标志。这主要是几何图形或其他图形，以某种事物的艺术形象即图形构成商品、企业标志。如以几何形或万字符为标志，通过形状中的对比、并列、对照形式，表达出动、静、透明、反差等形态。有不少品牌采用这形式。1912年上海三友实业社沈先生觉得毛巾市场很大，可以自制国货毛巾，创造一个牌子赚钱。经精心探索产出的毛巾外观高雅，内在精良。因为三友实业社是三人合作，所以在给毛巾取名时以三角为名称和标记。以此象征三人互相联系，同甘苦、共患难。在三角形之外再加上一个圆圈，表示三人团结在一起，同时以圆圈表示地球，象征三友合作的毛巾产品走向全国走向世界。天津也有这现象，1917年，范旭东以土法提炼碱成功，后又资助陈调甫从海盐中提炼纯碱。接着又设永利碱厂，聘请侯德榜进行制碱的工业规模化生产，产出质量上乘的纯碱。范亲自设计"红三角"标志，以黑红为标志色即圈黑色、倒三角为鲜红色推向市场。见下图。周学熙为了设计启新水泥产品新商标，根据原来细绵土厂生产有狮子牌水泥，启新水泥质量已超过原产品。为了与其区别，树新形象，用马为标志。周认为这是非一般马，是天马，《史记·大宛传》有"天马行空"，又《庄子·在宥》道，天马有云"出入六合，游乎九州，独往独来"。以此为启新牌之写照，再考虑又想不要太具体，可虚些，想到太极图。世界万事万物阴阳而已，太极图中国独有，包容大至宇宙小至尘埃，虚而实，实而虚，使飞腾之龙马负太极图像神游六合，物极乙方。《易经·系辞》上，易有太极，生两仪，两仪生四象，四象生八卦，是派生万物的本原。启新产品为百工所赖百业所需，于是以天马图为标志。此外市场上在设计商品商号标识中有的以吉祥图形为标志。有的以福、如意作标识图形，如在天津远东春记纸行以聚宝瓶为标志。

第七，以外文为标志。外文在外国人眼里是正常的名称。但在华人眼中，有了它之后，就有了特殊标志作用。但又多数人不认识，往往要加注汉字。在香港，蔡昌兄弟开设大新百货公司，以英文"TheSun"为名，寓意如日东升，并用出云旭日作商号的标志。又如创建于1928年培罗蒙西服，三个字以英文

红三角标志

BAROMON 为名称，同时又加上汉语培罗蒙。又如信谊制药、鸿翔公司也是采用外文加中文为标志。

（三）立招牌匾额

商标、招牌、匾额、幌子是吸引消费者扩大商品和名称影响的视觉手段。商号门外设置某些标记如匾额，名家书写，可作为广告又借用了名家名气，从而给商号增色。如烟铺用黑色方木牌，书或刻烟魁字样，示烟的品质上乘。有的酱园用方木牌和匾平行形式，上写酱、酱园、伏酱或陈酱，

以伏、陈示质量水平。天津的一些商号挂金牌匾，甚至讲求翰林字。在天津"天津造胰公司"字是名书法家华世奎写，"营业部"是翰林严修写。北马路的"成记纸张"字、牌匾出自宣统皇帝老师郑孝胥之手。在这里有的商号、银号、当铺等常请刻砖名匠把字号刻在大青砖上，周围饰以图案花纹，镶嵌在门首上端，典雅而庄重。如针市街隆顺榕药店字是华世奎所写：包括正匾"成记隆顺榕"，边匾"参茸局""药材庄"。这些词章法和谐，很有气势。天津东马路有一凯记徽章店，店主崇拜赵元礼字的名气，图用其字作招牌，但舍不得掏钱润笔。于是暗中寻找到赵写的凯字和记字，请人放大制成牌匾。哪知开业时赵元礼悄然前来问罪，经理只好托人说合，赔礼道歉，又加倍封好润笔送到赵府，真是偷鸡不成蚀把米。也可见名人之字之重要珍贵及对品牌的作用。但多数还是从正常渠道采用有名的特有字体为招牌匾额。

（四）标志性包装

这是品牌又一识别要素。品牌包装即设计制造的产品容器、包裹物，它是品牌认知的一个载体。它喜独特、有主色调、吉祥如意，有福星、富贵、凤凰图案，线条流畅，具观赏性。具标志性的包装给人第一印象是醒目，美感，与产品吻合，它展示商品又突出个性，这也是商品的重要形象之一。民国时由于市场上竞争激烈，更多商人为突出牌子格外重视利用包装，发挥其功能作用，体现品牌特征。同记商号别出心裁把商品与包装广告结合起来，树立起同记的形象。其包装十分讲究，上面印有本商场的外貌和营业科目，五光十色，鲜艳夺目。营业员包装时把货品包装得有棱有角，美观牢固，致使商品包装带到哪里，包装纸上的商品广告也跟到哪里，收到事半功倍效果。回沙郎酒考虑到酒是以高粱麦穗为原料，于是以高粱麦穗为图记，接着又进行特色包装，于是定制烧出朱墨色陶罐以作酒容器和包装，用软木塞住瓶口，再以猪小肠封闭，尔后系以红绳，瓶身标有酒名和高粱麦穗图。

（五）以特有色彩标识

这是新出现的品牌识别要素。选择商品形象色保持视觉形象一致能强化品牌个性。当时有商人采用某一色彩为标志，以丰富识别内容。上海天厨公司佛手牌取名后，使标志色与佛教有关，以蓝色和黄色为主色调。因为蓝、黄色有着佛教气息。以净素含义标志作为产品外包装特点。中国化工社在产品包装上则固定以一定色彩作为标志，以方便消费者判断和选择。如三星牌牙粉，由于国人有图吉祥心态，以三星作为标志寓意今后事事称心如意，事业欣欣向荣，兴旺发达，福星高照。然后以红黄白三色表示不同牙粉的特色档次，在外包装上也使用红黄白以区分不同牙粉，也方便买卖。

（六）以特有人物形象代表

这也是新的识别要素。一些商家聘请有名或特殊人物为自己的品牌代表，以让消费者树立良好而深刻印象，或塑造成虚拟形象。如美丽牌、冠生园、恒源祥都聘请名人作为商品商号的代表，取得了很好效果。

（七）广告语或品牌口号

这些作为品牌的特有概念也有区别作用。广告语是传递有关品牌的描述性、说服性信息的短语，是点睛之笔。它有广告特性但不同于广告，它代表倡导的精神，有深刻内涵。如"真不同"。又如鸿翔时装广告词："佛要金装，人要衣装"。这词在记忆时就自然地与鸿翔进行了联系。又如华成公司广告语："有美皆务，无丽不臻"，"闺中良友，顷刻不离"，也能深刻进入消费者心扉，听到后让人确定某商品或商号。

（八）强调品牌无形要素

这时期仍然有商人以一种看不见、摸不着的特点、含义与别的商品、商号相区别。一些商号商品经长期经营，充满名气、信誉及良好口碑。这也是企业特有的，它虽然无形，但也是一种与其他商品商号相区别的要素，如以经营历史长为区别用。民国时期仍有一些商人为给人以资历长、经验丰富的印象，如加上老字作标志、名称。在上海南京路有老介福、老九章、老九纶、老大章、老九和等绸缎庄。银楼有老宝成、老凤祥、老庆云、老杨庆和等商号。它们给人的印象是"多年老店""几代世家"。在长沙有一詹彦文墨店，是明初时由徽州迁湘，始在衡州设店营业，后转坡子街续营，民国时各府州县无不知詹彦文商号名称，一是开设时间久远，二是货真价实。各埠支店十余处，都以资格老而传扬。有的增加与自己商品商号与历史关联作识别要素，如采用与历史名品、事例关联体现自己的经验、继承性，提高其可信性。在河南三国时曹操的"何以解忧，唯有杜康"的名句。杜康被后人尊奉为酒祖、酒神。民国时河南汝阳"大酿坊"产出酒后取名杜康，使品牌有特有的标识，与其先祖杜康关联。以杜康当年"五齐六法"的传统酿造工艺进行酿造，从而给消费者以正宗、历史长、有经验的感觉。在天津估衣街竹竿巷，在众多烟号中有明崇祯年的中和烟铺。该店1940年翻修，为铭记300多年历史，将门额改为"五甲子老烟铺"，突出其悠久历史，从而与大批烟商号区别开来。

三、品牌识别要素形成了新的特点

第一，识别要素的简明性。民国时期大量出现以姓氏加含义字、吉利字、动植物字或含义字等构成商品商号名称。同时还有相应字图等进行配合标识。这些组合简洁醒目，易读易记。有一类商号店名不仅注意含义，还特别讲究叫得响亮。如果业中的同成、万成、义成、万隆、中和，不但意义好而且叫得响亮，在同行中生意也做得最大。又如同光烛店，同字又有齐、聚之意，用作烛店名既为蜡烛增光又有万众齐光之义。如宝塔牌、双钱牌、大象牌、三友牌、百子图牌、醒狮牌、龙抄手、五芳斋都非常简明易读易记。在标识上，既有传统手法也出现了不少抽象符号、图形、标志包装、特有色彩表示，如三角形、双钱、双马、双羊抵等图都易识别和记忆，使人一目了然。一些商品商号的代表符号、简单图形，点线面巧妙组合，能给人留下深刻印象。

第二，内涵的暗示性。用作商品识别的这些要素或多或少、或明或暗地表示一定的内涵。汉字作为形象字有丰富含义，也有一定形象暗示，如三点水示源源不断的酒，回春示药，三角形示三人合作，寸阴金示计时的钟。选用简明的字、符都有一定寓意，让人产生独特联想。它表达代表的东西，暗示对消费者的承诺。它们综合结晶成一种概念，代表产品又脱离产品作为其形象代表，作为在众多商品商号中的区别要素，能构成众多的内涵（概念），向消费者提供较多信息。如三友图香皂由松竹梅标志让人联想到傲风雪，斗严寒，意志坚定，春天来临。这些内涵或是经营理念、期望，或是消费者的心理要求，或是产品属性、经营的业务。如帆船牌示一帆风顺作为经营的目标。也有的展示其市场地位、具有的手艺、物美价廉、物超所值。有的暗示讲义重德。同升和示同心协力和气生财，经济实惠，薄利多销。精益眼镜店追求精益求精，品质优异，让人放心。三友牌示三人合作经营。广州一酒店以大三元为名称，有"酒家榜首，食肆班头"之意。有的暗示经营特色。一些商号结合自己的目标定位及业务特色，如钟表眼镜的准、新、明、光、精，照相行的美、真、艳，医药业的寿、康、健、春。有的示产品使用的原材料让人可信，如五芳斋、全素刘。尤其以动植物为名称给人以暗示有力、有效、威武、秀丽。有的立足汉字进行变形作标识既保留了中国传统，人们普遍的文化认识，但又有变化有艺术美，在人的视觉上留下深刻印象。如天下为公的组字标识，冠生园的生字牌。有的以地名、产品功能、典故，唤起人们联想。由于社会上重士抑商，商被贬，一些商人于是采用文人雅士对书斋的命名，加上后缀斋、阁、居、园。有的以诗词典故含文化、美学价值，让人产生丰富联想，以雅取名，能引起知识分子、上层人物的兴趣及更多消费。有的用座右铭、诗词、警句作依据，在一些书籍古书中寻合适字、词，以提高品位。河北安次人傅伯泉在天津与人合作开办了三合成皮件作坊，承制各种皮球，开办店铺，借"六合同春"之意取名春合体育用品厂。为提高球的质量于是建制革厂，聘请专家当顾问提高了质量，后将产品取名醒狮牌，意在唤醒沉睡的中国醒狮，洗刷东亚病夫的耻辱，强身健体，屹立世界民族之林。

第三，结构的独特性。一些商人在构思识别要素时并做到结构巧妙，独特，别具一格，独一无二，以特色取名赚新奇。有的在构思中标新立异，以引起人们对品牌美好印象的联想物和外貌特征。1938年于氏在洛阳西华街开张菜馆取名新盛长，进行大众化经营也很兴旺。后扩至宴席，有高中低档，适各界人士，被赞为与众不同，后顺势改称真不同饭店。又如上海三角牌、无敌牌、中西牌、金鼠牌都显示了自己的独有特点。有的在独特中既是警语又暗示属性，如狗头牌锁。在长沙1915年曹瑞明创办钟表店，以"一寸光阴一寸金"唤醒人们重视时间之意取名寸阴金。这店开张后，给了市民一个惊喜，也给人警示。有的字图色美富个性，字也有美丑善恶含义，人有审美心理，排斥含有贬义发音、含混不清及易误解的字，而喜欢清晰优美动听的字图包装。这时很多商品商号都以优美字词显示在市场上，而回避那些生涩的字图。

第四，多要素的聚合性。商品识别的多要素以不同角度作用于消费者的视觉、听觉及大脑中。但它们各自独立，又有一定关联，从而结晶成一定概念及一定形象特征。商品商号名称中的汉字，一定程度能给人一些信息或体现经营者的思想。有的用标记进行强化，加上色彩、包装或关联或协调地聚合，不断地形成一定概念，从而在消费者中形成深刻印象。如恒顺号，名称与抽象图形及经营中不断创新，经营历史又长，也就结晶成长期顺利形象。如美丽牌，美女标志与名称结合后形成高档概念。这时期仍有一些商号名称后缀带堂、居、斋、店、庄、铺、坊、堂、阁、居、楼现象，如正阳楼、悦宾楼、庆云楼、和顺居、鼎和居、同和居、会仙居。中药店则加堂字，如怀仁堂、和仁堂、宏仁堂、树仁堂。经营图书字画、古玩文物的多加斋、阁。药材行用堂、号。如饭店、酒家、茶馆在名称后加楼、居、馆、坊、庄、堂等字。有的茶庄对鸿字、泉字感兴趣。鸿字源于茶行的祖师茶圣陆羽的字——鸿渐。泉又通钱字，寓意获利如泉涌流，生生不息，事业发达。同时暗示泉水，它是泡茶的上品，带上这些后缀便有行业及文雅之义。同时出现更多产品名称后缀带牌字。突出牌字这是前代少有而民国时大量出现的现象。这说明商家创牌意识更强更明确，虽然没有品牌这词，但有商品牌子的意识和概念。也可说只是隔一扇窗户纸，一经点破，豁然开朗。龙虎牌、中西牌、禾字牌，既作名称又是标志。马头牌有汉字和双马头共同表示。九鹤牌有飞翔九鹤支持。佛手牌有黄色标志增强识别要素的感觉。郎酒以朱墨色陶罐包装加高粱表示是古色古香的良酒。天明牌、金钟牌、火炬牌、金城牌、名星牌、双狮牌、红狮牌、双钱牌、抵羊牌都明确说明在向牌子即品牌靠近。这时出现大量带牌字的内涵有较大增加。也标志着众多的识别要素自动地聚合到品牌这一代表物中。

可以概括地说，这时期不少商品商号的识别要素在市场上有含义、有属性并有明确的指称。这就为今后在营销中进一步创造结晶品牌和进行广告宣传创造了条件，奠定了基础。

经营渠道上塑造形象

这一时期，大多数企业仍然是生产经营一体化的直接经营，也有一些是间接渠道销售。为使这经营的原本没有生命的物体或服务人性化、个性化，形成一定的无法模仿、独有的能为商家带来高附加价值的特征，不少商人在渠道上以多种手段不断塑造个性形象及品牌，以将来形成品牌价值。

一、进一步重视在经营渠道上创品牌

（一）坚持立信为宗旨

由于新技术的出现和应用，商品作为深加工产品越来越复杂，内在功能也越来越多，消费者更难以判断及购买决定。一些商家为了对得起消费者，让人觉得自己可信，讲道德不欺人，而且能在经营活动中体现出来。

民国初年，山西太原人金云墀在天津办了一家当铺，为了体现自己品德为人，体现经营中讲诚信，不骗人，也不受人骗，受骗了也不转嫁、坑人，于是取名为庆德号。同时为体现讲道德采用优惠条例，从而受到消费者的赞赏，但有时被人利用。一次一位中年人急需钱为父亲治病，来当一件袍子，掌柜估价很低。金云墀发现后立即提价，送去100元大洋。对这事人们互相传颂庆德号是真讲诚信。之后，1913年严冬的一天，见一客人急匆匆地跨进庆德号，慌忙向柜台递上一票当并说急需钱，当两串上等珍珠项链。由于寒冷，柜上伙计并未仔细查验，以当价大洋400元收下。老板听说后掂了掂，仔细观察发现是两串假项链。这时社会上有一种人专门吃当铺，拿假货到当铺去当骗钱，眼力稍微差一点的伙计一不小心就容易上当。这事出现后金云墀却毫不介意，照常面带笑容，反而安慰这掌柜不要再提这事，照常做买卖。这笔生意无疑对庆德当铺来说损失很大，如果再卖出去，既坑害了客户又损害了自己讲求道德的形象。如果直接去调查，对方也不会承认，而传出去越抹越黑，顾客甚至会认为这店有假货，人们便不敢来购买。最好的办法就是直接导出骗子来赎当就好了。金云墀于是饭照吃，觉照睡，友照交，表面乐呵呵的。过了些时日，金云墀预备了几桌丰盛酒席，请当地有名的古玩珠宝大商人和同业经理人到铺里聚会。金云墀拿出两串大珍珠来给客人看，十分生气地忠告大家防骗，并当着众人面，把这两串假珍珠扔进炉火里烧掉，大家对他这一举动大吃一惊。这事很快传遍老城厢一带，一时成为街谈巷议的话题，都说庆德号烧假货真讲诚信。果然那个当珍珠的人信心十足地拿着当票走进庆德当铺，准备赎取珍珠狠狠地敲它一笔。没想到交出当票后，柜台的掌柜很快把本利算好，不大工夫就把原物从柜台上递交原主。这位当主接到手，只好失望地说："罢了，算我输了！"随即扭头离去。原来请客当众烧珠子是金云墀设的一计，烧的是假货。因为如果赎取时当铺拿不出原物来，为了保持信誉，就要多出钱，还得赔礼。庆德号巧挖假货保信用这事很快流传开来，更增加了人们对庆德号当铺的信任感。市上布号也有千方百计保优质取信用的现象。在长沙侯溥泉开张了天申福号，他重视商品质量，进货检验严格。为在上海采购优质品专门高薪聘请了一老行家鉴别商品质量。这人对纺绸等纺织品可从生坯中看出好坏，看一眼能报出缎类的等级和规格。他经手进货认真，绝不让假冒伪劣进门，确保品质优良，从而获得了店主和消费者的信用。1929年浙江温岭人金禹言在台州海门开张阜大参号。在经营中坚持货真价实。一次买进一批羚羊角，发现是一批伪药，于是运到商会当众全部烧毁。这一举动影响极大，赢得了非常高的赞誉，从而树立起真诚形象。

　　进入30年代初，市场上仍有求信用经营的现象。在成都治文号面馆的店主由于年纪大要回老家。店内的师兄张元春便以较低的价钱接盘，成了治文号的新店主。由于这号有名气，几年就赚了不少钱。但他不想做这生意，想另找门路，于是把治文号转给师弟姚树成。1934年姚树成买过来后，注意卫生，桌地干净，待人和气诚恳。同时由于离四川大学不远，一些大学教授也成了这整洁店号的常客。有一位法学院院长也是位美食家的吴君毅看店主很讲卫生，待客热情，便向姚树成建议，用五更箕煨口蘑加进去，以提升口味，可以形成治文号的特色形象。姚树成试制后，这小笼蒸牛肉果然不但闻起来香，吃起来也香。接着姚树成反复琢磨加工出特色食品。之后不少客人慕名来治文号尝这"闻起来香，吃起来也香"的小笼蒸牛肉。从此治文号生意更加红火。几年后，师兄开的大饭馆经营不善欠下不少债倒了号。这人回到原店说这治文号招牌还是他的，他要拿回去自己经营。治文号招牌取走后，姚树成只好改称治德号，新招牌没有名气，顿时显得冷落。而张元春的治文号开张后，顾客们觉得现在这店食品品质变了，并不正宗，顾客日见减少。而治德号新开张也显冷清。一天吴教授来到店里，听了姚树成的诉说后，建议他到电影院去做广告。连续一阵广告后，人们认识到治德号才是正宗小笼蒸牛肉，于是又都前往治德号品尝，把治文号的顾客又吸引了过来。不久治文号便关了门，相反治德号却在产品品质支持下立起优质可信形象。

到了 40 年代在文房用品商号中也有坚持优质商品求信任现象。1946年 9 月 1 日，爱好书法的冯玉祥将军到曹素功墨庄选墨，发现墨架上的墨都很光洁、细腻，很精致，便问老板："怎么不见大众墨？"老板回答："敝店有个三不卖的规矩，一是新墨保存不满 365 天不卖，二是墨锭外观不平整图文模糊的不卖，三是墨有裂纹、缺损的不卖。即使定价偏低的墨也恪守这三不卖的规矩，敝店的墨大多数的定价都是大众化的，但次品绝不上架出售。"冯玉祥听了十分欣赏这规矩，于是题写"艺林至宝"四个大字，赞赏曹素功墨庄"信实为宝"的高尚行为。这也可说是对曹素功墨庄讲究信任的赞赏。

（二）树立坚持良好服务的思想

这时期，由于市场上商品日益丰富，顾客选择的机会扩大。为交易成功，更多商人在经营行动上更注意有好的服务思想和行为，图以结晶成良好的社会评价和服务顾客形象。在制衣业中，浙江宁波的红帮商人在经营中服务周到，给人深刻印象。他们裁制得体，尺寸量得仔细，边量边问，有的甚至打听人的职业、脾性及何时升官。有认为制作衣服不仅要看人高矮胖瘦，还要了解人的脾气习性。年轻升官的趾高气扬，走路挺胸凸肚，衣的前襟稍长可掩盖。年纪大提升的是多年俯身苦读而劳累，精神衰微，走路时略弯腰弓背，衣要前短后长进行弥补。由此周到服务，客人心理得到满足，交易当然容易成交。1929 年 8 月，宁波陈炳发在东渡路开张了同仁泰百货店。陈严格控制进货质量和价格，定价较低，深受顾客欢迎。同时在服务上要店员衣冠齐整，对客礼貌，笑脸相迎，热情接待。根据顾客适当推荐商品出主意，买与不买同样对待，买错可调，嫌贵可退，买货后代为包扎。顾客进出门，店员要打招呼迎送顾客，端凳请坐，送茶递烟迎接，让顾客称心，成回头客，这很快形成并扩大了购买群体。食品业中，徐长兴从南京迁长沙开张烤鸭店。在烤鸭中他做到精工细作，烤鸭皮薄肉嫩、味美，具香脆鲜的特色。进入民国后为使客人更满意，又努力使店堂舒适，绘制了 40 幅壁画，每次挂五六幅，每月更换一次，供人欣赏，以产生舒适感。服务中顾客进门礼貌相待，递上茶水、毛巾。吃完食品又递上茶水、毛巾、牙签、漱口水。如另买或外售则在烤鸭上盖上徐长兴印章以示负责，让人可信。所以徐长兴号很快在全市树立起良好声誉。在其他服务业中也有这情形。在杭州，20 年代末延龄路上有一德胜菜馆后来居上，一些海客豪商更是趋之若鹜。楼座首席跑堂的绝技有连珠口算和托盘端碗。他两臂略弯，各托十碗饭飞步上楼，上下梯如猿猴，气足神定，显若无其事。他边点盘碗，重复菜名，边报单价，笔笔不误。他待客殷勤，察言观色，敏感精到。这一绝技之为，加上可口酒菜，无疑在消费者中会留下深刻印象，吸引了不少豪商海客前来消费。在济南，铭新池集全国浴池之大成，采各地澡堂之精华而设计兴建，如"回"字的四方建筑，设有普通座及女子浴室；有雅座、小房间、大房间等各种档次的休息室供顾客选择。自开业以后，铭新池在经营管理上一直遵循"顾客是上帝"的信条，实施严格而细致的规章制度和优质完善的服务项目。由于口碑好，生意兴隆，争得了大批消费者。这时在市场上还出现受歧视也坚持视顾客为上宾。也在济南的隆祥号，有一次一衣着时髦、气宇轩昂的顾客进店后，坐在执行处吸烟喝茶。过了一会儿营业员问他打算买点什么货，他站起身沿柜台浏览着货架，不言不语。掌柜见状便拱手问："先生要点啥货？"这位顾客高傲地瞥了他一眼说："就凭你这个'贼形'我也不要！"掌柜忍气吞声依旧和蔼地说："先生！我这个'贼形'是父母生就，没法改变，再说这与你买东西也无甚关系。你如果不愿意看我，我可以马上离开，别影响先生选货。"说罢吩咐营业员："一定要让这位顾客满意而归！"被歧视仍坚持周到服务，其对待顾客服务态度由此诚恳可见很不一般。

（三）以制度规范经营确保信用

在市场上既有自觉服务，同时也有大量的用制度规定确保周到服务。要实现每时每刻、每个环节、全过程都能做到优良，制度是重要手段。民国时更多经营者在结晶品牌中进一步探索，以规章制度确保成功，引导员工行为朝创造信誉方向发展。在经营环节上让员工的行为言语都体现商品商号的良好形象。为达到这种结果，不少商号设法对其行为进行规定，立规建制进行确保。这在各地都有商人采取这一措施，尤在北方市场有更多出现。在北京，瑞蚨祥为了有一个良好的市场服务形象，对铺规极为重视，制订规章制度，要求店内人员必须严格遵守。该铺规用宣纸打上朱红格，再用毛笔正楷书写并镶进镜框挂在正面墙上。其规定共27条，涉及营业时间，不得擅离职守，不得交头接耳妨碍营业，影响观瞻；对顾客态度要谦和、忍耐，不得与顾客争吵打架；必须注意仪表，全年一律穿长服，不得吃葱蒜，不得在顾客面前打扇；因私出门必须向掌柜请假，说明理由及去址；往家打行李须经指定人员检查后始得包裹；同仁之间不能吵嘴打架，如有违反双方同时出号；店员不得在瑞蚨祥所在地区开设同类企业；在同仁中挑拨是非致伙友不和者立即出号；结伙营私要挟柜方者立即出号。在门市销售时由一个售货员专门招待一位顾客，始终一包到底且服务态度好，对顾客一视同仁。另外还为外埠顾客办理函购业务。这些都结晶成了瑞蚨祥的良好形象。在天津，也有以制度确保服务周到的商号。老美华在产品优质条件下，在经营中对各方面要求也非常严格。首先要求店员要站有站相坐有坐相，站姿要端正，前不靠货柜，后不倚货架。同时掌柜对伙计们的精神面貌也有很高要求，要勤理发刮胡子，洗大褂，以此使店员有旺盛精干的精神。老美华在店内设有茶几，两边摆有太师椅。顾客到了要笑语接待引进，入座后马上为客人沏茶倒水。顾客在品茶时伙计递上鞋请顾客试穿。在销售过程中要求伙计任何情况下都不说"没有"，应做到以有代无。确实没有让顾客满意的鞋，可以为顾客订制，在一楼画样制作，鞋做好后伙计就拿着提盒为顾客送货到家。客人买好鞋后要送出门外。如果掌柜见到顾客空手而出，打烊后要询问缘由，有的要在伙计的留去簿上记上一笔。当时在老美华店铺周围有不少娱乐场所。那时候娱乐场所的小姐对绣花鞋的样式、绣花和配色要求很高。老美华瞄准这些服务对象，定期上门量尺寸定做并送货上门。这都能与顾客结成良好关系。仍在天津，同升和经营多年后，因人撤资，莫氏只好与厂职员合资并迁租界经营。莫年纪大后由李、王接手任正副经理。他们齐心协力，在经营中做到品种齐全、注重质量，服务周到，顾客为主，不断创新。后鞋品种达 70 多个，帽子款式 60 多个，甚至有西洋时尚、新潮新颖产品。同时经销中把好关口，严格管理，确保优质，可退可换，诚信经营。这很快赢得顾客欢迎，树立起良好形象。进入 30 年代，在辽宁，刘宝奎与人合伙在东丰县城开张饭馆名"泰和兴"。为树立礼的形象，该店规定顾客一进饭馆，先看见的先说："来了请到里面。"跑堂的上前迎接引进雅座沏茶，为客人点烟，向客人介绍菜谱，再问人数及要的菜，喝的酒。经营为顾客着想，尊重客人，满足要求，让客人乘兴而来，满意而归。在服务过程中实行四不，即不许顶撞客人，不以貌、财力和菜点取人。让客人感到温暖亲近，这也使商号牌子形成了以礼待客特征。

（四）在经营机制上分工负责和权责利结合

在经营中有的更进一步，在为顾客服务上既分工又协作、权责结合，从而使服务顾客落到实处。这在上海、长沙更为突出。在上海，中国化学公司产出三星牌产品后，在销售中使推销人员各司其职，互不兼管达专业化，以深入了解研究市场、采取对策。它们设营业部直管牙膏、香皂、各种化妆品，向华洋杂货店批发联系销售，而蚊香、洗衣皂同各烟纸店组专项推销。洗发皂、止痒奎宁水由专职推销员向各理发店推销。调味粉由海味组向海味店推销。新产品、滞销品采用寄售，指定几位推销员负责。在外地设发行所或租专柜推销。在海外派人驻印尼专门负责南洋业务。在分工负责的同时实行累进制，对批发商行九八扣现，即现金提货可获 2% 回扣。因为有回扣，买者乐意现金支付而及时回收了货款避免了呆账，加快了资金周转，提高了经济效益，品牌价值也很丰厚。仍在上海，华成烟金鼠牌在销售中对经销人员给以激励，提取盈利的 2000 元作为本埠大小售烟店职工的酬金以资鼓励。后来又规定每推销一箱烟发给烟店职工 2 元奖金，使他们更热心于推销金鼠牌香烟。同时华成公司为了打开销路，对销烟店无论批发大小，进货多少，一律欢迎。只要他们来一个电话，即将烟送去，到月底才收款，售烟店十分欢迎。因此金鼠的销售管道迅速建立起来。其次是要求热情接待烟店经理和高级职员，因此两方往来十分密切。半年后华成的金鼠牌销售量直线上升。1930 年提升到 8 万余箱，比 1926 年的 3 万箱左右增加了 5 万箱。这时华成的金鼠牌已经普及到上海各个烟店，华成香烟出现了应接不暇的现象。

二、实施情感营销建亲近顾客关系

一些商家在营销中，在立服务思想树品牌意识下，一些商人努力实施明确的关系营销，从服务态度、服务方式、服务质量上让消费者感到舒适和实惠，并成为回头客，从而建立亲近关系。陕西商人因此总结出"人无笑脸莫开店，会打圆场自落台。买卖不成仁义在，留下好感回头来。"这方面有不少商号探索了好的形式，在北京、长沙、济南、上海、辽宁、天津都有表现。

20 世纪初，有建顾客关系出现。在北京，同古堂以德艺双馨与顾客建立良好关系。该店的店主张樾丞生活节俭朴素，不嫖赌抽，但他在经营生意外还常无偿助人。冬天用钱在粮店换上印有"五斤棒子面"的粮条送与和平门桥头、城墙根的贫民。他资助孤儿院，周济被关的进步人士林仲易家。对前来告贷借款的从不催讨。他也不忘关心与业务有关的顾客。姚华喜砖瓦拓本，张则购之作赠品。鲁迅编印《北平笺谱》收集资料，张倾其所有相送。店主无疑这德艺双馨也为同古堂增添了良好形象。在经营中张樾丞还常派人送货上门，如多次送作品到周作人府上。鲁迅在得同古堂首印"会稽周氏藏本""俟堂石墨"后，在 1917 年 3 月 29 日记载："托师曾从同古堂刻木印二枚，颇佳可见同古堂产品质量高。"后又多次在同古堂刻印、买墨盒。周作人先后在同古堂治印 25 枚，还有多个墨盒。这都说明同古堂有技有德并与消费者建立了亲近关系。在长沙，不少茶酒商号设法增加文化气息，亲近特有顾客。早在光绪年间，八角亭一唐氏以《左传》中"有德则乐，乐则能久"之意取名德园。民国初几位失业官厨集资入伙，盘下几经易手的德园迁南下街。为了有好品质，便推出官府菜。尤其包子风味特异，倍受食客喜爱，形成了"出笼热喷喷，白色皮暄松，玫瑰甜香美，香菇爽鲜嫩"特色。入店顾客踊跃，且有不少人格外健谈，他们上下古今、天南地北，高谈阔论，眉飞色舞。也有搞调解谈交易的。针对这类消费群体，店主还请人撰写商联，尤其有任过湖南大学校长和湖南代主席的曹典球撰一嵌字联赠德园：德必有邻邀陆羽；园经涉足学卢仝。此联内含典故、嵌字自然、对仗风趣，令人回味不少。后又在馆内悬挂出与卢仝茶典有关的商联：闲捧竹根，饮李白一壶之酒；偶擎桐叶，啜卢仝七碗之茶。德园在楹联的衬托下以浓重的文化气氛吸引了不少顾客。也是在长沙，1912 年易见龙在坡子街开张师古斋纸庄。其店堂与其他纸号完全不同，石库门内行清雅陈设，楼台窗格则雕花饰金，桌案柜台油漆光亮，招牌字由书法家王运长以隶书撰写，然后赤金装点。后又请书法家周介裼手书"制传蚕尔，品重龙须"的青龙牌吸引人。之后又请举人粟谷青撰了嵌字联："师竹友梅多异趣，古书名画发奇香"的招牌挂出。店堂中摆出了名贵雀鸟、金鱼和奇花异卉，还筑了假山。进入店堂犹如进到书斋画廊如登大雅之堂。产品制作则聘请高级技师加工，达精益求精，推出不少名品寿屏对联、账簿、宣纸、博古笺、八宝印泥，充满文化气息。为与消费者沟通，吸引顾客，常邀请文士名流到号做客，热情款待，请其作联、吟诗、写字、绘画，订笔单，代售给佣。或将名流书画精裱出售，庄号抽成，也为书法家增收。由于名家与消费者常直接接触，也增强了商号与消费者的关系。

　　20 年代，这现象仍在各地出现。在天津，春合体育用品厂产品醒狮牌，为与顾客建立亲近关系，推销中每逢比赛，春合号都联络运动员、裁判员，请他们在醒狮牌皮球上签名，为醒狮牌出具使用证明，与获奖杯的球员合影留念登报宣传。经理还登门拜访各省教育局、著名学府，征求产品意见。先后征集到数百件名流题词，有奖杯奖状，从而使春合醒狮牌与广大消费者的关系不断亲近。1926 年在上海，商务印书馆编辑章锡琛辞职后与人在宝山路章氏开张"开明书店"后迁福州路，与中华书局相对。章锡琛为人豪爽，乐于助人。他挑选钱君陶任美术音乐编辑、书刊设计，兼看艺术稿件。这人上任后专心封面设计，不断使设计简洁明快、单纯清丽，时尚而富金石气韵的特色，从而成为上海出版界的封面设计的代表，更使开明书店的书刊令人耳目一新，开明书店也很快声名鹊起。之后又吸收了作家、教师及商务的一些编辑等为开明的编辑队伍。他们大多有文才，能写文章又把书业当作事业，从而形成开明力量强的形象。开明还让作者、读者感到是朋友，不是纯买卖，以文会友，和很多作家有密切关系，也能得到好稿子。开明的作品质量高，书也印得好看，编辑质量高很少差错。在编辑、作者、读者之间建立了良好关系，吸引了很多名作者请开明出书，如巴金的《灭亡》《家》《春》《秋》。极大地提高了开明对消费者的影响力。一天，林语堂先联系北新书局，打算编写英文教科书，提出每月300元预支版税的高额要求。书局认为风险过大未同意，于是来到开明找到章锡琛，章听要求后毫不犹豫地答应。到1930年林语堂编《开明英文读本》面世后很快畅销，成为早期三大教科书之一。由于书稿质量高吸引力大，开明的消费者队伍不断扩大。在长沙，1924年朱海涛与人合伙在药王街开张了美利长鞋店。该店产品做工讲究，紧针密线，舒适耐穿，又大众化。在经营中接待服务又周到，顾客进门有人招呼，营业员也热情接待。遇有成交困难时营业长还出面协助，做到不冷淡也不厌烦。平时美利长鞋店还发放礼券满足一些人送礼需求，从而不断与顾客形成良好关系。之后美利长信誉好销量大增，1929年产销5万多双，之后年达近20万双。可见美利长与顾客关系在不断亲近和扩大。

　　进入30年代初期与顾客建立关系的活动更频繁。在北京，张一元茶庄开张后，本着茶叶质量高、分量足、招待热诚、薄利多销的宗旨，经营中招待顾客有礼貌，态度和气，经营灵活。在店堂中设有品茶桌，顾客可以看茶叶小样，先看货后购买。有的还送货上门。营业时还用高音喇叭播放歌曲、戏剧等进行广告招徕顾客。同时张一元还大力开发附近的市场。周边八大胡同里有几百家妓院，每天需要大量的中高档花茶。店主于是到各院游说，说服管事达成协定，成功销售了大量茶叶。张一元从而广泛地与顾客建立了良好关系。在天津，东亚公司宋棐卿在毛线产品产出后由于这是新产品，消费者不太了解。东亚公司于是利用报刊、广播、幻灯、街边广告牌、建筑物上架霓虹灯等多种形式，告之抵羊牌是国人资本、国人制造、华人品牌，从而迅速得到消费者认知。同时针对消费者还不会编织的状况，进行消费技术传授。为此建立了编织技术义务传授班，免费招收各阶层妇女进行速成教授。从此一批批妇女从中学会了编织技术。这些人又在亲友中辗转传授，使"织毛活"在广大妇女中迅速流传开来，从而对抵羊牌的认识也不断加深。之后宋棐卿为激发消费者对抵羊牌的兴趣，又以广大家庭妇女为对象，创办了《方舟月刊》。内容有育儿知识、卫生常识、婚姻问题、夫妇之道、烹饪知识、服装设计等，配上相应照片、插图、漫画，图文并茂、雅俗共赏；但其中最重要的是介绍毛线编织技术和刊登抵羊牌的广告及广告口号，使读者认识毛线，亲近抵羊牌。之后又设立东亚服务部为外地顾客办理函售服务工作，对顾客的来信都进行登记，做到有问必答有求必应，甚至把抵羊牌产品样本、宣传品等寄给顾客，征求意见。通过这些活动，在妇女们心目中，喜欢抵羊牌的情感日益加强，不少妇女不但选择抵羊牌甚至推荐介绍，从而使抵羊牌的购买队伍不断壮大。在上海，开明书店仍坚持支持作者以形成优质作品。这时期有作者朱起凤以30年心血写成一本大部头工具书《辞通》，书稿价值得到胡适、钱玄同众多学术名流肯定，中华书局等也认同。但书的篇幅极大，生冷僻字多，排印困难，担心销路不畅而拒绝。辗转十几年，1930年送到开明，章锡琛见了二话没说痛快答应，付给6000元稿费。他说："先生竭尽毕生精力，写成这样一部大著作，不但应该给他出版，也应该多送点稿费，让先生晚年过得舒服些。"这书稿经开明编辑宋云彬三年精心整理，1934年正式出版，光预约订购达一万部，两个月内售罄，加印数万册，仍供不应求，开明的消费群体得到迅速壮大。体现开明形象的章锡琛作风简朴，但对困难中的友人乐于帮助。1935年，楼适夷被逮捕关在牢内，他秘密翻译高尔基的《人间》。章锡琛为他在《中学生》杂志上连载，稿费中的一部分给楼在狱中改善生活，一部分寄给楼的家人，助其渡过难关。由于编辑与作者良好合作，开明出版编辑了大量包括文学、艺术、文史、自然科学、儿童文学等读物。同时开明实行开架售书，其门市部还设《活叶文选》代客装订业务，这极大地方便了顾客。开明书店作风严谨，倾向进步，深受教育、文化界赞颂。抗战爆发后，开明受到惨重损失，机构大部搬迁到西南艰难经营。章锡琛与总编夏丏尊留上海。但章未放弃生活艰难的作者，主动邀他们到书店坐班，补贴其生活费。不论有没有出过书，都不时送他们三五块银币周济，保持与消费者及作者的良好关系。抗战胜利后外地开明人员回到上海，重整旗鼓迅速扩张，到1947年9月开明在全国各地建有分支机构16处。由于在作者中表现好的品德，获得优良作品多，从而深受顾客欢迎。在众多书局中，开明成为全国六大出版社之一。1930年，在长沙名厨毕河清开张燕琼园。他别出心裁创新味，顾客多为本地名流遗老。有吴士萱老人，工诗善酒。一日毕河清见诗翁酒醉，于是正菜之外特手制一碗菊花莲子芙蓉羹以助兴。吴翁于是即席吟诗相赠，诗曰："操刀岂为稻粱谋，且法庖丁学解牛。醉卧长沙君莫笑，菊羹和酒傲王侯。"诗吟完一出口满座皆惊，众人佩服。此事很快成市民街谈巷议的谈资。无形中加深了人们对燕琼园的印象。1935年，上海外滩的哈同大楼落成，老介福重金租下大楼底层设新店，经营江浙高档丝绸、进口高档呢绒。老介福在敬字上下功夫，顾客进店，伙计欢迎，招待入座，送茶敬烟，送衣料挑选，很快以恭敬顾客出名。每当外轮靠岸，店员就带样本上船推销，老介福很快以品种多、品质超群风靡海外。老介福还为沙逊大厦、锦江饭店定制布、丝绸用品，为卓别林定制60打真丝格子碧绉衬衫。这些现象标志老介福众多高端顾客群体形成。后在上海、杭州建厂扩大了老介福规模，为与更多消费者联系创造了条件。

到30年代后期及40年代，由于战乱这现象少有出现。在北京，为了扩大东来顺的信誉和影响，丁德山对长期就餐的顾客，有时送上免费的四碟小菜，名曰敬菜。当时北京商业广告不发达，丁德山在店前摆起切肉案子，让师傅一字排开，当众挥刀展示，只见切肉刀在案上快速晃动，极薄的肉片像花瓣似的纷纷现出，以此吸引顾客，观望的人有时就顺便进店就餐。丁德山看到附近的协和医院、京汉铁路局的职员们收入比较丰厚，就主动上门服务，为他们提供包饭，采取吃饭记账、定期上门结账的方法，使就餐人感到十分便利。后不少达官贵人、文人墨客也常出入品尝。丁德山于是扩大规模，更名东来顺饭庄。又聘请名厨师在清真炒菜、小吃上下功夫。继而又博采众长，引进外来品种，形成爆、烤、炒、涮俱佳、小吃品种齐全的格局，以进一步加强和扩大了顾客队伍。1939年，北京人李焕章，从名店桂顺斋辞去业务经理在天津南市开一家商号取名玉生香。他引进京师糕点制法，开始西点制作，在传统基础上推出多种蛋糕、松子云片糕栗子玛、黄油起酥等。他儿子李春接手后，又引进人才提升产品品质。他注重广告宣传，联系著名相声演员常宝堃、赵佩茹在广播台说相声，插入"玉生香的栗子玛、黄油起酥香甜适口，美味无穷"。春节时增加品种，他在门前摆案打制元宵，由有绝活员工王志有表演，在大笸箩上加入八九斤面粉，一抻一道干净利落，啪啪作响。江米面抖起半米多高，元宵滚得又圆又瓷实，一边打一边吆喝叫卖成活广告，吸引众多顾客驻足观赏，被四处传扬。他注重店面形象，设霓虹灯，店内玻璃柜台，白搪瓷盘盛装糕点，显高档讲究。同时灵活经营，冬有热饮夏有冷饮。以质好、味新、价低适应广大中下层市民消费。它们外出摆台服务，挑选店员中机灵伙计，顶白色礼拜帽，穿蓝长衫，挑糕点食盒，专门到银行、钱庄商家茶话会上摆台，从而使玉生香与顾客的关系更加亲近。

三、货真价实行实惠营销

这时期，一些商人在销售阶段进一步制定适中的价格，体现实惠的特点。以产品价值定价，采取可接受价，让消费者感到它在同类产品中物有所值，价廉物美。通过实惠销售，促成顾客重复购买，较固定地与这个品牌来往。这在甘肃、上海、四川、北京，尤其浙江都有表现。

民国初西部甘肃天成源号营业逐渐兴旺，于是扩展铺面。经营范围由日用杂货扩大为棉布、绸缎、五金、颜料、纸张、糖茶、烟酒、海味、土特产、棉花、二毛皮等。为了货真价实，他们及时掌握外地消费者对其产品的需求量、行情、价格涨落情况，以及本地对外地日用百货不同季节的需要情况，灵活经营。天成源每年购销甘草四五十万斤，羊毛四五十万斤，二毛皮近万张。可见天成源市场认可度之高，联系的消费者之多。在上海，一些商家实行"真不二价"。这里较早采用这种方式的是上海著名的绸布店协大祥。其经理孙琢璋首先对自己店中所有的商品实行明码标价，并在店堂中挂出"真不二价"的招牌。既告示消费者，也以指导自己的经营行为。顾客们进店购买时，可以直接看到布料的价目。此举一出，大大地增强了顾客的信用感，协大祥的生意也就此很快兴旺了起来。还有杭州万承志堂也推出了这一理念，其宗旨为：承德怀志，仁医济世。行医务正不得欺世，经药务真不得欺客，并亮出招牌告知顾客。

到了 20 年代，在四川 1925 年宝元通的肖则久与熊郁村等人合伙筹得一批资金，买下一家店铺，取名为宝元通百货店。店开张后，肖则久便定出规矩，要求做到：第一，言无二价。所有的商品定价之后不再进行讨价还价。第二，售卖的商品，一定保证质量。三级品、级外品、残品次品，一律折价，如实相告，不做任何隐瞒。第三，以礼相待，童叟无欺，一视同仁。第四，诚信为上，不管生意大小，宝元通不做买空卖空，注重信誉，讲求道德。第五，恪守信誉。因此深得各界信赖。宝元通成名后，1936 年便将总管理处迁往重庆。为了实惠营销、不断设法降低成本和价格。在进货上取消中间商到上海、天津、青岛等地与生产厂直接签订合同，获得了价格优惠。同时利用宝元通的名气创立自主品牌，有些优质产品还打上宝元通经销字样，从而使顾客也获得实惠。

进入 30 年代，1934 年曹良华到宁波在灵桥门附近开店，取名宝华绸布店。1936 年曹良华兄弟在附近又新建五层大楼开绸布店，取名新宝华绸布店。为了争取顾客，新宝华采取三定价即著名商品贴价卖，大众商品平价卖，高档商品赚钱卖，买一尺放三寸。让顾客获得了实惠，赢得了市场。

这现象到了 30 年代后期及 40 年代就难以看到了。

四、营销中的创造品牌策略

品牌化是一个复杂过程，也是一个不断深化过程。民国时期的商人更注意在这过程中讲究一定策略，提出独特的销售主张和令人信服的卖点。根据产品服务特点，向消费者提出独一无二的销售说辞，以提高品牌的认可度。

（一）与对手相区别

民国时一些商人设法做到经营独特，突出自己的个性策略。在市场上，有的商品、商号强调自己的不同特点，或更优，或更新，或更可信。在上海、武汉、开封、北京、天津、河北都有这现象。

有的突出一个新字，以与对手相区别。1911年辛亥革命之后不久，刘荷生等人在武汉开张了一家商店，取名为维新百货店，房面小，多是小商品。既然维新就要与常规不同，于是在店内挂起"一言堂"牌子，所有货物明码标价，拒绝讨价还价，对顾客一视同仁。为了做到言不二价，他们采用一系列方法，进货时严格验收，不合标准不上柜。采用新的陈列方式，顾客可以看样拿货任意挑选。在货物上打上标记，卖出的货物只要完好，不满意可以退换。他们做到价格上薄利多销，物美价廉，不随意涨价。这便在消费者中形成了"到'维新'买货可信，不吃亏"的美誉。之后维新百货便在武昌地区采用分户挂款赊销，或按行情付款，见单发货，这又获得了大批客户。之后根据社会上送礼之风，发售礼券，让顾客买礼券送人，授受两便。为进一步体现创新，维新百货又推出按销售量提成，鼓励员工积极性和改善服务态度。同时还考察员工的老主顾数量，促进员工服务好老主顾。维新百货就这样在创新中体现创新形象，不断壮大发展。在辽宁，德盛号塑造成新颖形象。1915年，山东掖县人张子玺来到关东，在铁岭开张了德盛号，经营丝绸布匹、化妆品等杂货。这时这里有绸布商号几十个。经理王玉衡为了使德盛号在市场上脱颖而出，便利用人们求新求变心理，多管齐下，树牌子形象。当时没有合适媒体，他于是每到春秋换季收成后便派人到各地发广告，宣传德盛号的商品项目、花色品种、商品特点、优惠价格，当场销售时给少量赠送。他结识小学教员请他们发动学生张贴广告，做到妇幼皆知。在银州大戏院舞台上方挂"德盛号百货商店"大横幅，让看戏的人抬眼就望见横幅而记住。二是推出新型服务形象。当时各商号的掌柜穿长袍马褂，头戴红疙瘩帽头，脚穿圆口鞋，手捧水烟袋。小伙计夏天穿布衫或背心，春秋灰布大褂，冬天带耳包，四季缅裆裤，给人老旧的感觉。而德盛号反其道而行之，让员工穿西服打领带、新式皮鞋，还招了漂亮的青年女店员。他们仪容端正衣饰入时，接待热情周到，和颜悦色，在销售服务上给人以时尚、别出心裁的感觉。德盛号坚持不卖假货，明码标价，取消漫天要价。日子一长德盛号形成了品优、价实、新颖形象，因此吸引了不少顾客。

有的以独特求优别于对手。在河北，马应龙眼药开张后，为了在眼药市场上有独特形象，他极力做到在智、信、仁、严上求得顾客认可。他善于分析商机，目光远大。他努力追求药品的卓越疗效，做到判断睿智、决策果断。马应龙眼药着眼于普通民众的常见病、多发病，经营的产品可以治疗多种眼疾，对眼科痼疾疗效尤其显著。二是求真务实求信用。在各个生产加工环节上，做到真材实料、配方合理正宗，如制炉甘石的用水，要用定州白果树下古井水。技艺采用祖传秘制，独此一家，质优疗效好，让人可信。三是对顾客患者恻隐关爱、对员工体恤关照之心，对社会有责任意识。马应龙探讨出对眼疾的显著疗效，不需动刀切割，充满人道。四是严格质量、严格管理、不苟且懈怠，不率性而为。选料严，制作严格要求，精细入微。器皿清洗、原料配制先后次序、药物成色的等级判定、成品检验程序有严密规定，不差之毫厘。对员工行为有严格规定，有不准抽烟、不准喝酒、不准留长发、不准穿皮鞋。同时注意参加社会活动，多次在展览会上获奖，从而在市场上树立起独特形象。在上海《良友》自开张正常经营后，由于鸳鸯蝴蝶派作家周瘦鹃执编，使《良友》充满旧文学习气。伍于是撤换这主编，换成没有名气、有朝气、业务广的青年梁得所负责。之后梁使《良友》贴近时代，以照片、绘画为主，包括随笔、散文、小说、内容庞杂，突出介绍最新、最时髦都市文化、国内外最新形势。梁找了蒋介石夫妇的摄影专员蒋促琪等人为《良友》提供国民党要人的私人生活照片。后又寻找文学名人，1928 年春请司徒乔介绍去横浜路拜会鲁迅给他拍了照，连同自己写的访问之事及鲁迅自述传略一同登在第 25 期画报上，其中有鲁迅坐在书房气定神闲、睥睨一切的照片，成为闻名于世的鲁迅形象。之后不断地推出漂亮的封面女郎，眼花缭乱的名人踪影、名人自述，"新感觉派圣手"穆时英小说；美国带客厅浴室的长途汽车；广泛关注社会话题，以迎合读者心思。不断推出女性时尚服饰和轩尚美女照。1929 年，增加年轻编辑马国亮和赵家璧，由他们使《良友》出书，并偏重趣味性，推动时代进步，编写包罗名家的《一角丛书》。接着在更大范围寻找题材。1932 年梁得所带人赴黄河、长江、西南诸省取景摄影，精选 2000 幅照片，编成《中华景象》《中国建筑美》《中国雕刻美》《桂林山水》《泰山圣迹》画册、小书，在各大报刊登载，深受欢迎，也让更多的消费者认识了《良友》。梁得所外出取景后马国亮代主编，选题倾向左派，不少作者登上《良友》的版面，《良友》进入全盛。同时约请文学家描绘五光十色的上海社会生活内容，加上图版反映各个层次民众生活苦难状态，以唤醒民族，教育人们。后把创造社老将、左联主要成员郑伯奇聘到《良友》撰写国际时评。又设文艺出版部，商订《良友文学丛书》，向鲁迅组稿，后又有不少左翼的手稿不断进入《良友》，相继出版了介绍苏联的书籍。1937年5月丁玲被捕后，《良友》很快登了她揭露农民苦况的小说《杨妈妈的日记》。后编辑了反映五四后新文学成果的《中国新文学大系》，有胡适编的《建设理论集》。还有鲁迅、茅盾、北大校长蔡元培作的总序，这成了纪念碑式丛书。这些丰富的内容极大地使《良友》在文学界树立起独有的杂志形象。在杭州也有这独特现象，到了1930年杭州毛源昌眼镜号由毛鉴永接手后同时在《东南日报》《浙江工商年鉴》上不断刊登广告"别家没有的眼镜我有，别家没有的设备我备"，"光线绝对正确，式样自然美观"，具有四最即"毛源昌验光最准，毛源昌货色最好，毛源昌价格最便宜，毛源昌交货最及时"等，这"没有、有及最字"极大地与对手区别了开来，很快成为同行之首。当时报上的一则广告中说："毛源昌是浙江眼镜业的领袖。"30年代后期，乐家在开封寺后街开张了乐仁堂。药店四开间的两层楼房高大宽敞，这在市区十分罕见。硬山灰瓦，古色古香，以大块玻璃为门、窗，又颇具现代气息。开业之后乐仁堂就以品种齐全、选材精良、炮制规范、货真价实加精心的服务为宗旨。开店后长年坚持夜间也售药，客人在深夜也能从那门上的小窗口抓药，换来济人危难的形象。药柜琳琅满目的药品应有尽有。在原有丸散膏丹的基础上又增加了受欢迎的保健用品及成药，服务周到而蜚声全省，从而树立独特形象。也是在开封，经营多年的"第一楼"，将包子大笼改为小笼蒸制且连笼上桌，始称"小笼灌汤包子"。在这里就餐，客人在品味美味佳肴的同时还推出带有浓厚地方特色的文艺大餐——歌舞、杂技、魔术、地方戏和时装表演，这些自编自演的节目给就餐宾客留下深刻印象，"吃一楼包子，品宋都文化"。通过一道道饱含历史韵味的包子和菜品依次而上，听着服务小姐娓娓道来的历史典故和包子特色介绍，闻香识古，宛如重见历史的变迁。这些都给人留下第一楼独有特色印象，从而与别的餐馆区别开来。其他地方也有这现象。1949年，在广州谭培在江南的鳌州街创正兴酱园。为取得信用特制定出售商品不论远近，购买多少都依时送货上门。顾客不满时可换新，大小旧包新装作价收回。这一独特经销方式很快吸引了大量顾客，销量大增。包装中还赠送小包咖喱粉，从而在广州独树一帜。在山东济南，有一汇泉饭店除了预定酒菜、包办宴席之外，还一直坚持送外卖的服务，极大地方便了顾客，也树立了良好服务的特有形象。

（二）抓系统、多环节注意全过程创造

在市场上，一些企业在经营和创品牌中，开始注意实行对销售的全系统、多方面、全过程的销售服务，而且更灵活，主题更清晰，以维持好的形象。这在多地都有出现，尤其下面的几个典型商号更说明了这一点。

1913年天津登瀛楼开张后，店主王桂为形成鲁菜典型形象，在经营中采取了一系列措施。一是重质量，原料严格把关。加工中分工明确，头灶做名菜、细菜；二灶负责炒、爆、溜；三灶负责各种鱼，四灶则一般饭菜。低档菜也精工细作不马虎，吸众家之长，听客人意见，不断完善提高。之后探索出最拿手的脍炙人口的汤菜"奶汤鲍鱼菜花"，味道香醇，其他菜馆望尘莫及。后又推出最有名的菜品"醋椒鱼""拌庭菜""糟蒸鸭头"。二是服务过硬。馆内卫生、员工着装、迎客、接待、送菜、报菜名的各工序标准都有严格规定。上菜双手奉上，撤餐桌不洒汤水，与顾客说话要恭立饭桌前一尺之外，不准手扶桌面。对熟客、贵客要投其所好，个别服务。抗战前有两位市长常来登瀛楼用餐，一个喜上菜慢，每顿饭约要百八十分钟，而另一个则喜欢快上菜，一个接一个才对心思。名教育家张伯苓喜口重食品，而大书法家华世奎则需口轻菜肴。对官、商、士、贵、绅等不同身份行对口服务，分别散座、雅座，做到周到、体贴。三是制度严格。股东不得干涉店务。经理事必躬亲，与员工同吃同干，及时征询意见改善。精细考核，责任到人。四是注重在报纸电台上广告宣传，以求更多消费者了解登瀛楼。经营几年后登瀛楼很快成名，顾客盈门，应接不暇，很快在同业中处领先地位，成为全国有名的饭庄之一。之后也有这重视经营全过程的商号出现。1920年在河北，眼药马应龙不断改善各经营环节保疗效，店主要求各分店对顾客一视同仁，不厚此薄彼。不论业务多少，要不怕麻烦，周到服务。马岐山设立联络机构与各分店联系。他尤其坚持日清月结及时掌握经营各环节的情况，发现问题，避免差错。到了年底则召开各分店主事会议，分析各经营环节存在的问题和动向，商量下一步措施，从而使马应龙这个牌子永续发展。进入 1921 年，长沙李溪亭、魏韵篁从介福昌分出后与人合营，开张了瑞福祥布号，后改名兴记大盛。为树立良好市场形象，大盛为有优质产品，以上海进货为主，实施"备货齐全，货真价实，珍视商誉，服务周到，专人经手，分地包干"策略。经营中注意花色品种齐全，以满足不同顾客要求。对门市人员衣着仪表要求热天不准赤膊、赤脚，不准穿短裤拖鞋，勤理发刮胡须，仪表衣着整洁，对顾客彬彬有礼。在经营中实施对顾客不分生意大小，成交与否，都和颜悦色，百拿不厌，百问不烦，迎进送出。对常客则固定专人接待，常联系，建立长期信任。在交易中实行抛尺抹尾和必要的包退回换，给顾客实惠。同时在可能范围内帮顾客解决购买困难，适当进言代参谋。如买错了，有毛病要退换，经认可给以解决。关心顾客，暑天免费赠送解暑凉药，对患有肺病者赠送仙鹤草，在药包上印"大盛绸庄赠送"字。无论何人，有求必应，从而形成良好口碑。对往来大户的婚丧嫁娶，由经手人员前往祝贺，送礼费由店开支。营业时生意未成，则要询问营业员理由，分析是言语不到、服务不好还是接待欠周，从而实现不轻易放走一笔生意，要求绝对不许与顾客争执。大盛通过多方面全过程的管理，从而形成周到服务有礼的形象。在顾客至上思想指导下大盛经营一直兴盛，从而成为绸布行业中的佼佼者。

（三）在活动中树良好形象

民国时期，一些商号有意识地开展有意义的活动，从而强化与消费者的关系和市场形象。如公关造势，促销，亲善行动，淡季攻势，差异上市。同时在活动中显示品牌识别要素，进行演示以宣传自己。

辛亥革命后不久，广州西关陶陶居经理黄静波开始设法使茶号以新的形象出现在消费者面前。他多处考察，最后选定另一清朝中叶一位大官的别墅，与谭杰南等人重新招股后以高价买下来，然后进行重新装饰，加楼迭阁，使陶陶居以崭新的面貌出现在消费者面前。但后继乏人，1927 年因负债倒闭停业。之后，涎香茶楼的谭杰南、镇海茶楼的陈伯绮、金华茶楼的谭焕章等几位老板，看中陶陶居有深庭大院、地处闹市的优势，集股改成三层楼，重新装饰，雕梁画栋，布局别致，华丽中显风雅趣奇。在楼内挂有各种名人字画，诗词对联，还有玻璃屏风刻诗画装饰点缀，古色古香，显得高雅名贵。从而形成曲房深院，藻井花檐，清静雅致。里里外外，金碧辉煌。1933年1月复业，经营名茶美点，龙凤礼饼，中秋月饼，粉面饭菜。为了有特味点心，陈伯绮特地把富隆茶楼的黄宪经高价聘来，推出最新口味的龙凤礼饼，吸引了大批食客。同时以深厚的文化内涵，吸引了不少文人墨客，成为文化艺术界人士雅聚之所。30年代末，每逢中秋节，又在楼顶可观亭设月饼宴，以丰盛酒菜、特大月饼，供顾客月下分享。有一年中秋推出标价100多元的白银月饼。引起轰动、围观。有人好奇买下切开，饼馅中有金首饰，超饼之值。消息不胫而走，成为美谈。这样经营以后，名气不断形成。但要想在市场上树立良好形象和与消费者建立亲近牢固的关系还要开展一些活动。中秋前，陈伯绮贴出告示征联，即以陶陶为题征鹤顶格对联，既宣传陶陶居又推动月饼的销售。特地聘请文人黄慈博来评选，对前三名还进行奖励。告示贴出后，应征的人络绎不绝。经过反复斟酌，评选结果如下：第一名闻谷云对联：明月不愁珠馈夜；中天高望练横秋。第二名刘福对联：春月锦袍帘外赐；秋风纨扇箧中捐。第三名周慎对联：月下影成三太白；朝中名著四千秋。评出的这些对联公布后，又在厅房门前挂出，吸引了不少人止步观望、欣赏解读，评价思考，进内室品茶体验。之后又在门前柱子上撰写了对仗式食品介绍联："红绿名茶，新旧并妙"，"咸甜食品，冬夏皆空"，"名驰寰宇，汀州虾面"，"誉遍香江，简斋素面"，让人一目了然。到了春节前夕，陈伯绮为陶陶居有轰动效应，买来大批鲜花，摆满店堂内，在正面大花瓶内插了一株巨大的绯桃树，繁花盛开，给人一种春意盎然的感觉。陈伯绮以桃寓陶，楼上四处插上桃花，鲜红艳丽，表示吉庆满堂。第二年春节前，附近的莲香楼挑选绶带桃，抢先布置引来不少人观看。陶陶居见了便改用牡丹花，门前垒起一座花山，挂上"花开富贵"大字，格外引人注目。然后在楼上也摆牡丹花，厅房放水仙花，顿显新意，叶影花光，清香扑鼻，引得茶客喜笑颜开。有时挤得热闹非凡，有不少远地客人也来光顾，陶陶居生意异常红火，形成了充满新意高人一筹的形象。

在上海，王开利用活动显名称。1927年春节后，上海举行远东运动会选拔赛，组委会将以招标形式招商承包运动会的摄影工作。见此机会王炽开为提高王开号的名气，以最高的投标价格独揽了运动会的新闻照片拍摄权。为此王炽开买了四台高级快镜，选了四个技艺高超的摄影师，拍摄了大量运动会照片，并当晚冲印出来。各大报馆纷纷向王开号购买照片。运动会时期仅《申报》上登载的49幅照片中就有37幅在图下方注明由"王开"摄影字样。随着报纸的传播，王开号很快名扬全国各地，顾客纷纷慕名而来，生意日趋兴隆。之后1929年春，王炽开听说南京中山陵工程即将竣工又要举行活动。王炽开又把它当成让王开露脸的绝好机会，于是派出摄影师，从北京到南京跟踪拍摄，拍下了6月1日为孙中山先生灵柩奉安大典的整个过程。尤其有狮子山炮台上鸣101响的礼炮，停止工作的民众的三分钟默哀，飞机回翔致敬，各方要员，外国使节，社会各界瞻仰送殡群众的窗框出照片，然后在照片上标上"王开摄影"，并分别寄到了各大报馆、军政要员、外国使节，王开号再次声名大振。这借助活动为品牌形象扬名策略迅速地显示出王开照相技术一流处于领先地位。从此，不少单位的大型活动都邀请王开照相馆摄影。这种商号行为在上海市场还有。1933年10月25日，孔雀化工社在报纸上刊登猜谜广告，声称顾客如将正确谜底寄回公司后便可获得奖品。这种活动求名措施也有很好的效益。在上海恒源祥经营绒线多年后，老板沈莱舟为使恒源祥进一步成名，在众多绒线商号中鹤立鸡群，便设法通过广告宣传自己。他在电台上做广播广告后，请来著名演员周旋、白杨、上官云珠等，先是在电台里做几天广告，说是何时有明星要到恒源祥来与顾客零距离接触。果然这天明星尚未到达，恒源祥内外就水泄不通，人头攒动，热闹非凡。明星穿上冯秋萍精心编织的毛衣——亮相，连马路上的行人都驻足观望。恒源祥的产品经名人穿了亮相，无形中提升了消费者对恒源祥的认可。沈莱舟专门从日本进口了一批竹针，两根一副地重新包装。顾客在恒源祥买一磅绒线就送一副竹针，于是最早推出"买一送一"口号。这样在进行一系列眼花缭乱的广告攻势和商业运作后，恒源祥名声大作，生意日益红火，消费者从而进一步认可了恒源祥这一牌子。

到了30年代，不少商家仍不忘经营过程中开展活动以树形象。1931年元旦前，在天津，先施化妆品公司在《北洋画报》刊登该公司所赠月份牌画样片并云：公司对于此项赠品，凡购货之主顾，均以此相赠。通过画中的端庄秀丽女士，吸引人的视线。天津北门外元兴茶庄进行赠品活动，在新年礼品广告中告知顾客：日历赠完改赠瓷器，根据消费多少赠送茶壶、茶碗等。东马路宝丰百货店则干脆派送更方便的礼券。中原公司不甘示弱，也在报纸头版广告上刊登其发行的最宜送礼的五彩礼券。到 1934 年，鸿翔在上海静安寺路西的百乐门舞厅举办为社会慈善事业服务的上海第一次时装表演。特意邀请胡蝶、阮玲玉一批当红明星上台助阵。他们主持表演，穿上鸿翔赠的缀满绸制蝴蝶的新礼服。时装表演大会在上海引起了很大的轰动，不少消费者前往欣赏和选购。从此鸿翔时装在人们心中成为时尚的代名词，店内常常人头攒动，水泄不通。此后在电影院、大华花园先后举办多次时装表演，打出广告牌："佛要金装，人要衣装"及鸿翔字样极大地吸引了消费者的需求。

这时期，上海天字号企业注重公益事业，以争取更多消费者。号主吴蕴初说："佛手牌味精虽由我启其端，然有今日之发达，全赖同事之努力及社会之赞助，故蕴初决定只保留发明权而牺牲应得之利益。"他将发明权报酬的 25% 作为社会公益金，50% 作为公司特别公积金，组织基金委员会，使公司和品牌能获得资金的支持，在市场上这都为天厨树立了良好形象。此外天厨还积极发展公共关系。1932 年淞沪抗战打响后，吴蕴初收购了大批核桃壳，制成活性炭，在大中华橡胶厂和康元制罐厂的协作之下，造出大批防毒面具，准备送给十九路军将士。后来他又以天厨的名义，用 12 万元购买战斗机一架支持抗战。事情一出，各大小报纸、电台，争相报道。人们议论着吴蕴初、佛手牌、天厨、献机爱国、抗日模范，成了茶余饭后的话题。既扩大了佛手牌知名度，又提高了信誉度。

进入 40 年代的 1943 年，上海东来皂厂老板吴常仁与朋友合资在杭州开办东南化学皂厂，推出船牌肥皂。1946 年，在省报《东南日报》上连登广告：船牌肥皂三周年纪念，举办大优惠、大馈赠展卖活动，很快轰动了杭州城。当天门市部顾客盈门，热闹非凡，甚至挤破了柜台玻璃。在第二天的广告牌上又加一句"轧碎玻璃，注意安全"，进一步提高了吸引力。春节前又在西湖边开展了有奖销售活动，其销量达平时半年的数量。在这一系列活动中广大消费者与船牌的情感不断加深。

（四）突出识别要素求认知

在交易环节也注意提供信息，尤其是不忘商品商号这识别要素。如对消费者提供样品，进行演示，散发有关商品业务知识材料。在灵活多变的活动中不断加深对商号商品名称标记的认知。20世纪初，安徽胡开文墨不断适应形势。辛亥革命后该号利用这一形势开发了纪念墨，正面为五色国旗，中有纪念墨三字，下刻藏头格诗："胡越一家，开我民国，文德武功，造此幸福。"赞颂了辛亥革命丰功伟绩，巧妙地将"胡开文造"分藏于诗句之首。背面为军旗，两侧刻印"中华民国元年"，"徽州休城胡开文按易水法制"，也内含胡开文名称。这些都加深了消费者对胡开文的认知。在山东，张裕不断鼓励在购买中加深对张裕的认知。张弼士印制大量张裕的各种牌子宣传品，广为散发，迅速地打开了海外华侨市场。随着外部市场的初步打开，张弼士又转向开拓国内市场。葡萄酒作为新酒不如白酒刺激，价格较高。因此要打开销路创出名牌很难，阻力大，但这又是主要市场。于是在报纸刊告白，在码头车站树广告，制作带有烟台张裕酿酒公司字样的玻璃餐具酒杯，分赠酒楼饭馆。他每去酒楼餐馆，必指名要张裕的白兰地。以此加强对张裕的认知。进入20年代，上海三星牌促销中不忘体现品牌名称标识。方液仙在建三星牌销售网中突出有"三星"字样。之后金陵路上许多百货批发商门市部都树起经销三星牌的招牌广告。一些烟纸店也同中化社订经销三星牌合同，批发零售网点遍及全市。有人写诗描述其效果："烟号三星质最优，杀蚊功效信无俦。一俟买得名香后，八宝流苏不下钩"。可见三星牌确实得到消费者认可。上海九大绸缎庄在推销中发放礼券争夺顾客。之后宝大祥则提出加量不加价，五洲大药房则提出送赠品，让利于消费者，同时带上名称三星牌。其他商号也有这现象。在长沙，20年代师古斋经营中加强营销广告，尤其利用包装广告。在八宝印泥盒烧印图案及师古斋招牌字。进入30年代后，上海三星牌的广告科长朱惺公专门设计三星牙膏奖券广告，取名"玻璃管里的秘密"，在牙膏管盒内放一个小玻璃管，内放三种彩券，面值1、5、10元，还有福禄寿三星奖。凑齐彩券，中头奖，获赠一房。因此购三星牙膏的顾客格外踊跃，且坚持使用这一牌子的产品，等待机会的到来。在上海永安公司注意紧密结合商号名称求认知，永安为迎合消费者图吉利习俗，在新版礼券上印大红烫金"永安"二字，配龙凤呈祥图，人见人爱。一些人要给亲友送礼、探望病人买礼品时，宁绕弯路到永安买水果点心，包装笺、果匣子上有大红包装纸："永安"二个大字，让亲友高兴。

（五）不断创新中提升顾客关系

民国时期，不少商品商号并不停留在传统经验上，而是适应消费者需求不断改善创新，以实现消费者的认知，并进一步与顾客建立亲近关系。这在广州、上海、四川、杭州、长沙都有表现。先施在香港开张后扩大到广州、上海。在内地市场大多是传统经营，于是实施继续创新。为了表现亲近顾客，先施把楼顶建成游乐场。之后，又把目光投向了上海。选择南京路与多路交叉的四角中心为店址，建筑五层楼，成为这时同业中最高的商店。在众多商店中它档次最高，规模最大，品种最多。为实施新的经营，开业之前，先施在大楼的正面四条大柱上写下了四句话作为宣传自己的广告用语："上海大市场，环球商品庄，创始不二价，诚信名远扬"，"始创不二价，统办环球货。"当时上海流行讨价还价，卖方漫天要价，买方不知底细往往吃亏。这一经营方针在上海推出产生了很大影响。大幅广告悬挂在房前，从房檐到地面，格外耀眼，吸引了不少过往行人，纷纷进店观看和选购。店堂内的经营，正式实施近代新式商业模式，尤其扫除旧式讨价还价的陋习，实行"买卖不二价"的新形式。顾客在店内一看颇感新鲜，尤其价格标在明处，心里亮堂，纷纷购买。一些人本来仅是看热闹的也掏钱选购。先施率先明码标价，免除了顾客吃亏之虞，顾客感到这店让人放心，因此先施很快在顾客中树立了信誉。

1926年在四川卢作孚筹资建轮船公司，取名民生实业股份有限公司。公司章程标明以服务社会，便利人群，开发产业，富强国家为宗旨。卢作孚为了让更多的人了解和认识民生号，构思了一幅广告画，画面上一艘民生公司的大货轮乘风破浪地行驶在长江三峡，旁边口号"安全，迅速，舒适，清洁"。之后又设计了公司的标志图。从此重庆上下，人们一见这广告和标志就想到民生号。接着又提出具体而响亮的口号："公司问题，职工解决。职工问题，公司解决。"从而实现不断改善创新。民生公司开张后，卢作孚发现支流没有开辟航线，各地客商往来和货物运输只好走陆路，十分不便。民生号为体现为民生服务便开辟了合川航线。从此民生号在重庆与合川之间来往穿梭，一江波浪一江情，给两地人带来极大的方便。随着民生号名气不断传播，需求日益兴盛，一艘船难以满足客人的要求。1928年，民生号又买了一艘新船，取名民用号。1929年又与重庆顺庆轮船公司合并，把顺庆号改为民风号，极大地扩大了服务对象。作为航运品牌，安全尤其重要。民生号于是采用固定船只行固定路线，做到熟悉船只和航道。在沿江设立施救站，船上配救护物品，有压舱物，运输按定额运行。接着又推出四统制管理，即全船人员统一任用，统一指挥，业务统一掌握，燃材料统一核发。同时实行调船会议制度，做到各轮船安全顺行。针对外国轮船公司重货运轻客运的态度，民生号做到统票有铺位、餐桌、饭菜、茶房。服务人员和蔼待客，主动端饭送水，打铺盖提行李，介绍沿江名胜古迹、风土人情。船上备有书报阅览。由于民生号的船上生活舒适方便，人格受到尊重，不少旅客宁可多等几天，也要等上民生号的船才走。经过多年的经营，民生号各轮船的信誉不断提高，名气越来越大，经营日益红火。民生号在嘉陵江成名后，便开始扩张收购了几家轮船公司的船只。1937年八九月间，四川部队出川抗日，卢作孚调集民生号的轮船，一鼓作气将几万官兵运送出川。不久民生号又开始承担上海南京军工器材内迁工厂的机器设备、政府人员的运送任务。民生号克服困难，顺利完成。武汉失守后宜昌成为中转码头。民生号的船只冒着敌机空袭抢运物资，经过两个月的昼夜奋战把待运人员和物资撤出宜昌，但在运输中民生号的100多名职工献出了生命，几十艘船被炸沉炸伤，民生号成为中国抗战中的一面旗帜。

在长沙，介福昌号内周到服务，令人佩服。一天来了两位买官纱的北方客人。这货光滑挺括，穿着别具风格，客人做长衫，要淡青色，店中只有白色。饶菊生说淡青色过时，白色大方。但顾客坚持而成僵局。魏韵箎过去关心问："一定要淡青色？有，等一下，我到货房取来。"他即到过街有此布的绸庄，取来后顾客满意，且要做三件。魏代量身算料，准备开剪。

饶菊生仍不放弃又问："你是自己买还是替别人买？"顾客反问，"这是什么意思？"魏说："现潮流已变，淡青色落伍，白色正当兴。"顾客又问，"你自己穿什么颜色的？"魏答："我穿白色。"随即走到卧室，穿出白官纱长衫，得体大方走出。顾客一看十分满意，便圆满成交。

这些事例说明，民国时一些商品商号在经营细节上以各种形式不断有意无意地明确品牌的识别要素，同时周到细致服务，与顾客建立亲近关系。使自己的牌子不断明晰和牢固这特定的概念。

五、出现典型商品商号品牌形象

由于从封建社会中解脱出来，民国以后在市场上人们进一步追求商品商号可信、有名。大批商人适应这一要求，从 20 世纪初起，从北到南从沿海到内地都有一些商品商号更进一步在创新中努力树立这种形象，尤其在汉口、天津、辽宁、上海、北京出现更多商品商号的典型形象。

在汉口，长生堂树时尚形象。俗话说"身体发肤，受之父母"，轻易动不得。辛亥革命时将剪辫子看作"驱逐鞑虏、恢复中华"的重要标志，一时剪辫风行。一些人在剪辫中由移动服务走向固定地点、搭棚建铺、开店剪辫等，发展成固定室内理发店。1911 年，扬州剃头匠张聚年只身来到汉口，在巴黎路口开了家理发店，取名长生堂文武理发店，内容包括理发美容、推拿按摩项目。长生号除理发外，还实施处理颈椎扭痛、腰肩酸疼，让人舒服。这店地处繁华法租界，紧邻大智门火车站，周围戏院接二连三。长生堂在店内摆了 12 把靠背椅，装修得很温馨。时值辛亥革命时期，新旧交替、风行文明开化。长生堂顺水推舟，倡导文明理发。这从未有过的名称新潮吸引了不少高端消费者进店理发。也有小儿满月、生日进长生堂剃头。还有子女婚嫁、长者寿诞理发修面也进长生堂。顾客既看重其手艺，也念着长生堂牌子图吉祥，因此长生堂很快生意火爆。长生堂牌子成了领先高档服务代表。之后长生堂打出文明理发旗号，舍弃推拿项目，添加电烫理发内容和引进欧美发型，适时推出各种时尚发型。1928 年，长生堂又从上海引入火烫、电吹风技术，从而又使服务水平走在了前列。长生堂领先形象吸引了不少上层人员光顾。湖北地方军阀夏斗寅偏爱到长生堂理发，他的太太、公子、小姐更成了常客。这时期不少军政要员、一般军人也时常光顾。这种种现象说明长生堂领先时尚，不但树立了形象，而且得到消费者认可。

在天津，盛锡福成为时尚帽业领头羊。1912年山东掖县人刘锡三在天津估衣街开张了一家制帽店，名盛聚福帽庄，几年后改为盛锡福。赐在古汉语中与锡同义，即赐给、赐予。同时它也含有其姓名字号中的锡字。之后又在商标中包括"锡三"二字，也暗指锡三的名字。盛锡福为让消费者满意、高兴，在经营中不断创新，淘汰旧产品推出新品，使产品上得快转得快，不断让消费者需求得到满足。盛锡福当时制作了圆顶宽边草帽、国外新式草帽，尔后又别出心裁地用各色毛线、棉线与棕丝帽缠制成各式帽子，式样别致新颖漂亮，一上市就特别吸引女士的眼球，销量远远超过了同行，盛锡福迅速处于领先地位。之后盛锡福在消费者心目中逐渐形成了良好的口碑，于是进一步开发新品。从此盛锡福的帽子制品式样纷繁、别致新颖、四季皆备、应有尽有。尤其适应北方消费者推出各色含鹅绒呢帽和各种高级缎帽以及小帽、睡帽、压发帽、便帽等。另外还有儿童帽、老年妇女戴的绒帽，还生产了适应厂矿铁路的作业帽，产品达200余种，其号码齐全、质优新颖、色泽考究，深受各类顾客喜爱欢迎。

在上海，永安百货树高档形象。1918年郭乐开张了永安百货公司，并确定为销售国外产品和国内土特产品为主的高档商号，并选址在南京路、浙江路口南。为有高档形象，他把营业大楼建成六层，还附带旅馆、酒楼、酒吧、茶室等。永安经营的国外产品有：德国的玩具、五金器材用具，美国的丝袜、电气用品、钢精制品，瑞士的钟表、绣花手帕，捷克的玻璃器皿，瑞典的搪瓷，日本的毛巾等，整个商场成了世界各国名牌商品的陈列所。一是在产品品种上针对高端消费群体，不断推出相应高档产品。后又增加国内有名的土特产品，增加国货的比重，从而做到凡是上层消费者所需的高档商品，永安公司都有。永安采用种种策略树立起名牌、高价、优质、时尚的形象。二是亲近顾客。公司董事长郭乐极看重顾客，他说："得罪一个顾客，就等于赶走了十个顾客；接待好了一个顾客，等于从竞争对手中抢来10个、100个顾客。"于是提出"顾客永远是对的"。他强调严格管理理念，请高级职员杨辉庭任总经理，他则常来巡查。1939年永安推出图文并茂的《永安月刊》，内容包罗万象。广邀上海著名文化人撰稿，以家庭、育儿、健康、医药、美容、服饰、外国纪行、电影为话题中心，每一个记事都与永安销的商品相连，潜移默化地提升了顾客对永安的关心度和印象。始创一年间，每月附送康克令钢笔、花鸟鱼及照相馆、滑冰场的优惠券和永安特制金包、黑带、肥皂，从而无形中发挥了广告作用。由于做到凡是上层消费者所需的高档商品，永安公司都有，人们因而赞赏永安是"经营环球百货，推销中华特产"的典范。永安公司废除了讨价还价的陋习，实行明码标价，做到货真价实，并告诉顾客，买去后如认为吃亏，可退还原货样，不打折。顾客购了大件商品可送货上门，外地可函购。三是提高员工素质以支持形成良好形象。其招聘的员工要有知识，年轻漂亮，会讲多种语言。如推出特制康克令金笔柜台后，安排一位婉转温柔的漂亮女职员站柜台，在男职员世界里，女性成万绿丛中一点红。很快一些小报社就登出对这位小姐的介绍，成为上海滩无人不知的康克令小姐，慕名而来永安的顾客络绎不绝，金笔也随之常常脱销。四是不断亲近顾客。还组织衣着整洁的店员、或厂家专派的职员，在店内现场表演产品制作、美容化妆，发放赠品和奖券。顾客凭奖券可在公司任意选购商品。有时推出电影明星演唱活动，以吸引顾客。接着永安又拟订《服务规章》，要求全体员工学习遵守、周到服务。在永安商场最显眼的地方，有一条用霓虹灯制成的耀眼夺目的标语："顾客永远是对的"，这是郭乐亲自制定并要求全体职工遵守的一条准则。永安安排员工站在公司大门口和扶梯口，顾客进门时，笑容可掬地迎接。顾客选购货物时售货员彬彬有礼，不厌其烦，百问不厌。五是根据消费需求变化提升调整，不断把经营推向新阶段。1929年郭乐的侄子郭泉长子郭琳爽出任上海永安公司的副经理，1930年郭接手任经理后重新规划永安发展规划，计议收购相邻的楼外楼茶楼，拆除后盖一摩天大楼，扩大商场。这年建成新永安大厦，附跑冰场，七重天游乐场、酒楼。四楼架两座封闭大桥，与原永安连接。大楼高耸挺拔具现代风姿。楼内装冷暖空调，电梯至楼顶，仅次于国际饭店，为上等高楼，从而极大地扩大了永安的消费者群体。1933年，郭任总经理，认为永安销全球百货，应包括中国百货。第二年便在四楼专辟国货商场。永安用国货代东洋货，推出国货产品销售，取代了不少洋品牌，使永安这个品牌内涵更加丰富完善。

他实施免费送货，开设电话购货和函购。对于欧美货品能根据国人爱好进行修改完善，务使精益求精。同时在报上进行广告，挑一批漂亮女职工举行时装表演、美容表演，举办儿童游乐场。由此不断在消费者中结晶永安的鹤立鸡群的尊贵高档形象。

也是在上海，鸿翔在不断创新中成名登时尚领先地位。时装，最能直观地显示一个人的身份，上海恰是最讲究这一水平的地方，尤其女性时装更是争奇斗艳。在静安寺路由浦东人金鸿翔、金仪翔兄弟开张女子服装店。1917 年他参照西式剪裁改革中国旗袍，设计出许多不同款式的新式旗袍。后根据上海女性喜接受新事物、追求美观、时尚服饰的特点，决定专攻西式女装，模仿创新致使鸿翔的西式服装质量、款式渐渐成名。1927 年，金鸿翔在南京路张家花园附近开张了一店铺，并以自己的名字鸿翔为店铺名称。考虑到服务对象不少是外国人，于是便在招牌的中文下面加上英文。一年后金鸿翔看着鸿翔西服店生意不错，把升发服装公司盘下扩大门面，干脆把招牌也改为"鸿翔时装公司"。开张时请来电影明星胡蝶剪彩，轰动了上海滩。鸿翔作为时装产品的新概念提出以后，为让更多的顾客认识，金鸿翔找到上海最著名的广告商荣昌祥在沪宁和沪杭铁路沿线做路牌广告。由于广告的作用，鸿翔时装的形象不断在人们的眼中出现，在人们的头脑中形成。鸿翔时装公司为了让客人信用，格外注重品质。为此定人负责对职工交出的时装进行严格检查，对做工上乘的产品加倍奖励，对做工不合格的当场退回返工。后听说英国女王伊丽莎白二世不久将举行加冕典礼，鸿翔时装公司于是设计了一套有中国特色的礼服，通过英国驻中国领事转赠英女王，然后又复制一套放在公司的橱窗里展出。这消息被媒体传出，不少市民争相前往观赏。一时间橱窗前人头攒动，格外热闹。几年后鸿翔成为名实相符真正时尚的公司。后又托人高价订购了法国巴黎出版的《女式时装》月刊和季刊以及美国的最新大衣样本作为设计参考。有的依照时装刊物或样本的款式定制，致使一些女士把鸿翔时装公司当成女式服装的代名词。1934 年，鸿翔在静安寺百乐门舞厅举办了为社会慈善事业服务的时装表演会。这也是上海第一次时装表演。后又聘请女影星陈燕燕做广告代言人。名人蔡元培对在鸿翔做衣很满意，于是欣然挥笔写下"国货津梁"四字，店主于是制成匾额挂出，这也为鸿翔增色不少。当时宋家三姐妹都有鸿翔产的服装，宋庆龄为鸿翔亲笔题词："推陈出新，妙手天成，国货精粹，经济干城"。鸿翔立即装裱并挂在店堂。为了保持领先，鸿翔时装公司以高价聘请了犹太服装师进行时装设计，使鸿翔每一两周就有新型女式服装推出，从而紧随世界服装新潮流。之后不少妇女也慕名而来鸿翔定制服装。从此鸿翔开始引领女式时装的新潮流，成了华商时装店追赶、模仿的对象。1946年为筹款救济苏北难民，上海大亨杜月笙主办了一场上海小姐选举活动，集合了最当红的影剧名伶，参赛选手穿的漂亮旗袍由鸿翔出资赞助，在社会上留下了良好的口碑。这一系列的活动无形中凝结成鸿翔的时尚形象，也得到大批妇女对鸿翔的认可。

　　在北京，紫房子也现时尚个性。1934年9月江苏无锡人郁炽昌在北京西单开张了一家专营新式结婚服饰用品商店，取名为紫房子。因为这几年郁炽昌发现北京没有一家专营新式结婚用品店，应该在盲点中开拓新市场，创造出一个新品牌。为了吸引人的眼球，郁炽昌为紫房子构思了标志色，把商店门面涂成紫色。根据新式礼仪需要，购进了新郎新娘和礼仪所需用品，并推出相关服务。由于紫房子没有得到消费者认知和认可，开张时生意清淡。郁炽昌进行改善，到南方采购了新型华丽的婚礼用品，制作了考究的婚礼请帖、年历、贺卡及广告卡片。不久设法取得市社会局受托独家发售市民结婚证书的事项，增加了服务项目，吸引了不少顾客。为了进一步提高顾客认知，又在报纸上大做广告，宣传紫房子的理念和益处，从而逐渐得到各界人士的认知和认可。他借鸡生蛋，利用在《世界日报》上报道紫房子承办平津卫戍司令兼北平市长宋哲元女儿的婚礼后，名声大振，吸引了不少顾客。紫房子接着设法结识有较高社会地位的有名主婚人、证婚人，请他们题字题词挂在店堂。如请教育总长李书华、北京大学校长蒋梦麟和胡适、北师大校长李蒸及政界新闻界名人题字。他还大处着眼小处着手，利用包装宣传紫房子，因此紫房子名气不断扩大。

创新式传播沟通

在民国时期，中国商人为提高品牌知名度进行传播沟通，在这方面尤其采用了新技术，探索了新形式。

一、求顾客认知得到进一步发展

这时期推向市场的商品，尤其是开发的新品大量增加，市场竞争也更激烈。在这形势和利益驱动下，更多商人更重视向消费者传递商品信息。

（一）对求顾客认知意识不断增强

这时期，在市场上经营更自由、更平等，因此要想交易成功就只得让消费者认知、了解商品、商号，甚至经营理念，得到消费者信用，才更易交易成功。所以不少商人都较自觉地设法让顾客认知自己的商号或商品。在杭州，1913年孙翼齐与阿二两人出资在仁和路开设知味馆，生意清淡，其经营的点心不比别人差，却生意不旺。经分析认识到是消费者不了解自己的产品特色。他于是急中生智，写了"欲知我味，观料便知"八个大字，贴在门楣上，顿时迎来众多顾客的好奇，甚至进店食用品尝，体会到了知味馆的点心不比一般，很有特色，从此生意日渐兴隆。之后知味馆在一批拳头产品支持下很快成名。到了1921年，山东掖县人戴成善到了天津，与表弟朱善堂在辽宁路创办了一商店，名为天宝楼。为取得产品优质的支持，戴成善把济宁玉堂酱园制酱风味老汤，装罐封口、贴好标签，亲自押船带过来。由于融南北技艺于一炉，酱香醇厚，所以一开张，就誉满津门，无不争食购买。之后不断开发新品种，尤其青酱肉经一年加工成品后可与火腿比美，形成肉质细嫩、色泽鲜艳、肥而不腻、瘦而不柴、味香四溢。同时具有干净卫生、不腥不燥、肥瘦搭配、烂而不腻的特色，用热饼一夹，满口喷香。在产品优质条件下，物品品质本身虽可获顾客认可，但还要有好的社会印象。为此天宝楼一直想取得名人支持自己，尤其想请名书法家书写招牌，但没有机会。1923年的一天晚上，大书法家华世奎到中国大戏院听戏，没想到他忽然想起天宝楼的酱货，就差人前往叫食盒。掌柜听了灵机一动，于是亲手送上食盒，顺势向华先生求字。味美的京酱肉让华先生吃得满脸堆笑，满口答应，于是欣然提笔写下"天宝楼"三个大字。有了名人题字的招牌挂出，顿时食号又焕然一新。天宝楼得名人写牌的消息很快传出，不但名传天津市，而且很快传遍各地。这时期在西南也出现有重视求顾客认知的现象。重庆桐君阁的许建安，集资在巴县建药厂，取名桐君阁，主要生产牛黄清心丸、紫血丹、地黄丸、归脾丸等。然后他便在城里开张桐君阁药店。俗话说"三分医，七分药"，"治病先治心"。他于是采取一系列宣传活动以求消费者认知。"人靠衣装马靠鞍"，他首先装潢门面，布置店堂，在注目的地方悬挂满金抱柱的对联"修合虽无人见"，"诚心自有天知"。同时委托加工仿单，开设印刷局，用铅印制，使印的仿单、标签字迹清楚。经营多年后许建安感到国民文化知识不多，于是请名医编著了《丸药提要》，印制了二万多册，凡到桐君阁买药，就免费赠送一册。顾客在购药后，得了《丸药提要》，从而了解了很多药物知识，也加深了对桐君阁的了解和印象，甚至形成一种亲近关系和良好形象。到了1936年，在广州也有这情况。有何福庆研制生产了退热散、惊风散、疳积散，取名灭痛星。两年后在直街开设药行，以普济众生之意取名何济公。何重视顾客认知，提出"卖田卖地都要做广告"，适应当时条件，他大做墙壁广告，迅速提高了何济公的名气。到了1942年在开封有人在马道街开张瑞丰祥绸布庄，并挂出广告"言无二价，童叟无欺"长条铭牌及"谦受益""和为贵"扇形小扁牌，加深了消费者对瑞丰祥的认知。

（二）不断引领消费树立良好形象

在经营中，商人们不仅对需要顾客认知的意义更深刻，而且提出独特销售主张，亮出独一无二的说辞，不断引领消费者认可自己。

一是强调商品作用，以功能引领消费。在广告中不少商家不断强调产品功能表现。在上海，电机袜厂香宝牌的广告语为"最新电机，原料指定，流行线袜，经久耐用。"上海华生电扇告知消费者，其电扇产品优越，能使"今年无夏"。有热心牌广告画将热水瓶描绘成一架飞机的机身模样，上面还画着一个"心"形，提醒人们活动时不要忘带热心牌热水瓶。上海澄德五金厂嫦娥牌广告语"嫦娥揿钮，永不生锈"告知消费者。1921 年，吴蕴初产出调味产品取名佛手牌后，为引导消费者认知消费，在公司门口及张家酱园内外及主要路段张贴"佛手味精，鲜美绝伦""走过路过莫错过，佛手味精上餐桌""佛手味精，价廉物美，欢迎使用""质地素净，庖厨必备"等广告画、广告口号。在推销车上插满五彩旗帜、广告，锣鼓声中不断吆喝："天厨味精，完全国货，胜过味素，价廉物美，欢迎试用。"上海三友实业社三角牌毛巾为了让人了解，于是设立广告部负责对商品牌子、产品形象的传播。后又设法聘请画家进行广告画设计，选显著地点树立大幅广告牌。在门市部设商品陈列，安装样橱，布置样子间，将新产品布置成一间卧室，纱帘半掩，罗帐微启，蜡制模特半掩被中，惟妙惟肖，给顾客以深刻印象，从而形成"货还未到，人已想要"。三角牌一经上市，便受到广大消费者青睐。1921 年，天津利生厂篮球研制成功后命名利生牌。在产品推向市场时，不但在球上印利生牌，而且附上对联："利应社会需要，制造体育用品；生为人身健康，畅销运动器具"，提出"利生—健康"口号。后又免费送货上门，把利生厂生产的篮球、排球、足球赠送给津、京等地著名大中学校，以及提倡球类运动的各地基督教青年会，请他们使用并提意见，从而赢得了社会信誉，以致北京、保定、唐山的学校、篮球爱好者都前来购买。在天津的真素园专门经营素食，请名人严修为其撰联，"是谁能知真味，到此莫忘素餐"，以此劝人消费。在长沙，寸阴金钟表在广告中介绍钟表产品结构巧妙，为他人之长。接着又介绍了经营的其他产品如眼镜、罗盘、打字机、绘图仪、缝纫机、留声机等，引导顾客认知。到抗战前，寸阴金经营很快如日中天，声誉销量很好。到了 1944 年，在浙江宁波镇明路，王尹夫、王卓云开张了味华酱园。为引导消费在这年 9 月 26 日的《时事公报》上做开业广告："国历九月二十八，为敝公司正式开业，同时成立门市部，发售各种制品。届时敬备茶点，恭请各界硕彦，同业先进，贲临指教，曷胜企幸。味华制酱厂董事长王尹夫、总经理王卓云鞠躬。"之后广告不断推出，如广告"味华酱园系集聚大资本，聘优良技师，用科学方法，萃豆麦精华酿制而成，鲜味强烈，佳美绝伦！值此发售伊始，谨特抑低售价，藉贡各界采用，以副雅意。——竭诚欢迎"。后又发行更便宜的预购券，举行大赠品活动，派人外出或下乡推销，不时叫着味华名，后味华成了著名酱园。

二是以价值引导，提高消费者认可度。由于产品功能是价值的基础，价值是功能发展的结果。因此多数商家采取以产品的功能和象征价值相结合的办法进行广告引导。有的商品商号不仅做到产品服务优异，而且高档、优越，从而体现身份，体现"尊贵、成就、完美、优雅"。华成公司美丽牌推出广告语"有美皆备，无丽不臻，闺中良友，顷刻不离"。见下图。突出香烟品质美丽超群，购买和抽这种烟无疑不同于平民，体现较高身份。这种以更高价值体验身份地位，也是一种享受。因此以此引导消费者也是一种重要手段。

美丽牌香烟广告图

三是突出爱国思想，以吸引人的购买。在上海，1920年4月至1925年7月在《申报》上为爱国牌香烟发布了系列广告，"请阅读名家小说篇""爱国歌篇""权字篇""春闺燕语篇""爱国征文揭晓篇""征文第一名作品篇""请看救国良方篇""解放的真谛篇""烟叶篇""烟草权利篇"等系列图文广告。故事以爱国为主题呼吁使用国货，以生动的图文阐明吸国产烟是爱国的一种表现。这是打着爱国旗帜吸引顾客。

四是进行综合引导。消费需求是多种多样的，不少经营者都采取多方引导。这时期大多商人在传播中不只采取一种传播沟通形式，而是运用多种形式，在店外空地、橱窗、墙壁、日历、赠品、包装、报纸、电台、车体上进行广告。通过一些媒体及广告信息传播，还在促销、赞助、公关中宣传自己。在上海，金星自来水笔在《文汇报》第4版上登广告："中华国货，文化先锋。金星牌，质料高贵，式样美观；爱国牌，构造精良，坚固耐用；国权牌，书写流利，定价低廉。"进入40年代，海鹰牌香烟老板进入重庆，建大运烟厂生产香烟。产品产出后在《重庆新民报晚刊》《陪都晚报》上刊登广告，海鹰牌以不同侧面、不同广告词宣传。如1948年11月份，海鹰牌的广告是以其海鹰为标志，广告词和画面每天不同。有的画面是一只展翅飞翔的海鹰，广告词是誉满山城，海鹰蔽天。有的画面是一对时髦亲密的青年男女，身后各自牵着一匹骏马，广告词是"春郊骏马后，名烟倍芬芳"。广告通俗顺口，幽默活泼，生动有趣，吸引消费者。有的以古诗诉说"借问香烟何种好，老夫遥指海鹰牌"。有的以情景式启发，"寂寂深闺夜，悠悠怀念时，海鹰常伴我，此物解相思"。有的是劝告式引导，"老兄公余多辛苦，吸支海鹰助文思。拍过小照作纪念，曾与海鹰有姻缘"。还有的以奖求名。1927年张小泉近记为提高声誉，参加了美国费城世界博览会获银奖。为迎接1929年杭州西湖博览会，张小泉近记大做广告，除报刊外还有很多户外、霓虹灯、市内公共汽车、郊外长途汽车的广告，这极大地推动了销售，这年张小泉剪刀产销量达160万把。这极大地推动了销售，树立了形象。

二、更加明确的传播沟通内容

进行广告的基本内容与前代一般泛泛而谈相比，能更明确地针对消费者的需求，把企业及产品信息设法告知消费者。

（一）有的说明本企业优势

进行广告，其基本内容有介绍品牌企业是为大众服务，也为社会做贡献的好团体，有与众不同优点，在同行中处领先地位业绩好，有科技规模优势，有传统经验。有的强调自己是为社会服务，如利生牌不但在球上印利生牌，而且附上工厂的对联："利应社会需要，制造体育用品；生为人身健康，畅销运动器具"作为广告语。寸阴金在广告中突出其产品为了社会进行的是创新事业，曹瑞明精习机械各业，为他人之长。建公司打牌子的目的是"务达制造修理，挽回利权。修理不易制造更难，勇于创新，开发座钟，受市民称赞。"还介绍寸阴金经营的其他多种产品，以多方满足消费者需要。有的介绍自己具有与众不同的货真价廉、信誉久著优点，具有的业绩、科技优势及美誉。北京谦祥益在1921年1月6日在《大公报》上广告说："自分设天津以来，尤蒙各界诸君子联袂枉顾，几乎应接不暇，而本号自当益加勉励，力求克己，以保我货真价廉固有之美誉。"在以该号发行的海报广告中写明"信誉久著"以示顾客。有的强调企业及产品的特点和优势，如北平药局1938年10月10日在《文汇报》登广告："集中京药，首创第一"，"驰名京药，供奉内廷，太医审定，秘法合制；各门应有尽有。安全灵验，用过皆知。"告之产品品质疗效及所处地位。汉口显真楼在《武汉指南》上广告，称显真楼自创建以来30年，历来应用欧美新法，馆主"亲赴日本，历访专师，参观名场，实地考察最新的照法，并购东西文书籍，随时参考"，从而进一步在消费者中树立了显真楼的技术形象和具有的优势。也有的介绍企业具有的历史、名气及经验。此外还有其他牌子也采用这做法。如和记皮料庄广告，强调历史长，中外各式产品，精益求精。张小泉剪刀老店广告则介绍本店历史，产品特点，名气，要求认清商标，从而让消费者了解某一品牌创造具有的优势条件。

（二）介绍企业经营内容

针对消费者的需求，一些企业在广告中介绍自己经营的产品、业务内容及优点、价格及特色，以求顾客的明确了解和认知。有的诚恳介绍商号业务。北京福隆洋行在服装广告中称："本行自在英美各厂专运各种衣样。特聘上等名师精做男女西装衣服、便服、晚餐礼服，以及各种猎服，均做欧美最新式样。定期不误。本行并备一切西装应用物品，大小领子、袖口、纽扣、汗衫、皮鞋、皮靴、白皮手套，大小各种毡帽、便帽、常礼帽、大礼帽、毛卫生衣裤、羊毛袜子——"，表示福隆行货新、货齐，从而把经营的产品一一介绍了出来。有的则详细介绍经营的产品，如1944年宁波味华酱园，这年9月26日在《时事公报》上做开业广告详细介绍了自己的产品。四川桐君阁开设印刷厂印仿单和标签，编印药品目录《丸药提要》，向社会介绍产品。长沙师古斋在包装用纸上附印广告介绍自己经营的产品。其他市场上也有不少这种现象。浙江平湖老鼎丰酱园介绍产品突出特色作为"老酱油一物，乃居家日用必需食品，关系卫生。本园不惜重资，采办西府黄豆，定造名厂机面，研究新法，秘制卫生酱油、腐乳，气香味鲜，并能久贮不霉，故服食大有裨益，尤为世界赞美，请尝试之，方知言之不谬也。平湖老鼎丰酱园启。"

有的强调经营的是获奖产品。老鼎丰为了成名，多次参展获奖，公布这些奖都让人产生产品优良处领先地位的联想。在1914年，徐鼎丰酱园就使用了精美瓶贴，上部是南洋劝业会上所获的金牌奖章，上面巧妙环放着"老徐鼎丰酱园"字样；下部是介绍文字："本园开设浙江平湖城内，精制酱油、腐乳已有数十年，远近驰名，历蒙各界欢迎。前经南洋劝业会审查出品，给有头等奖凭。"有的突出与其他产品具有比较优势，如上海永和公司白雪牌护肤膏在报上登广告："白雪牌自有其真实之'保养肌肤'。故历年来为数百万爱护肌肤之仕女所乐用"，"劣质霜膏浮于肤面，搽后肌肉即觉呆板乃日后皮肤枯燥之预兆；白雪富有保养肌肤成分，搽后立感舒适，此即滋润皮肤之铁证。"从对比中让消费者认可这一产品品牌。又如抵羊牌广告示意，天凉了人人都需要毛衣，别忘记抵羊牌毛线是织毛衣最时尚最漂亮而最经济的绝好原料，它"品质高尚，拉力富强，颜色鲜艳，定价低廉"。

（三）介绍销售地点、联系方法及自己的态度

为了方便顾客购买，经销商还介绍销售地点、联系方法及表示欢迎的态度。浙江宁波味华酱园广告介绍企业和产品后，表示竭诚欢迎，还介绍销售地点、联系方法及销售态度，说明制造门市部在"公园路250号（即鼓楼前），联系电话1877。"浙江平湖老鼎丰酱园介绍产品特点、商标、地址、电话号码。1924年7月开始使用新瓶贴，增加了"金鼎"商

标，图案是一只造型优美、古朴庄重的三足鼎。在文字最后写："赐顾诸君，请认明金鼎商标，庶不致误。"1928年老鼎丰改用"红福"商标，瓶贴图案为福字外加圆圈，上面印平湖总店和上海分店地址及电话号码。其他商号也有这种形式的广告。抗战时，上海冠生园店主冼冠生在重庆经营时，为了方便购买曾请一个擅长书法的人，写了一条幅"真工实料"，告之消费者产品质量是可信的，同时在广告中介绍产品及购买地点：画面是一瘦子送给一胖子一盒冠生园陈皮梅，广告词是"元旦亲朋来贺年，陈皮梅子助清谈，想吃糖果再去买，当然还到冠生园。地址民权路林森路"。这样留下地址、电话号码，极大地方便了购买。有的介绍经营活动表示的态度，如1944年在浙江宁波鼓楼镇明路的味华酱园，为引导消费，味华号这年9月26日在《时事公报》上做开业广告："国历九月二十八，为敝公司正式开业，同时成立门市部，发售各种制品。届时敬备茶点，恭请各界硕彦，同业先进，贲临指教，曷胜企幸。味华制酱厂董事长王尹夫、总经理王卓云鞠躬。"之后广告不断推出，如味华酱园系集聚大资本，聘优良技师，用科学方法，萃豆麦精华酿制而成，鲜味强烈，佳美绝伦！值此发售伊始，谨特抑低售价，藉贡各界采用，以副雅意。——竭诚欢迎。营业要目：味华笠学酱油（瓶装），豆豉酱、辣酱油。之后在市内26家酱园中味华成了著名酱园。

三、利用各种媒体传播沟通

这时期商家在选择媒体进行传播中，逐渐放弃或减少了传统的表达形式，开始了大量采用近代的传播手段。有竹枝词描述上海的广告状况："纷纷登报为招徕，何业何方择日开。只要价廉兼物美，一经上市便增财。"

（一）仍有自撰楹联进行沟通

民国以后，虽然新的沟通形式不断出现，但一些传统形式还有商人采用。如通过楹联表明商号的理念、宗旨、经营商品等。有的楹联与字号名称、牌匾及企业个性特征融会贯通。有的在楹联中表示经营理念，以诚相待，如千芝堂对联：买药看病图方便，良医良药救世人。在浙江 1942 年诸葛起鹏接管了天一堂，抗战胜利后对天一堂装修，并在亭子立柱上写有诸葛棠斋撰写的楹联："余地辟三弓，何必羡金谷繁华，争奇斗艳；诚心唯一点，务须追杏林至德，救死扶伤。"通过对联表达了自己的经营理念。有的通过楹联介绍商号名称、经营的内容和特点。这在长沙、天津有较多出现。在长沙，大吉祥旅馆贴出楹联介绍自己："孰能为之，鹏背扶摇九万里；昭其文也，瓦当流落二千年。"上联切一远大，下联用汉当为吉祥二字寓意，暗示推介自己。长沙天乐居旅馆一联为："出天天大道本自然，自然根天然；后乐乐终身有忧处，忧处即乐处"。二联为："男子须顶天立地；古人懔后乐先忧"。三联为："画本妙天然，此楼真高百尺；人生行乐耳，有酒更进一杯"，运用"高卧元龙百尺楼，劝君更尽一杯酒"诗切合旅舍餐馆，嵌字不露痕迹，无意中吸引人入店消费。长沙半仙乐酒楼，以卖"神仙钵饭"闻名长沙，味美价廉。一吴秀才清贫自守，每得润笔费，便于半仙乐酒楼欢饮。一次来此小酌后书赠一联为："半盏半瓯，半醉半醒，偷得半日清闲，也算人间半乐；仙侣仙朋，仙肴仙酒，招来仙姬共饮，胜似天上仙家。"该联中嵌商号名称字，不着痕迹，悄然进入人的心田。这让味美价廉的半仙乐在消费者中留下深刻印象，得消费者的青睐，从此生意兴隆，座无虚席。在天津，天盛号开张经营后为介绍商号名称及产品，聘请著名书法家吴士俊书写"天盛号酱肘铺"匾额悬挂门楣，在店门两侧则挂楹联，上书藏头妙句："天产奇珍，凤雏龙肉；盛传佳品，肫蹄虤肩。"内含名称"天盛"两字及精品酱肘，又是名人书写，很快远近闻名。在天津北大关有一玉香号凉席凉枕店，则挂有王星球撰的对联："惯受香云压，偏宜玉体陈"，上写枕下写席，形象地介绍了产品，给人以联想的空间和幽雅的情趣。1912 年，在天津有卞月庭开张了隆昌号海货店。光绪年间得进士的卞翊清撰词且自书一副藏头联："隆业有基珍罗山海，昌期即遇利取鱼盐"，上下联首字即商号名称，其余词则含经营的产品。有的在楹联中劝人消费。如在天津大胡同的真素园，请名人严修为其撰一联："是谁能知真味，到此莫忘素餐。"这是店主在联中直白地劝人消费。

（二）仍大量采用招牌幌子广告

招幌由于直观接近，有一定的广告作用，被用作介绍经营行业、经营内容和经营思想及态度。以招幌告知在《老北京店铺的招幌》一书所辑图例230多幅，可见这形式应用很广泛。

对于幌子商家都很重视，甚至把它看作不可亵渎的神物，平时不许落地，如落地即被视为太不吉利，会带来逆运。他们每天营业开门前要由更夫用幌权挑起，挂在旗杆或牌楼上，名曰请幌子；到营业终了关门前，先将幌子小心挑下，挂在门洞内房梁的铁环上，然后关门。

这幌子形式主要有以下几种。一是商品实物及代表物。如南京"绸缎铺、估衣店闭门贴招，盘外国细呢、西式析衣，列肆相望，无论何店，皆高悬西式帽。"其他如麻铺在门前则挂一束长麻，草帽店门前挂一顶草帽，鞋靴店门前挂一只毡靴，烟袋店门前挂一烟袋管等。二是以商品实物模型为幌子。一些所售商品过大、过小或较为贵重而不易悬挂的，则改用商品实物模型为店家的经营标记。如香烛号挂木制红漆大蜡烛模型，金银首饰号挂较大金簪或银镯模型，中药铺挂木制或铜制大型膏药模型，梳篦号挂木制大篦梳模型，鲜鱼店门前挂木制大鱼模型等。三是以商品的附属物作幌子。由于某些商品无法悬挂，则改挂其包装物或商品附属物作招牌如油瓶、木制仿锡酒壶。四是以人们传统熟知的暗示物件为幌子。如饭铺门前挂带穗罗圈（饭铺）或柳条大笊篱（吃住客店）。五是以灯具、旗帘作幌子，如夜市食店、酒楼、药店。有的在幌上标文字或图案进行进一步明确。这形式，往往只表示行业，不表示具体的企业或商品名称，所以对品牌化带有模糊性。六是加上文字、图画表达。它们当中有立在商店柜台上的竖式招牌，或放在柜台两头、包柱上。有的用牌子写字表示经营内容，如当铺大当字，茶楼挂茶字，还有米、酒、药、烟字。也有行广告化招牌且朗朗上口，容易记诵，如酒店——太白遗风，陈年老酒；药店——丸散膏丹、参茸饮片；茶肆——清肺润心，香气宜人；饭馆——江淮风味，南北大菜；布店——湖广杂货、湖绉南绸；糕点店——京式八件、广式月饼；银器店——巧夺天工；纸货店——蔡侯遗风；酱园——鼎鼎大名。还有的表现历史："百年老店""三代世家"。有的是介绍经营理念"货真价实，童叟无欺"。药店的"寿域宏开"，鞋店的"平步青云"，绸布店的"锦绣光华"，典当铺的"利在便民"。再就是耸立于店铺门外距地面35米的冲天招牌，以便顾客老远能看见这商号。北京的大森茶座就曾以冲天招牌名噪一时，引得不少人前往观看。

（三）大量采用图画广告

这是指宣传画广告，民国时有大量出现。不少经营者利用广告画，宣传商品为主题，加上富有创新意识、生动活泼、出奇制胜、独树一帜的画面以及文字，使人耳目一新，从而牢牢记住商品，如容易记住的双妹牌的"奇效无比的花露水"。这形式主要出现在上海。早在1915年，上海就开始出现彩色广告画，如香烟、化妆品、药品、银行、保险公司等喜欢借此广告达到宣传产品牌子的目的。那时彩色印刷品不多，得到一张彩色广告画，逢年过节张挂起来，既增加喜庆气氛，也让买家记住了产品。由于它失真率低，色彩鲜艳，且成本低廉，成为民国时期不少商家广告宣传的重要形式。它可到卖年货的小铺子里购买。如买几盒某种香烟，凭烟盒赠券换取月份牌画。有的商场则实行以购物量获赠香艳广告一张，多购多赠，以吸引消费者。

这类广告有明确的内容和独特的形式。图画广告并不是单纯的图画，除画之外有不少经营的内容，有产品的名称特色、商标、厂家地址。由于一些消费者常常是见到广告后去购买商品，所以作用不小。

同时除了绘画和商品内容以外，它在形式上为吸引人努力做到语言精妙，设计新颖，将商标、店标、书法、篆刻、绘画以及名人题词荟萃一堂，把年历、年画等融为一体，使之充满文化意蕴和艺术性、实用性。此外一些年画套色印刷广告还有老百姓喜欢的题材，如"灶王""门神""财神"等，在画的边款上配上商品名称。有的则图案与商品牌子相关，如20年代的一月份牌画上有一摩登女郎坐于沙发上，微笑着手持香烟，香烟图案下面是"还是他好"广告词，话出自美女之口，既可理解为美女所思的意中人也能指她手中的香烟，让人回味沉思。1938年启东烟草公司推出月份牌，画的主体为身着旗袍的摩登女郎走出飞机后的情景，背后是停靠的飞机，远处天空中还有一架备降飞机。画上部为商家名称，下部为"大前门""红锡包""老刀"等品牌香烟图案。这飞行主题与商品无关，但新颖的场面则吸引消费者的眼球也会注视牌子名称。哈尔滨利记电机针织厂千里迢迢到上海购了一批原版画后，目的是在画面上方加印蝴蝶牌商标，下印产品介绍"超等线袜"，作为该厂的产品广告。

这图画广告的形式主要有下列几种：

第一，月份牌。一些商人向消费者送月份牌，但也做商品广告。尤其到了年终有的利用美女图推销日历，在月份牌广告画上宣传商品及牌子。这月份牌尤其突出女性的吸引力。由于西方文化的影响，使得上海等大都市的女性摆脱了封建保守、自我封闭，而很快显示自信、活泼及追求时尚，随之而来的是烫时尚头发、穿高跟皮鞋。小姐们的旗袍开衩高度不断提升，体现时髦和吸引力。有的时装美女身着旗袍，招摇过市，不断显示都市摩登女郎形象。广告设计师们敏感地捕捉到了种种变化，并把它用作自己的绘画题材。20年代初，美女图画悄然进入香烟广告中，且越来越多，可说是美不胜收。这些广告印制精美甚至烫金，显得格外华贵，很为百姓青睐。一些大美人画更吸引着消费者视线。这也符合市民阶层消费意识。美女大多身着时髦服装，如旗袍、婚纱、泳装、毛衣。它影响范围广，受众面大。当然这些画不是单纯的为画而画，而是借助平面画像及主题画面在四周注上商家名称、注册商标、商品形象。这些画带着商品名称、标志传送到各地，不断进入人的眼帘，让人在欣赏中也认识了商品及其名称标志，从而认知其品牌。这形式影响时间长，一般要挂一年或几年。也有利用社会上的女影星、女戏剧演员、女运动员等社会名流形象作画面主角，形成名人效应。如阮玲玉、胡蝶或梅兰芳就时不时出现在画面上。也有的利用美女的活动图画吸引消费者的眼球，当然也不放过注上商品及品牌名称、标志。到了20年代后期，市场广告中的美女们开始显示唐代的丰腴娇艳风格，这都极大地刺激了消费者的购买欲。南洋兄弟公司有中国美女图、外国美女图、新女性生活图，这都给消费者留下了美好的感觉。当然这不是终极目的。白金龙牌香烟表示："美人可爱，香烟亦可爱，香烟而为国货则犹可爱"，由此图穷而见——香烟。有的与年画结合，如华成公司美丽牌则构思了广告词"有美皆备，无丽不臻"。月份牌上的美丽牌香烟的美女，以一定生活原型创造，也可说是形象代言人。这人叫蒋梅英，是上海十大美女之首，给人以深刻而美好印象。1937年上海沦为"孤岛"期间，月份牌广告不仅出版了很多海盗、色情、恐怖的作品，以强烈刺激消费者的购买欲，如以《美女溪边春浴图》推销挂历。该画以中国美女为题材，结合西方开放性的绘画风格进行描绘，美女裸雅地坐在溪间。它曾轰动上海，使月份牌格外畅销。

第二，画册。这又是新出现的形式。在山东，九鹤阿胶庄在构思识别要素又有优质产品后，便在省内外、报纸上大做广告。同时赵鹤不惜重金，聘请摄影师去东阿、阿井镇实地拍摄。这样原料产地的山川地理风貌收入画中，还拍下了健驴东阿山上吃草、河边饮水、群驴欢牧的照片。赵鹤对这些精美照片，配上文字，加上疗效说明、介绍阿胶知识、体现九鹤产品正宗的内容订成小画册，装在九鹤阿胶盒内，让消费者认知。在天津也有这现象。1935年凤祥号编辑发行了献廷所题字的《临池清赏》杂志，至1936年冬出版四期。画册正页印颜体"庚子山枯树赋"和欧阳询"温恭公碑"。册页是凤祥号大字，内有诗书画印，风景名胜，同时穿插鞋帽货品说明，使文商结合、图与产品交相辉映。穿插其间的是凤祥号产的琳琅满目的帽品，每款有广告语词，册页背侧底页为郑孝胥题写的凤祥号字。页内刊有名胜古迹照片，附属简介并注明凤祥摄影，在图片一侧展示皮棉布鞋。册页最后另刊书法扇面，有名人诗作。刘墉书后戏题："奉道君臣一体亲，虚皇符篆写元真。相公诗句君王画，谁识南朝大有人。"另外画册中还以图文并茂形式表明皮鞋的四点位量尺法与便鞋的竹棍量尺法，并附纸尺一条。不仅如此，凤祥号还将定价表公示于众，鞋帽五十余款明码标价，吸引人们购买，也得到顾客广泛认知。

第三，香烟牌子。这是独有的加深顾客认知的形式。这是一种放置在烟盒内的小型画片。早期香烟外壳为软包装，后出现在盒内衬一厚纸，使烟壳坚挺。进而推出硬壳香烟盒，盒内厚纸片演变成香烟牌子，如克富烟公司的三角形书签、长丰烟公司的葫芦形香烟牌子。这印刷精美、内容丰富的图画也可激发顾客购买欲。在内容上有故事人物牌子，如和兴烟的

《水浒传》、《岳飞传》、华东烟公司的电影明星、南洋烟公司《红楼梦》等。有的附图画及奖励性牌子，如启华烟草公司在《三国演义》香烟牌子背面印"一片刘玄德换香烟一包，一片关公换香烟三包，一千片关公换二两重赤金镯一副"。有宝成烟公司推出5片一套名京剧演员，背面印神、怪、剑、侠、传字，每集四字调换国币10元，每积五字调换500元。又有华品公司的金箭牌香烟的73张香烟牌子中"至圣先师孔门师弟像"香烟牌子价更高，可换二两赤金手镯或黄包车一辆。还有民生烟公司则以108张一套《水浒传》香烟牌子值1000元。这些含有香烟名称的牌子不断地收集，无疑会加强消费者对这一香烟品牌的印象和认知，甚至认可。

（四）大量通过报纸进行广告

这类媒体在清末出现，但民国时期则大量推出。由于报纸广告灵活、及时、权威、覆盖率与可信度较高，又大众化，吸引人，可保留长期流传，所以成了这个时期品牌传播的重要工具。这时在上海有《申报》《新闻报》《大公报》《中央日报》《东南日报》《商业报》《新闻晚报》，香港《大公报》，天津有《北洋画报》，汉口有《大汉报》《汉口新闻报》，重庆有《重庆新民报晚刊》《陪都晚报》，云南有《云南民国日报》，郑州有《实言报》，宁波有《宁波日报》。刊登广告最多的报纸有《申报》《新闻报》《大公报》《文汇报》，版面众多，有的多达10版，十几版，广告不少。见下图。1923年王炽开在南京路独资开设了王开照相馆之后，先后在《申报》《新闻报》上登载广告。接着又在电影院内放映幻灯广告。后又在京沪铁路沿线站台竖立起印有王开照相馆广告的路牌。从而让"王开"两字不断进入消费者眼球，与消费者沟通，在消费者心中形成了领先形象。

（五）以招贴进行广告

这类形式表现很多，它方便、小巧，可以在街巷、车站、码头、乡镇，人流大的地方张贴传播。它们在仿单上印刷本商号及品牌经营的内容、形式、特点或有关事项，然后四处张贴。如冠生园、虎标、张允升、徐鼎丰酱园的招贴广告都从不同角度介绍了商品及品质。在河北眼药白敬宇牌采用铅印广告，以更清晰的文字在大街小巷、车站码头，在沿长江、沪宁线、沪杭线的城镇张贴。这形式广告在上海尤其多，如亚浦尔、冠生园、华生、天厨、双钱都发送了大量的广告面市。

有的以奇特实物照进行广告。在广东，南海梁少川爱好养蜂。1935年，在广州十三铺路开宝生园专营蜂蜜产品。为消费者认知利用蜜蜂习性，让蜂群悬挂于他的两腮及下颌，拍了一张由10000多只蜜蜂组成的奇特络腮胡子照片，悬挂于店堂，吸引了大批过往者驻足观看。这一独特照片，使宝生园知名度迅速提高。其蜂蜜品质纯正、洁净，为人称道，在名气的带动下很快称誉省港，带来生意兴隆。

（六）采用明信片进行广告

这也是前期没有的形式。20年代一些商人为了提升招牌的名气，推销自己的商品，特制作了明信片广告。在明信片上既发信又介绍祖国的古代建筑、名山大川、名胜古迹、历史名人、工艺美术，并悄然刊登广告。如林文烟花露香水香粉、滨江德记茶店、老刀牌香烟、源成顺百货店、源和洋行（酒类）、双美人牌香粉、谷回春堂药品，都曾利用明信片作广告，宣传自己。广生行利用明信片作化妆品广告，宣传"双妹"香水化妆品，其画面为两花季美女风姿绰约，神志娴静，头饰上戴着花卉，服饰图案布满着花卉，背景也是花卉，手中拿着牡丹、月季、芙蓉等象征着该商行商品原料来源。画面左右及下面布满了该行各种香水化妆品，这以美女为主角广告曾轰动了东南亚。

（七）利用霓虹灯宣传

当法国出现了一种发光艳丽的霓虹灯后，迅即被应用作广告工具。它可以安装在各种装置内，也可悬挂在室内外和橱窗内。霓虹灯经制作可形成广告文字和图形。1926年上海南京东路伊文思图书公司的橱窗内首次推出霓虹灯宣传皇家牌（ROYAL）打字机的英文广告。之后在汉口，南洋兄弟烟草公司兴建了一座大楼，在楼顶上竖起了"大爱国""大长城""大喜"三块巨幅广告牌，这些广告牌每到夜间彩灯闪烁，耀人眼目，给人留下深刻印象。之后不少华商公司也采用这一形式传播。

（八）利用电波音响做广告

这也是商人新采用的重要广告形式。它覆盖周边，成本低，频率高，灵活。但只有声音效果，信息一闪而过，不能留下较久印象。1923年1月23日，美商奥斯帮的中国无线电公司创办的中国第一座广播电台在上海开始播音。随后又出现了美商新孚洋行和开洛公司及华商新新公司开播的广播电台。当时这些电台都为客户播广告，传播商品信息，它传递信息迅速及无孔不入，是其他媒体无法比拟的。1932年在天津梨栈大街，大新绸缎庄在楼上开办商业电台"仁昌广播电台"，插播本号广告为主。后仁立、东亚、正兴德、盛锡福等联手建青年会台，免费播各自的广告。还有东方电台、中华电台都有不少广告，它们都为品牌的形成做出了贡献。

（九）利用陈列装饰及橱窗进行广告

这广告前身是店面装饰和店堂陈设。市场上店铺接二连三，往往难以区别。商家为了使人易于辨认，显示实力，取信于人，除幌子招牌外，还很注意店面装饰和店堂布置，或雄伟或豪华。同时一些商人为了展现自己的商品，开始利用沿街橱窗作为宣传窗口，以吸引路过的顾客。商店大门两旁位置重要，商家将其开辟成橱窗，在其四周用皱纸、彩纸装饰，以增强衬托商品的效果。这一新的广告形式，它极易触入人的眼帘。1915年宁波市的妙春钟表铺迁往上海，经过集资改组取名亨得利钟表行。为了顾客认知，他不惜花钱用许多光管装饰整幢楼和门面，一到晚上商店灯火通明，把亨得利的大招牌、广告牌和整幢楼的轮廓凸显出来。商店专门请美术社的美工画些广告宣传画，张贴在橱窗里，其中不少是美女头像与名牌手表，以增加商店及产品品牌的吸引力和繁荣气氛。在橱窗里还陈列着一只金鱼缸，水里放着一只在行走的防水表，长期摆放在那里，让顾客参观，以显示手表的优良质量，从而增强顾客购买这个牌子产品的信心。在 1920 年上海中西药房新楼落成后也采用了这种做法，楼中布置了"勒吐精奶粉"橱窗广告。有的商号不但重视室外也重视室内装饰，以显示实力和吸引力。如先施在商饰中采用一西式房间，内有床和化妆台，中间一旁案坐一蜡制少妇，外着衣裳楚楚动人。配套衣橱、痰盂更添真实内涵。有一纱隔室，由多种绸缎构成，外卧一鹿。鹿为丝绸缎堆成。接下来为洋酒肆，各国名酒罗列整齐，中设一柜，旁立少年按酒瓶，背后巨镜映出影像。然后是杂类、会客室，有西洋画、自行车、电扇等窗饰。这些新颖别致的广告，既吸引了顾客又树立了形象。上海三友实业社三角牌毛巾外观高雅，内在精良。在推向市场时为了让人了解，选显著地点竖立大幅广告牌。在南京路门市部设商品陈列，安装样橱，布置样子间，将新产品布置成一间卧室，纱帘半掩，罗帐微启，蜡制模特半没被中，惟妙惟肖，给顾客以深刻印象，从而形成"货还未到，人已想要"。一经上市，便受到广大消费者青睐。1927 年四季美则在店内墙上贴画，别出心裁地告诉顾客怎样吃法，以新颖内容吸引消费者。

（十）有的利用户外物体进行广告

室外制作广告牌，包括路牌、交通工具、印刷张贴书写广告等。这种经精心选址的广告灵活，位置优越，易进入消费者视线，易引起注意且不受时间限制。它重复曝光，成本低。虽信息量少，但信息存时长，能反复记忆，适应展示形象。有的甚至还利用人力车夫号衣印商号或商品名称，如印"白敬宇眼药"字样，可以说到了"无孔不入"的地步。但固定不变，传播范围有限。在武汉太平洋牌子没有名气，销路不好。于是用铁皮做成立体标牌广告，印上漆红底白大字："请用太平洋肥皂"，装在市内各处电线杆上，风一吹既会转动，哗啦作响。后又用马口铁制成特大的"太平洋肥皂厂"大字安装在新建大烟囱上，在日光照耀下光闪夺目，几里外太平洋几个字都会进入人们的眼球。接着又在厂右建太平洋花园，把厂门口到宗关大堤的路修成可通车的大马路，取名为"太平洋路"，立上路牌。从此太平洋号知名度迅速提高，从而在社会上树立起"太平洋"的优质产品印

象。进入 20 年代以后，太平洋牌肥皂销量直线上升，从 1914 年 5000 箱上
升到 1925 年的 3 万箱，并快速在湖北各地、邻省地区遍设经销处，使太平
洋肥皂迅速销到了周边几省。

此外还有其他形式。一是邮递广告。民国时一些商家将产品经营的内
容、通讯录、电话号制成传单，通过邮局投送给消费者。它直接邮购，准
确性高，可控制保留，重复暴露，但成本高。在广州，唐拾义厂将唐拾义
疟疾丸药品广告印在信封上，随之不断传到了外地消费者手上。二是电影
广告。早在 1889 年爱迪生发明了世界上最早的电影放映机放映电影短片
后，电影在我国出现，先是外商利用电影进行广告。后华商也纷纷仿效，
利用这一形式传播，如四川治文号，广州皇上皇都利用电影进行过广告。
三是空中广告。在空中悬气球，在悬挂条幅上写标语、广告词。四是杂志
广告。这种媒体具有高信息，寿命长，有良好视觉效果的特点。但读者不
多，不灵活，采用的较少。五是口碑传播。它具有可信性、针对性、易提
高忠诚度、费用低，有亲和、感染力。一些专家权威、使用者的评价和良
好口碑，都对品牌传播有较大作用。

以上这种种形式，从不同的时间或空间，不同角度将商品及其识别要
素、品质等信息传播给消费者，所以有一些消费者总是会接收到这商品的
部分信息，并结晶成一定概念。

四、注意传播沟通策略提高广告效果

民国时期，不少商家进一步在强化宣传效果上下功夫。在传播沟通中，
接收信息的人往往会有不乐意的感觉，认为广告是王婆卖瓜，自卖自夸，
有逆反心理。对此不少经营者能注意传播沟通策略，提高广告艺术，达较
高的广告效果。

（一）努力给人真诚的感觉

在传播沟通中不少商家更注意消费者心理。一般消费者有商品实用、
品质可靠实惠的要求，认为是"真货"才值得购买。为此在经营中一般能

做到告知产品的卓越品质、处于的档次、具有的功效、功能优点、价格优势。在上海，三五牌挂钟使用了活摆装置，时针可以顺拨、倒拨，钟摆挂歪了也照走不停。经理李康年并将一只时钟拆去一块钟壳外板，歪斜悬挂，使观者清楚地看到钟砣有力地摆动。为了让消费者更好了解认识三五牌，又拟了活泼诙谐、生动幽默的广告用语，还编顺口溜："挂歪摆歪，虽歪不停；倒拨顺拨，一拨就准"，从而迅速地在消费者中形成了三五牌"走时长，不怕挂歪，倒拨"的印象，以此显示三五牌的独特优点，形象生动地道出三五牌挂钟的优良性能，诙谐流畅，朗朗上口，从而迅速在街头巷尾流传开来，消费者纷纷前来购买，有时还出现脱销的现象。南洋皂烛厂凤凰牌则推出广告语"盛暑不软光阴耐点"和上海伟大尺厂在产品上印"中华国货准确第一"，则以朴实语言让人可信。此外，李康年在拟定钟牌毛巾广告用语时，用了"柔软耐用、拔萃超众"句，前说明毛巾的质量特点，后是双关语，既点出厂名，又说明毛巾是出类拔萃的。由于钟牌毛巾货号是414，人们以为是叫大家"试一试"。李康年顺水推舟，将毛巾定名为"钟牌414毛巾"，叫起来就特别响亮了。"试一试"则以欢快语言吸引了顾客，又为钟牌414毛巾构思了一幅色彩鲜艳、立体感强的毛巾图案，画面上的毛巾一角微微卷起，给人以柔软的感觉。图案简洁朴素，使消费者一目了然、印象深刻。上海志成电机针织厂勤俭牌在产品袜子上附"世道艰难莫如金钱。人欲保留金钱免受经济上之困难者，厥惟克勤克俭，节省金钱以自固。此袜因以勤俭二字为商标，愿国人有以悟之。"这教诲和鼓励无疑也较易吸引消费者。在重庆，桐君阁药店门面上悬挂珍禽异兽，昭示此店是药店，药品真材实料。店堂里还有一副满金抱柱的竖招，左为"修合虽无人见"，右为"诚心自有天知"，给人有实力、可信的感觉。

（二）做到言简意赅

在一般情况下消费者对广告会有抵触态度，因此更多商家在广告中努力做到语言精练，让消费者很短时间内接收到关键的信息。一是拟好用好宣传材料。1939年5月，做绸布生意的毛式唐出卖房产后，来到上海寻找经营项目，尤其想开发时钟产品。他有资金，但没有产品技术，也没有时钟经营经验。他经过多方联系，了解到原钟才记营造厂的钟才章，设计过八团座钟、挂钟的阮顺发也休闲在家。毛式唐找到他们谈起开发时钟时，一拍即合。于是分头进行筹备并很快产出产品，走时长且式样新颖。于是筹资建厂，购置机器设备，聘用技术工人，正式开工生产。阮顺发悉心研究创制我国第一台采用活摆结构、走时 15 天的台钟、挂钟，从而使国产时钟提高到一个崭新的水平。经商议决定采用 3 个 5 的三角形结构图作为商品名称和商标图样。二是有好的标题。精练的标题能直接体现产品广告主旨或间接宣传产品质量、性能特点、功能，有寓意和想象空间，能引人入胜，令人过目不忘。也可正副标题相互关联，共同表述主旨。从而浅显易懂，生动活泼，言简意深。不少商人为了强化广告效果，往往构思关联语、双关语、顺口溜等广告语以强化传播效果。三是正文内容完整，文笔生动。不少广告正文文字洒脱、情趣盎然、别开生面、扣人心弦而且科学、实在。其紧接标题，对其宣传的商品及提出的问题，简单说明，引出后文。中心段则以强有力证据说明商品优越性、特点、过人之处、证实前说，结尾则简短有力。有的敦促消费者及时购买，以事实说明品质、价格、属性，或绘声绘色描绘，或有根有据论证。有的直截了当似与人说话，让人感到亲切。四是用好广告语。这是较长时间反复使用的特定商业用语。它反复出现，反映经营特点，传达企业形象，加深印象，建立概念，指导选购。有的突出商品特点，如功能特点。如明星香水广告语："明星香水，香水明星"，以顺口溜形式悄然进入消费者脑海里。修辞上有的拆字组词，如同升和的"同心偕力功成和，升功冠戴财源多"。有的拆字为词首如全聚德的"全而无缺，聚而不散，仁德至上"。有的拆字为词尾如冠生园的"品争冠、业求生、人兴园"。有的借用名句，如又一村借"山重水复疑无路，柳暗花明又一村"中的词为名称。有的委婉会意，如 1931 年上海华成烟草公司美丽牌广告语"有美皆备、无丽不臻"，突出香烟品质美丽超群。金鼠牌香烟有"烟味好，价钱巧"广告语。三星烟草公司广告画面为一美女图，左上角用楷书写有"闲情兼默语，支颐坐围边，身影重叶外，香度落花前"，美人配佳句令人产生强烈购买欲望。上海伟大尺厂的牌上写"中华国货准确第一"。上海澄德五金厂嫦娥牌广告语为"嫦娥揿钮，永不生锈"，"嫦娥揿钮，品质高等"。哈尔滨同记号物美价廉品种多为广告语。先施的虎牌汽水广告语为先施最良国产汽水，远胜外洋制作精美，美味芳香生津止渴，如吸琼浆。夏日饮此，盍共提倡热心爱国，遐迩名扬。冠生园广告语为"科学炉焙，人人欢迎"。白金龙则以"美人可爱香烟亦可贵，香烟而为国货则尤可贵"为广告语。明星牌广告语为："明星香水，香水明星。"恒义兴袜广告为："下官偶从腿前过，太太袜子真不错，衫袜最好恒义兴，品质高强不易破。"在宁波，寿全斋药店买卖一直兴隆。可是到了 30 年代，生意开始不景气。于是到寺院庙堂人多的地方，拿些应时小药，广泛宣传，如往鹅毛管里放眼药水去试销。在小灵峰庙会时，有人出售关牒。这是一种封建迷信品，传说人死之后只要拿上关牒就可以在阴曹地府无阻通行。寿全斋于是就编了一句广告词："灵峰的关牒，寿全斋眼药。"朗朗上口的广告语很快让上百支眼药销售一空。在这里寿全斋正是利用了消费者的迷信心理，把关牒与眼药联系起来，使人们产生一种想法：拿了关牒就可在阴间畅行无阻，用了寿全斋眼药，眼睛越显亮堂。把二者关联起来，满足顾客心理。因此买关牒就得买寿全斋眼药，似乎是自然而然的事。寿全斋因此又兴旺起来。

（三）采用一定技巧

在传播沟通中，为让消费者愉快而悄无声息地接受，不少商家很注意广告技巧，以提高传播水平。

第一，有奇的特性。在广告中能别出心裁，以吸引消费者。有的鲜明突出，以奇制胜。在上海，三星牌精心设计了一则广告："玻璃管里的秘密。"在牙膏内置小玻璃管，管内有彩券，分一、五、十元；另有"福、禄、寿"三星奖。在玻璃管内分别有福、禄、寿三字，将此三字凑齐者，可得头奖住房一所，以此吸引消费者购买，从而使广大参与者较深刻地认识了三星牌。1921 年，在长沙华丰绸布庄在临街橱窗内别出心裁地装饰一个鬼字，声称谁能猜中这个字谜，橱内商品就送给谁。这引来众多围观者跃跃欲试，但都无从下手。某日一大汉猛击一拳，砸破玻璃取出陈列商品。老板见状连声称赞，并设宴款待这汉子。众人问其意，老板解释说，字谜猜中了，他就是我要找的冒失鬼。这事奇特，四处传扬，之后华丰绸庄名声大振，营业日盛。上海祥生出租车公司为了消费者形成良好印象，出其不意实施了一系列的品牌形象工程。一是将电话号码——40000与当时中国4亿人口关联，独具匠心地提出口号："四万万同胞请打40000号电话""中国人坐中国车"。二是把服务工具——出租车一律喷漆为墨绿色，即企业标志色；在车头上钉装白底蓝圈的标志铜牌；车的尾部、司机号衣、制帽装贴号码40000和公司标志。三是在外滩沿线高楼巨厦上的显要位置，装设含有40000号码的巨大霓虹灯。四是订购大批饭碗，采用祥生标准色——墨绿色印上汽车图形及40000号码，礼赠常年顾客。这些信息无疑会不断进入人们的眼球，形成清晰而深刻的印象。

第二，有巧的手法。有不少商家在修辞手法上巧妙构思。在广告构思中有的分字组词，如同升和、全聚德、冠生园。有的借用名句，如又一村。有的委婉会意，在构思中做到通俗，言"己之长"，不虚无，不抽象，不夸张，据实说明。说出证据，以诚说服，言之有物实在。注重文字考究、加书写通俗的旁白、对白、独白补充。有的附上形象物照片、影片、插图、布景、实物奖状等，增加了不少可信度。有的利用事件，如大城烟草公司以八百壮士抗战素材作广告，"大风起兮旗飞扬，誉满山城兮永留芳"，给人以深刻印象。有的追求巧妙地提高广告趣味性。这时期市场上出现了不少有趣的广告，也很吸引消费者的眼球或耳膜。在广东，1920年佛山人梁日新生产了牙刷后开了一间店铺，取名梁新记牙刷厂。牙刷刷毛排列像十字又正值双十节，于是取名双十牌牙刷。梁新记根据牛骨的形状不同，做出了几十种款式的牙刷。为了优质还专门购买四川、湖南等地的猪鬃。牙刷制作时，用双氧水漂白刷毛和骨柄，使其洁白，然后排列整齐。为了保证牙刷质量，梁新记对制刷工人要求很严，加工质量好才能上岗。之后梁日新从《孟子》中"拔一毛而利天下，不为也"句中的"一毛不拔"成语，巧用作牙刷的广告词。这话本来是带有贬义的，但当时一般牙刷容易脱毛，梁新记用这句幽默歇后语制成广告牌，以说明产品耐用。见下图。牌上广告画为：一位银须飘拂神采奕奕的老人，脚踩牙刷柄，手拿一把钢丝钳，用尽九牛二虎之力拔牙刷的毛。老人头上大汗淋漓，甚至牙刷柄都被他拉弯了，可是牙刷上的毛仍纹丝不动，怎么也拔不出来。广告上方赫然写着醒目的大字"梁新记牙刷，一毛不拔"。后又在1921年12月22日上海《民国日报》上刊登这广告。在这里，梁新记把形容人自私吝啬的贬义词——一毛不拔，巧用反贬为褒，凸现双十牌不易掉毛、经久耐用的特点，画面生动有趣，使"不易掉毛"品质给人留下了深刻的印象，巧用悬念步步引向深入提高吸引力。这时不少商家为吸引消费者设法制造悬念，让消费者关心、体念事件的发展，不知不觉中吸收有关品牌的营养。1918年，黄楚九创办的福昌烟公司推出小囡牌香烟的第一天，在上海《新闻报》等主要媒体同时登了一个红色的大鸡蛋。第二天又刊出小囡牌出生请大家吃红鸡蛋。这一创意利用了悬念与民俗关联，深入人心，使小囡牌香烟一下子家喻户晓，取得很好的广告效应。1925年1月4日至6日南洋兄弟烟草公司在《申报》上，连续三天刊登白金龙牌香烟广告，第一天写"破迷信"，第二天写"破除舶来品迷信"，在勾起人们的胃口中使人产生悬念。而在第三天突然打出"白金龙牌香烟横空出世"的广告，给人以强烈的心理冲击。在重庆，莎乐美也构思了一悬念广告。《陪都晚报》1947年9月1日，在广告栏出现了"莎乐美卷土重来，请密切注意"的文字，其他什么都没有。以后第二、三、四号都如此，直到第五日广告栏才出现文字："莎乐美，不日与各界见面，请大家密切注意。"到9月18日在广告栏出现："请吸卷土重来之莎乐美香烟，隆重应市，沁香馥郁，风格别具，各大烟厂均有经售，百合卷烟厂荣誉出品"。终于露出真面目，即一个洋名字的香烟，多日的悬念终于暴露在光天化日之下。也是在重庆，有一天在报纸广告栏登一个"野玫瑰"，第二天，才出现"野玫瑰"牌香烟的广告。因为当时重庆上演了一部话剧《野玫瑰》，在各界引起很大争议，该广告利用人们的热点来做广告。这公司移花接木，利用舆论的余波宣传了野玫瑰香烟。在上海，华成烟草公司金箭牌香烟的广告画是一架收音机，许诺集齐《孔子与七十二门生》73张香烟牌子可换6灯收音机一架。以珍贵产品让消费者在收集中不断加深对金箭牌的印象。30年代中，双钱牌推出了广告图上观众视线正好落在画面正中小男孩所穿鞋之上，而小男孩单脚抬起，鞋底露出该厂双钱牌商标，巧妙地击中人的视线。

第三，努力做到具有美的魅力。有美的感受是人类的永远追求。在市场上不少商家为满足人的要求，努力在广告上做到具有漂亮、顺口、欢快特点，给人优美的感受，也表示亲切情感。这往往又需一定艺术，如诗歌、绘画、雕刻、音乐、戏剧、特色建筑，秀美的文字、画面、语言、布景等新颖形式吸引人，并努力做到不呆板又生动。有以口语化、方言显得生动亲切。有的介绍产品特色，文字优美，颇吸引人。1938 年 10 月 10 日上海中国福新烟公司在《文汇报》上登广告，"外货侵凌，有类洪水，挽回利权，墙赖同心；当前急务，甚于抢堤；四大名烟，中流砥柱；年塞漏卮，何止万千，国货之光，派克牌香烟，富丽堂皇、精美绝伦；金字塔香烟，烟中铁军，肖香隽永；嘉宝牌香烟，科学监制，香味和润；旗舰牌香烟，烟支粗大，经久耐吸"，从而在介绍各品牌烟品特点时做到了文字优美，朗朗上口，颇吸引人。有的带方言也显得优美亲切。在广州，皇上皇附近的海珠大戏院是达官贵人常出入的场所，谢昌为此重金捐赠一幅前幕给戏院，并绣上皇上皇腊味店字样。同时在电台、报纸上宣传腊肠告白："想想想，皇上皇风肠一年一仗，任君选尝"，肥皂告白："阿伯阿伯乜（为什么）你件衫赣邋遢（这么脏）？买块皇上皇肥皂擦几擦，包你雪赣白"。亲切的方言在大街小巷被男女老少广为传唱，很快市民即认知了皇上皇。也是在广州，1936 年何福庆研制生产的退热散、惊风散、疳积散取名灭痛星。两年后他在鹤州开设药行取名何济公。开张后何福庆大做墙壁广告。他反复斟酌甚至考虑选择圩镇正对厕所视窗，使如厕者一抬头就能看到，且停留不少时间。在茶亭墙壁上刷商品广告而且多简洁，只写出商品名称、功用等，诸如"何济公退热散""何济公小儿惊风散""何济公小儿疳积散"之类，它无哗众取宠之嫌，只有亲近可信之意。虽然是外来的，但销得久了，就被当成自产药，后来在民间流传"何济公，何济公，止痛唔（不）使五分钟""发烧发热唔使怕，何济公止痛散顶呱呱"的美誉后，畅销全国和东南亚等地，产销量居全国散剂药之首。有的以对比显优突出自己优秀。如有的强调自己是行业或地方、中华第一。

1926 年，上海同车行在报刊上做广告，采用将行进的自行车分别与人的步行及飞驰的火车进行对比，阐述自行车比人力步行速度快而比火车慢但灵活的优势。1937 年，面丽、面友化妆品在广告中将美女使用化妆品前、后的效果做对比，突出了该化妆品的美容效果，无须说明自然让人可信。

第四，综合运用多种传播形式。民国时期，为取得消费者的认知，不少商家综合运用传播沟通形式。注意做到多面、长期、一贯、多次或不间断地进行广告，这种现象在全国各地都有出现。

在上海，1912年方液仙创办中国化学工业社，推出了三星牌之后不断进行多形式广告。在报刊上、广播里、幻灯、霓虹灯、铁路沿线立路牌作广告。后又推出奖券上广告，从而使三星牌广为流传，家喻户晓。之后组织国货广告旅行团，由上海到西安、四川、云南等地进行传播。进入30年代后，三星牌仍不放松施行广告树形象。公司拿出营业额的3‰做广告费，成立广告科，请漫画家张乐平专门制作广告。1937年，投资上海艺华影业公司拍摄歌舞片《三星伴月》，并冠名三星牌字。片中由当时上海滩最耀眼的明星金嗓子周璇主演，并演唱了主题歌《何日君再来》。随着影片的放映及唱片的播放及《何日君再来》不断流行，片中三星牌字也随之广泛流传。1938年，香港大地影片公司拍摄抗日影片《孤岛天堂》片中引用这首歌，一发不可收拾，各歌舞团竞相引用。随着影片的走红，三星牌名称不间断地进入消费者心坎。

也是在上海，在香烟市场上，20世纪初国内始产香烟，先后有龙球牌、米许林牌、利华牌，合众烟草公司的三钱牌，道南烟草公司的国色牌、金字塔牌，但都少有名气。到了1923年秋上海华成公司初期经验不足，凭着一股热情，迅速推出旗童牌、月宫牌、三旗牌等多个牌子。图以数量取胜，结果由于没有质量的支持和少有识别要素的宣传，这些牌子很快悄无声息。之后华成在提升了香烟品质后在扩大金鼠牌影响上下功夫，又在《上海日报》刊登大幅广告，并在汉口、杭州等市或重要乡镇租用住户热闹触目的墙壁油漆绘画广告；在沪宁、沪杭铁路线设铅皮广告牌；在电影放映前放幻灯广告；在烟纸店门口写油漆广告；在电车、公共汽车上写广告；在南京路日升楼和总厂屋顶安装霓虹灯广告。还利用电台、游艺场所做广告。此外华成公司还利用慈善团体的募捐和对销售地区发生灾荒时进行救济活动，扩大金鼠牌的影响。一时之间在上海及周边地区华成闪烁，金鼠跳跃，金鼠牌形象无处不在地迅速进入人们的眼球和脑海中，形成了深刻印象。同时在金鼠牌销售管道上采取了灵活策略，从而使金鼠牌家喻户晓，人见人爱，销量也不断上升。

在宁波，奉化人孙义瑞于1923年开张四明药局经营西药。范文蔚接办后改为大药房并取狮鸣（四明）以提高吸引力。同时每逢疫苗、新药、

自制秘方产品推出后不停地在报刊上做广告。其敌敌畏药从 1947 年 7 月
11 日至 1948 年 8 月 12 日，每隔数日在《宁波日报》上密集刊登广告以
产生轰动效应。四明头痛粉 1937 年 7 月 3 日在《时事公报》刊登后转《宁
波日报》续登。有的药在年前还赠日历，广告配有图片以加深印象。之后
又编写《四明良药集》小册子赠送给医院、诊所、机关、学校介绍用药知
识和药品，从而极大地提高了广告效果。在东北哈尔滨同记号在广告上舍
得花钱利用报纸宣传，甚至送到郊区、铁路沿线张贴，告之"到了哈尔
滨，必须逛同记、大罗新"，这里"物美价廉品种多，不买东西随便看"。
同时又印年画月份牌传播，还结交文人名士宣传；举办购货抓彩活动促
进，产生了很好的印象和信誉。在上海虎牌从报纸、美女图、标记动物到
结合形势和公益事业进行广告迅速成名。鹅牌通过景观、条幅、游艇、报
刊、征文，开展广告传播也很快成名。这些形式之外还有不少其他形式。
如双猫牌、小囡牌举办编织法培训消费者；永安百货自办杂志宣传；张同
泰、老九芝堂编印药书传名。1934 年曹良华到宁波在灵桥门附近开张宝
华绸布店，同时在报纸、电台上做广告，在城乡张贴广告。在铺面上布置
牛郎织女、白蛇传的戏剧广告。他还破天荒地雇用女营业员，安排迎客
员，笑容可掬迎送顾客，给人以亮丽和蔼形象，后发展成为宁波绸布业首
位商号。

五、出现广告管理提高传播效果

在进行广告传播中，一些企业不仅仅是利用媒体，而且进行计划选
择、设部门专项管理、不断创新等活动，以提升广告效果。一是精心选择
媒体和广告形式。这时期适应市场需要，社会上开始出现广告企业，尤其
在上海有专业广告公司。1909 年吴兴人王梓濂在上海三马路设立华人最
早开的维罗广告社。进入民国之后这种企业则蓬勃出现在市场上，先后
有生生美术和大东、华商、联合等公司，有国际和新新广告社陆续开张。
据《上海工商业汇编》统计，到 1928 年上海专门从事广告业务的企业有
20 家，1935 年则达到 100 多家。还有周林合等 4 人组建的乌金广告公司，
后又有飞马美术社、纵横广告行，西风、长城广告社。后在其他城市也有

出现，在北京有杨永贤广告社，天津大陆广告社、新中国广告社，武汉有兄弟广告公司。这时媒体形式有报纸、户外、霓虹灯、音响广告外还有游行队伍、交通广告、户外广告。这些广告公司和媒体的诞生为商品商号创品牌提供了优越的条件，也为商人提供了选择的机会。二是设广告管理部门。上海一些经营企业也开始建立广告管理部门，管理广告活动。这方面在上海也处于领先地位。华成公司在厂内设广告科，指定专人对广告进行策划实施，进行信息收集，整理分析，商定对策，不断改进，使金鼠和美女牌的形象不断渗透到消费者心目中。上海三友实业社创建三角牌后又设立广告部，负责对牌子、产品形象的传播活动。中西药房设推广部，下分报纸、橱窗、电台三小组开展广告活动。五洲药房也设广告部，下设美术、文书、印刷、陈设四个管理部门。中法药房设广告科专门负责广告、电台事务管理。信谊药厂、新来药厂都设有广告部门。中国化学工业社广告部主任李永森亲自创作三星蚊香、三星花露水广告深受好评。南洋兄弟烟草公司广告实力强，还建有印刷厂，直接印刷了大量广告宣传品。上海三友实业社还设法聘请画家专门进行广告图画设计，树大幅户外广告牌，在南京路门市部设商品陈列样橱，布置产品样子间，模特惟妙惟肖，引人入胜。三是不断改进提高宣传水平。进入三四十年代，在市场上由于竞争激烈，媒体多，为了争取消费者的青睐，在广告沟通中不断创新。上海冠生园为了消费者认知这个牌子，探讨出进行综合、长期、一贯的广告宣传，采用了"广、大、小、活"策略。首先是广泛，通过报刊、电影、电台广播及路牌、车辆招贴多种形式进行宣传无孔不入。其次是在特定场合做大型广告。在上海吴淞口航道出入处树立三层楼高的大铁架，上书"冠生园陈皮梅"六个红色大字，以告示来往的远地客商。后又在沿长江两岸的主要港口、码头和沿铁路的大车站矗立大广告牌。还常在报纸上登整版广告，在电台办特殊专场，不断扩大冠生园的声誉显示冠生园气魄。再次间断地在报刊、广播中做小型广告，如老朋友天天见面。在节日或有新品出现时就用引人注目的大版广告。1947年中秋节，冠生园利用各大报纸大事宣传其新产品银河映月（蛋黄月饼）的特色，既节约费用又不断档，以引起消费者持续的印象和不断的记忆。同时请了电影明星胡蝶做股东，请她坐在红毯上，一手搭一个大月饼拍成照片，题写"惟中国有此明星，惟冠生园有此月饼"，印成宣传画四处张贴，在大世界游乐场举办盛大月饼展销会，举办中秋节水上、路边赏月活动，掀起轰动效应，使冠生园深入人心。食品点心行业往往利用节日作为赚钱的好机会，尤其是中秋节。既提前准备又不忘做广告。由于是传统行业，厂家按照老式方法烘烤，月饼总是偏嫩焦黄，冠生园琢磨出新方法烘烤避免了这个缺点，在报纸上刊登广告特别强调科学烘焙。最后是灵活性。有时创新采取"买一送一"手段，即买一盒月饼赠送一张"赏月游览券"。在中秋夜，凭券可免费搭乘冠生园租用的几艘轮渡去吴淞口赏月。经此宣传售出的月饼达10万多盒。1949年中秋节商家们想抓住佳节做生意，并想好好赚一笔，糖果店中摆满了各种牌子的月饼和粽子，可购者寥寥，而冠生园却鹤立鸡群，销售的广式粽子经常脱销。在西南重庆的香烟业也与其他行业一样格外萧条，烟厂由160多家锐减到40余家。国产烟销路一落千丈，一些人绞尽脑汁采取花样奖励招揽，什么"爱国请用国货"，可买了半年也难得奖一次。为了提升顾客兴趣，"海鹰"则创新广告方式，常在报上发表启示。如1947年11月13日在《陪都晚报》启事："海鹰牌进行香烟改良——本厂——所产海鹰牌香烟行销以来，风行遐迩，深得各界一致好评，乃有不肖之徒唯利是图，伪制滥造蒙混销售，致爱吸本牌香烟诸君深受其害，至此歉疚。兹为杜绝假冒起见特作紧急改良：一、烟枝吸头改用上海电刻钢印海鹰羽毛海鹰牌香烟；烟头精美细致并改用茶红色以资识别。二、锡纸钢印花纹商标即以废除，以免减少锡纸保持效力。三、拣选纯上等烟叶并重金聘任优秀化验药师及卷烟技师，藉谋精益求精的以护爱吸本牌香烟诸君之雅意"。由于另辟广告路径，吸引了不少顾客。

六、知名典型品牌不断形成

民国时期，出现了不少在优良品质支持下进行了传播沟通，在一定地区形成了一定名气，在消费者中形成了良好印象。下面介绍几家典型有名品牌。

龙虎牌以情境诙谐手法进行广告成名。在上海，1911年宁波商人黄楚九根据古方诸葛行军散，自拟了处方进行了适当调整，创制了以"呕吐、下泻、中寒和中暑"等为主治对象的新药。产品出来后黄楚九根据"龙是吉祥物""虎是兽中王"取名龙虎牌人丹，以龙虎图案为商标。同时在报纸杂志、橱窗、路牌、霓虹灯上做情境广告。在1915年5月《申报》上称："乾坤清气康宁，仁丹之灵效乎。"而印刷小传单采用图配文手法，用写实情景式图画说明其药品功效。图中一人在海浪颠簸中呕吐不止，旁边配文："搭乘轮船火车轿舆或喝酒吸烟之前后服用仁丹五六粒绝无眩晕、呕恶，兼除酒害烟毒。"又在老者气喘不停的图画旁配文："文武官员绅士淑女学生等人及无论男女老幼，每日服用仁丹十粒，大补气血，转弱为强，增旺精神，益寿延年。"还有其他图画配文的说明。之后龙虎牌又在《申报》等报纸上刊登大幅广告："唯一无二之活宝，旅行不可不备，居家不可不备，急救之大王，济世之宝物……龙虎牌人丹"。由于市民对龙虎牌人丹不甚了解，加之当时日本仁丹已在上海市场上有很高的认知，因而刚开始龙虎牌人丹的销售并不理想。面对这状况黄楚九不顾亏本，不惜将其他产品的销售盈利用来补偿龙虎牌人丹的亏损，以争夺市场。同时实行放账、赊销、延长结账期和降低售价，扩大批发与零售价格的差距等多种措施，最终使龙虎牌人丹在市场上站稳脚跟。有了立足之地后，黄楚九创制龙虎牌仍丹后，在重庆商业场西开张一生元药行，在经销龙虎牌仍丹中制了仿单，绘制了一个腋下挟着仍丹字样的圆盘、吹着唢呐、敲着鼓的老人，大篇的文字以押韵诙谐、歌谣式的倡议书形式的广告。内容为："敲敲鼓，吹吹叫，众同胞，请听到，慢慢谭（谈），好好好。这仍丹防身宝，遇险症，救急妙，如常服，病稀少，瘟疫症，断绝了，消食毒，精神保，兢商战，实业造，抵外货，利国宝，大众热心，爱国才好，外国仁丹价一角，我国仍丹只卖□了，两相比譬，价钱对照，便宜一半，药力更妙。提倡国货，开包零耀，□买三颗，□买一包，真心利本，希图推销，挽回利权，漏卮塞倒，惊劝诸公，试买趁早。"由于广告文字诙谐、优美、顺口，介绍功能清楚，深受人们喜欢，龙虎牌很快成了国产小药品的典型品牌。

鹅牌多式宣传成名。1924年在上海，宁波人任士刚从洋行辞职，联合友人创建针织厂，开始创国货品牌。由于企业是五人合作，希望和气生财，团结致富，于是称企业为五和针织厂。在宁波方言中鹅和读音相谐，并把产品称为鹅牌。产品产出后一方面销售，另一方面送青岛、南京、镇江以及东南亚的新加坡、泰国等地展览，并多次荣获西湖博览会等全国性展览、博览会的优等奖。这时鹅牌汗衫已完全盖过日货并超过法国产的高档汗衫。1928年五和针织厂为求得法律保护分别注册了一只鹅、两只鹅、五只鹅及金鹅、银鹅、天鹅、蓝鹅、白鹅等系列商标。进入30年代，为了进一步让人了解鹅牌在南京路用水泥浇筑了5只白鹅，宣传产品，成为当时南京路上一大景观。之后又在绍兴名胜兰亭，借用王羲之书写的鹅池、墨华亭等著名古迹，悬挂"兰亭鹅池为东南第一胜景，鹅牌汗衫为东南第一佳品"的大型条幅，宣传鹅牌产品。之后五和厂还订制了形态各异的鹅形游艇，置于杭州西湖进行流动广告。五和厂进行广告宣传外还运用猜谜、抽奖等活动提高鹅牌的认知度。为扩大影响又在报刊上登出各种鹅牌图画的征答广告，吸引社会各界人士参加。如以五只鹅嬉戏于五株荷花的池塘，要求读者根据图意作短文或诗歌。通知年后上千人应征，并评选出30名入围中奖。之后又在1937年的《机联会刊》第44期中介绍一消费者撰写的五言诗："白鹅映碧荷，妙埋谐音罗；韵事追千古，商标说五和；品高差比拟，色洁胜如何？料想风行日，口碑载道多。"高度赞扬了鹅牌，从而也使鹅牌进一步深入人心。

鹤鸣牌行奇招提高吸引力。在上海，1936年秋杨光明创办了一家作坊，以《诗经》"鹤鸣九皋，声闻于天"句中的一词取名鹤鸣鞋店，定位中档产品。这些产品虽价廉物美，但由于广大消费者对鹤鸣牌不了解，一段时间鞋店冷冷清清。杨氏在儿子从国外学习回来后便把店务交与他。杨接手后认为要产生良好印象就要做广告。于是请人设计并拟定广告词："有的货好不廉，有的货廉不好，而鹤鸣廉又好。材料一样的皮鞋，鹤鸣的做工最好。做工一样的皮鞋，鹤鸣的最好。别家买不到的鹤鸣一定有，别家买得到的鹤鸣特别多，选择余地大。"后又在多家报纸进行刊登。之后他又推出了诙谐楹联广告，在《新闻报》上刊登画面为一只皮鞋的左右配有一副对联为"皮张之厚无以复加""利润之薄无以复减"，横批"天下第一厚皮"。厚皮虽是贬义词，但用在这里则凸显了鹤鸣牌皮鞋的优点。反向思维，构思巧妙，风趣幽默，起到了一般广告所不具有的效果。不久杨抚生又在电台上不断地介绍鹤鸣牌皮鞋。每年春秋两季，鹤鸣店还组织工作勤恳且业绩突出的职员赴苏、锡、杭、嘉等地免费旅游，并在每人的西式制服口袋上绣鹤鸣两字，在领队手执旗上绣"鹤鸣旅行团"字样。这支队伍行走在路上格外引人注目，时不时有围观、询问、品评、赞叹，一路行程留下了一路的鹤鸣名。1947年底，杨抚生突出奇招推出了一次全国性商业征文活动。在上海《申报》《新闻报》《大公报》《中央日报》《东南日报》及香港《大公报》刊登出征文，题目是"薄利而后繁荣乎？繁荣而后薄利乎？——论薄利与繁荣之关系"，告之经评选出前三名都给以奖励。短短两周之内共收到来自各地寄来的应征文章3367篇。接着又评出一二三名，后又增加甲乙丙三等奖多名。江苏镇江郑佑光的《薄利生繁荣》被评为第一名。后又把得奖文章在多家报刊上刊登，再次轰动了上海，从而极大地带动了鹤鸣牌成名。

综上所述，民国商人在大量采用传播沟通的多种新形式中，不断创新、提高技艺，致使不少消费者在感知了与该产品商号相关的大量刺激物，归纳或演绎推理，由此及彼，在头脑中形成了有关产品或商号的良好联想或知觉。从而在大脑中集成，形成印象、感觉及概念，从而走向认可购买的阶段。

以相关因素生次级联想

品牌是在一定的社会环境下创造的，从而也与社会的相关事物关联，不可避免会受一些相关因素影响。民国时期，不少的因素从不同角度向社会传递有关品牌的一定信息，让人产生联想，从而丰富了品牌的成分。

一、良好条件支持

企业经营条件优越给人以有实力的联想。一些企业由于本身的条件优越也会在消费者中产生实力强，环境优，气派，新颖，可信用的感觉。在北京的大华，沈阳的同记，上海的亨得利、先施、永安，广州的陶陶居都以豪华、气派显示实力，支持商号品牌的形成。在长沙，湖南陈德隆提督三子陈萼泉回长沙经商开张了介福昌店经营绸布。为使商号给人新颖高档联想，在商号门前竖起"时钟楼"，指针到点当当作响，行人争相仰头静听观赏，无疑让人想起介福昌名。陈萼泉按新式商场进行布置，顶端装饰风景画，堂中设玻璃窗橱陈列高档商品，给顾客琳琅满目之感。店员着长衫、戴瓜皮帽，具别开生面的装束，内设专供接待大户的客厅，壁挂名人字画，还有湖南都督谭组庵的贺联"通功易事无余布，纬地经天具大材"。这些都吸引了不少顾客，让人留下介福昌的深刻印象和联想。也是在长沙，吴大茂号也是装饰气派。文夕大火时吴大茂号的门面被烧光。大火后重建，格外气派：十几米宽的临街一进门面，三十多米长的进深，后进为生意洽谈处、仓库、祖宗牌位。铺面上虽以针、线、扣、夹为主，但其他小商品也增加了不少，可说是琳琅满目，给人以大火后这小商品商号仍有实力的感觉，致使不少人仍然信用这牌子，甚至舍得跑上好远的路到吴大茂去购买。在北方天津，老美华装饰也是不甘落后，很气派。店外装修直至三层楼，中间有一座宝塔，塔上挂有八个铜铃，铜铃四周有灯光照射使宝塔更为壮观。店铺迎面挂有一幅仙鹤寿星图，画的两侧是掌柜庞鹤年题诗："三层塔松拉铜铃，一对仙鹤伴寿星，时有微风吹铃动，百里遍传迎客情。"远看高楼细听悠扬风铃响，有意无意让人产生老美华气派有实力的联想。在济南，1932年历城人张鸿文在经二纬四路开张了皇宫照相馆。这是二层楼房门面装修别具特色，有圆浮雕龙柱，门两侧大龙柱上雕有"皇宫照相馆"几个大字，字旁安有小彩灯。同时又从北京聘来两名高级摄影师。开业后生意很好，还吸引了不少社会团体、一些军政要员前来皇宫照相。这都给人增添了皇宫照相馆实力不小的吸引力的感觉。

有名商号条件好、标准优、有名气、有信誉。能进有名商号的商品摆在一起亮相，应该也是条件好的牌子产品。在上海，金星牌金笔在有了优良品质后，在经营策略上设法攻占上海市场。在这里有不少外国金笔品牌，尤其到了30年代，上海四大公司和各大书店都有外国牌子金笔出售。因此国产金笔品牌要想打开销路非常困难。周子柏在金星牌产品有了高品质后，先后在书刊、电台、戏院、路口、铁路沿线亮出广告。上海《新闻报》第一次彩色套印时，金星不惜重金，登了个全封面彩色广告。在进入了各大公司、书店以后，唯独永安这一高档商号进不去。永安标榜经营"环球百货"，居四大百货公司之首，国货商品都以进入永安百货为荣。1933年，他精心策划了一条"三管齐下"之计，集中火力向永安发起攻坚战。首先托朋友介绍和永安文具部负责人相识。后又常到永安同部长和营业员交谈。相熟后提出货款按七折计算再打一个九折作为优待，另以两个5%作为部长和柜台营业员的佣金，要求在商品架上摆出金星牌试销。金星牌样笔进入永安后，他又自掏腰包劳驾亲友到永安把样笔陆续买回，以畅销假象引起永安注意。之后也陆续增加了不少其他购买者，永安文具部这才乐于进货，营业员乐于经销，终于把永安这个市场攻了下来。金星牌在永安公司柜台上大张旗鼓摆出来，顿时声名鹊起，同时也给人以中国高档金笔的联想。

具先进技艺也给人可信的联想。一般来说，技术是产品优质的保证。如果产品是在先进技术条件下生产，无疑能给人以更高的可信度。在上海，亚牌灯泡、华生电器、精益眼镜、中西药房补血汁、三星牌、佛手味精、烟台永字钟、张裕葡萄酒、天津永明油漆都由于有较高的技术含量，给人以技术新品质优而可信。三星牌的方氏本人是化学技术专家，但他仍重视技术和管理人才。1930年他聘请美国麻省理工学院毕业的李祖范为经理，每年吸收大学生培养，早期的技术人员已培养成总化学师、副厂长、技术主任。也常派人到美日考察，引进现代技术设备，建实验室，订阅国际上有关科技资料，推动不断开发新产品。这技术雄厚的企业产出的产品无疑给人可信用的感觉。

二、名人的影响支持产生良好联想

在市场上，一些商号或产品得到有名人物或得到有好品德、受人喜爱尊重的人或这方面的专家的影响、支持、使用也会产生好的联想。

首先有名人支持。也有一些商号得到社会名流、文人墨客甚至洋人的大量购买消费，也会产生良好联想。由于名人本身一般都有一定的价值，内含一定的信息，如地位、专业、权威、信用。在市场上一些名人进入一商号品尝或购买题写对联、诗词、文字、送匾、参观，无疑会提高商品商号的身价。这现象在多地都有出现。在北方天津，正兴德为让消费者认知，请来广告商设计广告公示，有时在报纸上连续刊发，使之在消费者大脑中的印象不断加深。为表示信用，正兴德设法找机会求吴佩孚、徐世昌、叶楚伧、华世奎、孟广慧、王凤琦等名人题写匾额。请来前清内阁大学士、书法家翁方纲撰写了对联："客来翠竹茶烟外，人在幽兰雪意间。"这行为无疑支持了绿竹牌形成良好形象。往南在山东，烟台张裕公司产品推出后，设法与各种名人及上流社会人员进行联系，欢迎他们来公司指导。1912年听说康有为从日本回国，在青岛上岸，于是请来公司。康有为品尝了张裕葡萄酒后，诗兴大发，便挥毫题写："浅饮张裕葡萄酒，移植丰台芍药花。更复华法写新句，欣于所遇即为家。"康有为走后不久，孙中山也来到烟台，参观了张裕公司品尝了葡萄酒后，孙中山应邀挥毫题了"品重醴泉"四字，既盛赞美酒佳酿又衷心感谢张弼士对民主革命的赞助和为祖国效力的高尚情操。随着这些名人品尝张裕葡萄酒、题写诗词及事情报道，也就肯定了张裕这一牌子的品质信誉。在上海精益眼镜店成名后，1916年在广州、北京各开了一家分店。广州分店开张后，由于已有名、信誉度高，广东护法军政府的外交部部长伍廷芳、财政部部长唐绍仪，先后到店验光配镜。1917 年 10 月 10 日，身着中山装、头戴铜盆帽、手握文明棍的护法军政府大元帅孙中山先生也来店配镜，并题"精益求精"鼓励。题词通俗易懂，含义深刻，也与店名吻合。这事报道出来后，迅速传遍了广州城。精益眼镜店于是把题词制成匾挂在店内。正是名人题名句，名店获盛名。1924 年冬，孙中山离粤北上途经上海时，又来到精益眼镜总店验配眼镜。后退位皇帝也来精益店配镜。这些名人配镜也是对精益店的支持和肯定。这事不断报道出来，无形中强化了人们对精益店的认可度。在苏州，1919 年社会名流于右任先生游太湖时来到木渎镇的叙顺楼，吃了这里的巴肺汤后赞不绝口。于是提笔赋诗："老桂花开天下香，看花走遍太湖旁。归舟木渎犹堪记，多谢石家巴肺汤。"两年后隐居姑苏的名流李根源先生，喝了此汤后连声称赞，看了于老诗，叹服于老知味，于是挥毫写了"巴肺汤馆"四字。于、李先后唱题雅事不胫而走，传遍吴地，叙顺楼三字也声名鹊起。1929 年李根源将店更名为石家饭店并题写短挂店招、匾额。1934 年于右任先生再次来到这家饭店，挥毫写下"名满江南"四个古朴遒劲大字。这时期来石家饭店的社会名流还有李宗仁、李济深、沈钧儒、张治中、邵力子、叶楚伧、沙千里、史良。有名人李宗仁题"平等博爱，与民同乐"。还有表演艺术家、画家等也来店消费体验。这众多名人题字、消费，无疑让石家饭店给人很有品位的联想。也是在苏州，常熟王万兴酒店有《续孽海花》作者张鸿成了常客，每逢春秋佳日，常带亲友来此饮酒，亲友带亲友成了回头客。他还帮助酒店改进特色菜肴。1920 年店主王祖康去世，其子王渭璋接手。1926 年张鸿为纪念酒店创始人，提名改店名为王四酒家，王祖康排行第四及杜甫诗句"黄四娘家花满溪"的谐音，得赞同并改名。清末翰林黄谦斋当场吟题"花溪帘影"匾额。王四酒家题匾则由书法家顾昂云书写。张鸿则赋唱酬诗"白玉笋边翡翠豆，银丝萝卜象牙姜"。到了 1933 年《闲话扬州》作者易君左来到王四酒家即席吟诗相赠："名山最爱是才人，心未能空尚有亭。王四酒家风味好，黄鸡白酒嫩菠青"，后由店主装裱展出。之后名画家丰子恺则赠"绿杨深护酒家楼画"在店中展示。还有书法家萧退庵则书赠对联："山肴野蔌多真味，白酒黄鸡富闲情"，又有其弟子书法家邓散木以"宾至如归"赞赏横匾强化。还有一和尚也来凑热闹，撰了一联："我意已超然闲坐闲吟闲饮酒，人生如寄耳自歌自舞自开怀"。真是酒楼上名人翰墨美不胜收，颂扬了王四酒家的特色，也赞美了王四酒家风味。这众多文人墨客的题字对联及消费，无疑给人王四酒家有丰富文化品位的联想。进入浙江，早在清末温岭泽国镇富商阮尚质、阮尚傅开设了万昌酱园，经营酱酒。民国后万昌酱园主精心经营，也结交国民党高层人物，甚至捐资支援北伐。1922年8月27日，大总统孙中山亲笔题写"劳绩卓著"四字匾额，颂扬万昌酱园业绩。这名人题字无形中给人可信的感觉。在杭州张同泰药号在经营中，请名画家张大千的师傅曾熙题字，并附祖训。另有民国总统为亨得利的题词。他们都把这些题字制作招牌挂出，也让人看后产生好的联想。到了华中开封，1923年康有为游学到这里为又一村写了牌匾"又一村"三字及"味烹候鲭"条幅以示赞扬，又一村顿时声名鹊起。后各地来汴政要名流的交际均在此驻足，梅兰芳赈灾义演也在此宴请。又一村因此给人高档联想。在南方长沙鱼塘街，早在清末天然台茶馆开张，这店古色古香，优雅别致，茶虽贵但仍座无虚席。到民国后湘督谭延闿向天然台赠联：客来能解相如渴；火候闲评坡老诗。谭作为当时大书法家的题联很快使天然台店面生辉，高官题联无疑为茶楼增了色。也是在这条街，清末时有人开张了天然居酒家，经营中推出了拿手菜去骨鸡。之后为增加文化气息，挂出了名人李元度题楹联："客上天然居；居然天上客。"同时由于前有宽敞厅堂后有园林亭榭，加上楹联生色不少。又是回文体别具一格，引来不少人欣赏和议论，也加深了天然台得人支持的联想。再往南在广州，1936年英记茶庄店主陈星海在西关建成"西南酒家"。重金聘来南国厨王钟权掌厨，推出银圆66元名菜"红烧大裙翅"而驰名。1939年"西南酒家"毁于战火。1940年关乐民、陈星海等人集资复业，取食在广州之意改名"广州酒家"。后有名人余汉谋题"食在广州"，有抗日名将蔡廷锴题"饮和食德"。书画家赖少其题联："广寒宫中捧美酒，州县扬名第一家"及横匾"广州第一家"。1940年聘请省港名厨梁瑞主厨后首创"广州文昌鸡"，成为招牌菜。后又聘曾在巴拿马国际烹饪比赛上获金牌的厨王梁贤执厨，使"广州酒家"声誉更高。这一系列名人题字题匾不断给人高档可信的联想。

其次是名人购买消费。一些商品、商号有众多顾客，有的消费者中是一些名人。这不是一般商家能邀请到的。但更可能是产品品质优良、服务条件独特吸引了这些人，因为他们要求高。也就是从这些人购买消费中可看出这产品、服务的品质和水平也高，让人产生可信的联想。

20世纪初期由于社会变动，原有的名人少有抛头露面，新的名人刚出现，少有张扬。因此表现公开消费的现象也较少。后逐渐增加。20世纪后期名人购买消费的现象陆续出现。在杭州，一商人在俞楼外侧造了一座酒楼，并仿曲园先生烧煮西湖醋鱼。因酒楼位于俞楼之外，便称之为"楼外楼"。又有说"楼外楼"创始人是洪瑞堂，落第文人，他由绍兴迁居钱塘，在西泠桥畔捕鱼为生，因而擅长烹调鱼虾。于是在俞楼边开了一小菜馆并取名"楼外楼"。又一说是店主从林升的《题临安邸》"山外青山楼外楼，西湖歌舞几时休；暖风熏得游人醉，直把杭州作汴州"诗中得到启发。到民国以后，入店消费的名人有孙中山、鲁迅、郁达夫、梅兰芳、徐志摩、竺可桢、马寅初、丰子恺、潘天寿、赵朴初。文学家郁达夫宴饮后为"楼外楼"赋诗："楼外楼头雨似酥，淡妆西子比西湖。江山也要文人捧，堤柳而今尚姓苏。"名人陈芷汀宴饮后为楼撰联："楼外揽西施，风情最爱花雕酒；坟前拜苏小，妒意难忘醋熘鱼。"这些名人消费无疑给人留下楼外楼有独特风味、很有品位的印象。

进入20年代这现象有更多出现。在上海精益眼镜得孙中山配镜，鸿翔服装得明星穿着其产品无疑给人时尚的联想。在四川沱江流域，水果产量大。当地风俗，春节前家家做糖食蜜饯。咸丰年有人开张铨源号制作经营蜜饯上市后，多人纷纷仿效。铨源号提高品质，开发新品，并实施笑脸相迎，提高信誉。民国以后的1925年，在此经营石油的英商德士古老板在铨源号买蜜饯200多斤，运回去作圣诞节馈赠礼品，轰动全城。他以后每年圣诞节前到铨源号买一批姜牙、樱桃、金钱橘、寿星橘、橘红等蜜饯，多时达六七百斤。外商消费这一行为似无形广告，很快传遍了沱江两岸，铨源号很快成了内江蜜饯品第一大商号。

进入30年代后这现象有更多出现。1932年，在西安一商人在西大街开张同义兴饭店经营涮羊肉，很快红火，门口常停汽车、黄包车，不少社会名流、官员、将军纷纷进店品尝消费。1936年，在上海大亨黄金荣70岁生日，在鸿运楼请客。连续三天设宴，摆了800桌酒席，数千客人，后摆不下，摆到大世界。酒宴场上人头攒动，轰动上海，鸿运楼更得市民赞赏。到了1937年夏，蒋经国夫妇从苏联归来，蒋介石夫妇在楼外楼为儿孙们洗尘，合家欢宴。这就继续为楼外楼结晶了良好联想。这年有彭氏四兄弟来到贵阳开张照相馆。广东方言在赞叹时发音为"阿嘛"，故命店名"阿嘛"照相馆，名称意为新奇，高超的照相技术让人赞叹不已。抗战期间不少达官显贵、知名人士到阿嘛馆照相，包括蒋介石父子在内的集体照，不少知名人士也到馆照相。"阿嘛"很快成名得到消费者认可。在长沙，益阳人李国安在三兴街开张了李合盛餐馆后代代相传。民国初时由李德生主持，他不断探索，后推出清煨牛肉成为名菜，形成汤清、味鲜、肉烂不碎的特点，尤其泡发丝百叶、红煨牛蹄筋、烩牛脑髓更是风味独特，远近闻名，被赞为"牛品三杰"，不少社会名人也常来光顾。一次著名剧作家、戏剧活动家、诗人田汉与湘乡名士邓攸园人李合盛共饮，邓酒酣脱口出联："穆斯林合资开牛肉餐馆"，田汉应声出："李老板盛情款湘上酒徒"。二人联中嵌李合盛三字。李大喜，请田汉书赠留念，此事传为美谈。田汉又独撰一联：其味百羊能易；此间有鸡更佳。1938年2月初的一天，著名社会活动家、诗人郭沫若来到长沙造访田汉。田汉即邀郭吃李合盛。中午来到这里的还有作家廖沫沙、音乐家张曙、电影明星胡苹等。他们终席时楼上楼下仍有很多人在候补，可见李合盛之盛。后郭沫若将此事记于《洪波曲》书中，可见郭沫若对李合盛之满意和印象之深。李合盛遭大火复业后，国民政府行政院长孙科等人到湘视察，也特别光顾李合盛，吃后也赞不绝口。由此可推断李合盛确有独特风味让人信赖。

进入40年代这现象逐渐减少。在长春，积德泉酒经多年经营探索，形成了辣而不蜇嘴、不刺胃，喝上一口嘴里热乎乎地麻，这是香的特点。主要是老泉水好，勾兑工艺绝，无邪味，不走养分，提神养寿，称得上是关东老酒。1942年，验酒时张灯结彩，门口墙上两副对联：古泉藏奥秘，老酒发芳香。酒中天地游不尽，甜酸苦辣积德泉。在苏州，朱鸿兴店聘来高手推出十多种浇头。由于其质量求精问细，并不断创出新口味，很快赢得一批批新老顾客，且以宁沪一带老板、评弹艺人、书画家、报人等文艺界人士居多，朱鸿兴名声大振，被誉为"苏州面点大王"，店主趁机挂出"京（宁）沪驰名"的招牌。陆文夫在《美食家》中写到耽于美味的资本家朱自治对食物十分挑剔，但对朱鸿兴面馆却情有独钟，每天早起第一件事就是赶到朱鸿兴吃头汤面，可见朱鸿兴与顾客的情感之深。他们的消费行为让人联想到朱鸿兴店的特味特色。

是赞助公益事业。公益事业众人注目，而且往往不同程度牵涉社会各种人的利益。如果资助这种事业，往往让人感到他的品德、为人和财力及对利益的态度。因此特别吸引人的眼球和得到大众的赞赏。民国时期不少商家为了企业及品牌得到大众的好评和成名，主动支持公益事业。在自然灾害发生及困难群体出现后，一些经营者抓住这一机会捐款支持或资助文化教育、医药卫生、慈善、体育事业，救济难民，表现其讲义、有德，从而树立良好公众形象。1920年北方诸省旱荒成灾，南洋兄弟烟草公司决定从10月1日起，五个月内每销出香烟一箱，捐洋5元，派员分赴灾区赈济。翌年直、鲁、豫、粤等十一省发生水旱灾荒，简氏兄弟都捐巨款进行救灾活动。简氏兄弟还热心兴办教育事业，屡次向暨南大学、南开大学、武昌大学捐赠巨款；在香港兴办学校，免费招收烟商子弟就读；还资遣45人去欧美留学。这些爱国行动，博得了民众对兄弟烟的牌子的信赖，该公司的经营也得以迅速发展，每年盈利达三四百万元之多。1937年8月上海抗战全面爆发。冠生园抓住这一机会，组织员工将冠生园食品大批送往前线，慰劳官兵。之后冯玉祥对冠生园及经营者给以高度赞扬，题词"现代弦高"赠冠生园。这无疑会在社会上广泛流传。在昆明，锡庆祥号的董澄农，注重社会公益事业，修建云大西郊医院、病菌医院、大理县中学，大理图书馆，设县中奖学金。该号还捐助云大女子中学开办经费，设大理图书馆基金。与永昌祥号严子珍倡建喜州五台中学，捐助中山学社，大理乡村小学，创设喜州医院。他捐款赈灾支援抗战，资助著名历史学家徐嘉瑞出版《大理古代文化史稿》。其他商号如裕和号逢年过节救济贫穷人家，为公益修桥补路，将下关至上关古道土路修成石板路。三元号的马久邑在大理北修玉石桥。五福号修头铺南桥。兴盛和为家乡本族修祠、修家谱，兴办学校、修桥，与人合作兴建玉屏书院。这些商号无疑让人觉得它有良好道德，在经营中也会有好的商德、有义行、讲诚信。

三、以良好社会评价获良好联想

一些商号由于品质好，服务热诚周到，得到社会的良好评价。同时由于它是中立的，与商家无利益关系，因此这评价更让人可信。

（一）各种展览会得奖

这个时期为推动市场及品牌的发展，国内国际的一些政府或行业挑选优势企业及品牌，集中在一起进行评价和比较，选出佼佼者，进行奖励。这是有专家主持，有标准，进行严格的比较。获得这种奖励的企业及品牌，无疑是优秀者，能让消费者产生良好联想。

首先，在天津1922年直隶第一次工业观摩会上，独流镇醋荣获食品类一等奖。同年国民政府总统黎元洪巡视途经独流镇，题写匾额以示褒奖。这种种奖励无疑为商号、产品品牌结晶增添了有效成分。

其次，在山东也有不少产品及牌子获奖。烟台张裕葡萄酒在南洋劝业会和上海招商会，在南京举办商品陈列商会上展示自己，获最优质奖章。1915年，旧金山将举行巴拿马国际博览会，75岁的张弼士听说后仍兴致勃勃，与上海实业家聂其杰发起将中国的品牌物品送展。在评比中张裕的白兰地、味美思、红葡萄酒、雷司令干白葡萄酒等分别获甲等大金奖和双优等奖。这是中国葡萄酒第一次在世界洋酒行列中获奖亮相。回来后张裕酿酒公司又把金质奖章缩印在白兰地酒的商标上，成为驰名世界的金奖白兰地。济宁玉堂酱园经过二百多年的发展终于得到举世公认：1910年南洋劝业会上，玉堂的远年酱油、什锦萝卜、佳制冬菜获优等奖章；1914年山东第一次物品展览会上，玉堂产品获得金牌；1915年巴拿马万国博览会上，玉堂力挫群雄一次夺得五枚金牌；玉堂号酱菜、酱油、万国春酒、金波酒、宴嘉宾酒、冰雪露酒获六块金牌及奖词。

再次，在浙江，这里有大量商号及品牌抓住这一机会积极参加，因此出现了不少参展获奖商号或品牌产品。湖州梅恒裕将所经营的丝经浙江

省出口协会审查，之后在巴拿马太平洋国际博览会上一举夺得金牌，获大
奖证书、金质奖章。梅恒裕展品被评为最优等，并呈农商部奖给一等褒
状。浙江省巡按使屈映光奖给"五彩彰施"四字匾额。这一系列奖励结晶
形成了梅恒裕及绣麟牌、飞马牌、蓝龙牌、黑狮牌、荷花牌、梅月牌、梅
石牌、金鹰钟牌、银鹰钟牌等品牌，其中绣麟牌还成了名牌。金华雪舫蒋
火腿1905年、1915年、1929年分别获德国莱比锡万国博览会金奖，又得
巴拿马万国博览会金奖，西湖博览会特等奖。1918年的宁波章林生、赵宇
春，看到上市季节的笋吃不完、卖不掉，造成浪费，于是在宁西门开张笋
厂，取名宁波如生笋厂，生产清汁笋、油焖笋罐头，1923年将产品取名宝
鼎牌。由于产品色香味具独特风格，味道鲜美，深受欢迎，畅销国内，远
销欧美，经营中多次参加展览获奖，1921年在上海商会商品陈列展中获金
奖，1926年在美国费城的世界工业产品博览会上获特等奖，1927年在德国
莱比锡世博会上获金奖，1928年在中华国货展览会上再获金奖，1930年在
西湖博览会上获特等奖金质奖。这宝鼎牌多次获奖无疑给人优质的联想。
在杭州，早在1864年有人开张了万隆咸鲞店兼营火腿出名。到民国初陈国
华等人集资盘进经营。由于重信誉、质量，货真价实，童叟无欺，万隆号
格外兴盛。1926年邻店失火被殃及，后改建楼房增加宝塔标志。之后产品
多次送展览会参展，如1927年的沪杭展览会、1928年的杭州国货陈列馆、
1929年的西湖博览会并获奖。这一次次参展获奖，给了人们万隆产品质优
的联想和印象。同样杭州万承志堂国药馆在首届西湖博览会上获特等奖，
被誉为"江南药酒王"。据1928年《杭俗遗风》中载"杭州药店中，就其
最著称者，有胡庆余堂之药材，万承志堂之药酒，皆称一时矣"。浙江平湖
徐鼎丰酱园在清末参展获奖后到民国时期更是多次参展获奖：1914年获巴
拿马国际博览会美合味素匾额一块，1915年获农商部国货展览会二等奖章，
1929年在西湖博览会获优等奖及五彩银盾一座。这都使徐鼎丰在市场上产
生了良好联想。1927年，在浙江湖州震远同的玫瑰酥糖参加了西博会，赢
得了极高的赞誉。

再次，在上海也有很多产品获奖。宁波人孙梅堂在上海闸北开张了一
家时钟厂取名美华利。为有产品质量和信誉支持，孙梅堂精心设计，反复
修改，精心加工，使钟做到优美精确、线条简练流畅、造型典雅的时钟。

后送美国巴拿马展览会获优等奖，其落地大钟获一等奖。之后又参加在菲律宾举行的国际时钟展览会，美华利牌时钟又获小吕宋嘉年华会时钟优等奖，后把登这消息的报纸贴出来宣传。很快美华利牌时钟声名远播，进店客人络绎不绝。在上海佛手牌味精产出后，1923年第三次商品展览品评会上其产品被评定为最优等。后在1926年、1927年获英美法国的专利。1926年在美国万国博览会、芝加哥开埠博览会、西班牙比利时国际博览会均获嘉奖。

最后，在贵州也有产品获奖。产自黔西北赤水河畔的茅台烧春酒，是靠天然发酵不加其他任何香味成分，将酒体幽深、细腻醇厚、香而不艳等众多优点集于一身。但由于所处交通闭塞，处在深山无人识。为此他们便设法参加旧金山博览会，由于未做广告无人知晓，包装又土，结果几天无人问津，备受冷落。眼看展览快要结束，自己的品牌将名落孙山，"无颜见江东父老"的念头在工作人员眼前一闪，有人便急中生智，提起茅台酒佯装不慎将酒掉在地上，随着"砰"的一声瓶破酒洒，香气四溢，芳香扑鼻，沁人肺腑。顿时茅台牌酒展台前被参观的人团团围住，纷纷取杯品尝并不断发出"中国茅台，OK"赞叹声。同时也引起评酒行家注意，并纷纷取杯品尝。评酒权威雷姆斯品尝后也跷起大拇指认为茅台酒堪称酒中之王。该品牌从而一举夺得金奖。

这些牌子一次次获奖，一张张奖状，也是专家的良好评价，无疑为宝鼎牌带来荣耀，给消费者一个质优可信的信号。

（二）消费者赞赏

这个时期不少商号商品由于品质优良、服务周到，得到消费者的良好口碑。它往往是购买者的经验、体会和感受。在浙江，杭州王润兴号名气不断传扬，顾客盈门。一次，国民党浙江省议会议长兼《良言报》主笔的沈玄庐，在与同事品尝了王（皇）饭儿的名菜砂锅鱼头豆腐、盐件儿后，当即为王（皇）饭儿题赠一联一中堂，一联为："肚饥饭碗小，鱼美酒肠宽"；中堂为："左手招福来，右手携名姝。入座相顾笑，堂馆自须眉。部答何所好，嫩豆腐烧鱼。"之后沈玄庐就成了此店的常客。出生在杭州的美国人、驻华大使司徒雷登，也非常欣赏王饭儿的杭帮风味。他说："中华为余第二故园，杭州是我出生地，王（皇）饭儿的杭菜使余难忘！"这些人进出皇饭儿号都极大地支持了人们对王润兴风味的联想。也是在杭州，雅园改名为天外天后天天满座。抗战时由于地处远离市区的山峦之中，则成为各地商人、达官显贵避炸之地，外地商贾也常来洽谈生意，后有诗赞："西湖西畔天外天，野味珍馐分外鲜。他日腰缠三万贯，看舞越姬学醉仙。"在西安，到1938年有安氏兄弟在大差市口开了家饭馆名白云章，经营蒸饺。由于不断改进提高，制作的饺子闻之鲜香扑鼻，食之味醇汁溢，客人赞不绝口，很快生意兴隆，名声大振。陕西著名书法家张越到馆品尝后即兴挥毫题词："白云深处香飘万里，长安古道美味一家。"在广州，潘高寿治咳药疗效显著，声名鹊起。几年间便成为家喻户晓的治咳药代表，后还销到省港澳及台湾等地。有人评价说潘高寿是"治咳元老""治咳专家"和"治咳权威"，几乎成了治咳药物的代表。在上海，三星牌蚊香由于品质好，在社会出现良好口碑："烟号三星质最优，杀蚊功效信无俦，一俟买得名香后，八宝流苏不下沟。"在长沙，湘督谭延闿亲书寿星牌匾相赠曲局（陈力新曲局）挂店头。时有人撰写竹枝词："理问街前车马停，纷纷仕女问牌名。由来力曲传永久，闻得知名是寿星。"从这些事例可看出这些牌子是得到消费者认可的，尤其得名人认可。从而给消费者可靠信用的联想。

　　从上述大量事例可以看出，在品牌直接创造之外也有大量相关因素，也会在消费者中增加品牌的认可度。

在激烈竞争中求地位

民国时期，由于社会生产力得到解放，商品品牌也如雨后春笋般在各地市场上树起，以至同类产品或商号都有多个品牌。同时外国品牌鱼贯而入，迅速抢占了不少商业领域且处于垄断地位。从而出现了新的现象，品牌竞争，以夺取市场地位，不断壮大自己。

一、市场上中外品牌状况

与清后期比较，这个时期品牌创造发展平衡被打破，尤其是在沿海和长江沿线，新产品大量推出，产品品牌也大量增加，有些地方甚至开始超过商号品牌。

同类商号品牌继续增长。在市场上仍不断推出形形色色的商号，以至大街上店铺鳞次栉比，尤其是经营相同商品的商号也大增，给人眼花缭乱而又难以选择的感觉。在北京市场上，饮食饭庄有庆和堂、会贤堂等，到1920年仅西菜馆发展到12家。外地进京开张商号的也有不少，仅毡毯商号就有六七家。在琉璃厂书店仍在迅速发展。1911年有旧书铺近30家，民国三年出现了一些新名号。在琉璃厂大量出现之外，分布北京其他地方的还有不少商号。在天津市场，仅餐饮商号有名的就有先得月、天一坊、登瀛楼、泰华楼等，规模较大的就有带聚字的聚庆、聚和、聚乐、福聚、聚升、聚源等商号。鞋帽店在南市就有不少。服装店有老生记、隆源祥、荣记等。在山西市场，除各种商品商号外，一些地方典当业发达商号多，如民国前期祁县城有义长当、复清当、复恒当和日新当等九家当铺。在沈阳中街有44家商号，有不少是同类型商号。香烟牌子有白马牌、足球牌等。在山东市场，在济南有九鹤号、宏济堂、异香斋。在周村这时先后聚集了1000余家商号。较为著名的同类的织造商号有裕厚堂、义昌厚、太东、恒州、广盛恒等，丝绸贸易行有同升、恒和、永和、同和、东来太、庆和永、聚太易、源昌祥、泰来等号。30 年代绸布号规模较大的有鸿昌义、瑞林祥、复兴恒、德聚永等 20 多家。在淄博，烟号方面有华商华成、福新等 12 家商号。花边庄有义成永、义成祥、信昌、聚德公等。在博山餐饮商号不少，有远兴斋、永盛馆、苏家馆、源兴、东鲁等 12 家。在张店仅棉花行就有 17 家。在江苏，在南京著名的饭馆有东街的六朝春、嘉宾楼、东升楼等，点心小吃有李荣兴、清和园、包顺兴、三栈楼。在苏州饮食商号有石家饭店、王四酒家、谷香村、桂香村、稻香利、采芝斋、朱鸿兴等，食品商号仅在玄妙观就有大芳斋、六芳斋、七芳斋。在上海市场，南京路百货号就有较大的先施公司、永安公司、新新公司、大新公司、丽华店，还有大量小百货号。到 30 年代中，百货业中有大小商号 700 余家。40 年代时拥有数万家菜馆商号，仅广店有杏花楼、大三元、翠乐居、新雅粤馆。布号有协大祥、宝大祥等。药号在上海由 1913 年的 29 家发展到 1920 年的 85 家。钟表商号有中南、上海、昌明、亚洲、华强、远东、时民、文华等钟厂以及近 200 家零配件厂相继开业。在浙江市场这类现象较多，杭州素菜馆商号有二林三素即功德林、香积林、素春斋、素香斋、素馨斋等。南北货有三昌一和：仁昌、益昌、胡恒昌、方裕和。茶食糖果业的三斋二和有颐香斋、采芝斋、九芝斋、五味和、叶受和。国药业称堂的有胡庆余堂、叶种德堂、万承志堂、方回春堂、张同泰、泰山堂。官酱园有春和、同福泰、正兴复、鸿右祥、乾发。杭州饮食商号本帮有楼外楼、王饭儿、德胜馆、天香楼，京帮菜馆有聚丰园、宴宾楼、小有天。其他茶楼、茶馆有悦来阁、西园、三雅园、雅园、喜雨台等。在宁波，在东大路上绸布号有源康、云章、大纶、裕丰祥、凤苞、成大昌等。银楼有方聚元、凤宝、方九霞、行远、紫金、新凤祥、老凤祥、新宝成、天宝成等十余家。在河南，在赊旗镇仅食品方面就有履和兴、福源兴、义盛厚、义丰德、正大祥记、源记、义丰通等商号。在武汉市场仅西餐馆就有瑞海、海天春、第一春、美的卡尔登、大中美等。在长沙市场，同类商号也多。其中有大批农产品商号、木行。到 1913 年有具杂货性质商号长沙苏广货店达 300 家，到 1934 年长沙仅大小百货号有 259 家。饮食商号粉店就有甘长顺、和记、黄春和、杨裕兴、半雅亭，到 1922 年长沙酒馆达 49 家。抗战胜利后，长沙餐馆、酒家集中在育婴街到东茅巷至青石桥，成筵席一条街、南国酒家。茶馆方面 1922 年长沙有 75 家，1926 年增至 115 家，抗日胜利后全市大小茶馆达 170 余家。布业商号在军阀混战时 170 余家，到抗战时期减至 110 家。20 年代兴起的布号有裕纶、大盛、天兴福、丁三泰、裕同和、美利、华丰等。轻工业鞋铺商号有药王街的美利长、五福、大捷、云飞、四明、美利时、伟大、健飞等，黄兴南路有合利长、群力、大兴长、范协和、陈云记、中华利、经济、二友等号，北正街有湘记、胡桂记、吴祥记、陈万兴，蔡锷北路有蔡锦霞、王福记，南阳街有皇天、天宫、陈春记、陈宏大。较晚开张的布伞号有振记、裕湘、黄宏顺、杨福兴、杨顺兴、裕湘厚等。文房印刷书业有新旧书店号 220 家。抗战前长沙纸店多达 120 多家。零售纸店有师古斋、青莲室、缦云、文英阁。笔庄有詹有乾、彭三和、桂禹声、花文荃、王贵和。南货业到 1950 年共有南货店 250 多家。药业号发展到百余家。服务商号照相馆有中天（后改为燕燕）、南绘素楼、白东坡、金粟影、蓉光照相馆、凯旋门摄影社、云芳照相馆。理发店著名的有中华、南京、远东、环球、青年、华中、欢颜客、好莱坞等 8 家。在益阳江西人开设的药店就有 40 余家。在广州市场，百货号开设了先施后推出了光商、真光百货公司、大新公司。在西南四川有五粮液、郎酒、聚兴城等不同商号。在重庆仅西药房到 1926 年已经发展到 26 家。在云南宣威先后出现了义信成、裕丰和、利源通、秉诚公、聚盛祥等上百家火腿商号。在西部西安有人开张了广济、长安、竞爽、华美等西药房。

产品品牌有较大增加。这性质的牌子这时期更是雨后春笋般在市场上出现，而且主要在沿海尤其上海最多。纺织品方面，在天津有松鹤牌、飞虎牌、福禄牌、十全牌、三元牌、蓝虎牌、八仙牌、炮车牌、三光牌、三戟牌、金三鼎牌、八马牌、三鹿牌、三喜牌、红万福牌、抵羊牌。在上海有人钟牌、金双马牌、金钟牌、采花图牌、金城牌、云鹤牌、金鸡牌、双喜牌、宝鼎牌、鸿福牌、人球牌、汽球牌、象童、百鹿、双金、金宝星牌、大鸣牌、飞鸿牌。袜子方面到 20 年代末各地有 100 多个牌子。在上海推出了交通牌、墨龙牌、五卅牌、黑猫牌、蝉翼牌、华尔滋牌、美蜂牌、老刀牌、皇后牌、亮宫牌。印染布方面有凤凰牌、双童图牌、送子图牌、天一牌、满堂彩牌、大妹妹牌、梅花三鹿牌、双鹿牌、芷江图牌、忠贤图牌、木兰从军牌、姜太公钓鱼图牌、家庭图牌、天下为公图牌。棉布有春晓图牌、飞虎牌、洛阳花牌、小弟弟牌、正大牌。针织内衣有鹿头牌、狮球牌、宝剑牌、飞鹤牌、双鹭牌、鹅牌。围巾有骆驼牌、指南牌、红蝠牌、火炬牌。毛线有皇后牌、红美牌、小囡牌、顺风牌。其他地方，丝绸方面，在四川南充有飞机牌、汽车牌、鹿鹤牌。在浙江有梅恒裕双金牌、双银牌、鹰钟牌。食品类在上海糖果方面有手球牌、天星牌、天明牌、百鸟牌、同心牌、生字牌。饼干有三角牌、福字牌、马宝山牌、生字牌、红双喜牌。药品方面华商龙虎牌、海普牌、大力牌、九一四牌、云狮牌、万象牌。日用化学品在上海有无敌牌、三星牌、月里嫦娥牌、坚尔齿牌牙粉牙膏。香皂有麒麟牌、花球牌、老鹰牌、荷花牌、三友图牌。轻工产品上海火柴有月兔牌、双兔牌、花船牌、黄鹤楼牌、三猫牌、人象牌、宝塔牌、仙鹤牌、金鼎牌。在济南火柴有推磨、蜘蛛、三光、山狮等牌子。香烟牌子多，到1933年初商标局统计有882个注册烟标。在上海有米许林牌、利华牌，三钱牌、国色牌、北平牌、金字塔牌、金鼠牌、美丽牌。在贵阳抗战后由于沿海企业内迁，这里出现了不少品牌，香烟牌子有108个。长沙香烟有曼丽牌烟、岳麓烟、七七牌、垣克牌，飞蝶、红桥、挺进牌烟，重庆有鹰牌。鞋类方面上海首推方趾牌之后有征东、回力、天禄、马敦和、中华、凯福、蓝棠等皮鞋牌子推出。到了抗战初期上海已有200多家皮鞋厂及相应品牌亮相。钟表有上海美华利牌、时中牌、致富牌、美记牌，有福星牌、三五牌，在烟台有宝字牌、永字牌。热水瓶上海有长城牌、三羊牌、金龙牌，五福牌。其他洋烛有凤凰牌、水月牌、南洋牌、旗城牌、宝鼎牌。锡箔有周锦章牌、周光结牌、王同记牌、王长兴牌、朝山牌、福寿图牌。锁具有狗头牌、利牌、马牌。化工产品上海有武士牌、鹰盾、五老牌、鸡蛋牌，泰康牌、人桥牌、海关钟楼图牌。在山东有染料蓬莱阁牌、万年青牌、喜字牌、松美牌。油漆产品上海有双斧牌、飞虎牌，天津有永明漆、红三角牌。橡胶产品有五福牌、元宝牌、回力牌、大喜牌、三八牌。

入市外牌大增。民国以后外商商号有进一步发展。外商品牌在中国市场上有的取得了稳固地位。国外品牌带着自己的商品依仗着特权，尤其技术含量高的产品，强占中国市场，排斥中国品牌，不但大量涌进中国大中城市，有的甚至渗透到了乡镇市场。在绒线方面，英博德运公司的蜜蜂牌，德产鹅牌，垄断中国市场很长时间，似乎少有对手。还有灯泡、电器、水泥等品牌也占有中国不少市场份额。在山东周村，到 1934 年外商在这里建立起自己的组织"仁会"，会员达 36 家。1937 年日军攻占周村后日商随之大量进入周村市场，德国、美国、英国、荷兰等国商人受到排挤，除少数坚持外其余大部分撤出。周村不远的张店棉花业有日本 1921 年成立的和顺泰、日信、瑞丰花行，到 1931 年增到 27 家，1936 年增到 40 余家。除以上 3 家花行外，还有东棉、久记、昌隆等特大日本花行，另有永丰、益丰田、德太、三信成、公顺祥等日本花行，占了不少中国市场。

二、品牌竞争的类型

民国时期，在市场上仍有大量传统商品，但新式商品数量却出现快速增长。同时不少经营者为了争夺消费者，也为了本身的生存发展，取得优势地位，在市场出现了多种类型的竞争。

首先从性质看，有华商品牌之间的竞争，还有华商品牌与外牌的竞争。

在华商品牌之间的竞争，多是传统品牌的竞争。这类商号多，它们的产品原材料、加工技艺都比较了解，如在市场上表现的优劣和所处水平、具有的经验，同时了解其弱点和劣势。这个时期表现为品牌竞争的现象，不断在各地出现，尤其在上海、天津、山东、长沙、武汉、浙江、贵阳、重庆更为明显。如三茅之争、三祥之争、三场之争、抵羊牌与飞艇、先施与永安之争。在天津，东亚公司经营抵羊牌毛线后，国内相继出现了多家毛线厂，如 1934 年开张的祥和毛织厂。这厂用高薪拉走东亚一部分熟练工人，生产了一种飞艇牌毛线，与抵羊牌争夺市场。东亚则针锋相对用高薪拉来了祥和厂的得力推销员，还专门生产一种高射炮牌的副牌毛线削价抛售与飞艇牌竞争。经过一年较量，祥和毛织厂日渐不支，于是请出南开大学校长张伯苓从中调停签订城下之盟。由于飞艇牌没有名气及支持力量，到 1935 年 4 月飞艇牌便悄然消逝，工厂也变成东亚的分厂，从此抵羊牌在市场上更加所向披靡。

华商品牌与外牌的竞争。民国初期，刚从封建社会脱胎出来，在中国市场上工业新产品少，即使有也是刚产出不久，品质不优、外观不扬、品牌化不足，常被国外商品及品牌打压。外商品牌傲慢市场，居高临下，利用自己的优势排斥打压中国商品及品牌，企图把中国品牌扼杀在摇篮里。致使不少传统或新出商品商号、产品品牌岌岌可危。在 20 世纪初这类竞争较少，主要是兄弟烟公司与英美烟公司的品牌之争，还有上海三星与野猪牌、三角与铁锚之争。到了 20 年代，在中国的洋商棉纱如英商东方纱厂的文明牌、聚宝盆牌，英商怡和纱厂的蓝金鱼牌、胭脂虎牌，日商东华纱厂的鸿禧牌等也开始感到多年的高档市场的垄断地位有些动摇。这些品牌凭着他们的雄厚实力，大力在价格上进行竞争，甚至超低价倾销。尤其是日商的日光牌、水月牌都先后进行削价，对华商品牌进行排挤打压。面对外牌的目中无人和沉重打压，一些中国商人并不示弱，起而抗争。从香烟到灯泡，从牙粉到火柴，从水泥到橡胶制品都有商人与国外品牌进行了市场争夺以求得应有的地位，如出现了固本对祥茂、华生与奇异、无敌与兰花、双钱与老人头、佛手味精与美女牌、金城与兰金鱼、象牌与马牌、龙虎与人丹的市场地位的争夺。1939 年夏天开始，日商开始出售仁丹、宝丹、胃活等防暑药、成药，争夺中国市场。1940 年为竞争市场地位，永安堂推出肺灵（对咳嗽）。同济堂推出肝风系列片。长春堂推出避瘟散击败了仁丹。同仁堂针对日仁丹推出诸葛行军丹，获取了较大的市场。

再从地域看各地都有品牌竞争。从天津到上海，从山东到汉口，从长沙到重庆，从贵阳到广州都出现了争取品牌地位的现象，尤其在上海更为激烈。这里有亨得利与亨达利、商务印书馆与中华书局、三大祥之间的争市场进退。在济南有瑞蚨祥与隆祥、蓬莱与华德，在贵阳有三茅之间争高下。在汉口有邹紫光与桂禹，在苏州有叶受和与野荸荠，在天津有抵羊与飞艇争存亡。

最后从行业看，各个类别的商号及产品品牌都有竞争。这个时期，在纺织品、食品、轻工业、五金电器、化工、文化用品、药品行业的品牌都出现了一定的竞争。纺织品中金城与兰金鱼、抵羊与飞艇，飞轮与链条牌，日用化工品有固本与祥茂、无敌与三花，电器有华生与奇异，食品有擒雕与飞鹰的竞争，佛手与美女牌都有竞争。这仅是冰山一角，实际上这些行业还有很多发生了竞争，而且还有很多没有记载下来。

此外在正常之外还出现一些不正当竞争现象。俗话说吃柿子要拣软的买。如对新入市的商号商品，在市场上未站稳脚跟缺影响力，于是进行打压。在长沙，1926年江西人王美才，在药王街天申福、大盛对面，大张旗鼓开张绸庄华丰号。这无疑要争夺周边商号的消费者。也不分析形势和条件及处好关系，没有预防措施致树大招风，很快遭日新昌、大盛号联合排斥。在购地时其中有一小房系介福昌股东徐及阶的产业，初谈4000元成交，经饶菊生背后策划，徐不断提高增至5000元、8000元、10000元、20000元，临写契约时又提出40000元，迫王放弃，致使这一小房成一缺口。开张前后，魏韵篁出面找华丰聘的营业长谭鑫生，要他退出华丰，不退也要不出力。同时另组八角亭八大绸庄联合大廉价，大肆宣传争顾客，抵御华丰的开张经营。华丰开张时广告贴满城乡，图一举成名。但在谭鑫生主持下，组织松懈，人力不齐，副理辞职。真是出师未捷身先死，品牌形象未能树立。1931年只好歇业，华丰入市立足树品牌的宏图成泡影。在汉口，经营多年的汪玉霞附近一家新店五亿丰即将开张，其产品也是酥饼。汪玉霞雨记为了防止对手在自己身边鼾睡，于是立即降价打压对手。五亿丰一开张就遭到下马威便降价接招。几次降价后五亿丰日渐冷清坚持不了，只好退出这里的酥饼市场。汪玉霞店见五亿丰关门没有了对手，于是重新装饰，老店新开，搞了一次汪玉霞200年纪念，又重新定价再开张。

三、品牌竞争内容

品牌竞争，表现的内容是多方面的。概括起来，主要有以下几个方面。

（一）以品质求诚信为核心展开的竞争

商品品质是品牌创造的基础，也是取得品牌信誉的重要条件，品质表现是品牌竞争的重要内容。国产品牌产品与外国品牌比较，虽有成本优势，但往往缺质量特长，只好退下阵来。但也有千方百计提高品质势比高的现象。如在橡胶市场上，几乎被外牌垄断。有美国的固特异，英国的老人头，日本的地铃牌、蜜蜂牌，法国的美趣牌、米西林牌。面对这形势，华商中国制造橡皮公司推出燕子牌，上海模范橡胶厂推出双十牌，厚生永记橡胶厂推出名人牌，大中橡皮厂推出大中牌，协康橡皮厂推出猴头牌。但只有一腔愿望，而没有产品优质的支持，更没有塑造成品牌，结果在与外牌的地位竞争中，纷纷退下阵来。可以说是打一仗输一仗，可谓是屡战屡败。此后的一段时间里，各地很多小型橡胶轮胎厂，纷纷转产，再也不和洋品牌竞争了。

但也有不服气的。为了竞争取胜，一些华商品牌经营者采用引进技术，自创技术，改进工艺，精心制作，提高产品质量，以得到消费者的信任、青睐，从而提高竞争力。有的针对对手弱点，取得优势，争夺顾客。如双钱牌就是以技术和优质成功的。这方面的事例还有不少。如三星与野猪，20世纪初，上海方液仙看中了蚊香产品。多少年来，人们以木屑和雄黄燃烧，或用艾叶搓成绳条点燃或用某种树叶直烧驱赶蚊子。20世纪初日本人研制成新型蚊香命名为野猪牌，并大批进入中国市场。市场上，不是用艾叶搓成的国产绳条就是日本人的野猪牌、猴牌等蚊香，中国品牌一个也没有。方液仙与人协作，成功地研制生产出一种比野猪牌质量更优异的蚊香并取名三星牌。由于定价较低又有产品质量的支持，可以说是物美价廉，一经上市就受到上海市民的喜爱。三星牌的推出就像平静的水面丢进一块石头。几天后各家商店的野猪牌蚊香都开始降价、赠送销售，妄图排挤三星牌。为了降低成本，方液仙于是采用国产除虫菊做原料。经过提炼加工，效果很好。之后，方液仙在进一步了解了野猪牌蚊香存在的缺陷，又着手试制使它的燃烧时间延长到六个小时，确保用户放心睡到天亮，三星牌得到顾客青睐。到20年代中期，野猪牌蚊香从此在中国市场上销声匿迹。这时期，五洲药房的项松茂一直注视着制皂产品的生产销售及品牌发展。由于肥皂使用方便，去污力强，又不损伤衣物，外国品牌迅速地打开并一直垄断着中国市场。1921年，适逢德商在徐家汇开设的固本肥皂厂出盘，他于是洽谈盘进，改名为五洲固本皂药厂。项松茂虽然买下了固本厂的机器设备，却无法得到固本肥皂的生产技术。固本肥皂生产工艺的最大优点是可以较多地收回甘油，而甘油是工业的紧缺原料。生产肥皂可以一举两得。所以采用固本肥皂生产工艺的厂家都严守秘密不外传。由于得不到关键技术，项松茂的固本肥皂质量不理想，于是又聘请了化学专家，逐步解决了一些技术难题。项松茂仍用固本为品牌名称，但这是以自己的技术和加工的质量支持下的品牌。所以他底气十足，然后大批投放市场。固本肥皂问世后，受到英商中国肥皂公司的密切注视。它是世界肥皂工业的霸主。在上海杨树浦建立制皂工厂，其祥茂牌成为远东最大的制皂品牌。五洲固本皂厂在多方面都不能望其项背。固本牌于是针对不足不断改善，使主要成分总脂肪酸提高为55%，比祥茂牌肥皂多15%，总碱量提高为9%，比祥茂肥皂多2%，而游离脂肪、游离碱和水分等项指标都比祥茂肥皂低，故能达到表面坚实、颜色单一、不收缩不变形、耐久用泡沫多、去污力强的效果。相比之下祥茂肥皂水分多，容易收缩变形。从质量上看，固本肥皂不比祥茂肥皂差，所以顾客还是愿意买固本皂。因此固本牌产品推向市场后销量日增，购买固本牌的消费者不断壮大，而祥茂肥皂日见冷落。

（二）以价格争优势地位进行竞争

在市场上降价进行价格战，表面看不是品牌创造，但这是求市场占有和地位高低的重要手段。一些牌子进行价格优惠，买一送一，求轰动效应。虽是利益之争但也表现出管理水平、产品品质和服务水平及形象比较，也可说是为市场地位竞争，也可从中树立好的形象、具有的实力和好感，也就是表现为一定品牌之争。尤其在20年代不少中外商号或产品的牌子最多也最激烈地进行了这一竞争。

固本与祥茂牌市场占有之争。在上海，英商在对手固本皂提高品质条件下，建立了一个庞大的祥茂牌推销网，并赠送肥皂鼓励推销，可先卖后付货款，跌价时还补给差价。在肥皂箱内附赠奖券，甚至将钱币嵌入肥皂内，以迎合顾客购买时的侥幸心理。项松茂便针锋相对也建立了固本肥皂推销网。在外地由五洲药店支店、领牌店和代销店负责推销。在上海则联络30余家烟纸业组成公司，专门推销固本肥皂。每推销一箱付给佣银二钱，交货后放账60天，如肥皂跌价可补给差价，年终根据推销数量付给一定酬劳。这办法实施后固本牌销售额也迅速上升。1925年上海爆发了五卅运动，人民群众奋起抵制洋货、提倡国货。项松茂灵机一动立即支持利用，固本牌肥皂销路大增，而祥茂肥皂则少人问津，制皂厂只好关闭。五洲固本肥皂终于战胜祥茂牌。

华生牌与奇异牌价格之争求生存。在上海，眼见得奇异牌电扇的市场日益被华生牌蚕食，美商慎昌洋行于是千方百计要把华生排挤。先是提出愿出 50 万美元的高价买下华生牌商标的使用权，但杨济川一口拒绝。慎昌洋行于是将奇异牌电扇跌价销售。华生厂果断采取对策：一方面确保华生牌电扇质量，维护华生牌商标的声誉不受损害，宁可减产或停产也不轻易降价。另一方面，再创立狮牌电扇，以较低的价格与奇异开展市场竞争。

无敌牌与三花牌价格之争。到 20 年代末，上海天虚我生创造的无敌牌牙粉开始成名，接着便扩大生产规模。进入 30 年代后，美货三花牌雪花膏在中国市场上畅销。天虚我生便根据雪花膏的特点组织研制，开发新产品无敌牌蝶霜，并努力使产品质量精良、膏体细致洁白、成品色香、各项技术指标都不比三花牌逊色。当时三花牌雪花膏市价每瓶 1 元，无敌牌便定价 7 角，后又跌至 5 角。经过一段时间竞争无敌牌声誉大增赢得了消费者喜爱。又由于美货在运输中受日本人干扰，到 30 年代中期三花牌被迫退出中国市场。

三角与铁锚争市场地位。由于三角牌毛巾红火，日商铁锚牌于是采取降价进行打压，意图夺回失去的市场。于是开设瑞和毛巾厂，用中国廉价劳动力生产铁锚牌低价推向市场。沈九成听说铁锚牌毛巾降价后也紧紧跟上。两年后沈九成改进老产品，研制新产品，推出透凉纱，质量超过进口珠罗纱。于是打出透凉纱"打倒珠罗纱"，"护卫国货成长也是国民天职"等广告。后又聘请漫画家叶浅予、张乐平为三友绘制宣传画。1920 年始陆续在广州、杭州、天津、北京、长沙、厦门、重庆、成都等 30 多个城市设三友发行分所。1922 年在南京路设总发行所，从在全国到东南亚形成庞大销售网，销量大增。在这形势下，日货毛巾销量大减，铁锚牌大量积压。

双钱牌与老人头牌价格竞争。上海双钱牌轮胎推向市场后，深受欢迎，但也很快引起外牌的打压刁难。尤其是有老人头牌轮胎的英国邓禄普橡皮公司首先发难，暗使英美加油站于汽车加油时对使用双钱牌轮胎车辆横加刁难。同时又采取跌价倾销企图一举挤垮双钱牌。见市场上双钱牌人力车轮胎每副售价 12 元左右，便把老人头牌从每副售价 15 元跌为 8 元，保修期从 6 个月延长至 8 个月，且对销售店实行放账赊销。大中华便改进技术，提高质量，降低成本和市价。在邓禄普公司将老人头牌降价至 4 元后，大中华把双钱牌人力车轮胎降到 3 元 2 角，又将保修期延长到 10 个月，并采取放账赊销分期付款办法。由此双钱牌人力车胎稳占了市场。邓禄普公司见一招不行又生一手，将其汽车轮胎售价降低了 1/3。大中华不甘示弱把双钱牌汽车轮胎的售价压到不及洋货售价的 2/3，且放宽经销回佣折扣，可先使用后付款。同时规定了保修里程免费修理，使顾客更放心使用，从而争得了较多消费者。

两祥价格争胜。1938 年，济南隆祥与瑞蚨祥也开始竞争。为了争得市场地位，双方都想吃掉对方，求得优势地位。瑞蚨祥在孟雒川的授意下用亏本低价出售的办法与隆祥拼高低。当时青岛生产的一种双龙牌白布每尺原价为伪币 4.8 分，瑞蚨祥减价为 4.2 分，市民争相抢购。当双方竞争到每尺 3.6 分时，两号存货均供不应求。经理们互派伙计扮作顾客，潜入买主行列，购回对方布匹再以本号印记售卖。但最后双方仍不相上下。

（三）以标志要素争形象代表

在市场上商品标志是顾客的重要识别要素，也是品牌形象代表的重要因素，体现其所有权，因此很得商家看重，不许他人侵犯。这也成商家争夺对象。

龙虎与仁丹识别要素之争。上海华商龙虎牌人丹不断畅销，日商东亚公司特别嫉恨。该公司为了长期垄断我国市场，企图扼杀龙虎牌，便以"冒牌"罪名，向当时的特区法院提出诉讼，控告龙虎牌人丹是冒牌日货仁丹，要求中华制药公司停止生产和销售。面对起诉黄楚九并不示弱，立即聘请律师应诉。在法庭上日方代表说"人丹"侵犯了商标权，要求撤销并罚款。黄楚九据理力争"人丹"和"仁丹"药品名称不同，仅仅是品种名称上的谐音而已，况且商标名称为龙虎牌。人丹、仁丹是产品名并不是牌子名，根本不存在冒牌的问题。双方你来我往各不相让，法庭不分青红皂白宣布黄楚九败诉，黄楚九不服便上诉。以后这场商标官司一直上诉到北洋政府大理院。案件审理中黄楚九利用这一涉外诉讼，通过报纸把事实公布让公众参与评价，求得消费者的同情、理解和支持，同时也提高龙虎牌的名气。龙虎牌商标很快家喻户晓，不断进入千家万户。1919 年 5 月 4 日大理院再次开庭审理。大理院法庭上与日方的代表正在激烈地辩驳，进入最后审理阶段，黄楚九的代表再次据理力争。在"使用国货、抵制日货"的形势下，审理向有利于中华制药公司方向转化，终以龙虎牌胜诉而结案。在这场商标官司中，虽然花去了近10万元诉讼费，但收到的宣传效果却远远超过了这一付出。东亚公司并不就此罢休，继续在商标问题上大做文章。由该公司天津营业所出面向北洋政府农商部呈请备案了与"仁丹"两字谐音的汉字名称，如良仁丸、仁丹丸、练丹等十多种类同的商标名称。而黄楚九也将与"人丹"谐音的银丹、真人丹等名称呈请农商部商标备案并作为人丹的副商标。1923年5月便将"龙虎"两字呈请商标注册。从此龙虎牌人丹正式受到法律保护。

佛手牌争商品标志合法地位。上海佛手牌刚一上市便很受顾客的欢迎。日商美女牌味之素对佛手牌的出现视为对自己的威胁。铃木商社便使出撒手锏欲除之而后快。1924年春铃木商社得知佛手牌申请注册，便借口佛手牌品名"味精"两字是从美女牌的"调味精粉"中摘来为由，向北洋政府农商部提出异议，还无理要求商标局将他们的广告语"调味精粉"四个字，作为铃木商社的主商标给予注册并禁止中国厂商使用。另外还要求商标局取消佛手牌商标及"味精"二字产品名称。吴蕴初一面在报纸登报声明，据理力争阐明事实，进行驳斥；一面北上农商部、外交部、商标局说明情况。农商部的人进行了一年多调查、评定，驳回了日商的无理要求。在会议室内，吴蕴初的代表与日方代表进行了激烈论战。因为双方争议并不是牌子名称"佛手"与"美女"之争，它仅仅是广告用语和产品名称之间的纠纷，而铃木商社以为有日本驻华大使在后台撑腰，北洋政府一定会乖乖服从。而此时正好爆发上海"五卅"惨案，全国掀起一场抵制日货运动。之后由商标局驳回了铃木商社的无理要求，而吴蕴初也终于打赢了一场耗时一年多的商标官司。从此国人原来使用美女牌的也纷纷改用佛手牌味精。佛手牌名称一时成为调味品代名词。美女牌味之素因产品积压，终于在1927年悄悄退出中国市场。

擒雕牌与飞鹰牌标志之争。1926年吴百亨在浙江温州组建了我国第一家乳品厂百好炼乳厂，并将炼乳命名为"擒雕牌"，同时设计了擒雕标志。在商标登记公告征询异议时，在法定6个月内英瑞公司未提出不同意见。同时南京政府通告要求商标重新登记。飞鹰牌未重新登记，擒雕牌因而获合法身份。之后飞鹰牌起诉擒雕牌侵权。实际上两个商标特征不同，飞鹰商标为一只雄鹰口含标带向左飞翔。而擒雕牌则为一只凶雕向右展翅，但被巨手所擒，该品牌名称、图样、色彩、配景有自己独有的构思。在起诉中英瑞公司被裁定为败诉，擒雕牌获胜。后飞鹰牌削价倾销以挤压擒雕牌。擒雕牌继而将价格降至飞鹰牌商品价格以下。后飞鹰牌觉得损失太大，于是鸣金收兵。1931年英瑞又派人拜访百好，愿出10万元高价收买擒雕牌，百好婉辞拒绝。英瑞一计不成又生一计，1933年又指使福州亚士德洋行购进千余箱擒雕牌炼乳，故意存放变质后在市场抛售，以此败坏擒雕牌信誉。吴百亨便派得力会计赴福州，花近2万元将变质炼乳收购倒进福州港。1936年英瑞又派人要求合营，再遭断然拒绝。1941年百好将一批炼乳运往四川经湖北时，英瑞便指使人向宜昌告密说有日本太阳牌炼乳来此销售，致使这批炼乳被警察扣留。百好于是将证明材料、照片寄往宜昌交涉，还登报声明：谁能证实这擒雕牌是日本货愿赏10万元。后经查是诬告警方才放行。这一来擒雕牌名声更响亮。

双钱牌与老人头牌标志之争。邓禄普公司眼见对双钱牌压价排挤不能奏效，于是就在商标上打主意。1935年该公司聘请有名的美国律师，借口双钱牌汽车轮胎的金锭形花纹和老人头牌的花纹相似，向商标局提出诉讼，要求停止生产销售双钱牌轮胎。商标局不问青红皂白，判大中华厂停止生产双钱牌。大中华厂只好将金锭形花纹改为工字形。见大中华厂将双钱标志调整后仍在市场上旺销，邓禄普公司又提出无理要求：停止使用、商标撤回、商标模型销毁。大中华厂为此据理力争，向国民政府实业部提出诉愿，要求撤销商标局的决定。实业部经过调查撤销了商标局的错误决定。可是邓禄普公司又向行政院提出再诉愿，行政院竟撤销了实业部的决定，维持商标局原决定。大中华连续两次上诉行政院，均遭驳回。接到法院传票，大中华立即组织撰写答辩：双钱牌不但商标名称和老人头牌根本不同，而且商标图案也与英商老人头牌没有任何相似之处。其次轮胎是产品，花纹相似与否不属于商标注册范围和商标局的业务受理范围。你有自己的名称个性，我有自己的名称特点。商标局根本不听大中华橡胶厂的申辩，竟不分青红皂白做出再评定书，即下令双钱牌停止生产和销售。后大中华厂又将轮胎花纹从工字形改成长城形花纹。但英商还是不满，提出要双钱牌停产、停销和毁模等要求。1939年12月大中华橡胶厂再次向行政院上诉，结果被驳回，并要求双钱牌不得再向行政院上诉。这场官司打了六年之久。但这时进入抗战时期，老人头牌生产遭到重创自顾不暇。上海沦为孤岛后国民政府也鞭长莫及，双钱牌也不再理会这个"裁定"，继续生产这牌子的轮胎亮相市场。

（四）求顾客认知之争

民国时期，不少商家精心传播沟通求顾客认知，以争夺消费者及扩大品牌的覆盖面。

在上海，胡西园为了有更高产品质量又聘请刚从美国学习电气专业归来的冯家铮为工程师，并生产出更优质的"亚牌"灯泡。亚字牌在广告里，一再推出"中国人请用国货""中国首创，省电耐用"标语，语言简洁流畅而号召力强。之后亚牌在市场上的名气不断升华，在消费者心目中的形象不断结晶。胡西园在论述销售时说："（广告）宣传在推销货品中占着重要位置——要使人敏捷地感觉到需求，则非运用宣传不成功。"为此他常在报刊、闹市、铁路沿线、轮船码头等场所刊登和张贴宣传亚浦尔广告。在广告中他很注意广告语设计广告牌，2/3篇幅是灯泡画面，同时用二组广告用语，"牌子既老，货色又好，中国首创"和"国货老牌，省电耐用"。将用户最关心的省电耐用问题凸显出来，提高了吸引力。每逢儿童节亚浦尔便招待大批小学生来厂参观，赠送一包食品一只灯泡，包装袋上印"爱国同胞，请用国货"。

也是在上海佛手牌味精推出后，为得到消费者认知，吴蕴初组织了广告宣传。同时在多地张贴"佛手味精，鲜美绝伦""佛手味精，完全国货""走过路过莫错过，佛手味精上餐桌""佛手味精，价廉物美，欢迎使用"等广告画、广告口号。接着又在产品包装上别出心裁，请人设计了新颖别致并富有特色的装味精的玻璃瓶，其颜色半蓝半黄，造型头小肚大，似笑面罗汉模样的扁圆瓶，结果一上市便深受顾客欢迎。

又是在上海，罗立群为了和英商"链条牌"竞争，他组织了一次特别的广告，详细刊登"飞轮牌"产品品种、各种颜色、规格的价目表，使广大用户得以和链条牌做一比较。然后在全国主要报刊、杂志上刊登大幅飞轮牌广告，以显示与对方差别及自己的优势，让消费者了解认可。这手法很快取得了良好的效果，飞轮牌迅速在市场上畅销。

还是在这里，亨达利见亨得利也红火很不服，于是抢先控告亨得利假冒其招牌。由于各有门路又处租界，双方都有合法地位，地方法院不愿插手。于是另开战场进行宣传战。亨得利说自己是信誉至上、服务周到，推出的是始创于同治十三年的老牌亨得利，分号遍布全国，各地联保，是第一大商号。亨达利也不示弱，花10万银圆在铁路沿线、报刊、电台、剧院做广告和霓虹灯广告，突出宣传亨达利是远东第一。这些口号都成了人们茶余饭后的谈资，结果鹬蚌相争顾客认知，共同成名不分伯仲。

上述这些事例实际上最终都表现为同类产品品牌的不同地位和优势的竞争，从而也是品牌形象之争。

四、品牌竞争的种种策略

品牌竞争，在手段上商人们不惜折扣、赊销、薄利多销、增加花色品种、改善服务态度等争优势，以明的暗的、单独或联手，设法多方招揽顾客，扩大购买消费群体。竞争策略多种多样，概括起来主要有以下几种。

（一）发挥优势打压对手

在市场上，有一些历史长、规模大或具有领导地位的品牌往往排斥甚至公开打压次级品牌，以巩固自己的地位和购买群体。在汉口，1927年设在黄陂街的老采章因经营不善而关闭，悦新昌将其顶租，重新装修后打出九纶号新招牌。这号就设在鸿彰永对面。经营多年有一定实力的鸿彰永于是设法阻击未果，于是修饰店面购进大量过时积压货囤积。就在九纶号开张时鸿彰永出人意外地打出40周年大赠送口号。这边开张典礼，那边周年大庆，拥挤的顾客，弄得水泄不通，好不热闹。九纶号没想到鸿彰永有大量降价货，吸走了大量顾客，弄得九纶号冷冷清清。鸿彰永则心中暗喜，利丰益厚，巩固了领先地位。在上海，太平洋战争爆发后，成名的"三五牌"外销受阻，李康年只好全力组织内销。这时外地有烟台钟厂，本市有中南、上海等多家钟厂品牌钟。第二年中国钟厂进一步提高质量，增加品种。于是开始不断地挑战对手。首先委托荣昌祥广告公司设计，在报纸、车站、码头及电影院大做"三五牌"钟广告。为突出自己的优势，并将一只时钟拆去一块钟壳外板，歪斜悬挂，使观者清楚地看到钟砣有力地摆动，旁边配上顺口溜，以此显示"三五牌"的独特优点。经过大力宣传，"三五牌"时钟迅速地打开了京沪、沪杭甬铁路沿线城市的销路。1942年昌明钟厂产出18天钟，李康年立即推出早已准备好的21天钟和落地报时大钟。半年后又生产出一种大众化的不鸣点单套座钟、挂钟，还将"负责保修"改为"永久保用"。经过这番竞争，"三五牌"时钟商誉急增，成为名牌产品，畅销全国各地，甚至被当作囤积的对象和买空卖空的筹码，"三五牌"以优势取得了市场领先地位。

（二）明争与暗斗

在市场为争得领先地位，一些品牌或明争或暗斗，或公开挑战，或不声不响，暗出奇招争高下。

20世纪初，在我国部分市场也出现了品牌的明暗竞争，如三角与铁锚、龙虎与人丹，有悦和、邹紫光阁、野荸荠茶号与对手的争夺。还有先施与永安、新新与大新的比试。有些表现得很突出、很典型。

商务与中华书局的竞争。

第一，缘由及初争。辛亥革命时商务印书馆的原教材封面印黄龙旗将失效，其出版部长陆费逵预见反清革命会成功，暗中约人编书集资，约商务老同事于1912年元旦另起炉灶成立中华书局，开始了挑战商务，并迅速推出体例新的《中华新教科书》，很快风行，几乎独占市场。商务不甘落后，快速编辑《共和国新教科书》，把辛亥革命编入，在深度广度上远胜中华书局而夺得不少市场。中华书局心生一计，登出"中国人须用中国教科书"巨幅广告，暗指商务有日本人投资，商务于是收回日人股权。后馆主夏瑞芳突然遇刺商务受挫。经陈叔通建议成立总务处统管编译、印刷、发行业务，体制的改善使营业额迅速上升。接着编译所又开办尚公学校进行教学实验，不断改进教材。1918年推出越然编的《英语模范课本》风行全国。不少老师认为商务的教材更实用，几年间就发行了百万册。商务冷不防又转向古籍整理出版。影印出版了由张元济主编的《四部丛刊》。中华书局便组织编印《四部备要》与商务争版本，并买进杭州八千卷楼主丁氏创制的仿宋铜活字。陆费逵拿来印《四部备要》，不承认是步商务《丛刊》后尘，声称祖上曾参与编《四库全书》，有《四库》副本，被太平军毁，故编《备要》。商务于是刊出广告《四部丛刊》照古本影印，不像一般排印本错误百出。陆则针锋相对也刊广告："《备要》根据善本排印，订正了原本错误，影印本易以讹传讹，且有墨污。"中华书局还在广告中重金征求意见，指出如发现《备要》排印本错误，每字酬金一元。二书选版和出版的手段不同，各自显示学术意义、收藏价值不一，结果市场销路都不错。

第二，跟随之争。商务馆经营中发挥张元济和编辑高梦旦的才干及人脉广的特长，先后请人著译西方学术名著和100多种文学作品。中华书局于是跟随不让商务独占市场。商务编《辞源》，中华则编《辞海》。梁启超著述集萃《饮冰室全集》。1916年为保住对梁文集未来的出版权，提出出版要经中华书局许可。商务不管这一套，仍出版《饮冰室全集》。经梁撮合允同时出版。1920年3月，梁从法回国，图介绍外国新学说、新观点编译《共学社丛书》，由商务馆出《尚志学会丛书》和《北京大学丛书》。中华书局则出版《新文化丛书》，仍不及商务。

第三，扩张之争。早在1912年商务馆搬入河南路自建的四层五开间房。这年刚成立的中华书局在福州路东开业后也迁河南路，借助编印新式教科书发展自己，很快享誉海内外。1913年在国内主要城市设立分局。1916年中华书局有分支40处，仅次于商务成为国内第二家华资大书局。这年中华书局又在福州路河南路口新建五层大楼总店，与商务馆毗邻且略高些。

第四，吸引顾客之争。1917年春商务馆利用学校放假，在发行所设专柜专门发售过期旧书杂志，定名廉价部，购者蜂拥而至，名声大振。中华书局则在图书尚要出版时就预约销售，可享受折价和分期付款。图书面世则采取降价、赠书券、优惠，以吸引顾客。

第五，挑战失败。商务馆为扩张收购了中国图书公司，中华书局则收购文明书局。为与商务馆竞争，中华书局将商务馆南的交通路转角店面买下，把文明书局搬过来，图南北夹击商务馆使其无法发展。但中华书局连年投下大量资金建厂，入不敷出，资金周转不灵，又遇副经理沈知方辞职另创世界书局。陆四面楚歌因债务被控扣押，中华书局濒临倒闭。

第六，求新生。困境中陆费逵考虑与商务馆协商归并遭商务中人反对，认为有竞争对手好。后常州一大资本家吴镜渊投巨资解除了中华书局的危难。1921 年，中华书局扩充设备，重获发展。30 年代商务将文明书局买下，与发行所打通后扩大经营，到 1932 年商务馆发展规模超过远东所有出口商号，可与世界大型出版商号媲美。这年一·二八事变，商务馆被炸遭重创。中华书局趁机发展，但与商务馆仍有差距。内迁到抗战胜利后又迁回，商务馆、中华书局迅速恢复，又开始了新的竞争。

怡和布店侧翼竞争。

1914 年，在武汉肖益亭等人从瑞记布店退股后，肖氏便另起炉灶以"怡情和气"含义开张了怡和布店。时怡和店处于华洋交界的歆生路上，这里人口稠密，布店商号多。在这强手如林的市场上，怡和一入市便遭到对手的联合打压。肖氏面对强手并没有正面出击而是另辟蹊径，侧翼反击。为此他增招新股扩大实力，在黄金地段汉正街开新店作为总店。在经营上采取批零结合，现金批发，定期购销的则搭配冷滞商品，减少资金积压，零售则平价薄利多销。为了牌子有信誉他面对对手的杀价不予理会，采用在服务态度、货品质量、营销策略上不断改善。在接待上怡和要求柜员做到主动热情，了解顾客需要，热心耐心不过分，交易不行也和颜悦色。对老客户更要主动接待，从而形成怡和旺销的人气。在提高怡和知名度上，热情接待一般挑卖客人，通过他们在走街串户、乡村集市中介绍怡和商号的商品。再就是精心组织其他商号不太重视的商品，如夏布生意。虽有季节性，但旺时量大而且能顺手牵羊带动其他布匹销售。之后他们总结顾客需要的颜色自设染坊，做到色泽鲜明、经久耐洗，得顾客信用。从此怡和在竞争中不断崛起，取代了不少商号的地位。在一些商号退出之后，怡和上升为与谦祥益西号、谦祥益衡记等名号不分伯仲的地位。

桂禹声向邹紫光阁挑战之争。

也是在汉口，经过多年的经营，邹紫光阁以优质口碑成名。辛亥革命后，有一家规模不小的桂禹声笔店从湖南来汉口设分店，听说邹紫光阁名气大很不服气。于是便在其隔壁开张门面大做广告，以"长沙桂禹声，墨良笔更精，长沙开了三百春"口号向邹紫光阁挑战。邹氏兄弟见了也不理睬，胸有成竹地坚持以质取人，不断改善，维护形象，业务仍不断上升。二年后桂禹声没有起色，只好悄然退出。

进入20年代，市场上品牌竞争不但数量多而且更加激烈。这时出现了金城与兰金鱼、固本与祥茂、华生与奇异、无敌与三花、佛手与美女等产品品牌的竞争，还出现了商号的竞争。如三大祥竞争求市场地位。早在20世纪初在上海南市，洋布商号有日新盛、日新增、协祥等。为了求得市场地位，它们便展开了激烈竞争。设在金陵东路的协祥洋货号后来也到南市小东门外开了一家更大的新店。于是在原商号中间加一大字，取名为协大祥洋货号。1924年以丁方镇为首的部分协大祥股东又在旁边开张了宝大祥绸布店。协大祥从它开业时就采取全新的经营方式，如明码标价、开架售货，一反多年的棉布店暗码暗价的传统。同时又首创足尺加码，实行保退制度，很快使协大祥名声大振。宝大祥开张后也采用协大祥做法，暗暗与协大祥争夺了不少市场份额，结果殃及池鱼，使这一带的不少商号关门倒闭。这年7月双方各自扩张新房落成。宝大祥抢先一天开张且大张旗鼓宣传，吸引了不少顾客。之后在经营中，协大祥努力形成以大为特色，显示气势。宝大祥则精心调度，精打细算，采用多热门少冷门，春秋换季大减价，从而彻底消除滞销品，形成"精"的个性。进入1931年协大祥中以丁大富为首的股东也在小东门开设了信大祥。这样在小东门形成了三大祥鼎足而立的局面。它们资本互有，经营上互有来往，但竞争则心照不宣，招数不穷。几年后这些祥字号都在竞争中成名，增强了实力。八一三事件后小东门优势消失，协大祥迁八仙桥。1937年宝大祥随之在八仙桥开设分店后成立送货部、成衣部、电话购货部、邮售部、星期廉价部，增加经营功能，吸引了大批顾客，开始与协大祥抗衡。信大祥反应较慢，只好在福建中路开张新店，但经营困难，于是在南京路开张了大绸布店。这样三大祥又在南京路形成鼎足之势。在小东门、大世界、八仙桥、南京路，协大祥开了四家店，宝大祥开了三家店，信大祥开了二家店。他们在经营中各出招数，不断创新，以不同特色吸引顾客得领先地位。

出上海在苏州，早在1908年施崇甫、严绍基和张馥庭，在观前街创馀昌钟表眼镜行，1911 年开始营业。同时把店装修布置得格外洋气，成为这里第一家钟表专业商号，以经营进口钟表为主，兼营眼镜、唱片、留声机。由于货品足，实行包修，让人无后顾之忧。眼镜方面，货源可靠，镜片、镜架产自德、美、日，有验光设备，价格又低于水晶眼镜，所以深受大众喜爱。时手表正取代怀表，所以馀昌钟表眼镜行门庭若市。1924 年又在闹市区开馀昌钟表行。二年后宁波王祥甫在苏州观前街开华达利钟表眼镜行。第二年，董子星也在观前街开中美钟表眼镜行。王氏发现馀昌以前捐建街钟设在石路道口岗亭上，大钟上有馀昌标志。华达利欲挑战馀昌号与之比试高下，开始暗争。于 1927 年在北寺塔前道口岗亭上也安装华达利大街钟。之后华达利又在玄妙观侧租房开设华而登钟表行，位置正好与馀昌成斜对门。"饭店门口摆粥摊"，这是存心与馀昌争夺市场。施崇甫亲自找华氏协商，王祥甫答应撤店，但以施崇甫出资 800 银圆盘下华而登铺面为条件。施盘下后退给商会但只许安排其他业务。

进入 30 年代，虽然有品牌竞争出现，但明显减少，尤其是新开发产品方面的竞争更少。但还是有出现，如山东的隆祥与瑞蚨祥，浙江擒雕与飞鹰，汉口的汪玉霞与五亿丰，还有长沙天然照相馆、上海金鼠牌的竞争。在浙江宁波，一天，裘珠如来到明星照相馆照相后不满意质量与店家争执，一气之下租下该店隔壁的房子开照相材料行，取名"天胜号"。为求得顾客信用，设法掌握过硬的技术，从上海高薪聘来技术人员。在服务上要求员工把顾客看成亲人，如发生口角或批评或开除。如所拍照片质量不满意不收费重拍。营业时职工要穿西装，给人时新感觉。出手的照片要经检查，达美观、大方、清晰，从而树立了优异的品质和服务形象，争得了较高的市场地位。当明星照相馆在中山公园外开设中华照相馆后，裘珠如便在公园内开张珊珊照相馆。明星的徐大椿开绿宝照相馆后，他又在其对面开大同照相馆，并登载巨幅广告继续挑战。后进入电影行业，开张了民光电影院、青年电影院，续行竞争。在上海，有的品牌在经营中正面受阻时便采取侧翼进攻，夺取市场。1937 年，就在金鼠牌、美丽牌红火时，华成的厂房被日机炸毁。陈楚湘一面组织清理转移，同时又委托兄弟烟厂代产美丽牌，以应市场需要。另一方面又另建新厂。1942 年新厂刚建成，太平洋战争爆发，日军利用联营社垄断烟叶控制市场。因此金鼠牌、美丽牌产销萎缩。抗战胜利后，市场上推出了大批美国香烟品牌。面对这一突来的形势华成坚持组织金鼠牌、美丽牌在上海及周边地区的销售。同时另辟蹊径从侧翼进攻，根据广东人的喜好，特制硬壳10支装小美丽牌，专销广东，一炮打响。接着又对原有销售管道进行恢复，迅速打出金鼠牌、美丽牌的广告，销量不断上升，从1946年的4万箱上升到1948年的7万箱。

（三）以联合为手段竞争

民国时，有些品牌经营者面对强者力量不足时采用避开单挑独打，联合起来，迎接对手，以取优势地位。沿海市场常有这种现象出现。

在上海，20年代，飞轮牌经营者罗立群在国产品牌生死存亡的关键时刻，以规模降成本，采用走联合之路，避免被链条牌挤垮。为此罗先生先后进和丰、入中华、登瑞和等制线厂，分析形势，苦心说服，让大家走上联合之路。这时飞轮牌木纱团的销量名列前茅，大家一致推罗立群为召集人。之后，罗立群又要求将荣丰、华成线厂中最优秀的工程技术人员请到自己的厂里，组成以飞轮牌为主的制线托拉斯集团。经过两年多努力，联合起来的中国飞纶制线厂，无论是企业实力、生产能力和销售量都有很大扩张，飞轮牌的市场占有率比过去有了很大提高。到了1929年，拥有百家火柴厂和火柴原料厂的瑞典火柴公司又将目标转向中国市场，它一面联合美国金刚石火柴公司，组成国际火柴公司；一面又在中国东北、华北收买大批华资火柴厂。同时还收买日商燧生火柴厂，在上海就地生产凤凰牌火柴。这时瑞典火柴公司再次举起降价撒手锏，跌价倾销凤凰牌火柴。这年12月，被任命为国民政府实业部长的刘鸿生便写信与上海荧昌和中华火柴厂，认为外货凤凰牌、桥牌入市之锐利可畏，我国火柴产业与商标，处此情势之下，前途岌岌，唯有联华制夷，才是唯一生路。经过几次说服，终于统一认识。1930年7月，刘鸿生将上海荧昌、中华火柴厂合并组成中华火柴股份有限公司并出任总经理。到1934年大中华火柴公司又将杭州光华、汉口炎昌、九江裕生等7家火柴厂联合起来，一举成为全国最大的火柴公司，规模与瑞典在华火柴公司不分上下。到了30年代中期，大中华公司已完全动摇了瑞典火柴品牌在我国市场的垄断地位。大中华公司的名牌火柴宝塔牌、仙鹤牌、金鼎牌、松老牌等销量大增，成为全国最大火柴公司，约占长江以南火柴总产量的50%。这些名牌火柴，彻底打破了瑞典公司凤凰牌、桥牌、如意牌、玫瑰树牌霸占我国火柴市场的局面。

这时期，在水泥市场，华商象牌水泥一投放市场，就像平静的水面投下一块巨石，掀起一阵波涛，很快即与启新洋灰公司的马牌、日商小野田的龙牌展开激烈的市场竞争。由于象牌水泥是在上海地区生产，销往江南地区较为方便。为此象牌水泥首先占领了较大的上海市场。如当时大企业都很快成了象牌水泥销售的大户。几年下来，象牌水泥在上海的销售约占2/3。但好景不长，象牌很快遇到马牌和龙牌水泥的冲击。1924年外牌在华水泥销量已达100多万桶，占全国水泥总销量的45%。这时已造成中国水泥市场供过于求。但中国国货品牌的信誉，名声都不及外牌，而且消费者都有一定的崇洋心理，因此在供过于求的条件下，国货品牌水泥销售面临困难。青岛日商洋行由于他们地处沿海中部，既可北上，又能南下，还可西进，左右出击。他们派人北上天津唐山，南下上海，要求维持各水泥品牌现有地盘，互不干扰。刘鸿生经营中发现国货品牌的市场都互有交叉，实质上华商品牌之间也是在竞争，这就增加了国货品牌的成本，也降低了与外牌竞争的能力。面临这种情况，刘鸿生审时度势采用与马牌走联合之路，签订了为期5年联合营业合同。这样，象牌水泥退出东北、华北、华中市场，换取马牌不再向南面扩张地盘。当时象牌水泥十分之七销于江南地区，失去北方市场，并无大碍。而马牌客户主要又在北方，南方市场失去也不重要。合同落实之后，象、马两家公司便联合涨价，销路居然未受任何影响。1927年8月，日货龙牌水泥的销售前景也出现波动下降。至20年代末，全国水泥市场形成大象、马牌战蛟龙的局面。到1931年，象牌、马牌等水泥已占全国水泥总产量的85%，日货龙牌水泥在我国的销售锐减。象牌销量居全国同行之首，成为全国水泥行业的第一品牌。

五、品牌竞争种种结局

民国时期，市场上发生品牌竞争，出现了种种不同后果。有的更加强化，有的退出市场，有的勉强经营，有的则在竞争中与对手都得到发展。

一是胜者更强。有的由于在竞争中加强管理、强化诚信、加强与消费者沟通、强化良好形象。在经过品牌竞争或在不断的接触中，品牌的多种信息不断地传播到消费者心目中，有些品牌在不断竞争中成长起来，甚至成为强势品牌。如兄弟烟草公司在打压中成长。在上海，灯泡亚字牌、电扇华生牌、橡胶制品双钱牌、香烟飞马牌、美丽牌，火柴宝塔牌都在竞争中获胜并树立优质、信用形象，形成更强竞争力。它们不但站稳在市场，而且得到迅速发展。二是逼使对手倒下或后退。民国时期民族品牌不断崛起。相反外商铁锚牌、野猪牌、祥茂牌、龙牌、美女牌则在竞争中先后退出中国市场。在汉口华商五亿丰号、桂禹号在竞争中失败退出了汉口市场。在上海中华书局与商务印书馆展开竞争后，策略不当，实力不足，入不敷出，资金周转不灵。屋漏又遭连阴雨，遇副经理沈知方辞职。同时因债务大经理被控扣押，中华书局四面楚歌，濒临倒闭。三是竞争中共同发展。在市场上也有一些品牌在竞争中由于策略得当，竞争双方都发展起来。如协大祥等三大祥、鸿泉两祥、三茅酒都在竞争中得到发展。在武汉汪玉霞号老板长子汪启蒙见汪玉霞招牌不用，于是变卖老家田宅募股，1911年在上花楼开张取名汪玉霞雨记，汪启漾的次子汪子泉在下花楼也开店取名汪玉霞为记。从此雨记、为记展开了既互相联合又互相竞争的商战。两家借钱还钱，借货还货，互换产品，都是遵循亲兄弟明算账的法则。同一块汪玉霞的招牌，双方共同维护其声誉。在进货出货压价抬价上行动一致。两者生产经营的品种、风味、工艺大体相同，都有汪玉霞的名气、形象。但同中有异。竞争中合作，合作中竞争。两号签订了品牌保护与市场划分协定。规定再设分店都不使用汪玉霞招牌，分店地段分开。但是在生意场中也有名分之争，各拉各的客户，那是毫不手软的。碰到新号出现则大放盘、市场炒作，排挤对手。在山东，张莉芳与人在潍县合办裕鲁颜料公司。由于城乡手工织布作坊星罗棋布，民间用硫化膏青染线织布多。多年来，由于我国颜料工业很落后，土颜料都没有自己的牌号，有牌号的大多从国外进口。这是一个处女地。为了取得生产技术生产颜料，张莉芳便来到日本以打工的身份进工厂学习加工硫化膏青的工艺技术。张莉芳回到国内，工厂建成，1923年6月8日开业；张莉芳根据市场的不同特点、需求，产出各种不同产品，并构思了蓬莱阁牌、万年青牌、喜字牌三种不同产品牌子，并迅速推向市场。蓬莱阁牌膏青由于质量稳定，纯黑不带红头，很受广大顾客喜爱。万年青牌膏青质量较优，黑中带红，很受本省各地染坊及顾客欢迎，两个品牌在市场上都是畅销货。由于国产颜料少，这些牌号的产品质量优良，所以裕鲁公司开工生产不久，几个牌号的产品都受到用户的欢迎，这引起了外商的不安。德商德孚洋行，趁裕鲁的几个颜料品牌在市场上尚未站稳之际，降价竞争，将德制硫化膏青价格由每桶100元降到40元，但做膏青的原料却保持原价。由于蓬莱阁牌、万年青牌等用法简单，操作方便，价格便宜，从而顾客盈门。德商目睹蓬莱阁牌膏青深受顾客欢迎，自感用降价排挤手段无济于事，又自动恢复原价。于是张莉芳又将价格也随即提高。1935年正当裕鲁公司蓬莱阁牌、万年青牌、喜字牌日益发展之际，从日本回来的一华裔在潍县开张了华德染料公司，生产推出松美牌膏青。为取得市场优势保持独占局面，裕鲁公司想方设法排斥华德公司。首先将蓬莱阁牌膏青由每箱34元降到18元，但华德则降为每箱20元。裕鲁公司再降价，这时潍县商会会长出面调停，为免两败俱伤，把潍县经济搞好把市场做大，抵制外牌，停止竞争。双方于是偃旗息鼓不再内争，带动了当地品牌事业的发展。进入1929年，在西南周秉衡从贵阳来到茅台镇建立了衡昌茅台酒厂。到了1935年，因经营不善只好歇业。三年之后，以衡昌茅台酒厂与贵阳赖永初联合组成了大兴实业公司。1940年赖永初将衡昌茅台酒厂全部买下，改名为恒兴茅台酒厂，将产的酒叫赖茅。加上当地原有二个品牌，在茅台村形成了华茅、王茅、赖茅三足鼎立的竞争局面。由于赖茅的经营者来自贵阳，无形中促使当地的华茅和王茅联合起来同赖茅角逐。在遭左右夹击后赖茅牌酒只好转向贵阳市场。华茅于是紧随其后也到了这里，这样在贵阳狭路相逢又展开了角逐。在这里赖茅进行了大量宣传，在省内外的报纸上刊登了大幅的醒目广告，在商标上印"用最新的科学方法酿制"十个大字。见此形势华茅也不示弱，也大登广告突出强调自己历史悠久、配制独特、品味纯正。同时在商标上印回沙茅酒四个字作为特色标志，以示同赖茅区别。两个品牌成名后，又玩起了价格战。恒兴酒厂新建规模大实力雄厚，它生产的赖茅质量不差产量也大，于是采用薄利多销策略，排斥华茅。但降价战打响后华茅没有跟进而是采取了相反的策略——提价！凭历史长、质量和信誉度高销售！一降一提，在市场上形成了强烈反差。奇迹出现了：顾客买涨不买跌。提价后的华茅不仅没有滞销反而很快被抢购一空。而赖茅销售业绩反而不如华茅。无奈之下赖茅只好跟进提价。后再次提价。不管怎么提价，华茅的市价始终高于赖茅，而且销量也不低。这样华茅成了高档领先品牌。由于茅台酒的价格不断上升，涨到了两银圆一瓶。在激烈的市场竞争中，茅台镇所产的几个品牌都开始不断成长。

在品牌管理中发展

由于经营形势动荡急变，市场上的品牌创造处在更大的风险之中，可能继续前行，也可能死在沙滩上。为此一些经营者进行品牌创造中，采取策略及进行有效管理，完善提高品牌化水平，使品牌健康形成并迅速发展。

一、出现品牌管理误区

这时期，事实上在市场中仍存在一些品牌风险意识不强现象。有的消费群体变了，在品牌创造中仍少对策少改进，疏于管理，更缺维护提升。在一些品牌经营中，对品牌缺一致性的理解、支持和进行品牌化活动。在品牌化上有的长时间一成不变，广告落伍，也少有资金支持。有的把品牌仅看成与商标、销量、做产品、识别系统等同，有的迷信广告，认为广告了就万事大吉。由于品牌管理思想落后和出现种种误区，致使一些品牌创造无声无息以至夭折，甚至走衰或消亡。

有的忽视品牌创造。一些商人开张商店取名后就万事大吉，或有产品特色就一劳永逸不做广告或无优质支持只做广告。在浙江嘉兴，1926年长溪泉开了家"荣记五芳斋粽子店"，依据苏州美味肉粽进行调味改良，在市场上立起特味粽子个性，很快成功。后本地人朱庆堂、冯瑞年也在附近开张顶顶老五芳斋，真真顶顶老五芳斋，专营各种粽子，很快五芳斋粽子闻名遐迩，但这多家不同商号却难分伯仲，模糊不清。荣记五芳斋虽有特别口味，既不保密也不宣传自己的特点以与其他商号区别，以至荣记的个性形象淹没在粽子的各种名号中，无声无息。在北京市场，有一稻香村原是常见的字号，在北京独特亮相很红火。1911年，稻香村的汪荣清和朱有清看到稻香村的生意利丰，于是另立门户在观音寺街稻香村的对面开起了一模一样的南味糕点铺桂香村；1916年在稻香村学到南味食品制作手艺的张森隆则在东安市场也打出了稻香春的字号。这样在北京就形成了几家南味食品派系商号竞争局面。原稻香村也未诉诸法律保护。此后越来越多谐音的稻香村在京城开花。这样最早的北京稻香村生意受到了极大的挑战，正宗的稻香村的形象也越来越模糊，到1926年曾名震京城的稻香村被迫关闭。在杭州，出现张小泉近记外又有人开张多记分号。在杭州大井巷一带冠有张小泉的剪刀号达九家近记外，还有大荆记、鑫记、阴记、丁记、鼎记、靖记、锦记、长记，都表示张小泉的正宗，在上海、南京、苏州也有不少用张小泉作剪刀号的商铺。这都让人眼花缭乱，难以区别和选择。

有的保守不创新品牌而退市。在市场上经营形势变了，一些商品商号原定位的消费群体及需求变了的情况下仍保守不变，结果在市场上后浪推前浪，这样前浪品牌往往死在沙滩上。辛亥革命期间，市场上时新的银行出现，不断蚕食票号的业务。老号日升昌由于缺乏危机管理，保守拒创新。在南方经营机会多，但在革命中受的影响也大。时日升昌外欠达500万两。在变乱中四川、陕西各分庄亏损银30余万两，业务冷清。由于清皇室贵族官吏垮台，日升昌有300万放款收不回，为维持日升昌信用照付利息。因此出现票号不适应消费者需求，顾客不断奔向银行。恰此时在广西分号有一笔官款被连番催取，时不时率兵威胁。加上这时清政府已亡，人心惶惶。到1914年农历九月初一，日升昌京都分号代经理侯垣带着伙计及账簿逃回山西，随之各地分号人员闻风而逃回老家。面对危机，甚至有盈余的上海杭州分号也关闭停业。到1915年日升昌只好破产，清理后1922年复业，1932年只好改为钱庄银号，繁荣上百年的票号从此消亡。在长沙，1919年吴大茂店主吴氏去世，由妻主持针号，儿子吴应南经营百货店。时吴大茂号积累多，于是在湘潭开分店，分业下乡置田产，南门外修花园，在小西门形成半街产业，从而分散了吴大茂号实力。他少年好胜，习诗文好字画，捐官买爵，结交官绅大肆铺张。后购进几家铺屋修建成三层楼扩建，极大地扩大了吴大茂的规模。但由于经营不善又遇外货充斥，进外货又遇风暴翻船损失大，1924年吴大茂号被迫关闭。在北京，谦祥益原定位面向高端消费群体，多年来与名人交谊甚广，因此谦祥益在京城久负盛名。进入20世纪初的战乱年代，他们收集了众多名人的字画装饰，又有民国三清会总头魏奇的题字，这都加强了谦祥益的文化气息。谦祥益虽不断努力，但在民国后的清朝贵族已逐渐败落，原定位的这类消费群体日益萎缩减少，而新的高端消费群体体现出新的需求，但谦祥益没有创新适应，因此营业额大幅度下降。之后到了30年代经营环境日益恶化发展到严重衰退的阶段。在东北沈阳，进入张作霖军阀统治时期，在动乱中老天合为了生存和发展，在策略上开始了与大官僚甚密的交往。九一八事变后日军侵占东三省，老天合依靠的军阀政客官僚出逃，提走在老天合的存款。东北在日伪摧残下经济凋敝，老天合的高端消费群大减。同时不少股东退股分利，在上海又遭挤兑。后把商号主要部分搬长春又出现人心涣散，于是频换经理。1941年日伪政权发布物价停止令，畅销品被抢购，呆滞品卖不动。第二年天合利只好关闭。1945年，人员走，财产卖，老天合顿时在市场蒸发。

有的没有体制和人才支持而走衰。民国时在中国品牌经营创造的企业只有少数是按股份制，而大多数仍然是家庭（族）制，是按伦理关系来经营。在规模不大、经营不复杂条件下，品牌创造还能成功。但还有不少品牌进行创造经营是没有体制机制和人才的支持，无法实施科学运作。尤其在商品经济走向复杂的条件下更是难有作为而走衰。在山东济宁，玉堂酱园在孙氏家族兴旺的支持下耀眼于市场。从孙静峰开始独立经营，也维持着玉堂号的品牌地位。但到了下一代分裂出现，玉堂便失去了体制支持。店主孙静峰有五个儿子。由于长子孙笠樵才华出众，加上辅助父亲经营有功，1920年孙静峰把总经理的位子让给了孙笠樵。这孙笠樵性格孤傲清高，接任后更是孤芳自赏，不屑于忙忙碌碌做生意，只是依父的章法维持经营，结果玉堂酱园不旺反衰。1927年，反目相向的孙氏兄弟正式分家。被分业之后的玉堂酱园资金捉襟见肘，又赶上军阀混战、民不聊生，经营难度加大。面对乱世和玉堂酱园的陈旧，加上兄弟和世人的谴责，孙笠樵心灰意冷逐日消沉。1929年，看破红尘的孙笠樵出走杭州，在西子湖畔身披袈裟、吃斋念佛。在孙出走后，玉堂酱园的店务由他委托的总会计张慕轩主持，他一切按老章法办事，惨淡经营。抗战胜利时玉堂濒临倒闭，多年有名品牌也最终退出市场。在山东，烟台张裕公司1914年四易酿酒师，两度引种西洋葡萄苗，搭建现代化酿酒车间，产出色泽殷红、口味酸涩的酒液，推出张裕的双麒麟牌。后利用名人宣传，在多个媒体上广告。每逢节日，车载装潢美观的酒樽串街过巷，沿途分赠小瓶白兰地，招待顾客。同时印宣传册、仿单、名人题词，进行赠送宣传。虽如此但仍缺体制及人才支持。

1914年公司经理张成卿病故，马子骥继任一年后辞职，续聘张连溪。不久酒师奥地利人拔保回国，张的侄子亲戚任酒师。他们仓促上阵，缺经验和技能。1916年张弼士病逝，张裕号失主心骨，换了张秩捐掌管。这人经商是门外汉，因此束手无策。产品滞销又遇军阀混战，捐税又重，只得向南洋亲人索款维持。1929年欠债30多万元，只好将公司出租。租赁人张剑师接手后大换班。公司面目全非，被最大债主中国银行接管，1944年由日军接管，张裕号变色经营。

有的不重视品牌管理，品牌经营混乱。品牌创造也是一个系统工程，有一系列环节需要进行管理。但由于品牌知识不足，创造经验缺乏，不少品牌创造显得混乱粗糙。民国后乐家老铺及同仁堂仍缺品牌管理体制，只在内部选人，受家族制约难有活力。乐达义虽大公无私办事认真，但狂澜难挽，同仁堂仍处于风雨飘摇之中。在徽州的胡开文号仍然延续着前代辉煌，也推出一些顺应时代潮流的产品。但消费群体有限，虽使这百多年的老店一时间焕发青春，但没有质的变化，只是回光返照。这时新文具、新墨水推出不断扩大市场，由于墨汁、墨水盛行，之后各地的胡开文分号陆续关门。休城最后仅剩下胡开文老店，而它也逐步陷入风雨飘摇之中。当然也有的由于没有品牌管理，没有形成特色及独特个性形象，因此容易被模仿而淹没在大同小异中。

二、强化品牌管理求振兴

为了对品牌创造能适应条件的变化和有效，以使品牌运营在整个企业管理过程中起良好驱动作用，也有一些企业能及时从各方面强化品牌的创造。

（一）强化品牌识别要素

有的在品牌创造中，由于在开张时构思识别要素经验不足，考虑不周，或结构简单，或复杂，或少含义，于是进行补充完整，形成科学合理鲜明有力的识别要素。1914年，在浙江舟山，福建惠安人陈永佐在普陀沈家门镇开设陈德顺发记酒坊。普陀酿酒历史很悠久，酒坊数量已经很多。陈永佐是酿酒世家，有酿酒绝技。发记号在酒品优质支持下，生意兴隆，很快进入领先地位。1917年陈永佐病故，只好委托他人管理，抗战时期每况愈下，处于亏本状态。1946年儿子接手经营，改进管理，同时增加产品标志，即附盖有金钱图记和印有招牌的黄纸，从而完善了识别要素。之后又改善工艺，使产品味道更醇厚，得更多消费者认可。在苏州到1931年野荸荠亏本难以为继，盘给了阊门外大亨罗锦堂。罗接手后在店号上加丰记字，迁址于阊门马路边。同时在招牌上塑三只醒目的大荸荠做标志后开张，从而在消费者中亮出了新的产品识别要素，让人耳目一新。同时每逢节日、周年都在各报刊登广告，进行赠券，与消费者沟通，吸引了更多顾客，生意又逐渐兴旺起来。进入40年代，市场上仍时不时会出现假冒招牌现象，为此一些品牌经营者设法防止假冒行为。上海木纱团飞轮牌已成为一个响亮的令人羡慕的牌子，但飞轮牌在市场上时不时被奸商假冒。为了维护飞轮牌的声誉，1942年罗立群将飞轮牌商标及图案，向商标局呈请注册。在注册中罗立群经过艺术构思，巧妙地将原企业名称中的车轮的轮字改成经纶的纶字。虽是一字之差，仿冒者只要稍不留神，就会露出马脚。另外，他还将这细小的差别，在通过新闻媒体介绍自己的产品和品牌时向消费者暗示：应学会鉴别正宗飞纶牌产品。

（二）改善提升品质支持品牌进一步形成

有的经营者在品牌创造初期，往往产品品质不很优异。同时后来在市场上会出现新的更优质产品。为此不少经营者继续提升产品或业务品质以支持品牌良好形象进一步形成。民国初在杭州的鼎园处由倪永廉继承后，增设项目以满足多样化需求。在产品品质上做到菜品精细、口感鲜嫩爽滑，顾客交口称赞。后改店名为山外山号，更响亮的名称吸引了更多顾客慕名而来。这时期，杭州奎元馆由宁波人李山林经营，由徽式改为宁式，形成鲜咸合一、软滑鲜嫩、原味独到的宁式大面。几年后又交给女婿陈秀桃经营。陈不断征求意见改善品质，形成"汤浓味长、面光汤干"特色的扣汤面，很快享誉杭城。宁式大面成了杭城百面之冠。陈桂芳接手后继续经营原拳头产品外，根据季节和消费者喜好又创制新品，这新品质使奎元馆进入鼎盛时期。

进入20年代，各地商号更多以优质支持形成品牌。河北青县人回宝玺字宝珍，光绪时随父闯关东来到哈尔滨，与人合伙开了家饺子馆。一次搭救了因未借到钱被骂、气愤喝烧酒倒在了灰堆上的刘子清。回把他救起，表示愿把存的钱给他捎回去先用，刘子清听了很受感动。但乡亲已走，刘把他作为生死兄弟，来到回宝珍店。这位原马家饺子馆的调馅师上任后，按自己的方法调整，使饺子味道鲜美，吸引了大批顾客，生意火爆，利润丰厚。后回宝玺回长春独立干，先接兑了炒菜馆，没有特色，一直不景气。1925年，回改开回记饺子馆。他以刘子清传授的技艺绝活，坚持货真价实，行薄利多销。回记制作饺子材料有标准，选料用料严格，操作有规程，先汤后油，先肉后菜，肉菜葱味不先混调，包时现包现调，达味鲜、不破肚、不塌腔。操作上定人、定质、定量，做到专人选料，专人拌馅，专人和面，专人包，专人看锅，负责到底，别人不插手，责任清晰。看锅人掌火候，煮多少时间，何时打凉水，下笊篱，不早不晚。后定规则三不做三不卖，牛肉不鲜、配料不全、面质达不到要求不做不卖。这些都支持了回记的特点形成。同时环境清净，礼貌待客，不能粗口脏话。来人要喊请坐，送人喊再来，很快回记吸引了不少客人，在百姓中一传十，十传百。之后天天人满为患，到年节则要订购。冬天则包好放在木板上，端外边炕席上冻上打包，套上大车给用户送。一些外地客人非要再到回记消费品尝。可见回记与消费者建立了良好关系成了品牌。这时期河北昌黎康遇周与人合资在沈阳中街开张鞋店取名内金生，产品取名金鼎牌。这时在四平街有一内宾生鞋店也有名气。一山难容二虎，于是出现竞争。内金生经理梁遇周精明能干，以高质量产品打开渠道，广招顾客。他招来技艺高超的制鞋能手，在厂内把关控制质量。在材料上，其布鞋面选用进口呢料及国产名牌软缎。夹鞋里子选用本白、漂白斜纹布。鞋底料则选进口牛皮、国产上等牛皮。在工艺上纳底要每方寸四十九针，上鞋时每寸针码三针半，上完后要前后周正，前冲与后跟高低一致，成品要达里白外净。在服务上要求员工记住"买卖不成仁义在"生意经，做到待客如宾，一视同仁，对进店顾客，不分贵贱老少，来必迎，去必送。店内预备烟茶，待客彬彬有礼，恭敬和气，使顾客乘兴而来满意而归。时货币贬值，有人称赞说："把钱存到银行里，不如买内金生的鞋合适，钱毛鞋不毛。"可见金鼎牌诚信美誉之高，很快内金生号成鞋行之首。1928年，康氏病故，二老板王中和接任后实行明码实价，争取中上层消费者。同时采用"买鞋挂彩（中奖）；行三包（即可退、换、修）"进行促销。很快内金生的金鼎牌有口皆碑，顾客接踵而来。大帅府的张学良及赵四小姐也到内金生定制，随之不少官绅也前往购买。内金生及金鼎牌成了东北市场首屈一指的牌子。1927年，在湖北汉阳，田玉山开张了四季美汤包馆。这之前在附近开熟食店取名美美园，以时令美食应市，路人纷纷入店，逐有名声。后发现这一带名号众多，布店林立，经营者多为江浙一带的下江人。为了适应这些消费者的需要，于是重点针对他们开发江浙口味的小笼汤包，请来南京籍师傅主理。为了提升和形成专业品质，徐氏以原产地要求制作先熬皮汤做皮冻肉馅制包。用料的肉用一指膘精肉，蟹黄用阳澄湖的大鲜蟹。精心制作，达风味独特，生意迅速红火。但当地市民却感其清淡甜食有余，咸轻不郁。于是进行改进，融江南与湖广风味于一体兼南北特色，皮薄馅多带汤汁且略咸成为武汉风味汤包。为指导顾客进食，还别开生面地在室内用图画告诉顾客吃法，即轻轻提，慢慢移，先开窗，后喝汤，蘸酱料，吃汤包。很快四季美号内顾客盈门，生意格外兴隆。之后不少熟食店仿效，冒出八九家小笼汤包店，但都不及四季美店独特好吃。食客觉得，真要品尝汤包非上四季美，足见消费者对其认可度之高。这时田玉山的侄子在对面开汤包店，也称四季美号。田玉山不便制止，于是在招牌上加一"老"字，炫耀老牌正宗且独特，结果比原来更加红火。店堂门面小，楼上下只能摆十张桌子，人多拥挤，只好或坐、或站，门前围着、蹲着，人越多，越往里挤，因此四季美信誉越来越高。在汉口，这时苏恒泰伞由于委托加工存在质量隐患。为确保苏恒泰产品质量可靠，还是自己生产好。1928年，苏荫泉将其弟苏启良、弟媳鲍天白派往湘潭组织作坊，专制纸伞供汉口苏恒泰销售。随即取消了与左和祥等8家作坊的承包合同。这样，苏荫泉可完全按自己的设想生产和改进提高，款式也多样化，达四大类20多个品种。夏季推出浸油伞，其抗湿性、耐用性比熟油伞好。后又推出凡购伞者挑好后，由伙计在伞面上代写姓名或配字画，既有情趣又带个性，满心欢喜。因此常常顾客盈门，络绎不绝，年销量达 10 万把以上。30 年代遭大水、抗战时遭人抢劫。恢复生产后，苏恒泰又做了改进，绢边改用拉力强的纯丝线，伞脑改用抗腐强不含水的株木，漆伞光油掺入动物油，使油质润泽、柔软。这些在品质上的改善极大地支持了苏恒泰进入领先地位。

在进入 30 年代时，在济南苗兴垣开张了德馨斋酱园。掌柜周学山，初营缺乏经验，效益不丰。1942 年改聘孙华锋为掌柜，这人善管理，要求前台热情和气，介绍周祥，价格公道，秤足提满，包装精致。同时严格制度考核，一级管一级。孙聘来老师，给以高待遇和一定权力。同时鼓励员工学文化、技术、算账，提高素质。根据能力安排合适岗位，做到人尽其才。在经营策略上实行"人无我有，人有我优，人优我廉，人廉我转"，及时调整开发新品种。组织专人搜集了解较有名的北票记等的生产工艺和产品，每月二次品评，品尝评价，集思广益，不断改进，从而使德馨斋保持新颖而独特的形象，得顾客认可青睐。

（三）完善强化管理

有的品牌在创造经营中由于管理落后不适应变化了的环境，为此采用不断完善措施，使品牌得到强化。这时期更多种类品牌都有强化管理的表现。1912 年，在长沙易见龙于坡子街开张师古斋纸庄，并使店堂别具一格：外石库门面，内清雅陈设，雕花饰金，桌案柜台油漆亮泽。招牌由书法家王运长的隶书所成，赤金装点，光彩夺目。而青龙牌则由书法家周介裀手书"制传蚕尔，品重龙须"，并请来举人粟谷青拟就嵌字联为：师竹友梅多异趣；古书名画发奇香。店堂中又架上名贵雀鸟，奇花异草，设鱼池假山，进店给人如进书斋画廊、登大雅之堂的感觉。产品则聘请高级技师制作，精益求精。为与消费者沟通，还常邀请名流文士到号做客，请其作联、吟诗、写字、绘画。或将名流书画精裱出售，为书法家增收，也为庄号作宣传提声誉。师古斋经营成名后，店主易见龙开始不务正业，出现债务而停业。1922 年，复昌纸号经理倪友松见师古斋虽停业，但名气信誉在，于是出价接盘。接营后强化管理，在原招牌上加"祥记"二字。在经营策略上，师古斋进一步提高品质外，在销售上推出新举措，与行业大户联系，发送货折，或订购，或送货上门，增加广告宣传。同时接待殷勤，真心推荐，周到服务。文夕大火后，原班人意见分歧，未能复业。之后有的出庄开张新师古斋纸业。梁汉臣、何楚贤在旧地开张称老师古斋纸庄。之后更注重人才、经营管理，加强广告。尤其利用包装附印广告："本庄自运中外纸张、苏杭屏联、八宝印泥、真陈印油、颜料泥金、文具仪器、铅石印刷、各种表册、文凭礼券、信笺客帖"。此外还增加销售中的识别要素，在八宝印泥盒上烧印图案及师古斋名称字。寿屏包装采用樟木箱，涂上漆，箱盖上请名人题字，精刻"寿比南山""延年益寿"篆隶字，以体现师古斋形象。到了1917年，在广州陈李济品牌经营进入鼎盛时期时，竟出人意料地陷入困境。由于陈李济招牌信誉高、效益好，企业两族人便接二连三地在厂内滥用浮支以致大量超支。加上主持人不善经营不精心维护管理品牌，致使企业一蹶不振负债累累。之后两族人氏从中吸取了教训，商量振兴之策，经第七传人李朗如力挽狂澜，使陈李济得以振兴。

进入1937年，在上海生产回力牌的正泰信记厂为适应环境改为股份公司。杨少振任经理后，采用科学管理、订立制度、培训员工，为回力牌成为有名的牌号创造条件。正待要大干时，"八一三"战火蔓延到正泰厂而被毁，后以银行投保的37万银圆的赔偿费于1938年复工。为避免日军纠缠，便利用业务上的联系挂出"日商爱克隆洋行橡皮部"招牌。为保住品牌，便以公司的名义高薪聘请"新美"为顾问，设法使回力牌避免被吞并。为维持回力牌这牌子，面对险境杨少振于是组织开发市场急需的各种新产品，组织制造用胶省、利润厚的回力牌电线，一度畅销。后因太平洋战争发生，原料来源断绝，回力牌电线被迫停产。抗战期间，上海正处于敌伪统治时期，橡胶与汽油严重缺乏，只好设法弄到橡胶维持回力牌的生产。后又设计制造布面胶底鞋，自行车胎，平型传动胶带。这时期回力牌只能挣扎图存、无法发展。日本投降后，回力牌摆脱了日伪的压迫，却又遭到国民政府的欺压，说是查究正泰厂"隐匿敌产"。分别被行政院、财政部经办人敲去60两黄金才答应销案。随着回力牌生产逐步发展，同业间竞争更加剧烈。正泰厂想方设法，改善经营管理。同业不少牌子资本雄厚，尤其是双钱牌，更是无法与其争霸。但鞋类却是回力牌的优势。为了名声正泰厂强化宣传，不惜重金聘请著名画家设计新颖动人的广告画，在大街小巷张贴，在码头路牌上写"回力牌，你最好的选择"。1948年全国运动会在上海举行，正泰厂密切联络体育界和新闻界人士配合宣传，在运动场内设置了醒目的大型广告牌。运动场附近设立回力牌门市部，销售特制的新型回力牌篮球鞋等产品。全国运动会开幕之日，还租用飞机在运动场内散发回力牌广告传单。运动会刚开，回力牌就声名大扬，各地纷纷来电要货。运销外地的售价虽提高不少，仍供不应求。

三、调整管理求振兴

这时期，一些品牌经营者面对市场上消费需求、产品品质的变化提升，对自己品牌创造管理进行调整，以实现品牌振兴。为此采取了种种策略。

（一）进行企业组织及管理者调整

民国时期，不少家族企业或产品或商号创始人在创品牌中难以适应，于是进行组织调整。辛亥革命后，邹紫光阁在武汉成名后在中部地区也首屈一指，月产毛笔达3万余支，远销全国各地。到了20年代，邹嘉联于1921年告老回乡，由堂弟邹联芗负责店务。而自己的六个儿子则留店内担任不同管理职务。随之业务和利益分配中不断出现矛盾。于是调整组织，把总资产、店号分给各房，邹嘉联分得邹紫光阁久记、邹紫光阁成记。邹嘉芗分得的新店和杂皮笔料行，取名邹紫光阁益记。虽分开经营，但规定今后经营失败或无意续营，都不得将邹紫光阁出卖给外房或异姓。分家后母品牌邹紫光阁名声、优势仍在，继续影响新号。之后邹紫光阁的三记陆续推出。后又在成都、南京、重庆、福州设分号，规模扩大成为中国四大名笔。也是民国初的1912年在北京琉璃厂街陈连彬把出租的来薰阁收回改营书业，未有起色。于是决定调整经营管理者，到了1925年便把其侄陈杭邀来。陈杭字继川，精明干练，办事能力强，主持来薰阁不久即把店经营得井井有条。其叔见他能干，干脆把掌柜一职让给他放手开拓业务，自己返乡养老。陈接手后调整经营方向，由服务大众转向主要为科研、教学、机关学校和专家学者的需要服务。定位明确，市场需要量也大。陈之后不断交往把国内外不少顾客吸引过来，又新结识许多著名专家学者，在国外同日本的教授、学者密切交往。他们也都成了来薰阁的重要顾客。陈收进大量名书好书，还常到多省收书，买进各种善本经籍，扩大了经营业务。因此业务迅速发展。来薰阁收书之外，还编印大量仿本。门面扩大成为琉璃厂最大而知名的古旧书号。在业务扩大后，为向南方发展，又在上海开了分号。从此，来薰阁在名闻遐迩的琉璃厂古旧书业务中名列前茅，年营业额达10万元。陈继川在1928—1930年四次到日本访问，在多地展销来薰阁的产品，收购中国古籍，结识了不少日本书商及学者、藏书家，来薰阁在日本名声大振。不少教授、学者也介绍很多学界朋友到来薰阁选购，其出的书也托来薰阁出版发行。陈讲义气，日伪时期，悄悄支持有利抗日之事，掩护进步人士。时在大后方缺乏必要的书籍资料，陈突破控制，或把书籍拆散寄到大后方。他帮助考古学家出版印数很少的学术资料专著。从此来薰阁在专家学者中形成了良好形象。之后到1937年抗战爆发，武汉市民平静生活被打乱，达官显贵、富商世贾，四散逃难，理发商号长生堂生意也走向萧条。张聚年只好贱价出卖长生堂号，本店职员代恒贵于是邀集本店同事集资买下后调整了体制，组成股份公司，同德才出资多成为老板。然后大规模高档装修，面貌焕然一新，显出金碧辉煌，豪华气派，成为三镇最时尚理发店。接着又从上海高薪聘来8位名师，加上本店4人，阵容庞大，从而继续保持了豪华时尚、技术领先、规模庞大的形象。武汉沦陷后，长生堂由于地处法租界所受影响较小，仍处美容美发业的领先地位。这时期汪伪政权的许多政要也常光顾，梨园名流也流连光顾长生堂，尤其有汉剧表演大师小牡丹花陈伯华长期定点在长生堂做头。抗战胜利后由于好莱坞电影影响及大批盟军人员来到中国，理发行业增加了不少新元素。美国影片《出水芙蓉》在汉公映后女主角的发型得人赞赏，长生堂理发师细心观察琢磨，结合中华女性特点很快设计出具民族风格发型，取名"泳式上旋发"，并很快风行三镇，也使长生堂名声进一步传扬。到了40年代，在绍兴震元堂慎记经营中出现了大量债务。1941年债权代理人陶春暄出面召集债权人公决，将债额转为股份进行重组，改震元堂慎记为衡记。1946年，宁波药材行余楚生、绍兴升大药材行张树藩等九人组成震元堂新董事会，选余楚生为董事长，王培卿为经理接管营业。从此结束了杜家经营长达 193 年的震元堂的历史，以新体制开始了新的品牌创造之路。

当然也有组织调整不好，未能有大发展的商号。民国初年，武汉曹正兴号由曹明福的三儿子曹万长接手掌管。该号在民国之前，曹正兴第二代时遭受大火化为灰烬。后在原址建起更大的楼房，但经营则呈下滑趋势。曹万长于是采取措施强化曹正兴号，一是精简人员，节省开支。二是调整经营内容，减少菜刀产量，提高厨刀、屠刀比例。三是以品牌主导、委托加工、集中成形的生产模式，收购各铁匠铺刀坯，加工整形淬火，镌上曹正兴三字，以更高价格出售，旺时日销达 200 把。曹万长去世后，1930 年其弟曹万钧接手，时曹家支脉不断繁衍，人丁众多。由于企业组织不完善，这些后人贪图享乐、轻视生产，游手好闲，在店内明支暗取，对此曹万钧束手无策。店务也只好由管账先生李志处理。这人也火中取栗，乘机谋私，致使曹正兴只剩空壳。1938 年曹正兴毁于日军战火只好关门。抗战胜利后曹家人返汉，重新打出招牌各行其是，也没有保持母品牌措施，有"曹正兴老三房刀店""曹正兴老二房刀店"，还有曹正大、曹正太、雷正兴等商号，五花八门，良莠莫辨。实际上只有"曹正兴老三房刀店"才是正宗商号，产品质量一如既往，供不应求，但规模大不如前，从此曹正兴号形象日渐模糊。

（二）定位调整

这时期仍有不少商品商号由于创牌初期分析研究不充分，没有定位，或定位不清不准，或市场发生了变化不适应，对此有的也在经营中进行了调整。

辛亥革命前，北京谦祥益总号经营的是高档绸缎，树的是高贵形象，民国后仍盯着前清高端消费群体，不断萎缩。其在汉口分号谦祥益衡记则不同，远离京城，这里没有北京那么多高端消费群体。更多的是中低端消费群体。店主不再固守总号的策略，于是进行调整，以布料为主，注重平民百姓，树立的是大众化形象。店堂朴实古雅，店内迎面挂匾额，内中镶嵌"一言堂"镏金大字，两旁用红纸书写"货真价实、童叟无欺"店训。柜台光亮照人，四周摆圈椅和鼓形凳，古意盎然。开门营业时店员们恭敬迎接，先问好再让座后奉茶，或敬烟，一问数答，不厌其烦。在服务环节上既热诚接待，对大的老主顾还留餐。一些远地客商进店，只要将货物清单一交，就可放心去办理其他事项，办完后回店付款取货，不问价格，不看成色，拿起就走，因为他们信任谦祥益。武汉三镇各地居民每有喜庆之事定到谦祥益采买布料，以此为荣。有民谚说，"没有'谦祥益'的布不出嫁"，可见其声誉之好。为了迎合大众消费群体的需求，谦祥益衡记设法与当时武汉著名的绸布号等区别开来，推出了主打产品"三宝兰布"。它色泽光鲜且耐穿，质优价廉。在服务制度上立了十八条店规，从言行举止、仪表仪容、社会礼节、生活起居、待人接物都有明确规定。在行动上员工虚心敬事，推己及人，宽以待人，处事平和。店规中还有十不准（不准赌博、饮酒、吸鸦片、嫖娼、外出闲游吃茶等）。由于商品和服务质量高，深受顾客欢迎，天天门庭若市，谦祥益衡记从而树立起良好形象。这时期在北京内联升店被毁，在灯市口西重新开业后再次受损，店主赵廷气愤而死。其子赵云书接手把内联升迁至前门外廊房头条。随着封建王朝的倒塌，原有的消费群体大部散失，但内联升品牌形象和信誉价值仍在，还有经营效应。但要改变产品，要面向新的消费群体。于是由主要生产官靴改为生产礼服呢面和缎子面的千层底鞋，从大内消费群体走出来，面向特殊消费群体。鞋面采用美制礼服呢，千层底包边的漂白布用日商亚细亚牌的。其加工制作也很讲究，做到锥铤细，勒紧码匀，每平方寸纳146针。纳好的鞋底要在80℃—100℃的热水中煮，然后包严热闷，闷软后再用木槌锤平、整形、晒干，这样就使布和袼褙组成的鞋底变成一个整体，穿着柔软舒适、吸汗、不走样、不起毛，然后打出"内联升·千层底布鞋"广告。后又推出双脸带筋、外观虎势的轿夫洒鞋。这种鞋柔软吸汗，走起路来无声又生风，很受轿夫、车夫和脚夫欢迎。后来各地武术队的练家子们也爱买这种鞋，认为内联升这牌子可信。之后又开发了老年人冬季喜欢穿的棉鞋，暖和又结实，穿脱方便，又称老头乐。这样经调整，新的消费群体又很快形成，充满新内容的内联升又兴旺了起来。在济南，民国前山东人刘显卿开了一家文化用品商店成文厚。民国后刘氏又派儿子刘国梁前往北京调查，选在西单北大街开设北京成文厚。这里学校较多，经营通俗读物和学生用书的不少。事与愿违，开张后门面冷落车马稀，接连亏损。后再调查分析发现，北京已普遍采用新式教育，使用新教材。同时这里文化用品店铺多，竞争激烈，没有拳头产品的支持，成文厚难有优势。但又发现从 30 年代开始出现了会计改进运动，在推行西式簿记和新式会计制度。他于是调整服务方向，聘请资深会计专家设计了新式的账簿表册投入生产。为防盗版，他在产品上印设计者姓名并标明"翻印必究"字样。1942 年成文厚作为北京第一家会计账簿表册在市场上推出后很受欢迎。产品转型后，成文厚这牌子也在会计中形成了深刻印象。在济南兴顺福经营木材、粮食、面粉生意都不兴旺。民国后又开铁工厂。后因技术及管理不善，也不景气。张店主于是进行总结，发现多数行业风险大，加上自己条件不足容易失败。他感到酱业是子孙生意稳妥，又是家家必备之物。1926 年把原业务停后开张兴顺福酱园，主营酱腌菜，兼营油盐酱醋，重金聘来两位师傅开发产品。经营中树立"产品保证质量，靠卖回头客赚钱"的宗旨，坚持货品优质，接待热情，童叟无欺，以礼相待，热情迎送，包装妥帖。卖时只许秤高，不许秤平和低，远地顾客安排食宿，烟茶招待，赠送礼品。后兴顺福很快获取顾客青睐，达兴旺顺利，名气形成。

进入 20 年代，在北京的庄虎臣觉得荣宝斋名气有了，可以扩大规模。于是在上海、天津、汉口、南京等地开张分号。1928 年国民政府南迁后荣宝斋在北京随之失去了不少老顾客，生意日见冷清。王仁山觉得原有的木板彩印很有名气，这么多年由于开展新业务而忽视了。于是调整业务，设立木板水印作坊生产。他们请名人设计笺样，请人照花玉佩、唐画壁砖彝器等古代图案文饰进行仿制，然后雕板印制艺术笺纸，深得文化名人赏识。之后又印制了名人鲁迅、郑振铎的技术难度大、艺术水平高的《北平笺谱》《十竹斋笺谱》。产品投放市场后很快销售一空，后又多次再版发行。作者评价说，荣宝斋纸墨良好，镌印精工，近时少见。荣宝斋的不少笺纸很快被人收藏成为珍品，在这新的消费群体支持下荣宝斋又振兴起来。

但也有调整不成功的。民国后孟养轩将谦祥益总号迁往北京，周村成为专门收购丝绸棉布，加工染色后批发给各地分号的加工基地。1919 年，孟养轩在天津估衣街开设谦祥益保记绸布店。但因受国外产品的冲击，布匹和丝绸业务利润越来越少。1933 年，孟养轩看到经营茶叶利润较大，于是进行品牌调整将周村谦祥益原来的业务停止，投入资金成立鸿祥茶庄改行经营。由于业务生疏鸿祥号显得力不从心。尽管孟养轩重新投巨资把门面装饰得富丽堂皇，亲自坐镇指挥，仍然起色不大，只好勉强维持。

（三）调整识别要素

这个时期，有些商人对创品牌识别要素认识肤浅，经验不足，考虑不周，因此构思的识别要素含义片面，表现不鲜明，空泛，有的于是进行调整。

民国初就出现这现象。辛亥革命前夕，重庆的杨粲三接手经营金融业聚兴成商号后，便把聚兴成改成聚兴诚号，以诚为指导经营。为有诚信形象，便努力使办事人员的品质优秀。他精心培养人才，建立良好师徒关系。他招收学徒后要徒弟向他磕头行拜师礼。然后亲自训练，每晚教他们打算盘，认银成色，进行业务实习。他要求学徒背电码，因此对业务个个滚瓜烂熟。1911年5月四川爆发保路运动，许多商人纷纷抛货求现，物价大跌。杨粲三则采取人弃我取方针杀价收购，囤积的货物堆满了所有仓库。不久辛亥革命成功，市场复苏，物价回升。这一进一出聚兴诚号净赚数十万两银子，名气大增。这时重庆政府号召捐款救济饥民，杨粲三为表现"诚"，于是慷慨捐出1万两，名列重庆首位。随着聚兴诚号积蓄的不断增加，来向杨粲三要钱支持的商家不断增多。杨粲三决定进行调整，转向经营以银行为主商铺为次。1917年，由于实业在各地兴起，不少商家都需要资金。聚兴诚号规模虽然不断扩大，但对于市场资金的需求，单靠聚兴诚号和汇兑收入不能满足，因此决定聚集更多的存款。他设法吸纳，贫民小户、一些人的私房钱、婚嫁费、养老金、丧葬费、大客户、甚至部队的钱，都聚集到了聚兴诚号。他们相信聚兴诚号，毫不犹豫地存到了这里。进行调整商品识别要素的行为在山东也有。1914年乐汝成在济南创办了泰康罐头杂货号。当初该店号以经营南北货、罐头食品为主，获利不少，一度营业额达济南全城之冠。1920年，乐汝成南下在上海设立泰康分店，重点经营罐头食品命名福字牌。为了体现红火、喜气、热情，又将福字用红色书写，并放在图样中间，四周配上麦穗，最外面再画上一对蝙蝠以图吉利，四周都有福字。进入30年代乐汝成又根据市场将产品进行适当调整，即以生产饼干为主，以水果罐头等食品为次，饼干品种扩大到夹心奶油、柠檬、草莓等。而在饼干听外包装上，乐汝成观察发现买这些食品的多是妇女儿童，她们更注意有具体形象。于是进行识别要素调整，把福改成金鸡，在饼干听上设计一只醒目的金黄色大公鸡。金鸡图样印在饼干听上，消费者能看到一只惹人喜爱的高大漂亮的雄鸡。另外在金鸡图上下用美术字书写泰康公司、金鸡饼干大字进行补充。这样一种商标和装潢看似不协调却极大地突出了金鸡的地位，吸引了人的眼球。乐汝成的这一调整实际上是经营者观念的转变，"福"字虽然也能吸引顾客，实际上更多的是出于自己的追求和感觉。公鸡突出醒目又通俗，更能进入消费者的眼球，产生购买动机。

到了1916年，在苏州也出现了这情况。这里的银楼恒孚号先后在上海南市开南恒孚，在南京路开北恒孚，在无锡、常熟、盐城设分号。同时完善商号识别要素。1917年程志范构思了恒孚上字地球标志，式样为竖写恒孚正楷两字，下为地球图上楷书上字。后发现一同行在无锡城内冒用恒孚上字地球标志。于是又在原商标上加双狮图案。从而以新的理念和形象出现在消费者面前。之后这种现象少有出现。进入1937年浙江奉化人阮贵耀在上海一边加工袜机的零配件，一边观察缝纫机市场。后发现制造缝纫机的利润远超袜机。于是转向缝纫机的生产。在缝纫机翻新出来后阮贵耀设计了一个侧面狮身人面像的图形取名为飞人牌。缝纫机飞人牌进入市场以后因产品质量与洋机产品基本相同，但价格仅为进口货的四分之一、深受国人欢迎，顾客不少。之后又重新设计了牌子标记，它为一位身上插有双翅的"飞人"，右手持一根特长缝纫机针，左手拿一台缝纫机，双脚站在地球上。以新"飞人"商标表达自己的愿望：即要立足上海、中国并走向世界。

（四）改革振兴

一些品牌在创造管理中，由于初期考虑不足，措施和行动往往不周到、不深刻，因此品牌化效果不明显。为此不少经营者及时进行改革，以实现品牌振兴。这种现象在沈阳、长春、济南、开封、汉口都有出现。如在民国初年，沈阳天益堂雄居中药业魁首，之后扩张了两家分店。武步元为天一堂监理，经观察发现经理思想保守不求进取，于是辞退并用新人进行改革。一是提高药材饮片质量。二是改变门脸形象。后拆旧房建二层楼，门脸白瓷砖罩面，楼顶上有天益堂霓虹灯显示。招幌一米五高，上有大"药"字，正面有天益堂横匾。门脸上方楷书大字："龙蟠橘井，虎守杏林，鹿鸣蓬岛，鹤舞芝田。"下面有四个大玻璃橱窗，分别陈列珍贵药材和东北猛虎模型。门脸书顶"本号采办川广地道生熟药材丸散膏丹，各种成药一概俱全"。两旁是膏药幌子，挂座堂先生姓牌。经营大厅上方挂天益堂，由晚清举人著名书法家梁成哲所书木制横匾。同时在大厅正门旁边有上书货真价实童叟无欺，两块赤金牌子。中药饮片柜台内两边一副对联："天心在抱求良药，益世为怀救病人"，并提出天益堂奉行"人无我有，人有我优，人优我特"，以此宣传沟通。这既是外观表现，有广告文字，也是与消费者的悄然沟通交流。三是改变柜伙衣着，提升环境形象。采用进整货，在店内加工切片，改变不挑选即上柜的马虎做法。进行业务培训，提高服务质量。原站柜台穿长袍马褂戴小帽头，全天棉袍毡鞋，后改为按潮流换装，穿戴整齐，这在同行中是首次。四是增加宣传与顾客沟通，在柜台上免费赠送药滤子、纱布袋以去掉药汤渣，提高纯度以保持药效。向顾客赠送成药说明小册子，手册封面为天益堂门脸照，登有制作的参茸虎骨酒和丸散的照片，内页为成药介绍。这时间，河北乐亭人王玉堂闯关东来到长春，在银号学徒、在粮号任掌柜，见积德泉倒闭。于是邀人合资接兑，后又扩建改造，安装了设备，保留大柳条篓子、木制酒海（储备酒），增添大量厚重木制酒海，达年产几十万斤老白酒。并使积德泉酒有辣而不蜇嘴、不刺胃，喝上一口嘴里热乎乎地麻及香的特点。又请来著名书法家王休然题写"积德泉"招牌。实行送货上门，在多地开酒局批发经营。

四、管理品牌危机

一些品牌在经营中，在社会动荡、市场竞争激烈的环境下，企业自身危机意识不断增强、放弃落后的经营、调整品牌经营理念，坚持维护品牌创造经营。这些经营策略在北京、上海、汉口、广州市场都有出现。

这时出现缺乏品牌管理而走衰的现象。在山东，淄川人谭祝三早在光绪二十年在周村开办了鸿昌义号经营布匹。最初以经营棉布为主，后增加丝绸。民国初在周村建织绸厂，成名后在济南设分店。主要是在周村收购、加工后把产品销往滨州、蒲台、利津及鲁西南各地，盈利可观。日本人侵占周村后谭祝三隐退，由刘熙庭接手，改店名为复聚栈，后经营不善，于1946年倒闭。1938年，武汉沦陷前，邹协和邹家典当面对形势的变化，没有应对措施，全部收歇，之后兄弟四散。武汉沦陷后，老二、老四留在汉口，继续经营，物价飞涨，生活奢靡，不再务实经营且更轻视品牌。抗战胜利后各号陆续复业，没有强化管理，企图以投机获利，后资产被没收，邹协和从此一蹶不振。

充分条件防危机。这时期，一些经营者根据市场上品牌经营危机现象，也就是说根据它的不可避免性，开始具有防范意识和措施。有的为品牌充分条件以防危机。在上海，天厨的佛手牌味精作为新产品生产经营的相关条件是不充分的。要想在激烈的市场上顺行和发展经营，就要具备充分条件。当时天厨味精产品的生产，主要原材料盐酸却要从日本进口，价高且硫含量也高，影响产品正常生产。由于出现抵制日货运动，这原料更时断时续，于是决定自己生产。1928年，吴蕴初获悉越南海防法商开办的远东化学公司经营不善急于出售设备，要价只需8万银圆。于是集资在苏州河边办厂，引进设备生产，取名天原电化厂，寓天厨的原料厂，并产出固体烧碱、盐酸、漂白粉。随碱、酸产量增加，所需陶器也日增，于是1934年在上海龙华建厂生产陶器并将厂取名天盛陶瓷厂。由于电解食盐产生氢气，于是购进设备产出浓硝酸、硝酸铵、硝酸钙。抗战前夕，在原料充分的条件下，味精年产达22万公斤。以此形成天厨、天原、天盛、天利诸厂，保障了佛手牌的生产经营。1928年又成立了中华工业化学研究所进行技术研究，创办化工图书馆，以推动化学工业的发展，促进天厨有更良好的支持条件。

完善品牌识别要素。民国时期出现一些经营者面对品牌识别要素的不足，能及时克服以防止出现被模仿。有的增加商品识别要素。进入民国以后，汉口周恒顺就开始着手进一步提高技术水平，独立研发产品，以提高品牌的支持力。为了

周恒顺商标图

周到服务设五金号提供配件材料，培训修理工人。这些高质量、全方位、全过程服务，形成了良好声誉。在产品品质提高的同时，周恒顺又着手完善产品品牌识别要素和形象的塑造。1918年周恒顺设计了商标图，即圆圈内为方框，框内加圆规和直角尺，内方和外圆相结合。"内方"，即对自身、企业、产品、管理严格要求。以规章制度为准绳，赏罚分明。"外圆"指对用户、市场、社会的态度，以用户、市场为主，以发展潮流为指导，不固执、不保守，通达圆融，随形就势，因情变而调整。以消费者为主，我为客，千方百计为用户、市场、社会服务。内方是基础、根本，外圆是发展是追求。为此设计出一个规矩方圆图，见下图。由此直观、形象，更易进人的眼球。这是按四书上提出"规矩方圆之至也"和"不以规矩不能成方圆"而立意，概括了工厂的服务方针和管理原则。

　　有的改为以创始人像为商品商号标志。辛亥革命后，西医对传统中医药出现了不断冲击，广州长春洞药店的生意也日渐衰落。该药号的潘弟潘四叔于是设法创制新药，以支持这个招牌的生存发展。他根据广州气候乍暖乍寒、人们容易伤风咳嗽，而市面销售的枇杷露多是独味单方，止咳效果不显著，于是将具有润肺止咳作用的川贝母和有祛痰作用的桔梗与枇杷叶一起熬炼，加入香料和糖浆。同时加进防腐剂使之耐久存放，经试用疗效显著。于是定名为潘高寿川贝枇杷露，给人以潘氏药疗效高的吉祥印象。1920年前后潘百世、潘四叔兄弟先后去世，药铺由潘百世四子潘郁生出任司理。不久广州起义爆发商团叛乱，长春洞药店毁于战火。潘氏于是改在西关经营，后潘郁生到香港继续经营潘高寿。1937年由于潘高寿川贝枇杷露畅销，不少药铺、药行纷纷仿制推出。香港诚济堂还公开在各大报纸上刊登川贝枇杷露广告。潘氏见人仿效生产且大做广告，于是以"一二三四五六七，忠孝仁爱礼义廉"为题，在报章上撰文讽刺诚济堂忘八（王八）和无耻，也喻指其川贝露是冒牌货。诚济堂见到后仗着它的商标注册，于是状告潘郁生，法院据此判潘影射他人冒牌。由于未注册没有专利及知识产权而吃了亏，败诉后潘郁生毅然变卖房产以改良产品包装，完善识别要素。潘高寿药以创始人潘四叔、潘百世画像为标志，并印在新包装上，同时在画像两边以对联的形式印有"劝人莫冒潘高寿，留些善果子孙收"的字句以警醒众人。见下图。从此仿冒潘高寿川贝枇杷露的事件就大大减少。之后他继续在报纸、电台做广告，还经常发表"川贝潘百世的真像"和自己的画像商标，并特意在像旁注明在广州生产。制作"画头"在电影院放映。后又用薄铁片制作宣传画片，钉在马路的电灯杆上。还派员工带产品到轮船、火车上宣传。老板还亲自出马免费向过往大众提供川贝枇杷露冲饮，既让街坊群众受益又收到良好宣传效果。几年间潘高寿便成为家喻户晓的治咳药代表。有人评价潘高寿是"治咳元老""治咳专家"和"治咳权威"。这带肖像的识别要素也深入人心。

潘四叔（左）与潘百世（右）

有的设计主标志并增加近似标志，提高识别力和保护力。在上海，五和厂鹅牌产品遭外商假冒充当进口货及洋品牌，瞒骗中国消费者。为了防止被模仿，五和厂构思了与五和厂名相似的几个标志，如由五棵禾苗组成的五禾、由五朵荷花组成的五荷、由五只戏水白鹅组成的标志，从而进一步明确占领了鹅牌的近似标志，阻断了他人的仿冒，维护了自己的形象。

五、多式维护控危机

在风险重重的条件下，这时期不少商号及商品品牌不拘泥于常规，灵活地运用各种手段对付风险，渡过难关，维持品牌不倒。

20世纪初时，在武汉市场，照相业渐趋发达，同时市场上同类品牌不断增加，竞争也日趋激烈。面对这形势，显真楼主严添承去世后长子严爱堂接手并继续打有名人摄影的招数。辛亥革命周年庆典上，显真楼专门摄制孙中山、黎元洪照片大量出售，深受市民欢迎。后宋庆龄、何香凝，民国风云人物吴佩孚、蒋介石、胡汉民等都慕名到显真楼照相。为了树良好形象，严爱堂为取得技术支持，他赴日留学提高了照相理论和技术业务水平。在《武汉指南》上进行图文并茂的广告，并在广告词中称显真楼"三十年来，历来应用欧美新法"，馆主"亲赴日本，历访专师，参观名场，实地考察最新的照法，并购东西文书籍，随时参考"，进一步在消费者中留下了显真楼技术领先的形象。之后为扩大规模新建四层楼房，更新设备技术。后又扩大经营范围，大量拍摄武汉建设最新图片为木地报刊登载，也为《武汉画报》提供了不少照片，这也让更多的人认识了显真楼。1938 年10 月底武汉沦陷，显真楼被日军强占。于是迁往汉口法租界开露天照相馆，后又在友益街路打出显真楼招牌开业经营，让显真楼在动乱中成为不死的凤凰。抗战胜利后，1946 年在动乱中显真楼又拍摄了《武汉风光》照片，保存了武汉名建筑，也维护了显真楼的市场形象。这时期在长沙的董同兴家族成员盘根错节，各房都有人开张了带董同兴这一牌子的商号，形成市场同业争夺。在这情形之下董氏成员经讨论，议定董同兴母牌由长房董菊生继续经营，将招牌作价向各房支取定牌费以经营。后市场上出现冒牌董同兴现象。1922 年诉于官府，1928 年县署判决"只认定真董同兴开设在南门下街学院街口罗氏家庙旁，小古道巷对面，坐西朝东，并无子孙分店在外经营，将此布告。"董氏将这布告刊碑勒石置于店中。这样南门正街店号不得冠董字，其他地方要加某记字。1937 年总号改建请名书法家写货真价实青龙牌，从而维护了董同兴这牌子的信誉。

进入 20 年代，在苏州的采芝斋第二代传人金忆萱主持经营到 1924 年，因病去世，遗嘱采芝斋分成 6 股给后人，由长子金宜安受托孙子的二股。尔后在观前街、上海开悦采芳分店。1928 年，金春泉在悦采芳对面开张采芝春唱对台戏。2 月 26 日金宜安以采芝斋名义在《吴县日报》声明："本号自开设苏城玄妙观东洙泗巷口——素为各界欢迎，故惠顾纷然而来。为免拥挤起见，于癸亥年添设悦采芳茶食糖果号，俾使顾客得以便利。唯只有两店，并无别号分出。今有新开类于本店之牌号，实非本店所分设，恐各界误会，特此登报声明。"金春泉看到后，就以采芝斋名义在 3 月 24 日《苏州明报》上登"观前采芝斋小主金君，现在观西另设采芝春糖果蜜饯店，现已布景就绪，定于旧历闰二月初九日开张。金君本为采芝斋经理——现则因事辞去该店经理之职，专营采芝春新号"。金宜安见后于 4 月 30 日以采芝斋金宜安名义又在《苏州明报》上刊登声明："新开采芝春糖果号金春泉广告，谓先父忆萱公临终时，邀请亲族书立遗嘱，将（采芝斋）店务责成春泉经理等语。查采芝斋由家祖父荫芝创于清同治年间，初仅糖果摊，嗣先父忆萱公管理后，营业发达，改而为店，所有店事，仍旧先父忆萱公执管。民国三年，春泉始入店伙。先父忆萱公故世，宜安经手，用人一切，仍归家祖父荫芝。因采芝斋由摊改店，系先父忆萱公苦以经营，得有今日家况充裕，于前拆分家庭时，将采芝斋分归大房，非春泉一人所能掩尽也。恐外界不明真相，淆惑听闻，特此登报声明"。1931 年 2 月 17 日起将采芝斋的招牌和经营权承包给杏荪、岳石、锡生三兄弟，三年为期。采芝斋已有名，开始发生品牌的果树效应，加上经营得法，生意兴隆。时杏荪、岳石合伙到上海开苏州采芝斋糖果店也获利丰厚。1940 年 2 月 16 日，第三次承包合同期满，金宜安提出将采芝斋招牌和经营权收回，金杏荪拒绝。金宜安于是将采芝斋招牌摘下挂到自己开的悦采芳门前，并向法院提出控告。为这招牌亲兄弟对簿公堂轰动苏城。法院将采芝斋招牌所有权判归金宜安所有，官司由金宜安胜诉。为打官司双方负债不少，亲兄弟成冤家。金宜安受刺激过深，闷闷不乐，就此送了性命。金培元接手后，企业负债累累。但品牌名气在，可以发挥品牌效应。于是借巨款将观前街悦采芳翻建成三层楼，挂出祖传金叶面的采芝斋金字招牌，楼面为贴金叶的采芝斋三个大字，两旁注"只此苏城一家，别埠并无分出"。为求品质支持，他重用老师傅确保产品品质和开发新品，形成特色产品以支持采芝斋形成名气信誉。之后金培元广交社会上层人物，多次热情接待各种名人来店。同时还结交文化名人，请他们来店品尝食品，致使演员常夹唱介绍采芝斋的顺口溜，引得苏城大街窄巷争相传唱。著名京剧演员马连良最爱吃采芝斋的玫瑰花酒，一次去香港演出带去 400 瓶。在营销中同时开展来信邮购、电话购货、送货上门、发行礼券，扩大销售，很快车水马龙的景象，从而形成极大的消费群体。此时创办于 1917 年设址在上海福州路的世界书局后来居上，于 1921 年建成四层大楼，与商务、中华成鼎足之势。世界书局经理沈知方请编辑林汉达编写了一套《标准英语课本》。林语堂看后发现与自己的读本有很多相似之处，和章商量后在上海各大报登载世界书局英语教科书严重侵权广告。沈认为这是诽谤，于是诉诸公堂。开始法官明显偏袒世界书局，开明号处于劣势，于是向国民政府教育部求助，告知两书对照的可疑处，证据充分。教育部认为《标准英语课本》确有抄袭冒用侵权之嫌，明令禁止发行。就在法庭即将宣判开明诬告之际教育部批示下达，舆论沸腾。法官连忙修改，但仍判开明有诋毁罪，象征性罚款了事，但世界书局的教科书被禁。后请教育部次长刘大白调停，赔偿开明全部损失，答应销毁《标准英语课本》。获胜后开明声誉鹊起，随之《开明英文读本》销量迅速上升。

进入 30 年代，天津也有这现象。1937 年东亚毛纺公司地处租界，尚能苟安一时，但敌伪看上东亚及抵羊牌品牌效益，屡屡上门刁难，意欲投资合营、攫取利益。宋棐卿为求得保护，只好设法拉拢日商维持东亚的生存。40 年代太平洋战争后，东亚厂被日军接管，并强给军用品加工任务。出于不得已宋棐卿利用有关人员祈求庇护，维持抵羊牌的生产。1943 年日军对毛、麻原料统制日紧，抵羊牌的处境越发困难。为此宋棐卿千方百计使东亚及抵羊牌熬过了这黑暗年月。在上海，正当冠生园稳步发展的时候，"七七"事变、"八一三"事变相继发生，冠生园生产厂被日军霸占，冼冠生于是撤出机器、原料，集中到汉口分店进行生产经营。随后又开办冠生园重庆分店，进入西南市场。1939 年，在北京一日商图控制同仁堂，要求投资入股。乐达义深知同仁堂这牌子是旗帜，现时不需要增资，尤其不要号外人员入股，于是严词拒绝。后遭继续压制，无奈只好请北平大汉奸王荫泰支持，花了不少钱才使日商未能挤进。尔后组织开发有特殊疗效的六神丸成为名药。之后 1942 年又拒绝了日商高价收买配方的图谋，从而保住了同仁堂的重要支持力量。

由此大量事例表明，动乱年代的中国品牌，为了生存发展采取了种种措施，终于渡过了难关，但又进入了新的动乱阶段。

多式扩张与走衰

在民国时期，中国商人在刚从封建社会走出动荡条件下，由于经商较自由，更多的品牌成名和价值及有一定积累后进行品牌扩张。但到了民国后期，由于市场经营环境严重恶化，大量品牌被迫走向衰亡。

一、品牌成名

由于封建专制倒下，市场经济得到较自由的迅速发展，大批商人在激烈市场竞争中进行一系列品牌塑造后，大量商品商号不断品牌化。这些品牌在市场上成了某一商品的代表和识别工具及有象征意义的个性。它们与消费者建立了信用关系，从而有大量商品商号成为名牌。如在武汉，对曹祥泰不但市内消费者信任它，邻近县区的农民逢年过节、婚丧嫁娶之事也到曹祥泰办货。在与洋行交往中，又得洋商信任，主动向其提供货源。可以说曹祥泰稳定了自己的名牌地位。在绍兴，1915 年斗门人苗永德盘入卜鹤汀笔庄，并进一步提高产品品质。后声名鹊起，尤其笔庄产的金不换笔更受消费者青睐。名人鲁迅写字都用这笔。他在《答杨屯人先生公开信的公开信》中所说："我——只有一支笔，名曰'金不换'。"这说明卜鹤汀笔庄及金不换获得消费者认可，这是品牌化的表现。这仅是一些典型事例，其实这现象当时市场上很多。但多数没有记载下来，下面仅把一些有记载有名气的牌子做些介绍。

在北方的北京商号名牌比比皆是，如形成了有名的正阳楼、泰丰楼、新丰楼、悦宾楼、东兴楼、会元楼等八大楼。有和顺居、天兴居、鼎和居、义盛居、同和居、会仙居等八大居。著名的饭庄有庆和堂、会贤堂、聚贤堂、福寿堂、天福堂等。较出名的西式饭店有北京饭店、六国饭店、德昌饭店、长安饭店。此外有亿兆、紫房子、成文厚、来薰阁、大华等商号。但少有产品品牌。在天津这一新兴市场品牌不少，仅餐饮业商号有聚庆成、聚和成、聚乐成、义和成、福聚成、聚升成、聚源成、义升成等八大成。其他还有盛锡福、庆德号、正兴德、老美华。尤其出现了产品品牌，有抵羊牌、红三角牌、绿竹牌、永明牌、鸵鸟牌。在河北有眼药马应龙。

在东北，这一后起之地，辽宁有名商号老天合、德盛号、仙露芳、泰和兴、聚丰祥、太阳公司。产品品牌有白马牌、足球牌香烟。吉林有老鼎丰号、积德泉酒。黑龙江有双合盛号、三盛炉号，另有红公鸡牌面粉。

在华东，山东商号商品有名的较多。济南商号有九鹤号、兴顺福酱园、聚福楼、登瀛楼。火柴品牌有推磨牌、蜘蛛牌、三光牌、山狮牌等。济南华兴酒庄有三星牌露酒。在潍县染料有蓬莱阁牌、万年青牌、喜字牌、松美牌。桓台酿酒业商号有镇强酒被誉为齐鲁八大名酒之一，继有乌河特曲、齐桓公宴酒、渔洋家酒、宫保酒等。在烟台有宝时钟厂的宝字牌、永字牌，葡萄酒有张裕公司的双麒麟牌、大宛香牌、金星高月牌、玫瑰香牌。在周村丝织业中成名的有同利店、永和丝店、谦祥和庄、裕茂公、鸿昌义、谦祥益等绸布庄。在江苏也是名商号居多。南京著名的饭馆有贡院东街的六朝春、东升楼、嘉宾楼等，点心小吃有李荣兴、清和园、包顺兴、三栈楼。苏州有名商号石家饭店、王四酒家、恒孚银楼、养和堂药店、余昌钟表行、明远号、明光号，有五芳斋、桂香村、稻香村、采芝斋、朱鸿兴、叶受和。在上海则不同产品品牌多。棉纱品牌有人钟牌、金双马牌、金钟牌、采花图牌、金城牌、云鹤牌、金鸡牌、双喜牌、宝鼎牌、鸿福牌、人球牌、汽球牌、象童、百鹿、双金、金宝星牌。布品牌有大鸣牌、飞鸿牌。袜子有交通牌、华尔滋牌、美蜂牌、皇后牌牌、亮宫牌。印染布有凤凰牌、双童图牌、送子图牌、天一牌、满堂彩牌、大妹妹牌、双鹿牌、芷江图牌。棉布有春晓图牌、飞虎牌、洛阳花牌、小弟弟牌、正大牌。针织内衣有鹿头牌、狮球牌、飞鹤牌、双鹭牌、鹅牌。围巾有骆驼牌、指南牌、红蝠牌、火炬牌。丝线有金手牌。丝绸有访贤牌。纱线有红狮牌，帆船牌。毛线有皇后牌、红美牌、小囡牌、顺风牌。绒线有三蜂牌、蜂房牌、蜂牌、杜鹃牌、鹦鹉牌。木纱团有香槟牌、红狮牌、蚕蛾牌、飞轮牌等。食品手球牌、天星牌、天明牌、百鸟牌、同心牌、生字牌。饼干有福字牌、马宝山牌、红双喜牌。汽水有益字牌。药品有海普牌、九一四牌药膏、云狮牌艾罗补脑汁、长命牌维他赐。日用化学品有无敌牌牙膏、三星牌、月里嫦娥牌、坚尔齿牌牙粉牙膏。香皂有麒麟牌、花球牌、老鹰牌、荷花牌、三友图牌。花露水有明星牌、双童牌、松美牌。轻工产品火柴有月兔、双兔、花船、黄鹤楼、三猫、人象、宝塔、仙鹤、金鼎等牌子。香烟有利华牌、三钱牌、国色牌、北平牌、金字塔牌。鞋类有方趾、征东、回力、天禄、蓝棠等牌。钟表有美华利牌、时中牌、致富牌、美记牌、福星牌、三五牌。化工产品有武士牌、鹰盾、五老牌、鸡蛋牌。油漆有双斧牌、飞虎牌。橡胶品有五福牌、元宝牌、回力牌、大喜牌、三八牌。五金电器有大无畏牌。热水瓶有长城牌、三羊牌、金龙牌、五福牌。洋烛有凤凰牌、水月牌、南洋牌、旗城牌，揿钮有嫦娥牌，锁具有狗头牌、利牌、马牌。到了抗战时这里成为孤岛，新出的产品品牌有鹤鸣牌、飞机牌、永久牌、名星牌、康派司、金星牌、三五牌、飞轮牌、回力牌、船牌、象牌、钟牌、飞人牌。有名商号药业有五洲、中法药房，眼镜有精益号，银楼有老凤凰，布号有老介福，照相馆有王开，百货号有先施、永安、大新、新新等。可以说产品品牌占了中国市场的绝大部分。在浙江品牌也不少，杭州有都锦生、毛源昌、奎元馆、天外天、楼外楼、西泠社、万承志。湖州梅恒裕缫丝厂生产出机缫丝，产品品牌有双金牌、双银牌、鹰钟牌。绍兴有老同兴酱园，温州擒雕牌，宁波有寿全斋、宝鼎、天一堂，嘉兴有徐鼎丰，金华有雪舫蒋。

在中南河南有包耀记，在赊旗镇仅食品商号就有履和兴、福源兴、义盛厚、义丰德、正大祥记、源记、义丰通等。在武汉商号有名的有怡和、汉协盛、祥康、维新、白海记、桐君阁、邹紫光阁、周恒顺、显真楼、曹祥泰、太平洋皂。在长沙著名商号也多，绸缎类有天福、大盛。南货店有九如斋、稻香村。照相馆有蓉光、四明。钟表眼镜店有寸阴金、亨得利。金银首饰店有余太华、李文玉。鞋店有美利长、云飞。茶叶店有吴中和、詹恒大。笔店有彭三和、桂禹声等。油行有美记、同泰、顺记。饮食商号有李合盛。百货店有和记、永安福、同和美、美利。其他有吴大茂、华昌、太平洋、怡昌、福昌、德昌等。著名中药号有劳九芝堂、四怡堂、达仁堂、西协盛、北协盛、谦善药店等。著名书店有大东、力行、广益书店，有崇正、中华、湘芬、友联等书局。笔墨店有文德斋、墨耕斋等。在广州，出现有名的百货商号先施后，推出了光商、真光公司、大新公司，其他还有致美斋号、皇上皇、陶陶居、唐拾元、大三元、三多轩。产品牌子推出了双十牌牙刷、何济公药、潘高寿药、五羊牌电池。

在西南贵阳由于沿海企业内迁成了入驻企业的要地之一，也出现了不少商号和产品牌子，抗战后仅香烟品牌就有 108 个，较有名的有金猫、赤兔马、远征军、美姑娘、黄河、海南、察哈尔、开罗、维多利亚、玉兰花、野玫瑰、郁金香、原子弹、空中堡垒等。在四川有商号桐君阁、聚兴城、宝元通、带江草堂、铨源号。产品牌子有虎牌、五粮液、郎酒。南充丝绸有飞机牌、汽车牌、鹿鹤牌。云南有大道生、锡庆号、裕和号等。

在西部，在西安有同义美，甘肃有天成西。

实际上当时在市场上有名的商品商号品牌远不止这些。但可以看出这时中西部品牌明显减少，大多集中在东部沿海、中南地区。东北地区、云南后来居上，出现不少品牌化活动和有名牌子，而且不断在探索走向外地和国外市场。品牌化现象减少的有山西、陕西、河南、徽州。

二、品牌价值资产继续出现

品牌作为商品商号的代表及与顾客的信用关系，由于给消费者带来一定功效、显示更高贵的身份，采用更高价格溢价销售，仍然能被消费者接受。也就是说能形成一定价值，由此还能吸引更多顾客，从而带来更丰厚的收益。

这情况在多地都有出现。在北京不少有名商号有溢价销售现象。在前门外大栅栏内出现多家著名资本雄厚之店，如瑞蚨祥、谦祥益等，然其价格高于一般商号。可见它们在市场上获得了消费者的信用，得到大量消费者认可。又如在沈阳，经过民初十余年的品牌塑造，得到消费者信用和认可的萃华号声望高，同业公会的产品牌价也由萃华号提出，萃华号从而成为同业中有代表性的金银首饰商号。1931 年沈阳沦陷后，溥仪成了皇帝，登基称帝的皇冠及其他金质饰品也是萃华号承制。这都表明萃华金号成了大量高端消费群信用和消费的牌子，无疑也有大量的溢价收入。还有在四川宜宾五粮液成名后又有德盛福、张万和也开始经营这杂粮酒，但品质都不及五粮液浓香。他们便以降价的办法挤兑五粮液。由于五粮液有更优良品质，不但不降价反而提价，消费者仍趋之若鹜，说明五粮液与消费者有较紧密的信用关系和消费意愿。经过较量，这些曲酒每市斤只卖 0.45 元，而五粮液却高达 1.20 元。因为五粮液这牌子有价值，也就是说物有所值，它也成了身份地位的象征。

　　这时期不但出现品牌价值，还有的进行品牌资产经营。如他人要用这种招牌经营时就会转变成价格。有的将招牌出租或以一定价格卖出，也就是形成作为品牌被他人使用的报酬。这在多地市场上都有出现。在北京市场上，全聚德店主杨全仁去世后，他四个儿子各立门户，但全聚德商号的资产不分。此时天津分号的生意日益兴旺，为防止京津两店遇到资金亏耗时互相影响，经商议杨庆祥个人只负责天津全聚德的盈亏。其余兄弟三人将全聚德资产分为三份，明确了弟兄三人在全聚德应享受的利益和责任，以确保全聚德的资产不因个人经营状况的变动而受影响。全聚德已成名，具有良好信誉，能带来更高效益，可分红获取利益。几个分店在全聚德这品牌伞下共同享受品牌的效能而获利。在上海，一些产品品牌在经营中也具有一定价格。如刘鸿生在兼并中将上海燮昌火柴公司的渭水牌、小团牌等作价买下进行经营。1925 年 9 月在浙江杭州张小泉店邻居失火被殃及烧成灰烬，元气大伤。之后虽修复勉强经营，但到 1930 年亏欠现金升至 8 万元，几濒破产。经营条件不足，但物之外的信用名声还在。这时昌化许云飞避乱到杭州看中张小泉这招牌，愿充"垫款经理"，投资 5 万元偿还债务继续营业。双方议定厂店不动产估值月支利息 150 元外，张祖盈提出张小泉牌子价值不少，使用招牌要租金 120 元。协议确定后许云飞利用张小泉号的信誉及品牌价值获取了大量利润。在绍兴陆文奎于 1910 年开张永兴号经营五金。民国后永兴号成名得信誉，之后进行扩大。1929 年陆文奎去世后其子接手，由于没有经验出现冷清。但永兴号已品牌化，名气信誉高。后由一绅商接盘另付 3000 元买断永兴号招牌继续经营。在武汉市场，1911 年武昌起义后黄志成号遭惨重损失，店面烧光。但黄志成招牌名气还在，复业后生意仍然兴旺。就在这时，由于摊子扩大资金常短缺，经营困难。店内高级职员纷纷离开，自立门户，当中竟有店主女婿何文柄等人开设丰成、义顺等杂货号，雇员也多为黄志成的人，处处表现出黄志成的良好形象，不少顾客也误以为是黄志成分号，也是可信的，于是纷纷前往批发进货，从而揽走原黄志成号的不少生意。这也说明黄志成号有品牌价值。在汉口，"董同兴"号的各房都有人开张了带董同兴这一牌子的商号，形成市场同业争夺。在这情形之下董氏成员经讨论议定，董同兴母牌由长房董菊生继续经营，将招牌作价，向各房支取定牌费以经营。这市的曹正兴号则采用收购刀坯再加工后镌上曹正兴三字，以高出同行 30%—50% 的价格出售，旺时日销达 200 把。可见品牌价值不低。在长沙市场上，店主易见龙把师古斋创造成名牌，效益丰厚后不思进取，开始不务正业，坐吃山空，大量欠债只好停业。1922 年复昌纸号经理倪友松见师古斋虽停业但名气在、信誉在，愿出价接盘。在协议中除商品器具作价外，招牌费达 4000 元。倪友松接手后在原招牌上加"祥记"二字，继续营业，很快兴旺，盈利更加丰厚。在长沙青石桥，浙江绍兴人俞老德早在乾隆年间就到湘开张德馨斋，精心经营，很快成名，生意发达。时仿冒的很多，相同相似商号四处冒出，多街林立，如德香斋、得馨斋。无奈真德馨斋酒楼只好加成"浙绍俞德馨斋"。民国时俞氏因人丁单弱无力经营，于是将招牌租与马姓经营。顾客以为仍俞氏经营，而且不少顾客不问东家只认招牌，仍信用它。但仿冒难敌，从而分走不少顾客，极大地影响了真德馨斋的效益。这种进行仿冒可获取利益，也说明被冒商号是有价值的。

三、品牌延伸扩张

品牌形成有信誉，更多的消费者也随之信任它，更加觉得这牌子拥有的其他产品或牌子也是可信的。商人于是见机行事，以不同形式进行扩张延伸。

（一）品牌产品扩张

民国时中国商人在品牌形成后，抓住品牌效应的商机，进一步探索品牌扩张，尤其是进行了不少产品品牌扩张。也就是一个品牌形成后，做大这一种或一类产品，或向近似产品延伸增加新品。也有利用母品牌推出相关种类的新产品，或将某一品牌使用到与成名品牌的原产品相关的产品上，满足多样化需求和吸引新的消费者，这在各类产品牌子都有表现。

布匹鞋帽品牌方面。这在苏州、四川、天津、吉林都有表现。进入20世纪初以后，苏州乾泰祥号品牌形成，规模很大，有两层楼，还有男女西装、新郎新娘装。到1922年乾泰祥出盘，何颖生联络多人集资接盘，并被推举为乾泰祥经理。接手后又盘进大量存货，获利丰厚。之后扩大规模翻建成三层楼，产品扩大到绸缎、呢绒、布匹、鞋帽、顾绣、时装，店内附设服装加工。在扩张中顾客除市区外还遍及周边市镇。在四川，宝元通号成名后从杂货经营向纺织品扩张，以宝字关联开张分号投资各地及进入生产领域。宝元通在成都、南京、上海、广州、香港开分公司，但都关联宝元通。在昆明的称宝元昆，在南京的称宝元南。还延伸到部分产品生产，在宜宾开宝星染织厂，在成都开宝星纺织厂，在重庆开宝星染织厂，生产宝元通的各种产品。在天津，盛锡福帽店在消费者心目中逐渐形成了良好口碑。到20年代盛锡福引进设备开发新品。同年又新建了通帽、印刷、毡帽等厂。从此盛赐福帽子制品式样纷繁、别致新颖、四季皆备、应有尽有，产品多达200余种。在上海鹤鸣牌成名后以合作形式扩张，在多地开分店，很快鹤鸣牌皮鞋销到了全国。不久又销到国外，鹤鸣牌成了皮鞋大王。

饮食商号及食品品牌方面，这类品牌扩张的也很多，它们开发新品或多地开设分号。1910年，徽州绩溪人胡桎森，在汉口开张了胡庆之菜馆，成名后便扩张胡氏菜馆。1925年在武昌与人合资创徽州同庆酒楼。在汉口开胡庆和酒楼、太和酒楼。1928年以后发展到驻马店、郾城、黄石港、歙县城等共开6家胡氏徽菜馆。这时期北京全聚德由杨庆茂接手后，由于全聚德名气大，除了内部扩大外还在外地扩张，在天津开设全聚德分号。在天津，祥德斋糕点铺成名后，1913年在北门外、1928年在单街、1935年在滨江道分别开店称祥德斋。20年代，上海食品冠生园在成名后不断延伸开发了不少新品种，并在多地设分号扩张。在经营陈皮梅、果汁牛肉的基础上又开发饼干食品，如椰蓉蛋黄、椰蓉素、莲蓉蛋黄、莲蓉素等月饼，以及用金钩、火腿、五仁、百果制作的各式月饼。接着又开发罐头食品、鱼皮花生、果酱夹心糖。30年代中期冠生园增加了糖果糕点、中西糕点几十种。在冠生园品牌伞下形成以经营糖果、糕点为主，以饼干、罐头食品为补充的格局，同时又向外省发展。在苏州，顾桂林接手黄天源成名后，增加花色品种，1931年，又开始进一步扩张，在观前街租房开张了东黄天源，营业额居全市糕团业之冠。在长沙，九如斋经营风味食品，1931年成名后扩张设作坊8个，分公司3个。开发出辣椒油、菌油、五香牛肉干、光酥饼。接着对外扩张，在沪、汉设有分庄。在开封，包耀记开张后突出色、香、味、鲜四大特点。后增加南方糕点和季节特色食品。在广州，皇上皇经营几年后，随良好口碑的形成也开始扩张，开设了皇上皇为记、东昌皇上皇店。在陕西，1936年贾永信在西大街建贾永信食品店成名后以此店作总部，并沿西大街两侧依次办起信真、信诚、信昌店铺，经营米面粮油、酱菜、干果、生熟牛羊肉。进入40年代，在哈尔滨，老鼎丰在1945年8月日军投降后恢复营业。由于名气还在，中秋节前后，老鼎丰共生产了3万余斤月饼，每摆上柜台都一销而空。1946年始扩张，相继开办了老鼎丰汽水厂和酒厂，产品为俄斯克、白兰地、葡萄酒等。除在本市销售外还大量发运到海拉尔、黑河、牙克石、扎兰诺尔等地。老鼎丰伞下聚集了月饼、酒品等。浙江平湖老鼎丰酱园成名后，1912年设"西鼎丰"；1920年又在西门外设分坊，还在上海永康路及奉贤、天津、青岛开设酱园。30年代时济南苗兴垣开张了德馨斋酱园，成名后扩大规模，产品销德州、聊城、泰安、肥城、青岛及外省多地，个别产品销到国外。在吉林，长春裕昌源面粉品质优、名气大。1919年后扩张，成立裕昌源吉林分号、哈尔滨分号、安达分号、大连分号，裕昌源得到极大扩张。

日用化工品牌方面。这类品牌的产品有一定技术难度，当时产品相对较少，多在上海出现。鹰牌香料成名后，其鉴臣厂在上海设立总公司，又在全国主要城市设立了分公司，在香港设立分行。后在天津设立办事处，逐步打开鹰牌香精在这里的销路。接着又在沈阳设立办事处深入东北市场。到了20年代末，上海无敌牌牙粉深受顾客欢迎，后又扩大销售规模并转向多种经营，在无敌牌牙粉后推出西冷霜、香粉、润发油、花露水及牙膏等20多种产品。进入30年代初，上海三星牌作为化工品牌成名处领先地位后进行扩张，形成了三星产品系列，推出化妆品、牙膏、调味粉、酱油、蚊香及辅助产品，从而成为中国规模最大的产品品牌。

药号品牌方面，这多是传统商号，发展的历史长，创品牌后扩张的也不少，也有少量产品品牌。20世纪初上海五洲药房成名后，在济南、杭州、扬州、天津、九江、芜湖、汉口、北京、蚌埠设了九家分店。这时期河北马应龙眼药店主马万兴把马岐山派到武汉开张分号以扩张。马岐山来到武汉在多地租赁店铺，挂出了马应龙定州眼药店分店的招牌。马应龙眼药在华中名气形成后，又到长沙、安徽安庆、广西柳州、河南郑州等地建了马应龙分号。之后马应龙眼药大量行销海外南亚国家。在沈阳，1920年广生堂成名后在本市增设多家分号，之后扩张到外地，先后在抚顺、铁岭等地开张了分号八处之多。在汉口，云南鹤庆张氏家族1907年合伙开设药店恒盛公号，成名之后经营麝香为主，兼营云南药材和土特产，后在上海、昆明设立分号。1922年广州陈李济在香港、1935年又在上海开设支店。后因抗战爆发遂将上海支店职员改派往新加坡再设分店。还派员赴潮安开设批销点，营业额甚大。也是1922年北京德寿堂成名后也开始扩张。康伯卿买下花市南的22间房作为总店及作坊，扩大了德寿堂的规模。六年后又在花市东开张德寿堂东号。1934年在前门外开了德寿堂南号，规模之大，光房产达60多间。

五金电器产品方面，这类相对技术含量较高，多是新产品品牌，且主要在上海等沿海城市。进入20世纪初杭州张小泉剪刀名气大认知度高，但经营者不满足，不断创新开发新品。1917年的一天，店主张祖贤在上海理发，发现发剪另有一层发亮的金属，既防锈又美观，令人爱不释手。一打听方知是镀了一层镍。回到杭州，他立即找来技师了解，经反复试制、改进，终于开发成功新品，创制出镀镍剪刀，开创了中国剪刀镀镍工艺先河。一经上市顿时门庭若市，备受欢迎。之后又适应医疗事业需要开发出相应的剪刀、钳子、解剖刀等专用工具。从此张小泉牌成了领衔中国剪刀的剪刀大王。为扩大规模，张小泉先后在多地建分号，并从1927年的31家到1931年升至42家。他们的招牌大多音同字异，采用加不同前缀，以便区别，又有关联。其中有真张小泉、老张小泉，或在张小泉招牌上加琴记、静记、井记等。在1915年，浙江海宁王光祖等人在江苏镇江创办钟表眼镜商店，取"生意亨通、利市百倍"之意，命名亨得利。由于经营有方很快成名。后相继在上海、北京、天津、南京、沈阳、郑州等市开办了亨得利钟表眼镜店，兴盛时期在全国共有60多家连锁店。30年代上海华生牌开始扩张开设了10个分厂，年产华生牌电扇三万余台。在国内25个城市设有经销公司，销量占国货电扇的 85%，处领先地位。

轻工用品品牌方面，出现扩张现象较晚。20 年代，天津利生牌推出篮球得到消费者认可后开始扩张。先是增加运动产品，之后是运动服装类，然后进军体育运动场地建设。在广州，牙刷双十牌成名后开始扩张，在惠爱路、高第街、长堤、太平南路开设专卖店。他还雇用"行街"上门推销，把双十牌牙刷千方百计打入各种百货日杂店。由于供不应求，于是建厂扩大生产，还从日本购入机制牙刷机，在产量和质量上都上了一个台阶。接着又派弟弟梁日盛先后赴沪、赴港，派长子梁厚德赴新加坡开拓市场。为了占领国内市场，他在上海建分厂；开设销售店，遍及上海各区。后又在武汉设分店，还到各大城市开设总代理业务。1937 年双十牌牙刷生意发展到全盛时期，扩张到全国各地。后扩到新加坡、印尼、马来亚、中国香港和澳门。进入 40 年代在天津墨水鸵鸟牌成名后，首先到北京东安市场、西单商场、前门外文具店等处推销。北京市场打开以后又让鸵鸟牌走向全国。先给一些城市的文具店写信，征求代销鸵鸟牌。之后很多文具店都回信愿销，因而不久就建立了全国销售网。这犹如一条条细流伸向各地，到 1946 年底客户达 500 多家。

茶叶商号方面扩张的较少。天津正兴德茶庄成名后先在北京、保定、沧县、泊镇设分店，在本市建支店，批销总额全年达 300 余万元。北京茶号庆林春成名后在东安市场、前门大街开张分号。张一元茶庄成名后大力延伸销售渠道，尤其向杂货铺、一般店铺、茶馆、澡堂、旅馆、戏院推销，到 30 年代初占领了京城大部分市场。后又远销天津、河北、东北、内蒙古等地。

金融首饰业方面，1920 年秦昆生在开封书店街开张了信昌银号。银号成名后先后在郑州、许昌、上海、北京、青岛、西安等省内外大商埠设立分号或办事处 24 处。1927 年该号与农工银行、同和裕银号并列为地方金融三大支柱。在沈阳，民国后萃华号开始扩张，在哈尔滨、安东市开张六处分号。

百货方面，这是清后期出现的新型商号，它一产生就表现出较强生命力。先施公司在香港开张几年后，觉得香港的市场有限，于是把先施这个牌子扩大到广州，同时增加服务内容。广州先施的良好口碑形成之后又把目光投向了上海。这是远东第一大都市，于是选择南京路与多路交叉的四角中心为店址建五层楼，成为这时同业中最高商店。在众多商店中它档次最高，规模最大，品种最多。随着先施的名声信誉的提高，于是又加盖两层，旅馆部分改为八层。另外建先施保险公司、先施化妆品公司，极大地扩大了先施的规模。

其他商号。云南鹤庆恒盛公号 20 年代后期在拉萨、云南勐海设立分号和茶厂，把总号移至上海。抗战时期恒盛公把汉口、上海各号撤回云南，总号也移至昆明。同时也在丽江、下关等地设立分号，利用滇、川、藏到印度的通道进口纺织品及染料、文具、日用百货等。抗战胜利前夕，张氏家族在印度、昆明、拉萨设分号，独立经营，互为代理。

（二）产品品牌扩张

这时在市场上出现品牌成名后，向着商品的不同档次或相关产品延伸，另立品牌，即在一类产品中推出多个不同品牌，也就是一品多牌，以适应不同顾客需求，以获取更大市场。这种现象各地都有出现。在北京，乐家老铺开张了多个不同字号，形成的乐家老铺体系，也可说是一品多牌。由于民国政府定都南京，政治中心南移，乐笃周老大房主张转移，在南京开同仁堂号，但祖规不许开同仁堂分号。乐笃周说服二三房，得勉强同意。虽遭四房反对但他仍在南京开分号。不设药厂而由北京同仁堂供药，以保全同仁堂声誉。老大房分别在北京、天津、开封、上海、南京、台湾开张乐仁堂、宏仁堂、同仁堂。1934 年初老二房乐东屏在北京西四开张怀仁堂。10 月在济南开分号居仁堂，在打磨厂创沛仁堂，自制经营自由膏。又在汉口、北京小市口开张沛仁堂号。这样老二房在北京、包头、烟台、沈阳、济南开永仁堂、恒仁堂、居仁堂、沛仁堂。老三房在北京、济南、赤峰、承德、绥远开宏济堂、宏达堂、继仁堂。老四房在北京、天津、上海、汉口、西安、成都、香港开达仁堂、树仁堂。这众多药号可以说都是乐家老铺所属不同牌子，都经营药材商品，但各自独立经营，有自己的特点，或部分档次有区别。在天津，东亚公司看到在市场上有不同需要消费者及不同档次需求，便在抵羊牌成名后推出了孔雀牌、五羊牌、骑羊牌等毛线，其中抵羊牌占据绝大部分，年销售额占总额的 87%。也是在天津，华新纺织公司 1918 年投产后开发了多个棉纱品种后，推出多个不同的棉纱牌子，有十全牌、长寿牌、三星牌、三元牌等，以代表不同规格、品质档次。在上海，华成公司在金鼠牌成名之后，感到这都是大众消费群体，凭自己的实力和经验，还可进入高端市场。于是又组织研究生产，很快又推出高档品牌——美丽牌香烟。美丽牌装饰美观，烟味醇和，质高价适，一进入市场，就深受欢迎。之后，美丽牌香烟销售从 1926 年 3258 箱上升到 1928 年 22744 箱。1934 年金鼠牌从 1926 年的三万箱再加上美丽牌达 10 万箱。1936 年、1937 年华成生产的美丽牌和金鼠牌已占全厂年产量的 70%—80%。仍在上海，中化社推出三星牌后由蚊香、化妆品延伸到肥皂。1938 年春正式生产，把产品定名为箭刀牌。上海金星牌金笔深受消费者欢迎后，便想着使金星牌这把伞下能聚集众多商品，接着又根据特定对象，推出不同品牌，如爱国牌、国权牌。1926 年，刘鸿生在火柴宝塔牌成名后扩大规模，品牌也增加了五蝠牌、江苏牌等。在上海，美华利有了一定的名气后便进行品牌延伸，根据不同消费者的要求，又推出了时钟的子品牌如华盛顿牌、惠林登牌、太平洋牌、大西洋牌、星球牌等不同规格、档次牌子。也是在上海 1933 年 11 月吴羹梅回国后经反复试制，在 1935 年 10 月开设了我国第一家能自己制造铅芯和笔杆的中国铅笔厂，将产品取名飞机牌。1937 年初又研制出高档铅笔，并用他的名字吴鼎的鼎字作商品名，示意顶住德国三堡垒和美国维纳斯等洋牌铅笔的倾销打压。在武汉，1931 年邹协和银匠铺五兄弟分家，老大邹协盛，老二老邹协和。之后五兄弟纷纷向典当业扩张延伸。老二邹济之开张了大典、老四邹澄之开张了协丰典，1933 年老三邹沉之顶租浙号老宝盛的门面改为邹庆孚号并开设复成协典当，老五润之开协泰当。由于金号与典当互补性强，典当上半年上架（放款）下半年下架（收款），互相衔接，有序调配资金。这样邹协和就有了同一类业务的多个不同规格档次特点的牌子。在四川成都，1933 年德厚祥号内刘达川三人出号合伙在南大街开利宾筵。五年后三人分开都觉得利宾筵成了品牌有价值，都不愿放弃这品牌。于是刘续开原店，在招牌上冠达记，即达记利宾筵。徐在总府街开店即谅记利宾筵，这也使利宾筵的多个牌子都经营腌卤制品而得到扩张。在上海，回力牌成名后，为体现不同档次推出大喜牌、三八牌、万年青牌。

（三）多品牌扩张

民国以后，一些企业成名并形成品牌资产后便以此为基础，采用并列多品牌扩张，开发涵盖多产品或服务，获取不断壮大的品牌效益。这在不少地方都有出现。在东北，也出现了在母品牌下向多个品牌扩张现象。早在清末，山东商人郝升堂在海参崴开设双合盛后，成为日用百货、呢绒绸缎的大商号。1901年他们来到哈尔滨创办了双合盛号经营杂货。几年后双合盛名气形成。1914年，经理张近阁听说瑞士人要把北京啤酒汽水厂转卖。他于是赶到北京，要买下这厂及商品牌子，纳入双合盛旗下。瑞士商人不听政府人员的梗阻，坚持卖给了双合盛。接手后，把五星牌作为双合盛的子品牌推向市场。后扩张天津、济南、南京、上海市场。之后又千方百计使五星牌进入南洋。1915年俄国人在哈尔滨经营的地烈金火磨出卖，于是买过来取名双合盛制粉厂，面粉大红鸡牌也买过来，大红鸡牌迅速进入南满和俄国边境市场，接着扩展到河北、山东及俄国腹地。1919年双合盛又扩张到油产品上，买进哈尔滨的双盛泰油坊，改名为双合盛油坊。1920年又投资兴建大型制革厂。1925年又把双合盛改为股份公司，聘张近阁任总经理，从体制上确保双合盛的正常经营。1930年双合盛设立了五个分厂。从此双合盛这一母品牌迅速推出了一系列子品牌。在浙江绍兴，早在清后期开张的陶泰生布店名气形成。到民国初成为绍兴龙头品牌。后开始延伸到南货及服务业，先是扩张开染坊，推出泰生蓝布。后扩张到多个行业并推出不同名称的牌子，如陶仁昌南货店、适庐茶室、鉴湖浴室、觉民舞台。之后投资房产，有陶半城之称。在汉口，曹祥泰号由曹云阶接手后，弟曹琴宣发现肥皂是新产品有市场，于是在1915年投资生产肥皂。产品产出后，对不同特点的肥皂分别起名爱华牌、警钟牌、和平牌、义勇军牌等推向市场。到抗战前这些品牌肥皂占了武汉市场的70%，同时还行销省内外的华中、华南、华北甚至南洋市场。与此同时，1917年由于曹祥泰这个牌子远近闻名，曹云阶于是开张曹祥泰寿记钱庄，后又进军百货业开张了祥泰新百货号。1921年，开张了祥泰禄记机米厂。后又开张了销售纽扣和针织品的商店。进入30年代后，曹祥泰继续扩张，又在食品方面先后开发了糕点、汽水、炒货等品种。这样在曹祥泰之外有的仍用母品牌名称，但是新的产品或业务，也有另取名作为独立的品牌进行塑造和经营，可以说是多品牌经营。也是在汉口，辛亥革命后由于汪启漾放松了在汪玉霞号的管理，汪玉霞店被火烧，面对残墙焦木，汪启漾不想经营汪玉霞牌子。听到这消息弟弟汪启蒙就将田卖掉带着银子来到汉口，把汪玉霞号装修。但为了表示继承老牌子但又有区别，于是把牌子称为汪玉霞雨记（招牌内含他的雨字）。果然汪玉霞雨记很快又红火起来。汪启漾的儿子见了，1920 年也筹资在花楼街重开汪玉霞店，取自己别号的"为"字把招牌取名为汪玉霞为记。1923 年，汪启蒙让儿子汪青航在花楼街开了汪玉霞雨记杂货号。不久在汉阳、武昌又开了两家分号。在济南，1924 年时任商会协理的孟洛川，在最繁华的经二纬三路上开张了瑞蚨祥鸿记。此时质优价廉的洋布已大量登陆济南市场，让以经营传统绸布为主的瑞蚨祥陷入了困境。洋货的冲击迫使瑞蚨祥改变经营思路和品种，开始走向跨行业跨地区的多元化经营。到 30 年代瑞蚨祥已经发展成为集布匹、绸缎、绣品、皮货、织染、茶叶、首饰乃至钱庄、当铺等 16 家商号，不少另起名称成独立商号，在多个行业立起不同的牌子。范围北至北京、天津、沈阳、包头，东至青岛、烟台，南到上海、武汉。在天津，凤祥号成名后也开始扩张。开设了大有织布厂，和丰盐店、聚丰当、信元制皮厂，投资鲁家珠宝翠钻商号，从而实现了向盐业、当铺、皮件、珠宝、布匹生产行业延伸。后又在全国各地开了几十家商号及相应的牌子。在北京，长春堂由孙崇善经营多年，1926 年病故后由内侄张子余接任经理。张为火居道士，将长春堂生意发展得红火。于是向多项业务扩张，在鲜鱼口一带开了长春堂印刷厂、长春堂棺材铺、庆丰饭店油盐店、亿兆百货店，在东晓市开东升木厂，在地安门开仁和堂药铺。长春堂由药扩张到印刷、饭店、棺材业务产品，树相应的牌子，都另取名进行了多个品牌创造。

四、走向较大的外地市场

民国以后全国逐渐成为一个整体市场，在这大市场上同类商品消费者也多，是获取大量利益的极大源泉。在民国时期，一大批品牌不满足于本地市场，而是向周边地区甚至向全国市场扩张，从而使品牌成为区域或全国品牌。

出现向周边地区扩张。这时期有的品牌由于时间短、资金积累不多、或不宜远地销售，所以只好向周边地区发展。同时消费者也有相同或接近的习惯，容易熟悉，所以成为不少商人的服务对象。20世纪初，由于在新经济条件下多数商号商品正处于品牌化，只有少数进行地区性品牌扩张。在第一次世界大战后，河北老品牌经营者马万兴派出马岐山到武汉开张了多家分号。马应龙眼药在华中名气形成后，马岐山又到长沙、安庆、柳州、郑州等地建了马应龙分店。到了20年代我国市场上更多品牌形成，因此大量出现向周边或国内大部分城市发展。在1921年沈阳广生堂在北市场增设广生堂分号。后广生堂在附近铁岭设立了两处分号，抚顺三处分号，开始了外地扩张高潮。在开封，1920年有商人开张了信昌银号。信昌号成名后，先后在郑州、许昌、上海、北京、青岛、西安等省内外大商埠设立分号或办事处24处。1907年云南鹤庆张氏家族合伙在汉口设立商号，名恒盛公麝香号。1912年成名后由张家独资经营麝香为主，兼营云南药材和土特产。后在上海、昆明设立分号。在药材之外在上海还设分号经营餐馆、澡堂、寿器、作坊等；在昆明开设的分号有布铺、药房等。1924年恒盛公扩张到云南勐海、拉萨，并把总号移至上海。抗日战争时期恒盛公把汉口、上海各号撤回云南，总号也移至昆明，同时也到丽江、下关等地设立分号，利用滇、川、藏到印度的信道进口呢绒、布匹、棉纱及染料、文具、日用百货等。抗日战争胜利前夕，张氏家族分家分号。后在昆明开了恒顺康，在拉萨开张热真昌，各分号独立经营，互为代理。在四川重庆宝元通成名后先在成都后在南京、上海、广州、香港开设分公司进行扩张。汉口汪玉霞雨记在本市扩张后又到安徽、浙江开了分号，经营食品、银器、布匹，从而使汪玉霞雨记再度扩张到多个行业，创立了多个品牌。北京鹤年堂在1929年刘一峰执掌时，曾在东安市场开设分店，1935年又在西单开分店，1936年在西安开分店。在云南，马铸材开张了铸记号，后进入印度市场，在噶伦堡开张商号，从事中甸、下关、丽江与拉萨、噶伦堡之间的茶叶、羊毛、药材、宝石、棉纱、百货贸易，并经缅甸、印度、拉萨路线，探索从勐海到缅甸景栋、东枝洞、仰光、加尔各答、西里古里、噶伦堡，以马匹、汽车、火车、轮船，最后以骡马驮至国内拉萨，前后 40 天，比中甸至拉萨走三个多月省时不少，且不受气候条件影响。运销量由每年几百包上升到三千多包，利润大增。1938 年滇缅公路开通，于是经营茶叶、生丝、红糖、火腿，汽运至缅甸腊戍或密支那后经铁路、公路走噶伦堡、亚东入藏。铸记号不但在拉萨成名，而且在印度噶伦堡也有名气。到了三四十年代品牌扩张现象明显减少，难有这种现象出现。

走向全国市场。一些品牌在本市、周边扩张后，人心不足蛇吞象，强烈的利益欲望推动着延伸全国市场。当然这个时期的全国市场并不是说每一个地方，而是指主要地区和城市。在北京，同仁堂的母品牌称乐家老铺，由于有名而扩张，之后在沈阳、长春、天津、济南、南京、上海、福州、开封、汉口、长沙、西安、成都、包头、赤峰、承德、绥远、香港、台湾等地开设了多家药店，各店在字号前面都冠以乐家老铺字样，从而遍及全国各地。在天津，盛锡福 20 年代成名后，接着向外扩张。首先全面占领本地市场，接着又在北平、南京、上海、武汉、重庆、青岛、济南、徐州等地设立盛锡福分号。天津鸵鸟牌成名后，郭尧庭首先到北京东安市场、西单商场、前门外文具店等处推销。进入北京市场以后，又让鸵鸟牌走向全国。经联系在全国建立了销售网，到 1946 年底这些分号代销点客户达 500 多家。天津利生号成名后又在北京建了几个利生店分号，在上海、汉口开设门市部，扩大了利生牌的经营。到 1936 年利生牌进入极盛时期，产品远销黑龙江、吉林、辽宁、新疆、四川、云南、贵州、广东、广西、福建及香港等地，进入全国市场。在山东，瑞蚨祥已经发展成以济南为中心向周围辐射，直至北京、天津、沈阳、包头、青岛、烟台、上海、武汉等地。瑞蚨祥逐渐登上了济南商业霸主的地位，并进而成为南北闻名的牌子。周村丝织业中的谦祥益、裕茂公、八大鸿、六大瑞、荣德义、庆和永、三义太等商号，染业的东来升、东元盛、成记、义生永等商号都在全国各地设有分号。东来升在济南、保定、天津、北京、郑州等地设庄设分号。在上海，也有多品牌扩全国。冠生园立足上海的同时又向中部和北方发展。一是在杭州设店和本市内设立了三个支店和一个发行所。二是沿江把冠生园旗帜插到南京九江并西上汉口，在武昌设了两个支店。三是北上在天津、北京等地设立代销店，把业务发展到北方各地。上海精益眼镜公司成名后走向全国市场，在广州开张分号成功后接着又训练人员，带着他们在全国各地建分店。先后在济南、天津、沈阳、大连、哈尔滨、南京、无锡、苏州、扬州、汉口、长沙、南昌、开封、重庆等18个城市开了分店，进一步扩张了精益号。上海香料鹰牌设立总公司后，先后在全国主要城市设立了分公司、办事处、代理处等，在香港设立分行，专门推销鹰牌香精。为向北方发展，首先在天津设立了办事处，逐步打开了国产鹰牌香精在这里的销路。接着又在沈阳设立办事处，深入东北地区，也收到了显著的效果。上海五洲药房，1913—1920年间在济南、杭州、扬州、天津、九江、芜湖、汉口、北京、蚌埠设了九家分号。上海美华利有了一定的名气后，便开始进行品牌延伸，生产多个品种。民国十三年开始，该品牌在宁波、北京、天津、杭州、济南、汉口、沈阳等地共设23家经销分支机构，一时声势之盛，为同业莫及，美华利遂有"钟表大王"之称。1945年11月，木纱团飞轮牌开始品牌扩张，在杭州、南京、汉口、广州、昆明、重庆等地设飞轮牌销售点，在天津、长沙、台湾等地设分公司，从而使飞轮牌走向全国各地。20年代后亨得利相继在上海、北京、天津、南京、沈阳、郑州等市开办了钟表眼镜号，兴盛时期在全国共有60多家连锁店。在河南，广顺生总号设在赊旗镇成名后，并在北京、保定、石家庄、郑州、襄城等地设分号、驿站十余处。该号不仅经营金融业务而且还兼营商业、农业。1937年广州双十牌牙刷生意发展到全盛时期，在广州、上海、汉口、苏州、佛山、天津、南京、无锡、扬州，或有工厂，或有门市部，或有分销店，或设总代理点。

五、打入国外市场

由于国内外市场具同一性，也由于利益的驱动，国外商品品牌不断进入中国市场。中国商品及品牌也不甘示弱地走向了国外市场，满足国外一些消费者的需求。明清时期就出现有商人进入国外市场，并打出了自己的商号牌子。历史上山西的一些商品商号曾大量进入蒙古、俄罗斯、欧洲市场，但到了近代都先后萎缩消失了。彼伏此起，到了民国时期，南部和沿海市场品牌不断兴起并品牌化成名，他们从浙江、天津、辽宁、山西、云南、长沙、四川等地找准机会打入国外市场。在国外市场上争得了一席之地，有的甚至成了国际市场上的知名品牌。

入南亚市场。这个市场，消费者同是亚洲人，有较接近的消费习惯。他们中有不少是华侨，较亲近易沟通。这一带交通也较方便。其市场也更容易进入并站稳脚跟。这就成了不少华商首选的对象。山西广升远号成名后，1916年广升远记龟龄集在巴拿马万国博览会上获得优质奖。于是开始推向国外市场，先是将镇店之宝——龟龄集运抵香港销售后再转向南洋一带销售，开了国内最早的自营出口成药商号之先河。从此广升远号名震海外。由于业务火爆，龟龄集出口大增，获利丰厚，成为当时全国药行的一面旗帜。在四川，30年代后期，宝元通在分公司稳定以后，肖则久又开始实施让宝元通进入南亚市场。为了使宝元通在国外市场站稳脚跟，他采取了双边贸易策略。先后在印度的加尔各答、巴基斯坦设立分公司，进口这些国家的棉花、麻袋，同时向这些国家推销他们迫切需要的中国布匹、呢绒、瓷器等。因此宝元通牌子很快飘扬到了南亚市场。在云南，多商号进入南亚市场。福春恒号初经营条丝分等级包装运缅甸后，获较高价格。为此1918年在四川设厂解丝，确保质优并将产品取名狮牌洋纺，运缅后畅销。到1924年共建18厂并运上海出口销印度，进一步扩大了福春恒号。这时庆正裕号开了协记猪鬃厂产出熟鬃，将产品取名骆驼牌并推向国外市场。云南鹤庆张氏的恒盛公号1924年在印度设立分号。抗日战争胜利前夕，张氏家族分家分号后在印度设的分号，继续独立经营，互为代理。1938年迁昆明的茂恒号在国内扩张后，又远销到国外缅甸曼德勒、仰光、印度的加尔各答、噶伦堡、越南海防等地。由于经营中注重信誉，海关对茂恒号的货物一般不检查，银行也放心对其贷款。在广州，1937年梁日新的双十牌牙刷不但在国内扩张，生意发展到香港、澳门后，又扩张到新加坡、印度尼西亚、马来亚，双十牌牙刷成为名牌货。占了不少南亚市场。上海飞轮牌木纱团也大量出口到印度尼西亚、新加坡和泰国等地，并在当地华侨中产生了深刻的影响。亚牌灯泡销到南洋多个国家。辽宁大连德记号到30年代由康忠全主持经营后便开始扩张，在大连开了分号德记全栈，后又将女界福卖到了新加坡、马来西亚、印尼等地。

进入欧美市场。这个市场的消费要求的技术含量、产品质量较高。中国工业产品品质一般都不及它们的品牌。因此能够适应这市场的主要是原材料和初加工，它们缺乏品牌化的产品。在天津、浙江、四川都出现了这种情况。在天津，盛锡福在国内成名后，20 年代开始把产品先推销到南洋群岛诸国，后又销到欧洲美洲一些国家，先后在 20 多个国家和地区设有代销处。从而使盛锡福的帽子戴遍天下。在浙江，湖州南浔梅恒裕号在 1920 年在获悉美国纽约将召开第一次万国丝绸博览会后，于是积极发起筹划参加，召集同行研究，推举代表赴会。当他们随同中国丝业代表团一起参加，1921 年 2 月 7 日在纽约开幕的博览会期间，梅履中又寄去广告说明书，托他们散发给欧美丝界朋友，让他们认知中国丝品牌。梅履中同时致力辑里丝改良及对外宣传，使南梅辑里丝经及各个牌子在厂丝已诞生、土丝销售萎缩的不利形势下仍广销欧美市场，在纽约、里昂这两大国际丝绸市场上成为信誉与优质的象征。为此纽约市场上专门设辑里丝的每日牌价，南梅的云麟牌、黑狮牌、飞马牌等最受美丝商欢迎。梅履正顺应潮流，在南浔创第一家机器缫丝厂——梅恒裕缫丝厂，引进日式缫丝机，用本地优质茧子生产出条纹均匀的机缫丝（厂丝），据不同特点分别取名为双金牌、双银牌、鹰钟牌。1927 年，为了开辟欧美市场的业务，梅家在纽约设立梅恒裕生丝公司以接受外商的咨询洽谈，以直销产品。梅履正还印制宣传册，介绍梅恒裕的历史、取得的殊荣及其不同品牌。1926 年推出经过改良的梅恒裕特级辑里复缫丝，丝的纤度更细，达到了当时最高水平。因此它一出现就得到欧美丝商的青睐。也是 20 年代初，在四川经营猪鬃的古槐青开设了古青记山货行，并将产品猪鬃取名为虎牌，既体现产品的朝气、威风，同时又与同行相区别。而要这只"虎"在市场上体现出来，他努力做到质量优良、价格公道，在美国市场上形成了良好声誉。猪鬃是一种天然属性毛，用它制成的刷子具不易卷曲、缠绕和折断的优势，油漆金属物时能挥刷自如，且还耐较高温度、耐腐蚀。而当时美国油漆行业中全使用刷子，尤其军用工业产品都要油漆，出现离不开虎牌猪鬃这优质材料制刷子。在古槐青去世、其儿子古耕虞接手后，他设法与美国孔公司代表联系，避开中间商直接进入美国市场。当时美国有四五百家制刷厂，他们只认虎牌并把它当成优质猪鬃的代表。从此之后虎牌猪鬃在国际市场所向披靡、顺利经营。第二次世界大战爆发初，美国政府为能获得优质猪鬃，曾千方百计深入中国广西、四川等地考察比较，认为虎牌质量最好。虎牌猪鬃从而成为抢手货。在第二次世界大战期间，美、德等军事强国都将猪鬃与鸭毛列为战略物资，看成与军火一样重要。太平洋战争爆发后中国西南对外陆路交通中断，美国于是新开中印航线，将重庆的虎牌猪鬃经青藏高原高空危险区运往印度加尔各答，并以美国"陈纳德十四航空队"（即飞虎队）来负责运输虎牌猪鬃。抗战胜利前，古耕虞联合国内猪鬃商家向政府要求恢复战前猪鬃自由出口政策。之后他扩大虎牌业务，在北京、上海、天津、沈阳、汉口等地设立古青记分公司。在政府许可自由贸易后，再次将虎牌猪鬃销往世界最大猪鬃美国市场。另外为使虎牌长期占领这一市场，还在美国注册"海洋公司"，极大地提高了虎牌在美国市场上的份额。至 1948 年前后虎牌销量占世界猪鬃产量首位，最高时达世界总量的 70%。这样虎牌也成为猪鬃行业中的世界第一品牌。也是在四川，南充丝绸飞机牌、汽车牌、鹿鹤牌成名后进入欧美市场。法国厂商用扬返丝织成长筒丝袜和贵重衣料，美英商人则用来制作飞机翅膀和高级衣料，这些牌子也随之在国外市场成名。在长沙，1927 年有商人在小西门开张美记行，在桐油经营中以质优和诚信不欺而著称于世。1938 年长沙大火后停业，1945 年复业。由于品牌良好、形象还在而得到迅速发展，先后在常德、津市、大庸及上海、广州、香港设分支机构经营，并运销美欧市场，年销桐油 56 万担。美纪行产品深得国外市场欢迎。

由此可见，在欧美市场虽然经营的品牌数量不及东南亚市场，但这里多是产品品牌，而且识别要素清晰、明确，都有良好信誉。

六、品牌在恶劣环境中走衰

民国后期，出现严重恶劣的经营形势。不少品牌由于经营艰难，只好无可奈何花落去，不断在市场上或走衰或消亡。这现象几乎在各地都有出现。

在动荡中走衰退市。在一二十年代，虽然有局部的军阀混战和统一的战争，但经营比较自由，品牌创造如雨后春笋呈现一派繁荣局面。但好景不长，进入 30 年代中期以后遭受了侵略战争，品牌创造在跌宕起伏状态下进行，无疑凶多吉少。原材料缺乏、交通受阻、人心惶惶，品牌定位的消费群体也处于动荡之中。在苏州，1932年银楼恒孚号只好紧缩，将上海、无锡的分号及苏州同丰、永恒记先后关闭。1947年在政府的黄金管制中，恒孚只出无进，年底时宣告歇业退出市场。在河南赊旗镇的纸局1935年发展到48家，1942年后因天灾兵祸纸局减为30户，有18家退出了市场。在上海，日本投降后汤蒂因在经营绿宝牌金笔时，又遇到政府发行金圆券，对黄金、白银、银圆全由中央银行限价收购，金笔笔尖原料被搜刮一空。拿到的金圆券不断贬值，物价如脱缰的野马般上涨，原料无法补进。1947年初，政府抛售大量金条，涨价潮流仍无法制止。绿宝金笔无力购进材料，生产成为无米之炊，虽有不少订单，但生产无法进行。1949年因资金周转不灵，绿宝牌在市场上迅速凋谢。在东北，"九一八"事变后日军与伪满政权一起实行物资统制和生活必需品配制，造成哈尔滨同记厂没有原料来源。同时各地交通阻塞，同记商场及大同百货店、大罗新寰球百货店难有进货而萧条。在这形势下同记欠账增多，有些债主便坐在店里不走，等着收钱。武百祥只好躲起来暗中指挥、支撑门面等待时机，以便重振同记商号。江西铅山繁华的河口镇，1935年商店仅存383家。抗战时外地商人迁入开张商号，其中有南昌的信成义、恒昌祥、立兴祥号，有浙商倪氏开张的正中公司，还有不少纸商进入。河口镇又出现繁荣。

遭政府官僚敲诈被迫退市。在法制不全、市场不健康的条件下，尤其在动乱年代不少官僚为了谋取利益乘机敲诈勒索，对经营企业更是不放过。在敲诈勒索中摧残企业品牌的生长条件，随之商号商品品牌岌岌可危，或停业，或退市走向消亡。在北平，抗战后沦陷，东来顺有丰厚利润，这引起敌伪的垂涎。他们以各种借口对其敲诈勒索。丁德山因患腿疾行动不便、难以应付，便把经营管理交给了三弟丁德贵。丁氏无力周旋辞职不干。只好把负责账房的李南浦提升为经理支撑局面。1943年，兄弟分家，经协商东来顺店分给了丁德山，其长子丁福亭经营不务正业，东来顺的经营管理由学徒出身的马祥宇代办维持。抗战胜利后，国民政府发行金圆券，东来顺一次就被迫买7000元金圆券。由于物价飞涨，民不聊生，人们消费无力，东来顺的生意日渐清淡，只好艰难维持。在天津，抗战胜利后重庆飞来的接收大员乘机敲诈勒索。宋棐卿赶紧把天津市商会会长兼河北省银行总经理姬奠川抬出来做东亚公司董事长。接收大员们也就轻易不敢上门找东亚的麻烦，抵羊牌也得以顺利经营，但也让出了部分经营权。在东北地区，30年代初以后食品店老鼎丰成名，在消费者中立起了良好形象。日军占领东北后发布物价停止令，原料告罄，老鼎丰营业额减少了一大半。在上海三五牌被封，只好通过伪特务头子吴世宝和上海日本军部疏通，花费了巨额金条，才将仓库启封，恢复三五牌的生产。三五牌躲过了风霜，又遭到了雨雪。不久吴世宝又派亲信进厂任职，操纵生产大肆搜刮，致使三五牌的生产难以正常进行，只得停业，三五牌退市。在宁夏银川，30年代不少商号开始逐渐由兴旺走向衰败，到了40年代后期，除天成西、敬义泰和百川汇勉强支撑外，其余五家先后倒闭。1937年七七事变后，天成西在上海、汉口的庄号遭到日本飞机轰炸，仓促撤退，损失严重。1938年后，交通阻塞，货源断绝，加之马鸿逵官僚资本控制了宁夏土特产品，并以抗战名义增加税收，商号负担沉重，天成西从此由繁荣逐渐走向衰落。1941年，总经理董钦赐力图振兴商号，改经西安、兰州进货。但由于马鸿逵多年的残酷掠夺，宁夏已民穷财尽，社会购买力下降，天成西营业只能艰难维持。1947年7月的一天，天成西在盐池兴武营分号的店员郝源浩、李世成二人来到银川，住在天成西商号。警察分局以查户口为由将郝、李二人关进牢房，捏造天成西窝藏共党密探。天成西号多次求人求情，花费了大量银两，才将两人免于枪毙，但罚天成西为官军做棉衣2000件，送马60匹。后来天成西通过送重礼才将棉衣改为单衣，60匹军马未免。衣、马交齐后，郝、李二人才被释放。但天成西遭受了重大损失，于1948年底倒闭。在汉口，太平洋牌在抗战初期市场畸形繁荣，肥皂的业务更趋兴旺。但好景不长，1938年10月武汉沦陷后，太平洋厂被日本人接管经营生产日商青龙牌肥皂。薛坤明于是举家迁往成都，另行建厂。然由于条件不足，太平洋牌未能在西南市场上立起。1945年日本投降后，汉口太平洋肥皂厂由民国政府接收人员接收，继续生产日商的青龙牌肥皂。薛坤明的儿子向政府请求发还太平洋厂资产。虽同意发还，由于该厂厂长石凌生从中作梗索贿3亿元，说是弥补损失费，因无如此巨款所以再也未能生产太平洋牌肥皂。抗战胜利后，张祖盈由沪返杭使张小泉号复业。1947年还清了许云飞的旧欠，图东山再起，但物价一日数涨，伪币朝夕数贬无法生产。1948年8月，国民政府发行金圆券，张小泉店受到致命打击再度停业。1949年1月，许子耕以黄金190两，承盘了张小泉店复业，但不到4个月，资本亏蚀殆尽，濒临绝境。抗战前一套剪刀（大小五把）1元6角5分，这时只准以几角钱金圆券出售，不到1个月就亏损了5万把剪刀，张小泉店无奈只好三度停业。

遭外商排挤打压侵占而亡。在中国市场上，外商依仗优势地位，时不时对华商品牌进行打击排斥。民国初期，英美烟草公司对兄弟公司的香烟品牌千方百计进行打击排斥，一会儿以商标近似，一会儿以与日商有关，再不行则图以兼并侵吞。兄弟公司虽遭受重大损失，之后又屹立在市场上，成了一只不死的凤凰。1924年，几个外牌香烟开始在四川畅销，英美烟草开始垄断市场。之后，南洋兄弟公司的爱国牌、联珠牌及上海华成金鼠牌、美丽牌香烟先后入川，但量少。1926年9月，英军舰在万县江面上炮击市民，出现九五惨案。民众愤怒而抵制英货，政府纠察队将英美烟草公司两个仓库的哈德门香烟3050箱（5万支）查封。国产烟经销商特请华成公司专制蓝飞鹰香烟、南洋高塔牌替代英美烟公司的哈德门。蓝飞鹰牌价廉物美旺销，很快占领了重庆市场。1928年，英美烟经销商贿赂军阀将封存的3000多箱英美烟解封在市场上竞争。重庆的南洋、华成、华达、福兴联合组成国货卷烟维持会，贴广告、报刊登，号召抵制外国牌子香烟，采取各种措施进行推销。英美烟公司为了顾客认知，进行五花八门广告，用各种形式吸引顾客。在价格上，哈德门每箱从250元降至200元，蓝飞鹰从140元降到100元，零星十支装哈德门每包批价4分，十支装双飞鹰每包批价2分，但国产品牌烟仍然滞销。重庆的南洋、华成也每况愈下，国产烟市场70%下降至30%。在北京，七七事变后，长春堂经营一落千丈。由于其避瘟散与日商宝丹疗效类似，遭日商打压，掌柜张子余也被绑到宪兵队，说其有不法行为。之后东家、伙计四处打点，出重金才把张救出来，从此长春堂负债累累而消亡。在天津，1923年初安徽青阳人宁钰亭在天津建了家纸板厂，以"振兴中华实业"之意，将企业命名为振华造纸厂，并将板纸取名为马头牌。为保证产品品质，他从美国Black Clawson机器制造厂购来造纸机器。他组织攻关使纸质量不断提高。在有了优质产品后，宁钰亭便在报纸上登广告宣传，马头牌纸的名声很快在全市传开，销售额也不断上升。当时天津有裱糊纸盒作坊300余家都需用黄板纸。由于振华厂的产品质量较好、定价不高，马头牌很受欢迎。马头牌旺销很快引起外商注意。卧榻之旁岂容他人鼾睡，日本洋行推出的熊牌纸垄断了多年天津市场，当他们发现马头牌纸在市上畅销后，就采取各种手段对马头牌施加压力，排挤倾轧。当时天津成记、敬记、福英三家纸行，多年经销日本熊牌纸张。三井洋行告诫它们以后不准销售马头牌纸品，否则就停止配给。之后马头牌产品开始积压，振华厂便采取薄利多销，以低价保持销量，而三井又再次跌价给以打压。马头牌赔亏甚巨，无法继续经营。振华厂为了保持马头牌，在津沪登报出租工厂。由于马头牌受日商排挤，所以无人承租。1936年，天津利生牌进入极盛时期，产品远销全国各地及中国香港、新加坡。七七事变以后日军占领天津指使日商与利生合作经营，遭到孙润生拒绝。日本侵略者遂强行霸占了利生号的厂地，孙润生只好把工厂迁回旧址。由于厂地狭小，又加上皮张都被日军强行征作军用，球革来源断绝，利生号只能维持木工部生产一些球拍向南洋一带出口。1941年太平洋战争爆发后只好全部停产，利生牌从此在市场上消失。也在天津，毛线抵羊牌进一步提高品质后与舶来品比毫不逊色，仅次于英商蜜蜂牌，从而打破了进口毛线垄断中国市场的局面。1933年上海经营蜜蜂牌，洋商诬称抵羊牌系日货冒充，企图扼杀。面对恶意中伤，宋棐卿请中华工商总联会、上海国货维持会和市民提倡国货会等团体进厂调查，证明了抵羊牌纯系国产。接着又聘请上海名律师江庸出面说明，从而很快澄清了外商的谣言，获得了清白及消费者的信赖，但也只能维持。在上海，抗战爆发后民丰造纸公司积极募捐他们生产的船牌黄版纸、薄白版纸等，支持抗日将士使用。1937年日本驻华领事人员和日本太阳牌经销商找到民丰公司要求"合作"生产太阳牌香烟纸，竺梅先给以坚决拒绝。日军见引诱不成，便强行霸占后又交给王子制纸株式会社无偿使用。日商不但盗用民丰公司的企业名称，而且还将日商太阳牌商标，改换成民丰的船牌商标，使用在香烟纸上对外出售，欺骗消费者。竺梅先被闲置一边，见士兵背着枪在门口守着，于是将此事公布于社会，争取社会支持。文章登出，把日商以太阳牌假冒船牌商标这种卑劣行径暴露在光天化日之下，舆论哗然，纷纷对日军强占表示强烈抗议，不少人打电话鼓励支持竺梅先。被揭露的日商便借机派日本流氓对竺梅先进行无理纠缠和人身威胁，向他寄送子弹，竺梅先被迫离开上海避居宁波。1945年8月，民丰公司及船牌随着抗战胜利而被收回，但由于战乱不止，经济萧条，船牌再也没有以前那样辉煌荣耀。开张在龙华的上海水泥公司，1937年日军进攻上海时，不断遭到飞机轰炸，象牌水泥被迫停产。第二年3月，日军再次入侵龙华地区，水泥公司遂被日军占领，后由日商三井与小野田托管经营。这年7月，日商便开始利用华商的原材料生产经营，冒用象牌商标及有国货水泥字样的包装袋以欺骗国内消费者。为了维护自己的名牌不被日商冒用，便在中外各报刊登消息，揭露日商冒用象牌的事实真相。但日商不予理睬并继续公开冒用象牌。无奈之下华商公司搜集其冒用象牌商标证据，向上海特区法院控告日商。至1939年上半年，经过先后两次判决，日商分别被罚法币100、400元。对此上海各报纸纷纷刊登日商冒用象牌的真相。在强大舆论之下，日商只好将他们使用的象牌商标改用黑龙牌，但少有人问津。到1945年抗战胜利时，好端端的象牌产品生产的厂房、设备，被日商糟蹋得面目全非。在上海，多家商号遭到日军轰炸，如冠生园、先施、上海水泥公司等。在杭州被日军占领后，政府要都锦生出任科长遭拒绝。日军于是炸毁了都锦生住宅和厂房。厂房被炸后都锦生转上海法租界维持生产。后日军占上海租界，都锦生只好关门。1937年日军侵占杭州后，张小泉店被日军侵占。张祖盈则避居上海开店营业，取名张小泉近记上海分号维持经营。在开封，王泽田经营的王大昌发展很快，在济南、郑州、西安等地设有8个分庄。王大昌成了开封同业之首，名扬中原，蜚声省外。1939年王大昌茶庄被日军占用，于是转移迁至二道胡同维持经营。在长沙，抗战后寸阴金钟表店文夕大火成废墟。1943年日军占领长沙，曹家逃到河西避难并保存贵重物品。1944年日寇下乡打劫，再出避难，朱家遭劫，贵重物品被掠夺，寸阴金大伤元气。

再遭战祸和外商的排斥。抗战胜利后大后方顿时冷清下来，收复区的不少商号则遭到接收大员的敲诈、强占，加上通货膨胀，许多品牌无法经营。同时日本投降日商品牌大批退出中国市场后，美英产品品牌大量进入，充斥中国市场。由于国产品牌没有恢复没有竞争力，许多商号生意萧条，无法维持，纷纷倒闭。1946年下半年倒闭了1600多家的武汉市，到1947年8—12月，又倒闭公司、商号达3300多家；沈阳市原有3000多家商号，到1948年仅存1000家。之后，中国品牌终于从在动荡中求生存发展走向了新的道路。

后 记

　　十几年前，退休前夕，在多次参加的省、全国企业经济及管理理论研讨会上，常常谈论到中国品牌尤其议到品牌历史时，一个个感到茫然。有的说根本不存在，有的说即使有历史也短。有的在一些论述中举例说到历史上的品牌时，动辄欧美，再就是日本，侃侃而谈，而中国市场上的历史品牌则是一片模糊，甚至说是改革开放以后才开始有所出现。这种种说法都让我怀疑。众所周知，中国历史上商品经济在亚洲、在世界上曾走在前列，发展较后的外国在商品经济条件下却明明白白地生长了品牌，难道中国的商品经济环境不生育品牌，难道中国商人智慧少，在繁荣而激烈的市场竞争中不能发现商品经济规律及市场交易过程中需要品牌这一要素？带着这众多疑问，便开始了艰难的寻找，开始了中国品牌史的搜寻梦。

　　同很多老人一样，退休后我一方面负责带孙辈、进行家务，另一方面则抽空收集鸡零狗碎的商品经济中品牌发展的资料，断断续续地整理思索，形成一定看法，并立即记下来。尤其是还要设法利用换岗的时间多次外出，先后累计到了北京，山东的周村、青岛，江苏苏州，上海，浙江的杭州、绍兴、宁波，安徽的屯溪，江西的景德镇、铅山，还有长沙，武汉，开封，洛阳，西安，山西的太原、榆次、祁县、太谷、平遥，广东的广州、广西的北海等地。在这些地方的老街上搜寻，在图书馆、博物馆收集，在老字号店内打听。在这个过程中，曾在祁县跌落正在修路的下水井，膝盖严重擦伤血流不止。在杭州时太阳照在地面达 40 摄氏度条件下前往博物馆，在北京忍受呼啸怒号的风夹着雨雪打在老脸上，在宁波北风夹雨中多次到包玉刚图书馆、博物馆收集资料，到三江口、镇明路寻找老店。在深圳南山图书馆、宁波天一阁曾频繁地出入，艰难地搜集。更难的是回到住地还要抽空整理、探讨、思考。面对这些资料隐约中寻找品牌要素的连接网络，并在模糊中渐渐清晰起来，浅显中看到深刻，表象中看到本质。

在探索中，不断积聚各种信息。有商号商品的名称标记，尤其是遗存下来的招牌，它们进行广告的商联、广告牌、宣传招贴、广告图画。在探索中，不断发现商人们在后厂生产优质产品、在前店进行商业活动求名气讲信誉的生动曲折创牌的故事，进行维护形象、个性管理，进行招牌交易获取牌子的价值利益，甚至将商号商品牌子进行扩张的策略和手段，走向周边、全国甚至国外市场等闯关夺隘的故事。

在这过程中总是努力珍惜有事实、有物质依据、透析出品牌生存发展的文献资料，记录介绍，同时又注重文物说明。它们是历史文化遗存。这些文物都蕴含曾创造品牌的丰富的历史信息，如有标记商品、刻印字、招牌字，是品牌生长、生存发展的历史的实物见证，物化的品牌历史。在结晶的品牌道路上为让人真实感受其经历路程，关注了不少相关的实物照片和具体的活动事例，从而让人感到更真实生动，认识也更深刻，更贴近，从而产生走进一条漫长的断断续续的品牌历史大道的感觉。面对精心选择的优美的典型文物图像，领悟、欣赏文物中的品牌内涵也更真实畅通。在探索中将文物、考古资料、历史文献，事件记述和故事，还有物品介绍，从多方面进行挖掘，尤其从品牌的角度诠释、思考、构思。

经克服种种困难，拨开沙石、杂草后，偶尔露峥嵘，慢慢地在商品经济道路上现出中国商人进行品牌创造的真面目。初期感觉模糊、隐约，让人不可信，于是再寻找。经多次反复、探索、思考，一次次深入，中国品牌道路终于不断清晰、深刻、丰富、完整出现在面前。既有纵向的一个一个阶段向前发展，又有横向的品牌各环节的创造和品牌价值利用及延伸扩张的过程。

除了收集探索描述之外，同时还要学计算机知识、打字、排版、插图，求助于亲人朋友。每当继续收集，整理，又丰富一遍，于是又成了新的一稿。但也是计算机帮了忙，方便地加、减、移动、调换、远距离调整。终于以十年时间用尽了资料，绞尽了脑汁，织出这个品牌历史的长卷。

一晃十年过去了。经过收集、思考、探索、积累，终于有了一定结果，终于发掘出一个由萌芽、生长、成熟、发展、繁荣的漫长的品牌创造轨迹。同时又明晰了它在每一个阶段的定位、构思、塑造、广告传播、延伸扩张的步伐。现在基本竣工了，终于勾勒出一条长长的曲折的以商品商号识别要素为核心的演变轨迹，荆棘丛中的一条中国品牌创造的古道，渐渐清晰浮现出来。我兴奋极了，可以说是做了一个品牌史梦。

对于这一中国品牌发展的画卷，无论你是企业及品牌的大量创造者、经营者，是品牌理论的研究者、学习者，还是品牌爱好者，或是品牌消费者，应该说都能从中得到启发，吸收到智慧、营养，滋润你的经营、研究、消费、生活，助你出奇招、得优势、增效益、深理解。

因著者学识、能力有限，而且这是一个还没有人开挖的新课题，在中国探讨这类学术著作几乎是空白。再就是年纪大，难以全面掌握、驾驭和深刻认识，因而纰漏不少，当然也想通过抛砖引玉得到指导。也希望推出这一历史著作后，能引起社会的广泛关注、深刻探讨，从而使中国品牌的探索研究和创造发展进一步繁荣起来。

由于资料不足，收集困难，思考不全、不深，也没有专家、学者进行研讨，因此这只是个人肤浅的见解，很多是首度定义，也可说是一个拓荒工程，很不成熟，不足之处，望得到社会贤达的指正。

现在作为先吃螃蟹之人，为引玉抛砖，让大家见识。丑媳妇总要见公婆，有个依据让大家评价。经多年探索总算找到了这样一条中国品牌走过的道路，从来没有人探索之路。为让人评说，于是让它出笼了。在望我国品牌专家、学者、消费者、读者，尤其我国大量的品牌经营者给予指正。

2019 年 9 月 25 日，于贵溪书舍